Dr. Peter Röhrig (Hrsg.)

Solution Tools

Die 60 besten, sofort einsetzbaren Workshop-Interventionen mit dem Solution Focus

managerSeminare Verlags GmbH

Peter Röhrig (Hrsg.)
Solution Tools
Die 60 besten, sofort einsetzbaren Workshop-Interventionen
mit dem Solution Focus

© 2008 managerSeminare Verlags GmbH
2. Auflage 2009
Endenicher Str. 282, D-53121 Bonn
Tel: 0228–977 91-0, Fax: 0228–977 91-99
shop@managerseminare.de
www.managerseminare.de/shop

Alle Rechte, insbesondere das Recht der Vervielfältigung und der
Verbreitung sowie der Übersetzung vorbehalten.

ISBN: 978-3-936075-73-1

Lektorat: Jürgen Graf
Cover: istockphoto
Druck: Kösel GmbH und Co. KG, Krugzell

Inhalt

Vorwort von Matthias Varga von Kibéd 7

Prinzipien und Nutzen lösungsorientierter Arbeit
   Interview mit dem Herausgeber Peter Röhrig von Jenny Clarke 11

1. Vor dem lösungsorientierten Workshop – effektiv Aufträge klären und aufwärmen

Contracting kompakt oder: Nichts endet so, wie es begann …
   von Wilhelm Geisbauer 21
Lösungsorientierte Wellen schlagen von Alan Kay 26
Mission impossible? von Klaus Botzenhardt 32

2. Übungen zu Beginn – einen gelungenen Start finden

Aufwärmübung für große Gruppen von Alasdair J Macdonald 39
Brillante Momente von Mark McKergow 43
Das Wunder auf der Arbeit von Lilo Schmitz 50
Der Teamgeist von Josef Grün 53
Die Lösungs-Zwiebel von Lilo Schmitz 57
Ressourcen-Telefon von Dominik Godat 59
Was habe ich davon? von Björn Johansson und Eva Persson 62

3. Brennpunkte – Probleme eingrenzen – Ziele und Konflikte klären

Drei in eins von Inge Zellermann 67
Ein Behälter für Probleme von Carey Glass 73
Erfolge von Barry Winbolt 78

Kooperation zerstrittener Teams von Lilo Schmitz 82

Strukturierter Zieltratsch von Daniel Meier 87

Was müssen wir hinkriegen? von Mark McKergow 90

4. Der Blick auf Ressourcen – Stärken und Erfolge wertschätzen

Anker und Bojen im Meer der Kompetenzen
 von Liselotte Baeijaert und Anton Stellamans 95

Die Triple-Übung von Ben Furman 101

Loveletters von Frank Taschner 106

Qualitätsspiegel von Peter Röhrig 110

Reporter – alle sind gefragt! von Katalin Hankovszky 114

Ressourcenmarkt von Stephanie von Bidder 118

Ressourcen-WALK-Shop „Dialog des Wandels"
 von Gesa Niggemann 122

Schachtelweise Bilder – Bilanz ziehen
 von Gabriele Röttgen-Wallrath und Annette Lentze 130

Stilles Ressourcengrüßen von Katalin Hankovszky 134

Ubuntu von Liselotte Baeijaert und Anton Stellamans 137

5. Das „Futur Perfekt" – Visionen und Strategien entwickeln

Blick zurück in die Zukunft von Hans-Peter Korn 145

Das Spiegelteleskop von Annie Bordeleau 152

Der rote Faden von Michael Goran 156

Die Rundfahrkarte in die Zukunft von Michael Hjerth 161

Die Wunschsuppe von Dominik Godat 167

Dream-Team von Armin Rohm 172

Focus Five von Klaus Schenck 178

Futur Perfekt dokumentiert von Paul Z Jackson 185

Magische Metaphern von Loraine Kennedy und Lina Skantze 189

Strategie-Wanderung von Christine Kuch 194

Traumtheater 20XX von Yasuteru Aoki 200

Inhalt

6. Skalierungen – Unterschiede und Fortschritte erkennen

Coaching Time-out von Thomas Lenz 207
Der Skalen-Spaziergang von Paul Z Jackson 212
Fehlermanagement von Susanne Keck 217
Zwischenstopp von Daniel Meier 222

7. Interaktion – an der Oberfläche surfen

Das UNO-Spiel von Kirsten Dierolf 229
Dein Team im „Flow" von Bert Garssen 235
Lernen aus guten Beispielen – Austauschbörse von Peter Röhrig 240
Lösungsfokussiertes Interview mit dem abwesenden Team
    von Insa Sparrer 247
Lösungsfokussiertes Interview ohne hörbare Antworten
    von Insa Sparrer 257
Lösungsorientierte Traum-Inszenierungen von Bernd Schmid 263
Mini-Coaching mit Maxi-Wirkung von Daniel Meier 269

8. Übungen zum Abschluss – Transfer vorbereiten

Aus Sicht von X von Josef Grün 277
Die Skalen-Party von Michael Hjerth 281
Erkenne Deinen heimlichen Lernpartner von Jane Adams 287
Footsteps von Dominik Godat 290
Mein guter und geheimer Vorsatz von Peter Röhrig 294
Team-Schatzkiste von Josef Grün 298
Von hier aus voran von Janine Waldman 303
Wie ich Dich sehe – und wie ich denke, dass Du mich siehst
    von Madeleine Duclos 308

9. Nach dem lösungsorientierten Workshop – Erfolge messen und unterstützen

Fortschritts-Monitoring als Transfersicherung von Susanne Keck 315
Lösungsorientierte Evaluation von Felix Hirschburger 320

10. Die nächste Sitzung – im Folgeworkshop Anschluss finden

Schön war's – schön wär's von Peter Szabó 327
Speed-Dating mit dem Solution Focus von Penny West 331
Start in den Tag von Mark McKergow 336

Zum Ausklang – neue Übungen finden und entwickeln

Wie kommt der Solution Focus in die Intervention?
   von Peter Röhrig und Kirsten Dierolf 343

Anhang

Weiterführendes 356
Die Autorinnen und Autoren 358

Vorwort

Matthias Varga von Kibéd

Haben Sie eine freie Viertelstunde? Dann seien Sie herzlich eingeladen, in diesem Buch zu blättern! Doch Vorsicht – wenn es nur fünf Minuten sind, könnten Sie Ihren nächsten Termin verpassen.

Denn schon bei einem solchen kleinen flüchtigen Spaziergang durch die Landschaften neuester Praxisformen der lösungsfokussierten Arbeit werden Sie wahrscheinlich so vielen lebendigen neuen Ideen zur lösungsfokussierten Praxis begegnen, dass Sie sofort beginnen werden, sich Anwendungen davon in Ihrem eigenen professionellen Bereich vorzustellen – und dabei könnten Sie die Zeit vergessen.

Das von Peter Röhrig herausgegebene Buch „Solution Tools", das Sie hier in den Händen halten, ist die bisher reichste Sammlung neuer und praxiserprobter Übungen und Anwendungsformate, die den lösungsfokussierten Ansatz von Steve de Shazer und Insoo Kim Berg und der von ihnen mit ihren Kollegen und Mitarbeitern begründeten „Schule von Milwaukee" weiter hinaustragen in die Welt von Teams und Organisationen, von Coaching und Training, von Projektplanung und Visionsentwicklung, Konfliktklärung und Teamentwicklung, Mitarbeiterführung und Organisationsentwicklung ...

Dieses Buch gibt reichhaltige Anregungen für Anwendungen in diesen Bereichen.

Die SOL-Konferenzen und SOL-Sommeruniversitäten haben – mit der SOL 2002 erstmals initiiert von der Bristol Group[1] – entscheidend dazu beigetragen, dass der lösungsfokussierte Ansatz international immer mehr in seiner ihm inhärenten universellen Anwendbarkeit wahrgenommen wird.

---

[1] Die Bristol Group bestand aus Jenny Clark, Mark McKergow, Paul Z Jackson, Harry Norman, Kate Hart und John Henden.

Steve de Shazer und Insoo Kim Berg haben uns mit wenig mehr als einem Jahr Abstand vor Kurzem beide verlassen. All das, was wir durch den lösungsfokussierten Ansatz den beiden Gründern verdanken, scheint mir darin zu bestehen, ihre Vorgehensweise – über den ursprünglichen Bereich der Therapie hinaus – in weiteren Bereichen der Gesellschaft bekannt zu machen und anzuwenden. Dazu haben die SOL-Veranstaltungen entscheidend beigetragen; auch dieses Buch ist eine der Früchte von diesem Baum. Und das ist die vielleicht beste Art, Steves wie Insoos Hingabe und Genialität zu ehren, ihre große Menschlichkeit und ihren Scharfsinn, ihre Klarheit und ihre brillante Praxis.

Da der lösungsfokussierte Ansatz eher eine in Jahrzehnten der Praxis entwickelte pragmatische Methodologie als ein Theoriegebäude im klassischen Sinne darstellt, ist die Weiterentwicklung vor allem durch neue Formen der praktischen Anwendung ganz im Sinne der Grundprinzipien dieses Ansatzes. Andererseits bildete die Philosophie von Ludwig Wittgenstein eines der wichtigsten Fundamente für das Vorgehen insbesondere für Steve de Shazer. Wie es zu einem systemischen und (de-)konstruktivistischen Ansatz passt, handelt es sich dabei um ein „nachträgliches Fundament", da Steve weniger auf Wittgenstein aufbauend zur Praxis kam, als, wie er gelegentlich sagte, „froh sei, in Wittgenstein endlich jemand gefunden zu haben, der so ähnlich denke wie er".

Hier sei nur an eine der zentralen Ideen des späten Wittgenstein erinnert: dass nämlich reguläres Verhalten, das so genannte „Einer-Regel-Folgen", nicht zerlegt werden könne in die betreffende Regel und das „ihr folgen". Ein solches „Regelfolgen" ist schon, wie Wittgenstein[2] sagt, „der harte Felsen" und der „Spaten biegt sich (hier) zurück".

Und das problematische Verhalten von Menschen, ebenso wie das, was sie nach einem Wunder täten, sind natürlich Formen des Regelfolgens. Dadurch wird die radikale Veränderung durch Wittgensteins Sicht des Regelfolgens zu einer höchst inspirierenden Herausforderung für alle Bereiche, die mit Veränderung menschlichen Verhaltens zu tun haben.

Die heute üblich gewordene Analyse so genannter Verhaltensmuster und Glaubenssätze können aus einer Wittgenstein'schen wie lösungs-

---

[2] Wittgenstein, Philosophische Untersuchungen 217: „Wie kann ich einer Regel folgen?' – wenn das nicht eine Frage nach den Ursachen ist, so ist es eine nach der Rechtfertigung dafür, dass ich so nach ihr handle. Habe ich die Begründungen erschöpft, so bin ich nun auf dem harten Felsen angelangt, und mein Spaten biegt sich zurück …"

fokussierten Sicht höchstens als potenziell irreführende Redeweisen gesehen werden. Der Irrtum liegt in der letztlichen Unauffindbarkeit „der" Regel im Regelfolgen.

Wenn wir daher Formate der Anwendung und Übung sehen, wie sie in diesem Buch in großer und anregender Fülle vertreten sind, verfasst sowohl von einigen der erfahrensten Pioniere des lösungsfokussierten Ansatzes wie von Kollegen, die mit frischem Wind vor kürzerer Zeit dazugestoßen sind, sollten wir uns an die Frage des Regelfolgens erinnern.

Die Beschreibung dieser Vorgehensweisen in den vielen Beiträgen dieses Buches klingt vielleicht zunächst so, als ob die nach dem lösungsfokussierten Ansatz arbeitenden Berater, Trainer und Therapeut diese Nichtzurückführbarkeit des Regelfolgens auf Regeln vergessen hätten, als ob es hier um die bloße Beschreibung von neuen Regeln ginge.

Aus Wittgenstein'scher Sicht wie aus der von Steve de Shazer und auch wie es Insoo Kim Berg in ihrer Praxis verkörperte, sollten solche Übungen daher gesehen werden als Als-ob-Konstruktionen. Sie, liebe Leser-innen und Leser, werden vielleicht dem einen oder anderen der Vorschläge in diesem Buch folgen, indem Sie das Vorgeschlagene in der Praxis durchführen – und zwar so, als würden Sie dem hier im Buch Dargestellten wie einer Regel folgen. Dabei entsteht für Sie, auf hoffentlich für Ihre Klienten nützliche Weise, eine neue Form des Regelfolgens. In der Ausübung aber dieser Formen entstehen mit zunehmender Praxis sich allmählich wandelnde Arten und Weisen der Anwendung. Nach einiger Zeit stellen Sie dann vielleicht erstaunt fest, dass Sie etwas Wirkungsvolles tun, es aber gar nicht mehr den ursprünglich angegebenen Regeln entspricht.

Bitte begrüßen Sie diese Veränderung! Denn das Regelfolgen bestand eben nie wirklich aus der Regel (einer Theorie oder Methode) und dem „ihr folgen" (einer Handlung); und auf eben diesem Wege entstehen neue wirksame Anwendungsweisen des lösungsfokussierten Ansatzes.

Ebensowenig stehen aus der kommunikationstheoretischen Sicht des lösungsfokussierten Ansatzes in einem Dialog die Bedeutungen von Fragen fest, bevor man die Antworten auf sie gehört hat. Aus dem gleichen Grunde fassten Steve und Insoo, was immer die Klienten anstelle der Durchführung eines vorgeschlagenen Experiments wählten, wenn es doch deren Leben für sie besser machte, als Durchführung des

Experiments auf. Und darum auch war aus Steves und Insoos Sicht die Wunderfrage immer wieder eine neue Frage.

Um die Kraft und die innere Einheit dieses Ansatzes zu bewahren, ist es wichtig, dass ganz auf die gute Praxis ausgerichtete Bücher wie das vorliegende immer wieder vor dem Hintergrund einer Zusammenschau und philosophischen Fundierung gesehen werden. So, wie es Steve de Shazers Gesamtwerk und Gale Miller („Becoming Miracle Workers") zu Insoo Kim Bergs und Steves eigener Praxis vermochten, wie dies bei Steve de Shazer und Yvonne Dolan in dem (als letztem Buch Steves erschienenem) gemeinsamen Buch[3] „More than Miracles" aufscheint, wie Günther Lueger für die lösungsfokussierte Beratung geeignete neue Evaluationsmethoden entwickelte, wie Insa Sparrers lösungsfokussierte Strukturaufstellungen („Miracle, Solution and System") und unser gemeinsames Konzept der transverbalen Lösungsfokussierung eine neue Zusammenschau ermöglichen, und wie Mark McKergow mit Gale Miller („Simple Complexity or Complex Simplicity") das lösungsfokussierte Vorgehen auf neuartige Weise untersuchen.

Ohne eine solche Fundierung würde der lösungsfokussierte Ansatz blind, weil es – nach Kant – Anschauungen ohne Begriffe wären; ohne die Weiterführung und Weiterentwicklung in der Praxis jedoch blieben diese Grundlagen leer wie Gedanken ohne Inhalte.

Genießen Sie, liebe Leser, also die Wandlungen Ihrer eigenen Praxis, Ihres eigenen Regelfolgens, die Sie bei der Begegnung mit den vielen kreativen Ideen der Autoren dieses Buches erleben werden!

Dieses von Peter Röhrig in der gewiss nicht leichten Aufgabe als Herausgeber liebevoll und fachkundig betreute Buch ist etwas Ungewöhnliches und Besonderes und hat wirklich eine weite Verbreitung verdient. Wenn es sich für Sie als nützlich erweist, sagen Sie es daher bitte weiter – und wenn Ihnen Verbesserungsideen kommen, teilen Sie diese bitte mit!

Steve und Insoo hätten gewiss ihre Freude daran, wie gut es mit ihrem Geschenk an die Menschheit weitergeht.

Matthias Varga von Kibéd

---

[3] mit Dialogen und Kommentaren von und mit Insoo Kim Berg, Harry Korman, Terry Trepper und Eric McCollum

Prinzipien und Nutzen lösungsorientierter Arbeit

Interview mit dem Herausgeber Peter Röhrig von Jenny Clarke, Vereinigtes Königreich

Jenny Clarke: *Meine erste Frage: Was ist für Dich die Essenz, das Wesentliche des lösungsorientierten Ansatzes?*

Peter Röhrig: Essenz ist für mich ein großes Wort. Was mir besonders an dem Ansatz gefällt, ist, dass er sehr effektiv, zeit- und energiesparend ist. Die Arbeit mit Klienten geht rasch und ohne Umwege voran. Und es ist ein sehr freundlicher, respektvoller Weg. Klienten werden in ihrer Zuversicht bestärkt, dass sie Herausforderungen selbstständig bewältigen können. Auf diese Weise entwickeln sich Lösungen und Ideen aus einem Dialog zwischen Klient und Berater.

Sag doch bitte ein wenig mehr darüber, wie sich über ein bloßes Gespräch Lösungen entwickeln. Was denkst Du, wie funktioniert das?

Zunächst einmal dadurch, dass man gemeinsam zuerst auf die Dinge schaut, die klappen und nicht auf das, was alles nicht funktioniert. Selbst in den schwierigsten Situationen gibt es etwas Gelungenes zu entdecken. Ich habe Workshops mit Teilnehmenden erlebt, die verzweifelt über ihre aktuelle Arbeitssituation waren. Selbst dort war bei genauem Hinsehen ein kleines Juwel zu entdecken, etwas, worauf sie stolz waren. Meist waren das kleine Erfolge, die angesichts der großen Probleme rasch in Vergessenheit geraten waren. Durch diesen frühen Blick auf Gelungenes finden wir schnell dazu, die Möglichkeiten und Perspektiven der Klienten zu erweitern (siehe z.B. die Übung „Was habe ich davon?" von Björn Johansson und Eva Persson auf S. 62 ff.).

Welche Erfolgsgeschichte, die Dir passiert ist, hat Dich selbst am meisten überrascht?

Es gibt eine Geschichte, die mit meiner eigenen Entwicklung zusammenhängt. Als ich mit Beratung und Training angefangen habe, habe ich viel mit Ärzten gearbeitet. Das sind in der Regel sehr intelligente Leute und sie gönnen sich nicht viel Zeit für ein Training. Sie erwarten zum Beispiel, innerhalb von drei Stunden alles zum Thema Mitarbeiterführung erfahren zu können.

Vielleicht, weil sie Diagnostiker sind?

Vielleicht. Auf jeden Fall mögen sie Rezepte. Innerhalb von drei Stunden wollten sie alles darüber erfahren, wie sie mit ihren Arzthelferinnen effektiver arbeiten können. Am Anfang habe ich mir deshalb sehr viele Gedanken darüber gemacht, was ich alles in drei Stunden Führungskräftetraining hineinpacken könnte, was Ärzte unbedingt wissen sollten. Ich hatte jede Menge Stress – und trotzdem war es nie genug. Am Ende, nach drei Stunden, sagten die Ärzte dann: Ja, das war ganz interessant, aber es gibt noch eine Menge wichtiger Fragen zu klären. Als ich dann den lösungsorientierten Ansatz kennenlernte, begann ich meine Haltung und mein Verhalten zu ändern. Und ich dachte mehr über Verantwortung nach, darüber, wofür ich in einem solchen Workshop wirklich verantwortlich bin und wofür die Teilnehmenden verantwortlich sind. Ich begann mich zurückzulehnen und sie zu fragen, was sie eigentlich lernen wollten. Und ich half ihnen herauszufinden, was sie alles schon über Mitarbeiterführung wussten. Die meisten verfügten bereits über ein ansehnliches Repertoire an Wissen und an Verhaltensmöglichkeiten.

„Ich hatte jede Menge Stress – und trotzdem war es nie genug."

Darauf konnte ich aufbauen. Das war viel einfacher als das, was ich vorher gemacht hatte. In drei Stunden konnte ich an ihren eigenen Fällen und Anliegen arbeiten und sie konnten eine Menge an sehr praktischen Anregungen für ihre Praxis mitnehmen. Das war ein gewaltiger Unterschied. Den Unterschied spürte ich besonders daran, wie ich mich nach einem solchen Workshop gefühlt habe. Ich war entspannt und zufrieden – und das war das genaue Gegenteil dessen, wie ich mich früher nach einem solchen Workshop gefühlt hatte.

In dieser Geschichte hast Du Beispiele für einige der lösungsorientierten Prinzipien gegeben, die Jackson und McKergow (The Solutions Focus, London 2007) entwickelt haben. 1. Schau auf die Lösung und nicht auf das Problem – in anderen Worten: Was wünschen die Klienten wirklich? Warum fragst Du sie nicht einfach? 2. Mach Gebrauch von dem, was schon da ist. Nimm das, was sie schon wissen und baue darauf auf. 3. Jeder Fall ist verschieden: Jeder dieser Ärzte mit seinem ganz beson-

deren Mitarbeiterstab ist in einer speziellen Situation. Und nur sie wissen darüber Bescheid. Und es sind noch weit mehr Prinzipien in dieser kurzen Geschichte enthalten. Alles, was Du über Interaktion und Dialog gesagt hast, entspricht dem Prinzip, dass die wichtigen Dinge zwischen den Menschen passieren – und nicht in ihren Köpfen. Und damit kommen wir zu meiner nächsten Frage: Wie hast Du den lösungsorientierten Ansatz entdeckt und was hat Dich daran fasziniert?

Ich versuche mal, eine lange Geschichte kurz zu machen. Durch Zufall habe ich eine Ankündigung für einen Workshop entdeckt, in dem Lilo Schmitz eine Einführung in lösungsorientierte Beratung anbot. Als ich die Worte „lösungsorientierte Beratung" las, da hatte ich das Gefühl: „Das ist genau das, was ich schon tue. Oder vielleicht ist es auch nur das, was ich tun möchte und ich sollte mehr darüber erfahren." Ich ging hin und entdeckte eine völlig neue Art des Denkens und des Beratens. Daraus entwickelte sich, zunächst als ihr Schüler, eine jahrelange Zusammenarbeit mit Lilo, einer wunderbaren Lehrerin, die sehr viel Vertrauen und Zuversicht in meine Fähigkeiten hatte. Einer ihrer Lieblingssätze war: „Probiert es einfach einmal aus!" Durch ihr Vertrauen und ihre Zuversicht gab sie uns so viel Sicherheit, dass uns häufig Dinge gelangen, die wir nicht für möglich gehalten hatten. So fing alles an. Später haben wir dann ein lösungsorientiertes Führungskräftetraining entwickelt und mit vielen Teilnehmenden erfolgreich durchgeführt.

„... eine völlig neue Art des Denkens und des Beratens!"

Wie ist es Euch gelungen, die Ideen des lösungsorientierten Ansatzes, der ja ursprünglich aus dem therapeutischen Bereich kommt, in den Arbeitsalltag und in die Arbeit mit Organisationen zu übertragen? Das ist doch bestimmt nicht einfach gewesen.

Eigentlich haben wir nur das gemacht, was Lilo geraten hatte: es einfach auszuprobieren. Mir kommen die besten Ideen bei der Arbeit mit meinen Klienten – aus dem heraus, was sie mich fragen, was sie an Unterstützung brauchen, was sie an Anliegen vorbringen. Ich unterstütze zum Beispiel Unternehmen bei der Einführung von Qualitätsmanagement und bei der Qualitätsentwicklung. Da äußern Mitarbeiter immer wieder den Wunsch, einen möglichst einfachen Zugang zu den Ideen des Qualitätsmanagements zu finden. Sie wollen weg von der bürokratischen Zumutung, die Qualitätsmanagement häufig für die Betroffenen bedeutet, von dem Gefühl, das es außer viel zusätzlicher Arbeit und zusätzlicher Dokumentation nicht viel Nutzen stiftet. So fing ich an darüber nachzudenken, wie ich sie durch eine einfachere Herangehensweise unterstützen könnte. In einem Einführungsworkshop bat ich die Teilnehmenden zum Beispiel, sich zu überlegen, was die Qualität ihrer persönlichen Arbeit ausmacht und dies niederzuschreiben. Und schließlich auch niederzuschreiben, was die Qualität ihrer Organisation und ihres Unternehmens ausmacht. Dadurch hatten wir direkt ein paar erste Ideen, die wir uns gemeinsam anschauen konnten (siehe hierzu auch die Übung „Qualitätsspiegel" auf S. 110ff.).

„Es waren letztlich ihre – und nicht meine – Ideen, die wir umgesetzt haben."

Dies war ein ganz anderer Ansatz als das, was sie vorher gewohnt waren. Üblicherweise konzentrierte sich ihr Denken über Qualitätsmanagement immer auf das, was alles nicht funktioniert, auf die Defizite und die Schwächen, die dringend ausgebügelt werden müssen. Oder darauf, dass Standards eingehalten oder übertroffen werden mussten. Es war für sie ein anderer, ungewohnter Weg, das Thema Qualitätsmanagement anzugehen. Und es waren letztlich auch hier ihre, und nicht meine, Ideen, die wir dort umgesetzt haben.

Da sind wir also wieder bei dem Prinzip, auf Lösungen statt auf Probleme zu schauen. Ich weiß nicht, ob es im deutschen Kulturraum ebenso ist wie im englischen. Das Wort „Lösung" scheint für die meisten Menschen zu bedeuten, dass es irgendetwas zu tun oder zu erledigen gibt. Im lösungsorientierten Ansatz verstehen wir dagegen unter Lösungen etwas, das wir uns wünschen. Uns geht es darum herauszufinden, wie die Zukunft aussehen könnte, wie die erwünschte Situation im „Futur Perfekt" sein könnte. Es erstaunt mich, wie selten wir uns und andere fragen: „Was wünschst Du Dir?"

„Es geht sehr viel mehr um Möglichkeiten als um Aktionen."

Das ist im Deutschen ganz ähnlich. Der Begriff „Lösung" unterstellt etwas, das man tun sollte, eine Aktion. Dagegen geht es in meiner lösungsorientierten Arbeit zunächst sehr viel mehr um Möglichkeiten als um Aktionen. Mit meinen Klienten arbeite ich zunächst einmal an einer Welt der Möglichkeiten und unterstütze sie dabei, diese Vorstellungen mit vielen interessanten Details zu gestalten. Daraus entwickeln sich dann Ideen und Anregungen für zukünftiges Verhalten und daraus ergeben sich wiederum häufig Lösungen im üblichen Verständnis des Wortes. Und dann sieht die Welt ganz anders aus.

Du hast eben schon den Ausdruck benutzt, „die Möglichkeiten und Perspektiven zu erweitern". Das ist so ähnlich, als würde man ein Buffet anbieten. Meistens kommen die Klienten erst, wenn sie nicht mehr weiter wissen. Sie sehen keine Möglichkeiten für sich ...

... oder zu viele Möglichkeiten oder manchmal nur zwei Möglichkeiten – Ja oder Nein –, wobei es meist sehr viel dazwischen gibt. An dieser

Stelle sollte ich etwas dazu sagen, in welchen Feldern sich meiner Erfahrung nach der lösungsorientierte Ansatz besonders bewährt hat: Das ist zum einen der Bereich der Teamentwicklung. Häufig sind Klienten unzufrieden mit der Kooperation oder mit dem Informationsfluss im Team. Es geht nicht richtig weiter oder nicht schnell genug voran. Ein weiteres sehr wichtiges Feld ist die Klärung von Konflikten. Und natürlich noch das weite Feld strategischer Überlegungen, bei denen die Frage im Vordergrund steht, wie wir uns den Herausforderungen der Zukunft stellen können.

Eigentlich geht das doch überhaupt nicht in unserer komplexen Welt, oder?

Du meinst, je genauer Du planst, desto härter trifft Dich der Zufall?

Ja genau! Ein kluger Kopf hat einmal gesagt: „Nur weil der Plan nicht gut ist, bedeutet das nicht, dass das Planen an sich nicht gut ist." Das bringt uns nun endlich zu dem vorliegenden Buch. Du selbst hast darin ja einige Übungen zum Thema Qualitätsentwicklung beigesteuert. Das sind Interventionen, bei deren Durchführung Du erfahren hast, wie nützlich der lösungsorientierte Ansatz für Klienten sein kann. Im Buch gibt es natürlich noch zu vielen anderen Bereichen Beispiele und Übungen. Wie möchtest Du, dass die Leser dieses Buch benutzen?

„Nur weil der Plan nicht gut ist, bedeutet das nicht, dass das Planen nicht gut ist."

Indem ich vielleicht etwas darüber sage, wie ich selbst solche Methodensammlungen nutze. Für mich sind sie so etwas wie Schatzkisten: Sammlungen unterschiedlicher Ideen von verschiedenen Menschen, die ihre besten Erfahrungen mit mir teilen. Kollegen, die unterschiedliche Felder bearbeiten und die dabei Anregungen entwickelt haben, wie dies noch erfolgreicher und einfacher gelingen kann. Ich kann mir diese Ideen aus verschiedenen Blickwinkeln anschauen: Wie anregend sind sie für mich? In welchen Situationen könnte ich versuchen, sie auszuprobieren? Welche Übungen passen zu meinem ganz persönlichen Moderationsstil? Und so weiter.

Den Hinweis auf den persönlichen Moderationsstil möchte ich gerne aufgreifen. Was ich persönlich an dem Buch schätze ist, dass hier so viele verschiedene Stimmen versammelt sind, dass so viele verschiedene Erfahrungshintergründe zusammenkommen. Ich finde es sehr großzügig von den Autoren und von Dir, uns diese Erfahrungen zur Verfügung zu stellen. Das Buch ist so gegliedert, dass ihm eine Art Prozess zugrunde liegt. Bitte erläutere das doch kurz.

> *„Die Idee des zufälligen Entdeckens übt eine große Faszination auf mich aus."*

Ich glaube, das erklärt sich von selbst. Ich habe mich anfangs ein wenig dagegen gesträubt, dem Ganzen eine Struktur zu geben. Meine erste Idee war, das Buch einfach nach Titeln oder Autoren alphabetisch zu gliedern. Dann dachte ich, das könnte vielleicht doch zu ungewohnt und befremdlich wirken. Leser, die Struktur lieben, können sich über den Prozess leichter orientieren. Für andere Leser ist es vielleicht einfacher, das Buch nach einem Prinzip zu nutzen, das wir von dem Spiel kennen, mit dem Finger auf der Landkarte zu reisen: Man schließt die Augen und zeigt mit dem Finger auf einen Punkt auf der Landkarte oder auf dem Globus, um zu entdecken, dass dies ein Ort sein könnte, an den es sich zu reisen lohnt. Auf das Buch übertragen heißt das, dass man es einfach durchblättert und eher zufällig irgendwo innehält, um zu entdecken: „Oh, das könnte eine gute Idee für meinen nächsten Workshop sein!" Diese Idee des zufälligen Benutzens und Entdeckens von Möglichkeiten übt auf mich eine große Faszination aus.

Und dann sind da ja auch noch die Titel, die häufig für sich selbst sprechen und dem Leser Hinweise geben, was er im Buch alles finden wird.

Das stimmt in vielen Fällen. In einigen Fällen sind die Titel allerdings absichtlich etwas rätselhafter gehalten, um die Leser neugierig auf den Inhalt zu machen.

Jetzt möchte ich gerne noch etwas darüber erfahren, wer alles an dem Buch mitgewirkt hat. Welche Art von Arbeit machen die Autoren, welche Erfahrungen bringen sie ein?

⟶ Die meisten Autoren sind Mitglieder des internationalen SOLworld-Netzwerks (mehr darüber unter www.solworld.org). Damit unterscheidet sich diese Sammlung von vielen anderen Büchern, in denen die Herausgeber Vorgehensweisen aufschreiben, die sie aus unterschiedlichen Quellen zusammengetragen haben. Sie nennen dann vielleicht den Urheber oder betonen, dass die dargestellte Methode von ihnen selbst entwickelt wurde. Ich bin einen anderen Weg gegangen, indem ich alle erfahrenen Kollegen angefragt habe, die ich kenne. Und ich bin sehr froh, dass so viele Kollegen zugesagt haben. Unsere alljährlichen Kongresse bieten gute Gelegenheiten, die Kollegen bei der Arbeit zu erleben, da sie ganz auf den Erfahrungsaustausch ausgerichtet sind. Noch intensiver ist die Zusammenarbeit bei den SOLworld Summer Universities, die ich mit organisiere.

Das ist ein interessanter Punkt, um noch einmal zum Anfang unseres Gespräches zurückzukehren, als wir uns darüber unterhalten haben, was das Besondere am lösungsorientierten Ansatz ist. Du hast bestimmt Kriterien gehabt, nach denen Du entschieden hast, was lösungsorientiertes Vorgehen ist und was nicht. Was haben die Beiträge gemeinsam, was qualifizierte sie, in dieses Buch aufgenommen zu werden?

Mein erstes und wichtigstes Kriterium war, dass ich nur solche Kollegen angefragt habe, die wirklich Erfahrungen in der Anwendung lösungsorientierter Arbeit mit Gruppen und Organisationen haben. Sie alle haben ihre Übungen erprobt und wissen, was funktioniert und was nicht. Das zweite Qualitätskriterium war, dass aus den Beiträgen auch deutlich werden sollte, wie die Kollegen mit einer lösungsorientierten Haltung arbeiten – und nicht nur lösungsorientierte Werkzeuge verwenden. Sie arbeiten also konkret mit den Prinzipien, die ich bereits erwähnt habe: Sie bauen auf den Erfahrungen ihrer Klienten auf, sie lassen Ideen den nötigen Raum, um sich zu entwickeln und sie schärfen den Blick auf Ressourcen und Erfolge der Klienten. Ich musste einige Beiträge zurückweisen, in denen ich diese Prinzipien nicht finden konnte. Das war nicht einfach und ich musste immer gute Gründe für die Ablehnung finden, um sie vor mir und den Autoren rechtfertigen zu können. Das hat aber schließlich mit dazu beigetragen, dass alle Autoren, deren Beiträge ich nicht aufnehmen konnte, dies auch akzeptieren konnten.

An dieser Stelle möchte ich gerne einmal hervorheben, auf welch besondere Art und Weise Du Deine Arbeit tust, mit so viel Freundlichkeit und mit so viel Ermutigung.

Vielen Dank für das Kompliment, das nehme ich gerne an. Besonders schwer gefallen ist mir die Entscheidung dann, wenn mir Beiträge geschickt wurden, in denen es darum ging, den lösungsorientierten Ansatz zu lernen. Ich hatte die Autoren von vorneherein nach Aktivitäten gefragt, mit denen Workshops gestaltet werden können und nicht Trainings. Es gibt natürlich eine Grauzone an Überschneidungen. Tatsächlich ist es so, dass die meisten Trainings, die ich gebe, eher Workshops sind, in denen lösungs- und verhaltensorientiert an eigenen Anliegen und Fällen gearbeitet wird.

Das heißt, das Buch wendet sich vor allem an Berater und Moderatoren, die neue Ideen für Workshops haben wollen?

Genau!

Und warum sollten sie ausgerechnet dieses Buch lesen, was haben sie davon?

Jenny Clarke und Peter Röhrig

„Ein sehr praktisches Buch – aber kein Rezeptbuch."

Ich glaube, es ist ein sehr praktisches Buch. Alle Übungen sind ganz konkret mit allen Details beschrieben. Man kann die Übungen leicht in die eigene Praxis übersetzen und dort unmittelbar anwenden. Dennoch ist es kein Rezeptbuch. Die Übungen sind immer in ihrem angemessenen Kontext beschrieben. Wenn man also eine Vorstellung davon hat, in welchen Situationen man einmal etwas anderes im Workshop ausprobieren möchte, kann man diese Übungen sehr einfach erproben. In allen Übungen wird nicht nur beschrieben, was genau darin passiert, sondern auch, wie diese Übungen inszeniert werden und was der besondere „Dreh" daran ist. Das gefällt mir übrigens an dieser Sammlung besonders gut: Alle Autoren haben etwas über den persönlichen Hintergrund geschrieben, darüber, warum diese Übung zu ihren Lieblingsinterventionen gehört und was sie alles dabei erlebt haben, an gewünschten Verläufen und Ergebnissen – aber auch an Überraschungen. Die rund 50 Autoren aus aller Welt stehen für eine große Vielfalt an Moderationsmethoden. Alle arbeiten auf der Basis des lösungsorientierten Ansatzes und doch sprechen sie uns auf ganz verschiedene Weise an: Einige sprechen eher den Kopf an, andere mehr unser Herz und wieder andere unseren Bauch, einige schreiben sehr humorvoll, andere eher ernst. Die Autoren geben damit einen sehr persönlichen Einblick in ihre Arbeit.

Das bringt mich zurück auf die Universalität des Ansatzes. Häufig wird gesagt: „Ach, das ist ja so typisch amerikanisch. Alles wird nur positiv beschrieben." Wer das sagt, hat wahrscheinlich übersehen, dass es vor allem um die Antwort auf die Frage geht, was der Klient wünscht. Und das kann nicht kulturspezifisch sein. Alles, was wir tun können, ist, in einen hilfreichen Dialog mit unseren Klienten zu kommen und sie dabei zu unterstützen, neue Möglichkeiten für sich zu entdecken. Ich bin sicher, dass das Buch eine Menge dazu beitragen kann.

Kapitel 1

Vor dem lösungsorientierten Workshop – effektiv Aufträge klären und aufwärmen

In diesem Kapitel lesen Sie:

**Contracting kompakt oder: Nichts endet so,
wie es begann ...** 21
Wie Sie mit Erwartungen und Ansprüchen
der Klienten umgehen

Lösungsorientierte Wellen schlagen 26
Wie Sie schon vor dem Workshop Lösungsideen
entwickeln

Mission impossible? 32
Was Sie schon immer über eine erfolgreiche
Auftragsklärung wissen wollten

Contracting kompakt oder: Nichts endet so, wie es begann ...

Wilhelm Geisbauer, Österreich

Kurzbeschreibung

Nicht selten geraten wir am Beginn von „Beratungsbeziehungen" in ein Dilemma zwischen den Erwartungen und Ansprüchen des Kunden („Bitte helfen Sie mir!", „Zeigen Sie mir den Weg, nur Sie kennen ihn!", „Sie müssen ja wissen, was für mich gut ist!", „Sie als Experte werden es meinem Team schon erklären können!" u.v.a.) und den eigenen Möglichkeiten und Grenzen der Beratung. Gerade solche Ansprüche bringen uns immer wieder in eine Zwickmühle, aus der wir uns nur durch Fragen und Klärungen gleich zu Beginn – eben im Contracting kompakt – befreien können. Für dieses oft schwierige und manchmal auch langwierige Gespräch der Auftragsklärung am Beginn lösungsorientierter Beratungsprozesse habe ich zusammen mit Ben Furman, dem Begründer der Reteaming-Methode, eine einfache und klare Struktur (weiter-)entwickelt, die dem Berater helfen soll, effizient Ziel- und Lösungsorientierung in komplexen Anfangssituationen zu gewinnen, einen Arbeitskontrakt zu formulieren und das dazugehörige optimale Setting zu finden.

▶ Zeitbedarf 1 bis max. 1,5 Stunden

Setting

Am Beginn jedes Beratungsprozesses – den Fokus lege ich hier auf Einzel- und Teamcoaching – muss die Klärung des Auftrags (des Ziels der Beratung) und die Abstimmung der gegenseitigen Erwartungen stehen. Es gilt, „berechenbare Inseln" (Fritz B. Simon) zu erschaffen, um die Komplexität angemessen zu reduzieren.

Kontext und Zielsetzung

Ziel des Contractings kompakt ist es, gemeinsam mit dem Kunden einen Arbeitsauftrag (Zielrahmen, „global goal") und ein adäquates

Setting (Wer gehört dazu, wenn dieses Ziel erreicht/diese Frage erfolgreich bearbeitet werden soll? Wie viel Zeit wird das beanspruchen?) zu vereinbaren. Das Instrument hilft dem Berater, sich aus der „Auftrags-Zwickmühle" und somit aus drohendem Autonomieverlust herauszuhalten und damit den Kunden in einen soliden und konstruktiven Beratungsprozess zu führen.

Ausführliche Beschreibung

Berater werden von Menschen häufig dann gerufen, wenn sie sich mit Problemen konfrontiert sehen, die Unbehagen bereiten oder sogar als Bedrohung erlebt werden.

Wenn ein Kunde Probleme fokussiert, kann das zu einer Problemtrance oder einem „stuck state" führen. Die Betroffenen sind gleichsam überwältigt von der Sogkraft des Problems und damit in ihren Handlungsoptionen eingeschränkt. In dieser Phase ist der Blick auf Ziele und Lösungen häufig verstellt. Eine tiefer gehende Analyse des „Problems" würde die Situation eher verschärfen, da man nicht verhindern kann, dass Beteiligte das Gesicht verlieren, sich angegriffen fühlen oder dass eine Suche nach Schuldigen beginnt. Deshalb wird im lösungsorientierten Ansatz darauf verzichtet. Am Ausgangspunkt für jede Beratung steht das Ziel des Kunden.

Folgende **Regeln und Haltungen** sind für den Dialog sinnvoll:

- Wertschätzung der betroffenen Personen
- anerkennen, was als Problem wahrgenommen wird
- lösungsorientiert und inhaltlich fragen
- nicht (gleich) nach Lösungen suchen
- Anerkennung für bisherige Bemühungen
- Erarbeiten einer Frage (eines „global goals") als Ausgangspunkt und Verpflichtung für einen Arbeitsrahmen

Idealtypischer Ablauf des Contractings kompakt

In der ersten Phase des Gesprächs hat der Kunde das Wort. Er will „mit seinem Problem bei seinem Berater landen", dabei vermittelt er oft viel Information. Der Berater hört geduldig zu und stellt sich auf den Kunden mit dem Fokus ein: „Welche Stärken werden hier bereits sichtbar?" Dann bittet er um Erlaubnis, Fragen stellen zu dürfen. Das ist ein entscheidender Punkt im Gespräch, denn nun übernimmt der Berater die Gesprächsleitung und der Beratungsprozess beginnt.

Die folgenden **Schlüsselfragen** (1. bis 8.) können in der vorgeschlagenen Reihenfolge gestellt werden, häufig ist es nützlich, vertiefende Zusatzfragen zu stellen:

1. Was möchten Sie entwickeln, was ist Ihr Ziel?
   - Was passiert, wenn alles so bleibt, wie es ist?
   - Was ist (für wen) der Vorteil des Status quo?
   - Wie könnten Sie/andere das Problem verschlimmern?
   - Gibt es Ausnahmen vom problematischen Zustand? Was ist dann anders?
   - Wenn Sie Ihr (sehr großes) Ziel in Etappen aufteilen, was wäre ein erstes Teilziel?
   - Seit wann besteht das Problem?
   - Auf einer Skala von 1–10 – wie hoch ist Ihr Wunsch, diese Situation zu verändern?

2. Woran würden Sie erkennen, dass die Beratung erfolgreich/nützlich ist?
   - Was wäre ein erstes Zeichen, dass Sie wissen, es wird besser?
   - An welchen Kriterien würden Sie einen Erfolg der Beratung erkennen?

3. Wenn ich als Berater erfolgreich wäre, wie würden Sie das wissen?
   - Welche Rolle haben Sie mir zugedacht?
   - Worin besteht meine Leistung für Sie?

4. Welchen Gewinn hätten Sie/andere?
   - Wer hätte welchen Gewinn, wenn das Ziel erreicht würde?
   - Wer hätte welchen Gewinn, wenn der Konflikt ungelöst bliebe?

5. Was haben Sie bisher zur Lösung versucht?
   Hinweis: Meistens wird in problematischen Situationen übersehen, dass es gerade hier immer auch Bemühungen und Beiträge des Kunden zur Lösung gab und gibt, dafür gebührt ihm Anerkennung!

6. Wie könnten wir ein Motto (Ziel, „global goal") für unsere gemeinsame Arbeit formulieren?
   Hinweis: Am besten findet der Kunde das Motto selbst, er kennt die Sprache seines Systems und weiß, wovon sich seine Teammitglieder und natürlich er selbst angesprochen fühlen. Das Motto darf jedenfalls nicht einengen, es soll eine grobe Zielrichtung vorgeben.

7. Wer muss (unbedingt) eingeladen werden und wie werden Sie Ihre Mitarbeiter informieren?

- Wer kann etwas zur Lösung beitragen?
- Was ist das kleinstmögliche zu beratende System?
- Wer kann ungestraft weggelassen werden?
- Wer darf keinesfalls fehlen?
- Welchen Zeitrahmen geben wir uns?
- Wer hat Einfluss auf das System (Organigramm)

Hinweis: So wenige Personen wie möglich, aber keine wichtige weniger (Fritz B. Simon).

... und zusätzlich:
8. Habe ich etwas Wichtiges noch nicht gefragt?

9. Was wir außerdem noch zu klären haben:
   - Wünsche/Erwartungen des Coachs an die Auftraggeber (z.B. Zeit zum ungestörten Reden mit Auftraggebern, Zugang zu Schlüsselpersonen, ausreichender Zeitrahmen, kein Missbrauch der Rolle, Zugang zu wichtigen Informationen, Bereitschaft zur Mitarbeit, Erledigen von Hausaufgaben)
   - Angebote des Coachs (Inhalte und Ziele der Beratung – technisch, methodisch und persönlich, Evaluierung des Beratungsergebnisses)
   - Honorar und Zahlungsmodalität, Auftragsbestätigung (inkl. Allgemeine Geschäftsbedingungen)

Weiteres Vorgehen

Wenn das Motto („global goal") von allen Beteiligten akzeptiert ist, kann man mit den Schritten der Reteaming-Methode fortfahren: Beschreibung des Zielzustandes (Ideal-Szenario) – Ziel identifizieren – Nutzen der Zielerreichung bewusst machen – jüngste positive Entwicklung beachten – Unterstützer rekrutieren – erste Überlegungen zu konkreten Schritten – verbindlichen Aktionsplan erstellen – Herausforderung anerkennen – Gründe für die Zuversicht finden – individuelle Beiträge versprechen – Monitoring des Fortschritts – Strategien gegen mögliche Rückschritte finden – Erfolg feiern.

Kommentar

▶ Wichtig erscheint mir, dass der Berater auf sein „Körpergefühl" während des Contractings kompakt achtet (Gefühl der Autonomie), denn der eigene Körper ist die beste Supervisor. Wenn man als Berater irgendeine Form von Beklemmung spürt, liegt das meistens daran, dass man wichtige Fragen nicht gestellt hat.

- Im Falle eines Teamcoachings gebe ich den Auftraggebern am Ende des Contractings kompakt den Hinweis, dass dieses Gespräch und das global goal den Charakter eines Vorkontraktes hat und im Rahmen der Kontextklärung am Beginn der Beratung nochmals zur Diskussion gestellt werden muss („Passt das global goal?"). Dieser Punkt entfällt natürlich, wenn das Contracting kompakt mit dem gesamten Team erfolgt ist. **Wichtiger Hinweis:** Das Ziel (Motto, „global goal") soll „weit" gesteckt sein und „darf" in dieser Phase unscharf sein (nicht unbedingt SMART!).

Quellen/Literatur

- Fritz B. Simon u. Christel Rech-Simon (1999): Zirkuläres Fragen. Carl-Auer-Systeme Verlag, Heidelberg, S. 270-272.
- Merl (2006): Über das Offensichtliche oder: den Wald vor lauter Bäumen sehen. Verlag Krammer, Wien.
- Ben Furman u. Tapani Ahola (2007): TwinStar – Lösungen vom anderen Stern, Teamentwicklung für mehr Erfolg und Zufriedenheit am Arbeitsplatz. Carl-Auer-Systeme Verlag, Heidelberg, 2. Aufl.
- Wilhelm Geisbauer (Hrsg.) (2006): Reteaming – Methodenhandbuch zur lösungsorientierten Beratung. Carl-Auer-Systeme Verlag, Heidelberg, 2. Aufl.

Lösungsorientierte Wellen schlagen

Alan Kay, Kanada

Kurzbeschreibung In unseren Workshops helfen wir den Klienten herauszufinden, dass sie
- mehr arbeiten als sie sich klarmachen,
- bereits einige gute Ideen haben, was in Zukunft passieren soll und
- nicht weiter über ihre Probleme zu reden brauchen.

Warum sollen wir ihnen also nicht die Freude machen, ihnen dieses Wissen bereits vor dem Workshop zu vermitteln und damit den gesamten Prozess und die Ergebnisse des Workshops beschleunigen?

Setting
- Entwickeln Sie ein Formular für Vorab-Befragungen, das auf die Ziele und gewünschten Ergebnisse von verschiedenen Klienten angepasst werden kann (siehe Beispiel am Ende des Beitrags).
- Versuchen Sie, alle Teilnehmer des geplanten Workshops per E-Mail an dieser Befragung zu beteiligen.
- Führen Sie außerdem Telefoninterviews mit einigen Schlüsselpersonen vorab.

Kontext und Zielsetzung

Diese Aktivität hilft Teams mit ganz unterschiedlichen Interessen und ist vor allem nützlich, wenn es an Orientierung fehlt und starke Emotionen im Spiel sind. Auch für die strategische Planung ist die Aktivität sehr hilfreich. Sie kann generell zur Vorbereitung jeder Art von Workshops oder Moderationen genutzt werden.

Es geht dabei vor allem darum, dass das Team beim Workshop effizienter und effektiver arbeiten kann. Wir können es den Menschen leichter machen, in einem aufgeschlossenen Gemütszustand beim Workshop anzukommen und den Orientierungsprozess auf zukünftige Änderungen zu beschleunigen, indem wir ihnen helfen, ihre Stärken zu entdecken und Zukunftsideen schon vor dem Workshop zu entwickeln. Nach dieser Aktivität haben wir schon Teams erlebt, die eine hilfreiche Perspektive entwickelt hatten, die ihren ursprünglichen Ansichten völlig entgegengesetzt war und sich nun fragten, worüber sie sich eigentlich vorher geärgert hatten.

Ausführliche Beschreibung

1. Schritt:

Verkaufen Sie Ihren Klienten während der Auftragsklärung das Konzept einer Workshop-Vorbereitung mit dem Argument, dass dies den Workshop selbst beschleunigen und sehr viel effektiver machen wird. Klienten schätzen dies als einen wesentlichen Nutzen. Erläutern Sie, dass diese Aktivität vor dem Workshop kein Forschungsinstrument ist und dass der Klient die Rückmeldungen für seine eigene Vorbereitung nutzen kann, jedoch nicht nutzen muss. Sie können auch vorschlagen, das Feedback selbst auszuwerten, allerdings nur als Option.

Es gibt zwei Formen der Workshop-Vorbereitung: erstens die standardisierte E-Mail-Befragung, die an alle Teilnehmenden geht, und zweitens 30-minütige Telefoninterviews mit einer kleinen Gruppe von Teilnehmenden, in der Regel mit vier bis sechs Personen.

In beiden Fällen möchten wir, dass die Teilnehmenden darüber nachdenken, ...
- was in der Organisation beziehungsweise im Team schon gut funktioniert,
- was sie gerne anders hätten beziehungsweise an welchen Veränderungen sie gerne arbeiten möchten,
- wie ein möglicher Erfolg nach dem Workshop konkret aussehen könnte.

2. Schritt:

Wenn der Klient dem Auftrag und Projektdesign zugestimmt hat, entwickeln Sie eine Vorlage für die E-Mail-Befragung (siehe Beispiel am Ende des Beitrags). Stützen Sie sich dabei auf die Ziele und Bedürfnisse des Klienten und der Teilnehmenden. Ein Standardfragebogen kann dazu durchaus geeignet sein. Es kann auch sein, dass Sie die Fragen den Kundenwünschen anpassen möchten. Dies möchte ich am Beispiel einer solchen Anpassung für die Fragen nach dem Erfolg in der Zukunft kurz demonstrieren:

▶ Standardversion:
Stellen Sie sich vor, es ist der (Datum) und wir haben erfolgreich gearbeitet.
– Was machen wir ganz konkret?
– Welche konkreten Aktionen haben wir unternommen, um so erfolgreich zu sein?

Falls das Anliegen des Klienten sich vor allem auf bessere Teamarbeit und Kundenorientierung bezieht, könnte daraus Folgendes werden:

▶ Angepasste Versionen:
Stellen Sie sich vor, es ist der (Datum) und wir sind nun eine Marke mit wachsendem Erfolg:
– Was tun wir ganz konkret für unsere Kunden?
– Welche kundenorientierten Aktionen haben wir unternommen, um so ein erfolgreiches Team zu werden?

Bitten Sie die Unternehmensleitung des Klienten, diese E-Mail-Befragung zu versenden, zusammen mit einem Begleitbrief, der die Aktion erklärt. Legen Sie einen Rücksendetermin nahe am Workshop fest und planen Sie dabei etwas Zeit ein, damit Ihr Klient die Rückmeldungen durchsehen kann.

Führen Sie außerdem die Telefoninterviews mit einigen ausgewählten Workshop-Teilnehmenden durch. Achten Sie darauf, dass Sie zwei verschiedene Arten von Teilnehmenden für diese Telefoninterviews haben, Veränderungswillige und Traditionalisten. Das Gespräch sollte dem gleichen Leitfaden folgen wie die E-Mail-Befragung: Stärken, erwünschte Unterschiede und Ergebnisse. Beginnen Sie das Gespräch mit Fragen nach Geschäftszielen. Es kann auch angemessen sein, zu Beginn nach einer kurzen Beschreibung dessen zu fragen, was die Interviewten als Haupthindernisse für den Erfolg ansehen. Dies gibt Ihnen ein breiteres Verständnis für die Perspektive der Workshop-Teilnehmenden, als Sie es von der Unternehmensleitung bekommen könnten. Arbeiten Sie im Gespräch schnell auf Lösungen hin, indem Sie z.B. danach fragen, wie der Workshop sein soll, damit er für den Befragten, für sein Team oder für andere Interessengruppen (z.B. Kunden), besonders hilfreich sein könnte.

3. Schritt:

Da die Rückmeldung an den Klienten gesandt wird (rechnen Sie nicht in jedem Fall mit 100-prozentiger Teilnahme) kann es sein, dass Sie ihn daran erinnern müssen, dass diese Ergebnisse nicht ausgewertet werden müssen. Sie können ihn jedoch bitten, einige interessante und aufschlussreiche Kommentare herauszunehmen und diese den Teilnehmenden zu Beginn des Workshops als besondere Wertschätzung mitzuteilen.

Wahrscheinlich möchte Ihr Klient über die Ergebnisse der Telefoninterviews informiert werden. Auch hierbei sind nur die interessantesten und aufschlussreichsten Kommentare wirklich nützlich. Schließlich wollen wir nicht, dass die Klienten anfangen, neue Probleme zu entwickeln. Wenn im Gespräch nach neuen Problemen gesucht werden sollte, weisen Sie darauf hin, was alles noch gesagt wurde und betonen Sie, dass solche Aussagen in dieser Phase ganz normal sind. Beziehen Sie sich vor allem auf die Lösungsideen, die von den Interviewteilnehmenden genannt wurden.

4. Schritt:

Sorgen Sie zu Beginn des Workshops dafür, dass die Unternehmensleitung dem Team für die Vorarbeit dankt und es wertschätzt, indem sie einige der Einsichten laut vorliest und dann die Moderation an Sie weitergibt. Damit sorgen Sie dafür, dass die Teilnehmenden von Beginn an Lösungsideen hören und in diese Richtung weiterdenken.

Ungefähr vier bis sechs Wochen nach Abschluss des Workshops sollte der Berater nachfragen: „Was ist jetzt anders?"

Weiteres Vorgehen

Hintergrund dieses Ansatzes sind vor allem zwei Aspekte:

Kommentar

1. Es gehört zu den Grundeinsichten von Change-Management, dass jeder Veränderung eine Menge Kommunikation vorgeschaltet sein sollte. Diese Art von Befragungen sind eine Form der Kommunikation, die klar macht: „Wir interessieren uns für Eure Ansichten!"
2. Weil wir während des Workshops über Lösungen und nicht über Probleme sprechen wollen, können wir damit auch schon vorher anfangen. Dies hilft nicht nur den Teilnehmenden, sondern auch der Unternehmensleitung.

Teams, die schon gut auf eine Veränderungsnotwendigkeit ausgerichtet sind, werden sehr gut damit zurechtkommen. Teams, in denen es große Unterschiede in der Ausrichtung, Philosophie und Praxis gibt, werden es sehr hilfreich finden. Wir erlebten zum Beispiel einmal, dass eine äußerst frustrierte und zerstrittene Vorstandsgruppe zum Abendessen vor dem Workshop kam und ganz überrascht war, dass es kaum noch unterschiedliche Sichtweisen gab. Während des Abends bemerkten alle, wie positiv sich die Atmosphäre verändert habe.

Sie müssen dem beschriebenen Vorgehen nicht bis in jedes Detail folgen. Vielleicht hat Ihr Klient bereits bewährte Erhebungsmethoden, die sich leicht anpassen lassen, um sie auf Lösungen hin zu fokussieren. Es kann auch hilfreich sein, mehr Zeit in Interviews zu investieren, wenn es die Aufgabe erfordert, vor allen Dingen, wenn es um eine sehr große Gruppe geht, die mehr als einen Workshop benötigt.

Schließlich sei noch angemerkt, dass ein Klient, der mit diesem Ansatz in einem Jahr sehr erfolgreich gearbeitet hatte, sich im folgenden Jahr dafür entschied, die Vorarbeit zu einem Workshop mit problemorientierten Fragestellungen anzugehen. Der Klient bemerkte schnell, dass diese Art der Vorarbeit nicht so gut funktionierte. Beim Workshop konzentrierten wir uns daher wieder auf Lösungen.

Quellen/Literatur Mein Dank geht an all die wunderbaren Menschen, die den Solution Focus entwickelt haben.

Beispiele **Anschreiben**

Sehr geehrte *<Anrede>*,

wie Sie wahrscheinlich schon wissen, werden wir am <Datum> einen Workshop zum Thema *<Thema>* durchführen, an dem Sie teilnehmen werden.

Je besser eine solchen Veranstaltung vorbereitet ist, umso zufriedener sind unserer Erfahrung nach hinterher die Teilnehmenden. Damit das auch dieses Mal so sein wird, benötigen wir Ihre Unterstützung.

Im Folgenden finden Sie einen kurzen Fragebogen zu Ihrer Erwartungshaltung und zu bewertbaren Erfolgskriterien dieses Workshops. Ihre Rückmeldung ist wichtig für eine gelungene Vorbereitung. Wir werden diese selbstverständlich vertraulich behandeln. Bitte gönnen Sie sich 10 Minuten Zeit, um die Fragen vollständig zu beantworten. Klicken Sie einfach auf „Antworten", füllen Sie den Bogen aus und senden Sie ihn spätestens bis zum <Datum> wieder zurück.

Vielen Dank für Ihre Unterstützung.

Mit freundlichen Grüßen
<Unternehmensleitung>

Fragebogen zur Vorbereitung des Workshops am <Datum>

1. Was muss an dem Tag konkret passieren, damit Sie hinterher sagen: „Das war eine erfolgreiche und zufriedenstellende Veranstaltung!"?
   - Welche Themen müssen angesprochen werden?
   - Welche Ergebnisse müssen am Ende vorliegen?

2. Was werden Sie selbst dazu beitragen, dass die Veranstaltung erfolgreich und zufriedenstellend sein wird?

3. Angenommen, die Veranstaltung war ein voller Erfolg. Wie wird sich das in einem halben Jahr in Ihrem Arbeitsbereich bemerkbar machen?
   - Woran werden Sie und Ihre Mitarbeiter in einem halben Jahr merken, dass Sie beim Workshop erfolgreich gearbeitet haben?
   - Was werden Sie dann konkret anders machen?
   - Was wird für Sie persönlich der Nutzen sein?
   - Welchen Nutzen wird das Unternehmen insgesamt davon haben?

Mission impossible?

Klaus Botzenhardt, Deutschland

Kurzbeschreibung   Wenn Sie nicht als Berater von außen, sondern als interner Mitarbeiter des Unternehmens, in dem Sie beschäftigt sind, einen Auftrag erhalten, hat das seinen ganz besonderen Reiz. Zusätzlich zur Auftragsklärung mit dem Kunden ist dann eine intensive Klärung der eigenen Position im Beziehungsnetz Ihres Unternehmens nötig. Deshalb ist „intern" hier im doppelten Sinn zu verstehen: Betriebsintern und im Sinne von „interner" Selbstreflexion.

Das Tool unterstützt Sie bei der eigenen Positionsbestimmung im Rahmen interner Aufträge. Es verhilft Ihnen zur Orientierung, macht Mut und fördert Ressourcen.

Setting   Nehmen Sie sich (eventuell mehrmals) 30 bis 45 Minuten Zeit dafür. Es ist Ihre Zeit. In dieser Zeit geht es in erster Linie um Sie, und nicht um Ihre Kunden und Auftraggeber. Investieren Sie diese Zeit zusätzlich zu der Zeit, die Sie für Gespräche mit dem Auftraggeber und Kunden benötigen. Sie können mit diesem Ressourcencheck für sich alleine arbeiten. Es kann auch nützlich sein, ihn mit einem Kollegen oder auch mit einem externen Coach durchzugehen.

Dieses Tool dient vor allem der Selbstreflexion des Beraters. Berücksichtigen Sie deshalb so weit wie möglich Ihre persönlichen Vorlieben: Wo und wann in Ihrem beruflichen Alltag haben Sie Rückzugsmöglichkeiten, um ungestört nachdenken zu können. Welche Visualisierungsmöglichkeiten bevorzugen Sie (Tafel, Notizblock, Flipchart, Laptop)?

Kontext und Zielsetzung   ▶ Das Tool kommt vor und nach dem auftragsklärenden Gespräch mit dem internen Kunden zum Einsatz.

Mission impossible?

▶ Als Insider kennen Sie Ihr Unternehmen meist besser als jeder externe Berater. Sie kennen das Dickicht formaler und informeller Regeln, die Beziehungen und Stimmungen im Haus, Sie wissen um die wirtschaftliche Positionierung Ihres Unternehmens, Sie kennen die Stärken und Schwächen Ihrer Abteilung, des Managements und auch Ihre eigenen. Ein Risiko dabei: Sie als interner Mitarbeiter stehen bei der Durchführung eines Auftrags oft unter weit höherem Erfolgsdruck als ein Externer. Und bei einem Misserfolg haben Sie möglicherweise mehr zu verlieren. Es besteht deshalb die Gefahr, dass nicht nur Ihre Kunden, sondern auch Sie selbst sich in einer Problemtrance verheddern. Das Tool unterstützt Sie dabei, solche Risiken richtig einzuschätzen, einen klaren Kopf zu bewahren und auch bei einer „Mission impossible" einen lösungsorientierten Kurs beizubehalten.

---

1. Erstellen Sie ein **Organigramm** Ihres Unternehmens. Wo sind Sie, Ihr Chef, Ihre Abteilung positioniert? Tragen Sie in das Organigramm die Vernetzungen und Beziehungen ein, die im Zusammenhang mit Ihrem Auftrag wichtig sind (Ressourcen, Konflikte, Spannungen, Abhängigkeiten).

Ausführliche Beschreibung

2. Führen Sie nun anhand einer Matrix einen **Ressourcencheck** durch (siehe Tab. unten). In der ersten Spalte finden Sie hierzu acht Skalierungsfragen. Die Fragen unterstützen Sie dabei, typische Risiken Ihres internen Auftrages zu erkennen. Stufen Sie sich auf einer Skala von 1 bis 10 ein. Arbeiten Sie nun jeweils mit den Fragen A bis E weiter. Sie ermöglichen Ihnen einen lösungsorientierten Umgang mit diesen Risiken.

Skalierungsfragen	Ressourcenfragen
1. Wie zuversichtlich sind Sie, mit dem Erfolgsdruck angemessen umgehen zu können? 2. Wie zuversichtlich sind Sie, mit brisanten Informationen, die Sie im Zusammenhang mit dem Auftrag erhalten, angemessen umgehen zu können?	A. Woran liegt es, dass Sie sich bei x einstufen und nicht bei 1? B. Welche Umstände und welche Menschen (einschließlich Sie selbst) haben dazu beigetragen, dass Sie sich bei x einstufen können und nicht bei 1?

Skalierungsfragen	Ressourcenfragen
3. Wie zuversichtlich sind Sie, Ihre eigenen Abhängigkeiten (materieller und nicht materieller Art) im Betrieb realistisch einschätzen zu können? 4. Wie zuversichtlich sind Sie, mit Auftraggeber und Kunden, die in der Unternehmenshierarchie über oder unter Ihnen stehen, angemessen kommunizieren zu können? 5. Wie zuversichtlich sind Sie, aus einer möglichen Problemtrance einen lösungsorientierten Ausweg zu finden? 6. Wie zuversichtlich sind Sie, auch versteckte, „unsaubere" Aspekte Ihres Auftrags wahrnehmen zu können? 7. Wie zuversichtlich sind Sie insgesamt, dass Ihnen eine erfolgreiche Auftragsklärung gelingt? 8. Wie zuversichtlich sind Sie insgesamt, dass Sie den Auftrag erfolgreich ausführen können?	C. Stellen Sie sich die Situation bei optimaler Einstufung (10) vor. Was ist dann anders? D. Welche Einstufung halten Sie für mindestens notwendig, um den Auftrag erfolgreich erledigen zu können? E. Was können Sie tun, um zu diesem Punkt (D) oder weiter zu kommen?

Ein Muster dieser Matrix finden Sie im Internet unter: www.managerseminare.de/pdf/anlagen_tb-7063.pdf

Anmerkung: 40 lösungsorientierte Fragen zu beantworten ist eine ganze Menge. Gehen Sie entspannt an diese Arbeit. Entscheiden Sie selbst, wo bei Ihrem internen Auftrag die Knackpunkte liegen könnten und welchen Fragen und Ressourcen Sie besondere Aufmerksamkeit schenken sollten.

Weiteres Vorgehen

Weisen Sie auch Ihren Auftraggeber, Ihre Kunden und Ihren Vorgesetzten auf die Besonderheiten eines internen Auftrags hin. Machen Sie auf diese Weise klar, dass Sie sich zu den Rahmenbedingungen Ihres Auftrags Gedanken gemacht haben und zu Einschätzungen gekommen sind, die die Besonderheiten des Unternehmens berücksichtigen.

Kommentar

Ich freue mich über jeden internen Auftrag. Auch wenn es Zeit und Energie kostet, stelle ich meine Fähigkeiten über mein normales Aufgabengebiet hinaus gerne unter Beweis. Positive Rückmeldungen motivieren mich.

Dabei gehe ich bewusst mit einer gewissen Risikofreudigkeit an den Auftrag heran. Nach meiner Erfahrung ist auch nicht immer eine hundertprozentige Klärung des Auftrags möglich. Umso wichtiger ist es, auf einige typische Risiken und Nebenwirkungen interner Aufträge vorbereitet zu sein.

Der Kniff: Die Ressourcenmatrix dient hierbei als Frühwarnsystem. Es lenkt die Aufmerksamkeit auf potenzielle Gefahrensituationen und hilft, einen konsequent lösungsorientierten Kurs beizubehalten.

Quellen/Literatur

Die Matrix habe ich zur Klärung meiner eigenen internen Aufträge entwickelt. Wichtige Quellen waren dabei:

- Lilo Schmitz (2002): Lösungsorientierte Gesprächsführung, x-Lösungen.
- Christoph Thomann (2004): Klärungshilfe. Konflikte im Beruf 2, Reinbek. Rowohlt Taschenbuch Verlag.

Kapitel 2

Übungen zu Beginn – einen gelungenen Start finden

In diesem Kapitel lesen Sie:

Aufwärmübung für große Gruppen 39
Wie Sie Informationen über Ihre Teilnehmenden erhalten,
ohne jedem Einzelnen die Hand schütteln zu müssen

Brillante Momente 43
Viele kleine Erfolgsfaktoren finden
und darauf aufbauen

Das Wunder auf der Arbeit 50
Wie Sie sich auf zweifache Weise Ressourcen erschließen

Der Teamgeist 53
Ressourcen und Chancen der Zusammenarbeit
im Team und Leistungspotenziale des Teams aktivieren

Die Lösungs-Zwiebel 57
Teilnehmerinnen und Teilnehmer gleich zu Beginn
des Workshops miteinander ins Gespräch bringen

Ressourcen-Telefon 59
Ein wertschätzend geflüstertes Feedback
unter den Teilnehmenden

Was habe ich davon? 62
Teilnehmerinnen und Teilnehmer geben sich
untereinander Anregungen für ihre persönliche Entwicklung

Aufwärmübung für große Gruppen

Alasdair J Macdonald, Vereinigtes Königreich

Eine schnelle und hauptsächlich nonverbale Übung für kleine bis sehr große Gruppen. Sie erzeugt gegenseitiges Interesse bei den Teilnehmenden und bereitet sie darauf vor, an Ressourcen und Kompetenzen zu arbeiten. Der Moderator gewinnt einiges an Informationen über Kenntnisse und Interessen der Teilnehmenden im Hinblick auf lösungsorientierte Arbeit.

Kurzbeschreibung

- Möglich mit Teilnehmerzahlen von fünf bis zu mehreren Hundert. Es ist jedoch notwendig, alle zu sehen.
- Dauer: Insgesamt 5 bis 6 Minuten
- Wenn die Gruppe klein genug ist, kann die Übung nach der individuellen Vorstellung der Teilnehmenden durchgeführt werden. Bei großen Gruppen kann sie vor oder nach der Vorstellung des Moderators eingesetzt werden.
- Die Übung erfordert keinerlei technische Voraussetzungen. Sie ist allerdings sehr viel weniger Erfolg versprechend, wenn Sie nicht alle Teilnehmenden sehen können. Sie wird also schwierig bei gestaffelten Stuhlreihen oder wenn ein Teil der Teilnehmenden die Veranstaltung auf Monitoren in anderen Räumen verfolgt.

Setting

- Die Methode wurde ursprünglich für große Gruppen entwickelt, die jedwede Form individueller Vorstellungsrunden unmöglich machten. Sie ist aber ebenso effektiv bei kleineren Gruppen und kann auch in Räumen mit festen Stuhlreihen eingesetzt werden.
- Am besten passt die Übung zu einem Erstkontakt. Sie kann auch bei einem Folgekontakt mit der Gruppe eingesetzt werden. Dann sollten allerdings andere Fragen gefunden werden. Bei Gruppen, die sich besser kennen oder öfter treffen, ist die Übung wenig hilfreich.

Kontext und Zielsetzung

Alasdair J Macdonald

▶ Die Teilnehmenden entdecken Kompetenzen. Sie erkennen sie bei sich selbst und spüren, dass der Moderator diese Fähigkeiten bei ihnen zur Kenntnis nimmt. Dies ebnet den Weg zu nachfolgenden Übungen mit dem Fokus auf Anerkennung, Stärken und Belastbarkeit. Die gegenseitige Neugier wird geweckt und ermutigt zu stärkerer sozialer Interaktion.
▶ Der Effekt der Übung: Die Menschen lächeln, scheinen stolz zu sein, schauen sich an und flüstern sich Fragen zu: „Was für ein Haustier?!" Das Heben der Hände öffnet die Körperhaltung und entkrampft. Es steigt die Bereitschaft, sich an der nachfolgenden Arbeit zu beteiligen.

Ausführliche Beschreibung

Der Moderator stellt die folgenden Fragen und macht danach Pausen, um jedes Mal die Antworten zu registrieren:

„Ich wüsste gerne ein wenig mehr über Sie:

- ▶ *Bitte heben Sie die rechte Hand, wenn Sie schon einmal ein Training in lösungsorientierter Beratung gemacht haben.*
- ▶ *Bitte heben Sie die linke Hand, wenn Sie Geschwister haben.*
- ▶ *Bitte heben Sie die Hand, wenn Sie in (der Stadt, in der der Workshop stattfindet) leben.*
- ▶ *Bitte heben Sie die Hand, wenn Sie heute mit dem Auto hierher gefahren sind.*
- ▶ *Bitte heben Sie die Hand, wenn lösungsorientierte Beratung die bevorzugte Art ist, wie Sie mit Menschen arbeiten.*
- ▶ *Bitte heben Sie die Hand, wenn Sie Kinder haben.*
- ▶ *Bitte heben Sie die Hand, wenn Sie mit Kindern und Jugendlichen arbeiten.*
- ▶ *Bitte heben Sie die Hand, wenn Sie ein Haustier haben.*
- ▶ *Bitte heben Sie die Hand, wenn dieses Haustier weder Hund noch Katze ist.*
- ▶ *Bitte heben Sie die Hand, wenn Sie ein Instrument spielen können oder in einem Chor singen.*
- ▶ *Bitte heben Sie die Hand, wenn Sie ein Kind in der Pubertät haben.*
- ▶ *Bitte heben Sie die Hand, wenn Sie einen Mannschaftssport ausüben.*
- ▶ *Bitte heben Sie die Hand, wenn Sie mehr als eine Sprache sprechen.*

All diese Eigenschaften sind wichtig für das, was wir heute vorhaben. Sie alle erfordern kommunikative Kompetenzen in komplexen Situationen.

Und sie erfordern die Fähigkeit, mit anderen effektiv zu kooperieren, durch Sprache oder andere Mittel."

Nehmen Sie als Moderator Augenkontakt zu den Teilnehmenden auf, wenn sie die Hände heben. Nicken Sie, lächeln Sie und lassen Sie sich beeindrucken – das alles ist hilfreich. Wenn Sie mögen, können Sie sich aufschreiben, wie viele Hände sich bei den einzelnen Fragen heben. Dies zeigt, dass Sie die Antworten ernst nehmen – es ist allerdings nicht unbedingt notwendig. Eine direkt verwertbare Information für Sie liefert vor allem der Anteil derjenigen, die bereits lösungsorientierte Ideen kennen, und derjenigen, die am liebsten damit arbeiten. Dies macht es Ihnen leichter, die folgenden Aktivitäten im Workshop den Kenntnissen anzupassen. Wenn ein großer Teil der Teilnehmenden musiziert oder singt, können Sie während des Workshops mit musikalischen Metaphern arbeiten. Falls Sie eine zweite Sprache beherrschen, können Sie eine zusätzliche letzte Frage stellen: „Bitte heben Sie die Hand, wenn Sie ... sprechen können." Wenn ausreichend Teilnehmende Ihre zweite Sprache sprechen, kann das im Folgenden helfen, Bedeutungen und Fragen zu klären.

Als Nächstes stellen Sie den Tagesablauf vor und beginnen mit der Arbeit am Thema. Die Übung hat die Aufmerksamkeit auf bestehende Fähigkeiten und das Interesse an lösungsorientierter Beratung gelenkt. Vielleicht haben Sie auch Energie für Themen wie Musik oder Kinderbetreuung entdeckt, an die Sie während des Workshops anknüpfen können.

Weiteres Vorgehen

Ich entwickelte diese Übung aufgrund eines Missverständnisses mit dem Organisator einer Veranstaltung. Während ich mich auf 30 Teilnehmende vorbereitet hatte, stand ich plötzlich 100 Menschen gegenüber. Da ich nicht einfach zwei Drittel wieder nach Hause schicken konnte, musste ich meinen Plan für die Übungen rasch ändern. Seitdem nutze ich diese Version in fast jedem Workshop. <u>Meiner Meinung nach richtet die Übung die Aufmerksamkeit vom ersten Moment an auf Fähigkeiten und Anerkennungen.</u>

Kommentar

Ebenso wie lösungsorientierte Beratung spricht diese Übung Stärken und Kompetenzen der Teilnehmenden an, die diese vielleicht vorher noch nicht bemerkt oder mitgeteilt haben. Wenn die Fragen gut ausgesucht wurden, hat am Ende der Übung fast jeder Teilnehmende die Hand als Antwort auf eine oder mehrere Fragen gehoben. Damit entsteht ein gegenseitiges Gefühl von Verbundenheit.

Es heißt, dass die dominante (gewöhnlich die rechte) Hand für die bewusste/kontrollierte Seite des Lebens steht und dass die nicht dominante (oft die linke) Hand die unbewussten/spontanen Aspekte des Lebens betont. Um beide Seiten einzubeziehen, zielen die beiden ersten Fragen auf jeweils eine spezifische Hand. Dies regt außerdem die Aufmerksamkeit an, bei den folgenden Fragen genau auf den Wortlaut zu achten. Um Zeit zu sparen, ist es danach nicht mehr notwendig, in den Fragen eine spezifische Hand zu benennen.

Je nach Thema und Teilnehmerkreis können Fragen ergänzt, geändert oder weggelassen werden. Ich empfehle Ihnen, die Fragen eher allgemein zu halten. „Bitte heben Sie die Hand, wenn Sie für eine große Firma arbeiten" ist nicht so provokativ wie „Bitte heben Sie die Hand, wenn Sie für Microsoft arbeiten". Begrenzen Sie die Zahl der Fragen, sonst dauert die Übung zu lange und verliert den Reiz des Neuen.

Fragen zu Alter, Familienstand und Größe der Familie können Unbehagen erzeugen und sollten besser vermieden werden. Vor allem, wenn die Teilnehmenden alle aus der gleichen Firma oder Organisation kommen, können diese Themen persönliche Bereiche berühren, die die Menschen nicht offenbaren möchten.

Quellen/Literatur Nach bestem Wissen und Gewissen habe ich die Übung als Rettung in einer schwierigen Situation erfunden. Allerdings habe ich schon eine Menge außerordentlicher lösungsorientierter Moderatoren bei der Arbeit beobachtet. Sagen Sie mir bitte Bescheid, falls ich unabsichtlich die Idee von jemand anderem als meine ausgebe.

Brillante Momente

Mark McKergow, Vereinigtes Königreich

Diese Übung besteht aus drei Schritten:
1. Herausfinden, was einen besonderen Moment im Arbeitsleben „brillant" gemacht hat,
2. Wertschätzung dafür anbieten und
3. kleine Schritte erarbeiten, die auf den gefundenen Qualitäten und Stärken aufbauen.

Die Teilnehmenden arbeiten in Paaren.

Kurzbeschreibung

▶ Ich habe diese Übung mit Gruppen zwischen zwei und 300 Teilnehmenden durchgeführt. Sie ist sehr gut für Großveranstaltungen geeignet, da jede der drei Stufen kurz ist und ganz klar beschrieben werden kann.
▶ Das Ganze dauert 15 bis 20 Minuten, zusätzlich 5 bis 10 Minuten für eine Auswertung, falls gewünscht.
▶ Benötigt werden Papier und Stifte – und eine gerade Anzahl von Teilnehmenden (die Übung ist zu dritt sehr viel schwieriger, finden Sie also eine Möglichkeit, in Paaren zu arbeiten).

Setting

Ich arbeite mit dieser dreistufigen Übung zu Beginn von Teamcoaching-Sitzungen und Workshops und auch bei der Einführung in lösungsorientierte Arbeit. Solange die Anleitungen klar und eindeutig gegeben werden, ist die Übung sehr einfach und die Teilnehmenden sind oft verblüfft darüber, wie viele Dinge sie dabei herausfinden, die für sie nützlich sind. Auch das Thema Wertschätzung wird dabei in einer sehr einfachen und hilfreichen Weise eingeführt.

Kontext und Zielsetzung

Mark McKergow

Diese Übung bringt mit viel Schwung und Energie verschiedene Elemente des lösungsorientierten Ansatzes in einen Gesprächszusammenhang. Sie führt schnell zu einer ressourcenorientierten Unterhaltung ganz ohne „psychologischen Tiefgang". Im Gegenteil, sie ermutigt gerade dazu, „an der Oberfläche zu bleiben". Ganz häufig sind die Teilnehmenden verblüfft darüber, wie die Frage „Was noch?" ihnen hilft, eine Menge nützlicher Dinge zusammenzutragen und wie gut die Wertschätzung, die auf dem ersten Teil aufbaut, zu der Person passt, der sie gegeben wird. Dies zeigt außerdem, dass „Anerkennung geben" keine besonders schwierige Fertigkeit ist. Sie kann schon auf der Basis eines kurzen und konzentrierten Zuhörens stimmig gegeben werden. Der dritte Teil entwickelt kleine Schritte, die auf dem aufbauen, was schon funktioniert.

Ausführliche Beschreibung

Der Moderator eröffnet die Übung mit folgender Ankündigung:

„Wir werden im Folgenden einige kleine und wichtige Momente untersuchen, brillante Momente. Finden Sie bitte einen Partner, mit dem Sie arbeiten wollen und entscheiden Sie, wer zunächst Person A und wer Person B sein will. Die Reihenfolge ist egal, Sie werden beide drankommen und müssen nur entscheiden, wer als Person A beginnt. Sorgen Sie außerdem dafür, dass jeder von Ihnen ein Stück Papier hat und Sie zumindest einen Stift zwischen sich liegen haben."

Als Moderator sorgen Sie nun dafür, dass alle Papier und Stifte haben. Wie noch zu sehen sein wird, benutzen die Teilnehmenden diese in ungewöhnlicher Weise. Wenn die Paare sich gefunden haben, fahren Sie fort mit dem ersten Teil der Übung:

Teil 1 – brillante Momente

„Dies ist der erste Teil einer dreistufigen Übung. Person A bittet Person B einen ‚brillanten Moment' zu beschreiben, den sie während der letzten Wochen oder Monate in der Arbeit erlebt hat. Einen Moment, in dem Sie sich optimal gefühlt haben und all das bekommen haben, was Sie sich wünschen. Denken Sie bitte daran, dass dies nur ein brillanter **Moment** *ist, kein brillanter Monat! Schon dieser kleine Augenblick wird ausreichen, um damit weiterarbeiten zu können.*

Dann fragt Person A Person B: ‚Wie kommt es, dass dieser Moment brillant war? Was war das Besondere daran, das diesen Moment brillant für

Brillante Momente

Sie gemacht hat?' Person B denkt darüber nach und erzählt Person A, was diesen brillanten Moment ausgemacht hat. Person A schreibt alles auf, lächelt, nickt ermunternd und fragt dann ganz einfach: ‚Was noch?' Person B denkt weiter nach und erzählt noch etwas, das diesen Moment brillant gemacht hat. Person A schreibt dies wieder auf und fragt: ‚Was noch?' ...

Sie haben drei Minuten Zeit, um eine möglichst lange Liste von Dingen zusammenzutragen, die diesen Moment brillant gemacht haben. Und dann werden wir wechseln und andersherum fragen. Es ist wichtig, dass Sie alles aufschreiben, was Ihr Partner sagt. Sie werden es anschließend benötigen. Haben Sie noch Fragen? Dann los!"

Achten Sie darauf, die vorgegebene Zeit einzuhalten. Nach genau drei Minuten geben Sie ein Signal, z.B. durch eine kleine Glocke, und sagen: *„Jetzt bitte wechseln."*

Läuten Sie die Glocke nach weiteren drei Minuten nochmals und lenken Sie die Aufmerksamkeit der Gruppe wieder zurück zu sich.

Teil 2 – Stärken und Qualitäten herausfinden

„Jetzt haben Sie beide eine Liste mit all den Dingen, die den besonderen Moment Ihres Partners brillant gemacht haben. Haben Sie alle eine solche Liste?" (Überprüfen Sie, ob alle nicken und ihre Listen schwenken.)

„Im zweiten Teil dieser dreistufigen Übung bitte ich Sie nun, über Folgendes nachzudenken: Was wissen Sie nun über die hilfreichen Qualitäten und Stärken Ihres Partners – aufgrund der Dinge, die er Ihnen gerade erzählt hat? Gleich werde ich Ihnen 60 Sekunden Zeit geben, um still darüber nachzudenken, welche zwei Stärken Ihr Partner Ihrer Meinung nach haben muss. Dann werden Sie ihm diese zwei Qualitäten und Stärken sagen, indem Sie eine Formulierung wie die folgende benutzen:

▶ *Aufgrund dessen, was Sie gerade gesagt haben, scheint es mir, dass Sie jemand sind, der ... ist/hat/kann.*

„Für die Punkte setzen Sie einfach die wichtigsten Qualitäten oder Stärken ein und erweitern das Ganze, indem Sie noch etwas darüber sagen, wie Sie darauf gekommen sind. Und achten Sie dann auf die Reaktion Ihres Gegenübers. Wenn Ihr Partner darüber nachdenkt, lächelt, nickt und ‚Danke!' sagt, dann können Sie das ruhig als Einverständnis dafür

ansehen, dass er vielleicht wirklich ein bisschen von dieser Qualität hat. Das hoffen wir zumindest.

Es gibt eine weitere, wenn auch nicht so wahrscheinliche Möglichkeit. Es kann sein, dass Ihr Partner vehement abstreitet, dass diese Qualität irgendetwas mit ihm zu tun hat. Das ist auch in Ordnung – die Grundlage war schließlich ein sehr kurzes Gespräch und Sie haben ein bisschen geraten. Wenn das passiert, dann entschuldigen Sie sich einfach mit der Begründung, dass Sie ein großer Optimist sind und einen weiteren Versuch mit einer anderen Stärke wagen wollen. So, jetzt haben Sie 60 Sekunden Zeit, um über zwei Stärken nachzudenken, über die Ihr Partner aufgrund dessen, was Sie gerade gehört haben, vermutlich verfügt. Okay? Ihre 60 Sekunden beginnen jetzt."

Ich sorge dafür, dass der Satz mit der Anerkennung auf einer Leinwand oder einem Flipchart sichtbar ist, so dass die Teilnehmenden leicht damit arbeiten können. Normalerweise bringen die Teilnehmenden neben den Dingen, die den brillanten Moment ausmachen, auch automatisch die Stärken zu Papier. Ermuntern Sie sie, alles aufzuschreiben!

Nach 60 Sekunden sagen Sie Folgendes: *„Wenn Sie und Ihr Partner beide fertig sind, fangen Sie bitte an: Erzählen Sie Ihrem Partner zwei Dinge, die Sie als Stärken oder Qualitäten an ihm schätzen und achten Sie auf die Reaktion. Wechseln Sie dann und geben Sie umgekehrt Anerkennung. Dafür haben sie insgesamt rund drei Minuten. Und los!"*

An diesem Punkt schaue ich immer genau hin, was passiert. Ich achte auf die lächelnden und nickenden Reaktionen, die zeigen, dass eine Anerkennung angekommen ist und akzeptiert worden ist. Warten Sie nun, bis alle fertig sind und fragen Sie:

„Und, wie hat es geklappt? Lassen Sie mal sehen – wenn Ihr Partner zumindest eine Stärke oder Qualität gefunden hat, bei der Sie Danke sagen konnten, dann heben Sie bitte Ihre Hand. (Die meisten, wenn nicht alle Hände, gehen in die Höhe.) Super! Gut gemacht. Es ist erstaunlich, was Sie aufgrund von drei Minuten sorgfältigen Fragens und Zuhörens zustande bringen, oder?"

Teil 3 – kleine Schritte

Dieser Teil der Übung ist sehr flexibel und kann je nach Kontext angepasst werden. Die Version, die ich meistens benutze, ist die, kleine Schritte zu finden, die auf den herausgefundenen Stärken aufbauen.

Brillante Momente

Dies ist sowohl eine Einführung in die Kraft der kleinen Schritte als auch eine nette Ausweitung der Übung, auf Stärken aufzubauen, und nicht auf den brillanten Momenten (dies wäre eine andere Möglichkeit).

„Jetzt wissen Sie über die Dinge Bescheid, die den besonderen Moment Ihres Partners brillant gemacht haben und Sie haben jeweils zwei Stärken angesprochen. Lassen Sie uns darauf aufbauen und nun einige kleine Schritte finden, die vielleicht dazu beitragen können, dass es in Zukunft mehr solcher brillanten Momente gibt. Arbeiten Sie weiter in Paaren, Person A fragt Person B:

- Wenn diese Stärken in Ihrem Arbeitsleben eine noch größere Rolle spielen würden, was würden Sie dann bemerken? Was noch? Was noch?
- Welche kleinen Dinge könnten Ihre Kollegen vielleicht bemerken?

Dann bittet Person A Person B, einige kleine Aktionen vorzuschlagen, die sie in den nächsten Tagen ausprobieren könnte, ausgehend von dem, was vorher besprochen wurde. Schreiben Sie bitte wieder auf, was Ihr Partner sagt. Diesmal haben Sie vier Minuten für jede Runde. Fertig? Los!"

Läuten Sie nach vier Minuten wieder mit der Glocke und geben Sie damit das Signal für den Wechsel.

Bitten Sie am Ende der Übung die Teilnehmenden, ihre Notizzettel mit ihrem Partner auszutauschen. Auf diese Weise nimmt jeder ausführliche Notizen über brillante Momente, Stärken, Signale für Fortschritte und mögliche kleine Schritte mit. Ich mache daraus gerne eine kleine Zeremonie, in der die Teilnehmenden einander „Danke schön" sagen.

Danach gibt es verschiedene Möglichkeiten, diese Übung je nach Kontext zu beenden:

Weiteres Vorgehen

- Fordern Sie zum Beispiel alle auf, ihre guten Vorsätze in ihre Kalender zu übertragen, so dass sie sich daran erinnern.
- Werten Sie die ganze Übung aus: „Was war daran hilfreich? Was war interessant? Was hat Sie überrascht? Wie hat das funktioniert?"
- Sie können auch die Stärken, die herausgefunden wurden, weiter nutzen, indem sie diese zum Beispiel auf Flipchart-Bögen aufschreiben, um im weiteren Verlauf des Workshops darauf gezielt zurückzugreifen.

▶ In einem Team-Kontext kann es sehr hilfreich sein, die brillanten Momente zu benennen und zu besprechen. Andere Teammitglieder sind vielleicht ganz überrascht darüber, was alles von den anderen als brillant erlebt wurde.

Der dritte Schritt der Übung kann auch ausgelassen werden oder zu einem späteren Zeitpunkt erfolgen.

Kommentar

▶ An dieser Übung ist ungewöhnlich, dass sie direkt in einen brillanten Moment hineinspringt, anstatt zunächst einmal darauf zu schauen, was die Teilnehmenden wünschen oder erwarten. Das macht sie zu einem guten Kandidaten für die Eröffnungsphase eines Workshops, um einige nützliche Dinge zu finden, die bereits passieren. Sie ist aufgebaut auf einer Übung aus der narrativen Praxis, die Evan George vom *BRIEF* in London benutzt. Später habe ich den zweiten und dritten Schritt angefügt.

▶ Alle Gespräche während der Übung bauen auf Interaktion auf. Es geht immer um sichtbare Signale in der realen Welt und nicht um Dinge, die nur im Kopf passieren. Vielleicht haben Sie schon bemerkt, dass die Stärken, obwohl sie individuell beschrieben werden, interaktiv wiedergegeben werden (im Gespräch) und dass ihnen in nicht sprachlicher Art zugestimmt wird oder nicht.

▶ Es ist eine wunderbare Übung, um alle miteinander arbeiten zu lassen. Sie sorgt für sehr viel Energie im Raum.

▶ Nach dieser Übung kann eine Reflexionsphase angemessen sein, vielleicht eine Kaffeepause, um den Teilnehmenden die Möglichkeit zu geben, über diese Erfahrung nachzudenken.

▶ Seien Sie klar und zuversichtlich bei Ihren Ansagen. Bei all den Gelegenheiten, bei denen ich die Übung eingesetzt habe, hat es nie jemand ohne einen brillanten Moment irgendeiner Art gegeben (obwohl es manchmal ironisches Gelächter gibt, wenn ich die Übung ankündige und einige spitze Bemerkungen, dass es „so etwas bei uns nicht gibt"). Sehr selten passiert es, dass eine Person nicht die Hand hebt (und damit zeigt, dass ihr Partner keine Stärke gefunden hat, der sie zustimmen konnte). Darüber gehe ich ohne Kommentar hinweg, weil die große Mehrheit der Hände erhoben war und niemand sich darüber beschwert, dass es für den dritten Teil nichts zu arbeiten gibt.

▶ Ich sage den Teilnehmenden am Anfang, dass sie sorgfältig zuhören und sich Notizen machen sollen. Ich sage ihnen am Anfang nicht, dass sie später Anerkennung aussprechen sollen, weil ich glaube, dass das hilft, im ersten Teil den Kopf frei zu haben, ohne daran denken zu müssen, was danach alles geschehen könnte.

Den ersten Teil dieser Übung habe ich 1999 bei Evan George vom *BRIEF* gelernt. Ich habe die Formulierungen angepasst und die beiden anderen Teile hinzugefügt und arbeite mit dieser Übung auf der ganzen Welt.

Quellen/Literatur

Das Wunder auf der Arbeit

Lilo Schmitz, Deutschland

Kurzbeschreibung Diese Universalübung ermöglicht ein doppeltes Kennenlernen von Ressourcen: Die Teilnehmerinnen und Teilnehmer lernen sich gegenseitig mit den besonderen Ressourcen ihres Berufsfeldes kennen und sie erfahren Grundzüge der ressourcen- und lösungsorientierten Gesprächsführung.

Setting
- Die Übung kann mit Gruppen ab drei Teilnehmenden durchgeführt werden. Ich selbst habe diese Übung schon mit einer Großgruppe von 200 Teilnehmerinnen und Teilnehmern erfolgreich durchgeführt.
- Mit einer kurzen Einführung benötigen Sie für diese Übung zwischen 100 und 120 Minuten.
- Benötigt werden ein vervielfältigtes Arbeitsblatt für alle und Möglichkeiten zur Gruppenarbeit – bei schönem Wetter kann diese Arbeit auch beim Schlendern im Park getan werden.

Kontext und Zielsetzung

Geeignet zum Kennenlernen in Gruppen, die in unterschiedlichen Bereichen arbeiten – und auch für eine erste kurze Einführung in Grundelemente der Lösungsorientierung.

Bei dieser Übung stellen sich die Teilnehmerinnen und Teilnehmer mit den Ressourcen und Entwicklungsmöglichkeiten ihrer Arbeitsstelle vor. Sie erfahren gleichzeitig, welche Art von Gesprächsatmosphäre durch lösungsorientierte Gesprächsführung entstehen kann.

Ausführliche Beschreibung Teilen Sie die Gruppe in Dreiergruppen (manchmal müssen noch 1–2 Zweigruppen gebildet werden). Stellen Sie sicher, dass die Gruppen-

Das Wunder auf der Arbeit

mitglieder nicht aus identischen Arbeitsbereichen kommen. Geben Sie dann das folgende Arbeitsblatt mit in die Kleingruppenarbeit.

Je nach Ihrem persönlichen Stil und den Gepflogenheiten der Institution gehen Sie während der Kleingruppenarbeit kurz und zurückhaltend bei den verschiedenen Gruppen vorbei oder Sie geben bekannt, wo man Sie finden und bei Bedarf hinzurufen kann.

Arbeitsblatt: Das Wunder auf der Arbeit

In Ihrer Dreiergruppe steht jeweils eine Person mit ihrem Arbeitsalltag für maximal 30 Minuten im Mittelpunkt. In Zweiergruppen beraten Sie sich abwechselnd und haben länger Zeit für Ihre Gespräche.

Führen Sie ein erstes lösungsorientiertes Gespräch, indem Sie sich für den Anfang bitte wörtlich an die vorgeschlagenen Formulierungen halten. Stellen Sie in der Dreiergruppe abwechselnd die vorgeschlagenen lösungsorientierten Fragen. Wenn Sie selbst befragt werden, geben Sie bitte echte Antworten.

1. „Stellen Sie sich vor, Sie verbringen nach diesem Workshop wie üblich Ihr nächstes Wochenende (Pause), gehen am Sonntagabend schlafen (Pause) und in der Nacht zum Montag geschieht ein Wunder (Pause): Auf Ihrer Arbeitsstelle ist alles ganz wunderbar geworden, ganz so, wie Sie es sich schon immer gewünscht haben. Sie wissen aber nicht, dass dieses Wunder geschehen ist. Woran merken Sie am nächsten Montag als Erstes, dass ein Wunder geschehen ist?"

2. „Wie sieht Ihr Wundertag am Montag weiter aus?"

3. „Wie noch? Woran merken Sie noch, dass ein Wunder geschehen ist?"

4. „Schauen Sie sich jetzt die folgende Skala an. Wenn 10 für das Wunder steht und 0 für das krasse Gegenteil, die übelste Zeit, die Sie je auf Ihrer Arbeitsstelle hatten, wo zwischen 0 und 10 ordnen Sie sich heute ein?"

das krasse Gegenteil **0** ○ ○ ○ ○ ○ ○ ○ **10** das Wunder

5. „Welche Person (außer Ihnen selbst) hat dazu beigetragen, dass Sie heute auf x sind und nicht auf 0?"

6. „Welches besondere Merkmal Ihrer Arbeitsstelle hat dazu beigetragen, dass Sie heute auf x sind und nicht auf 0?"

7. „Welche eigene Aktivität hat dazu beigetragen, dass Sie heute auf x sind und nicht auf 0?"

Bedanken Sie sich bei Ihrem Kollegen oder Ihrer Kollegin und ziehen Sie sich kurz zurück, um für ihn/sie zwei Dinge zu formulieren, die Sie ehrlich beeindruckt haben und die Ihnen gefallen. Kommen Sie wieder zusammen und teilen Sie diese Anerkennung mit!

Holen Sie sich in einem Blitzlicht im Plenum eine Rückmeldung zu dieser Übung („Was war interessant? Was möchten Sie ins Plenum geben?"). Bei Gruppen über 15 Personen lassen Sie sich Rückmeldungen durch einzelne Redebeiträge geben.

Weiteres Vorgehen

Nach dieser Übung sollten die Teilnehmerinnen und Teilnehmer Zeit für eine längere Pause haben.

Kommentar

Mit einem Kunstgriff wird in diesem Gesprächsleitfaden eine kleine lösungsorientierte Beratung ohne Anliegen durchgeführt. Es wird nämlich ein universales Anliegen unterstellt, das die meisten Menschen mit ihrer Arbeitsstelle verbinden: Sie möchten sich mit ihrer Arbeit wohlfühlen. Günstig zum Einstieg: Alle stellen sich über die speziellen Ressourcen ihrer Arbeit vor.

In neuen Seminargruppen ist diese Übung besonders fruchtbar und nützlich, wenn die Gruppe bereits eine kurze Einführung in Grundelemente der Lösungsorientierung (Wunderfrage, Skalierung, echte Anerkennung, Ressourcenorientierung) erhalten hat. Wo weniger Zeit ist, kann die Übung auch ohne solche Vorbereitungen durchgeführt werden.

Quellen/Literatur

Dieses Modell ist inspiriert von Insoo Kim Bergs und Steve de Shazers „Wunderfrage".

Der Teamgeist

Josef Grün, Deutschland

Kurzbeschreibung

Die Übung „Der Teamgeist" eignet sich für den Einstieg in Teamentwicklungsprozesse und Teamworkshops. Mit der Übung sollen die Stimmung, die Atmosphäre und die Zusammenarbeit im Team beschrieben und besprochen werden. Analog zum Bild des Mannschaftsgeistes bei einem Sportteam, der in seiner positiven Auswirkung wie ein zusätzlicher Spieler wirken kann, geht es beim Teamgeist um die synergetischen und leistungsfördernden Potenziale, die sich einstellen, wenn der gute Geist des Teams „mitspielt" und als zusätzlicher Spieler mit auf dem Platz ist.

Setting

- Für Gruppen zwischen 10 bis 20 Personen; optimal sind 10 bis 15 Personen.
- Je nach Gruppengröße werden zwischen 30 bis 40 Minuten für diese Arbeit benötigt.
- Benötigt werden Metaplankarten und Stifte sowie ein bis zwei mit Papier bespannte Pinwände.

Kontext und Zielsetzung

- Eine Einstiegsübung, die es den Teilnehmenden auf einfache Weise möglich macht, die Potenziale des Teams zu entwickeln.
- Die Teilnehmenden sprechen über Atmosphäre, Stimmung, leistungsförderndes Verhalten und Einstellungen, die derzeit das Team prägen.

Ausführliche Beschreibung

Die Teilnehmenden sitzen im Stuhlkreis. Es steht ein zusätzlicher (leerer) Stuhl im Kreis.

© managerSeminare

Josef Grün

Anmoderation

"Im Sport erleben wir immer wieder, dass Mannschaften nicht die Leistung und Erfolge erzielen, die ausgehend von dem Können und den Potenzialen der einzelnen Mitspieler von ihnen erwartet werden. Der fehlende oder noch nicht ausreichend entwickelte Mannschaftsgeist wird dann oft als eine Erklärung für diese Lücke zwischen Erwartungen und aktuellen Leistungen herangezogen. Oder scheinbar klar unterlegene Mannschaften wachsen über sich hinaus und der Mannschaftsgeist dieses Teams wirkt wie ein zusätzlicher Spieler auf dem Feld und wird zum Matchwinner.

In diesem Sinne und Verständnis: Bitte beschreiben Sie die aktuelle Ausprägung des Mannschaftsgeistes in Ihrem Team und nutzen Sie dabei – wenn möglich – Assoziationen, Bilder und Anleihen aus Märchen und Mythologien.

Unseren derzeitigen Teamgeist möchte ich beschreiben als ‚guten oder bösen Geist, Poltergeist, Flaschengeist, magischen Zauberer, Hexe, gute Fee, hilfreichen Geist, als den verschlagenen Alberich aus den Nibelungen oder als die Geister, die der Zauberlehrling rief ...'

Bitte beschreiben Sie den Geist, der in Ihrer Sicht dort auf dem leeren Stuhl sitzt und in Ihrem Team mitspielt, so plastisch und ausgeschmückt wie es Ihnen möglich ist. Mit ‚Dort auf dem Stuhl sitzt ...' kann Ihre Beschreibung auch beginnen."

Ablauf

Jedes Teammitglied beschreibt den Teamgeist in möglichst plastischen Bildern. Der Moderator schreibt die wichtigsten Aspekte (wie der Teamgeist heißt, welche Eigenschaften und Wirkungen er hat) auf Moderationskarten und legt diese auf den leeren Stuhl. Wenn nötig, dann unterstützt der Moderator das Teammitglied dabei, einen passenden Namen oder ein passendes Schlagwort für den beschriebenen Geist zu finden.

Nach dieser Runde bittet der Moderator jeden, noch eine besonders hilfreiche Eigenschaft oder magische Fähigkeit des jeweils zuvor beschriebenen Geistes zu benennen, die vom Moderator ebenfalls auf Moderationskarten geschrieben und auf den Stuhl gelegt werden.

Die beschriebenen Metaplankarten werden an eine Pinnwand geheftet, so dass die hilfreichen und störenden Geister, Eigenschaften und Wirkungen in jeweiligen Clustern zusammengefasst sind. Diese Wand, die gesichert und fotografiert werden sollte, kann dann bei den noch folgenden Teamsitzungen wieder aufgegriffen werden: Wie sieht es denn momentan aus mit dem Teamgeist?

Überleitung zur weiteren inhaltlichen Arbeit

Nach den Runden: *„Wenn Sie nun auf die verschiedenen Geister und deren magische Fähigkeiten blicken, die in Ihrem Team ‚wohnen', welche der Geister möchten Sie weiter beherbergen und welche möchten Sie lieber ‚vertreiben'?"*

Nach dieser Einstiegsübung beginnt die inhaltliche Arbeit der Teamentwicklung.

Weiteres Vorgehen

Diese Übung ist ein einfacher Einstieg in Teamentwicklungen und Teamworkshops. Durch den Trick, den Teamgeist zu einer „dritten" Person zu machen, kann wesentlich einfacher und freier über die (empfundene) Teamsituation gesprochen werden. Es sind ja nicht die anderen Teammitglieder oder man selbst, sondern der gute oder böse Geist, der für die Situation im Team verantwortlich gemacht wird.

Kommentar

Auch wenn bei einer schwierigen Situation im Team eher die lästigen, störenden, verschlagenen oder bösen Geister beschrieben werden, kann dies geschehen, ohne andere Teammitglieder persönlich anzusprechen oder anzuklagen. Herrschen eher die Schattengeister vor, dann sollte der Moderator in der zweiten Runde nach den Geistern fragen, die helfen können, die bösen Geister zu vertreiben.

Erst in der nachfolgenden vertiefenden Arbeit ist es möglicherweise sinnvoll zu erarbeiten, durch welches Verhalten und welche Einstellungen jeder Einzelne den beschriebenen Geistern bisher ein „Zuhause" im Team angeboten hat. Damit wird der Fokus auf den Beitrag und die Verantwortung des Einzelnen gelegt. Jeder ist mitverantwortlich für den beherbergten Teamgeist – und das Team kann den Geist weiter hegen und pflegen oder vertreiben. In diesem Sinne kann mit den Bildern des Austreibens von und des Schützens vor schädlichen Geistern weitergearbeitet werden.

Überwiegen die Bilder von den hilfreichen Geistern, so können mehrere Runden („Was sonst noch?") zu den hilfreichen Eigenschaften und magischen Fähigkeiten der beschriebenen Geister gemacht werden.
Oder die Teilnehmenden werden ermuntert, an einer Situation oder mit einem Beispiel ganz konkret zu beschreiben, wie diese magischen Fähigkeiten schon im Team gewirkt haben.

Die Lösungs-Zwiebel

Lilo Schmitz, Deutschland

Mit dieser Übung gelingt es Ihnen leicht, die Teilnehmerinnen und Teilnehmer sofort zu Beginn eines Workshops miteinander ins Gespräch zu bringen und eine heitere und aktive Atmosphäre zu schaffen.

Kurzbeschreibung

- Wie viele Teilnehmende Sie mit dieser Übung erreichen, hängt davon ab, wie Sie sich Gehör verschaffen können. Verfügen Sie über ein Mikrofon, können Sie ohne Weiteres Hunderte Menschen gleichzeitig ins Gespräch bringen.
- Je nach Größe der Gruppe benötigen Sie 10 bis 20 Minuten für diese Aufwärmübung.
- Es reicht ein freier Raum, in dem die Teilnehmenden in einem großen Kreis stehen können. Bei sehr großen Gruppen brauchen Sie eine Mikrofon-Anlage.

Setting

Geeignet ist die Übung überall da, wo Menschen ankommen und sich kennenlernen sollen.

Kontext und Zielsetzung

In neuen Gruppen können die Teilnehmerinnen und Teilnehmer nicht unbegrenzt viele neue Menschen kennenlernen. Es gelingt ihnen aber gut, mit einer Handvoll Menschen in kleine Gespräche zu kommen. Das schafft das bewährte und klassische Zwiebel-Modell.

Bei der klassischen „Zwiebel" stehen sich in einem Außen- und einem Innenkreis je zwei Menschen gegenüber. Auf ein Startzeichen hin tauschen sich die gegenüberstehenden Personen etwa ein bis drei Minuten lang über ein von der Moderation vorgegebenes Thema aus. Danach

Ausführliche Beschreibung

bleibt der innere Kreis stehen, während die Personen im äußeren Kreis im Uhrzeigersinn eine Person weiter rücken und mit der neuen Gesprächspartnerin/dem neuen Gesprächspartner ein neues Thema besprechen.

Bei einem lösungsorientierten Workshop sind ressourcenorientierte Themen eine gute Einstimmung, z.B.:

- ▶ *„Was war das Interessanteste, das Sie auf dem Weg hierher gesehen haben?"*
- ▶ *„Was ist Ihr liebstes Hobby? Zeigen Sie es durch eine Pantomime und erraten Sie es gegenseitig."*
- ▶ *„Wo wären Sie heute, wenn Sie diesen Workshop nicht machen würden?"*
- ▶ *„Was haben Sie auf Ihrer Arbeitsstelle richtig gemacht, dass man dort zwei Tage ohne Sie auskommen kann?"*
- ▶ *„Was wissen Sie schon über das Thema hier?"*
- ▶ *„Was kann dieser Workshop wohl bestenfalls für Sie bringen?"*
- ▶ *„Womit können Sie heute Abend jemandem eine Freude machen?"*
- ▶ *„Womit könnten Sie heute Abend sich selbst eine Freude machen?"*
- ▶ *„Wenn Sie für ein Jahr in einem anderen Land arbeiten sollten, welches würden Sie aussuchen und weshalb?"*
- ▶ *„Wenn Sie für ein Jahr in einem anderen Land arbeiten würden, was würden Ihre Kolleginnen und Kollegen wohl am meisten vermissen?"*
- ▶ *„Wenn Sie plötzlich zwei Monate zusätzlichen bezahlten Urlaub hätten, wie würden Sie diese Zeit verbringen?"*

Weiteres Vorgehen Nach dieser Einstimmung kann der Workshop losgehen!

Kommentar Während der Lösungszwiebel redet die Hälfte der Menschen, die sich im Raum befinden – eine unglaublich aktivierende Geschichte. Gleichzeitig hören und sehen Sie als Moderator Ihre Teilnehmenden „in Aktion" und lernen Stil und Stimme dieser Menschen kennen.

Quellen/Literatur Die Zwiebel ist mindestens so alt wie die Soziale Gruppenarbeit. Sie nimmt Partnerwechsel-Regeln aus Volkstänzen auf. Wahrscheinlich stammt sie aus den 20er Jahren des 20. Jahrhunderts. Ein eigentlicher „Erfinder" ist mir nicht bekannt – für Hinweise bin ich dankbar.

Ressourcen-Telefon

Dominik Godat, Schweiz

Das Ressourcen-Telefon ist eine wertschätzende und spielerische Intervention, die gut als Einstieg, als Auflockerung für zwischendurch oder als wertschätzender Abschluss funktioniert. Dabei flüstern die Teilnehmenden dem Kreisnachbarn jeweils dessen Stärken, Fähigkeiten und positive Eigenschaften ins Ohr. Nach einer normalen Runde machen weitere Runden mit spontanen Richtungsänderungen und Positionswechseln besonderen Spaß.

Kurzbeschreibung

- Optimale Gruppengröße: 6 bis 10 Personen pro Kreis, bei größerer Teilnehmerzahl ist es ratsam, mehrere kleine Kreise zu bilden.
- Benötigte Zeit: Je nach Gruppengröße und Spaß 5 bis 30 Minuten
- Räumliche Voraussetzungen: Genügend Platz, damit die Teilnehmenden einen oder mehrere Kreise bilden können.

Setting

- Diese Methode eignet sich als Einstiegsintervention bei Gruppen, die sich bereits kennen, als Auflockerung für zwischendurch oder auch als wertschätzender und die Zuversicht steigernder Abschluss eines Workshops. Da beim Ressourcen-Telefon keine Vorbereitung notwendig ist, kann es jederzeit auch spontan eingesetzt werden.
- Bei Personen, die sich nicht oder kaum kennen, eignet sich die Methode eher als Auflockerung während des Workshops oder als Abschlussintervention.
- Ziel dieser Intervention ist es einerseits, den Fokus der Teilnehmenden spielerisch auf Ressourcen, Fähigkeiten und positive Eigenschaften zu lenken und andererseits den Empfängern ein wertschätzendes, aufbauendes und motivierendes Feedback zukommen zu lassen. Der Fokus der Sender sowie der Empfänger verschiebt sich durch diese Übung automatisch in Richtung Ressourcen. Als

Kontext und Zielsetzung

Einstiegs- und Auflockerungsvariante kann so eine gute und wertschätzende Basis für den weiteren Verlauf des Workshops geschaffen werden. Wird das Ressourcen-Telefon als Abschlussintervention verwendet, wirkt dies motivierend und aufbauend für die Umsetzung der geplanten Maßnahmen im Alltagsleben.

Ausführliche Beschreibung

Die Intervention beginnt mit der Aufforderung des Moderators an die Teilnehmenden aufzustehen und sich in einem Kreis zu versammeln. Bei großen Gruppen sollten mehrere kleine Kreise gebildet werden. Danach kann z.B. wie folgt eingeleitet werden:

„Sie kennen wahrscheinlich alle das Telefonspiel, bei dem ein Begriff von einem zum anderen geflüstert wird und sich alle köstlich darüber amüsieren, dass sich der Begriff im Verlaufe des Spiels verändert. Wir spielen nun eine etwas abgeänderte und wertschätzende Version, das Ressourcen-Telefon. Beim Ressourcen-Telefon überlegen Sie sich eine Ressource, Stärke, positive Eigenschaft oder Fähigkeit Ihres Nachbarn und flüstern sie diesem in folgender Form zu: ‚Ich bin sehr beeindruckt, wie ... du das und jenes kannst (z.B. wie gut du zuhören kannst), ... wie du bist (wie geduldig du bist), ... wie du das und jenes machst (z.B. wie gut du jeweils die Projekte durchführst) etc.' Der Empfänger hört sich dieses Kompliment an, bedankt sich und flüstert seinerseits dem nächsten Nachbarn eine entsprechende wertschätzende Botschaft zu."

Dies wird wiederholt, bis alle mindestens einmal eine Botschaft erhalten haben. Je nach Gruppe und Spaß daran kann die Richtung mehrere Runden beibehalten, während des Spiels spontan gewechselt oder es können sogar die Positionen der Personen im Kreis geändert werden.

Weiteres Vorgehen

Falls genügend Zeit vorhanden ist, lohnt es sich, den Teilnehmenden eine Pause zu gönnen, damit diese das Gehörte kurz aufschreiben, auf sich wirken lassen oder sich gegenseitig austauschen können. Danach kann mit dem Workshop begonnen bzw. dieser weitergeführt werden.

Kommentar

▶ Ressourcen, Stärken, Fähigkeiten und positive nützliche Eigenschaften sowie ein entsprechendes wertschätzendes Feedback sind in der lösungsorientierten Arbeit zentral und erweisen sich oft als Türöffner in schwierigen Situationen. Leider sind wir es jedoch kaum mehr gewohnt, den Fokus explizit darauf zu legen, geschweige denn, Komplimente dieser Art zu erhalten und diese auch anzunehmen. Deshalb habe ich eine spielerische Intervention gesucht, die den Fokus auf Ressourcen legt und bei welcher jeder Teilnehmende eine wertschätzende Rückmeldung erhält und geben muss.

▶ Das Ressourcen-Telefon hat sich für mich als äußerst nützlich erwiesen, da es flexibel anwendbar und abänderbar ist und keine Vorbereitung benötigt wird.

▶ Diese Intervention kann auch laut gespielt werden, so dass die Teilnehmenden ein „öffentliches" Feedback erhalten. In der Regel entsteht so schnell eine positive Gruppendynamik, da die Teilnehmenden durch die Stärken der anderen zu weiteren ressourcenvollen Feedbacks inspiriert werden und die positiven Botschaften durch die „Öffentlichkeit" eine noch größere Wirkung entfalten können. Zudem können sich die Teilnehmenden im Anschluss über das Gehörte unterhalten und so die Wirkung noch verstärken.

▶ Es macht den Teilnehmenden jeweils Freude, sich in der Pause danach über ihre Rückmeldungen, z.B. über das, was sie daran überrascht hat, zu unterhalten.

▶ Falls sich die Gruppe nicht oder kaum kennt, eignet sich diese Intervention in der vorgestellten Form weniger als Einstiegsübung, da die Teilnehmenden dann oft Mühe haben, auf die Ressourcen der anderen einzugehen. In diesem Fall können die Ressourcen entweder hypothetisiert werden im Sinne von: „Ich kenne dich nun erst seit wenigen Minuten, aber ich denke mir, dass du das und jenes bestimmt besonders … kannst (z.B. dass du besonders gut zuhören kannst), dass du … bist (dass du ein geduldiger Mensch bist)." Oder aber das Ressourcen-Telefon wird als Auflockerung während des Workshops oder als Abschlussintervention verwendet.

▶ Bei Gruppen, die anfangs Mühe haben, den Fokus auf Ressourcen der anderen zu legen, ist es sinnvoll, dass sich diese kurz darauf vorbereiten und zu jeder Person eine oder mehrere Ressourcen notieren können.

Inspiriert durch verschiedene spielerische Workshops – u.a. bei der SOL-Konferenz in Interlaken – habe ich diese Methode in Anlehnung an das Telefonspiel, welches gerne in Schulen gespielt wird, entwickelt.

Quellen/Literatur

Was habe ich davon?

Björn Johansson and Eva Persson, Schweden

Kurzbeschreibung Dies ist ein richtig guter Anfang für jeden Workshop mit Menschen, die sich schon mehr oder weniger gut kennen. Auf anregende Art bringt die Übung die Teilnehmenden zusammen, erzeugt Neugier und macht Spaß.

Setting
- Teilnehmerzahl: 9 bis 200
- Dauer: 15 Minuten plus 5 bis 15 Minuten für die Reflexion
- Technische Voraussetzungen: Projektor oder Flipchart für die Fragen

Kontext und Zielsetzung

Die Aktivität eignet sich besonders gut, um Menschen zusammenzubringen, sich der gegenseitigen Ressourcen bewusst zu werden, individuelle Ziele zu entwickeln, lösungsorientierte Ideen zu lernen und Spaß zu haben. Sie ist in vielen unterschiedlichen Kontexten anwendbar.

Der Satz von Insoo Kim Berg „Sprich Personen immer in ihren Ressourcen an" wird hier in vielerlei Hinsicht erfahrbar. Bereits die erste Frage der Übung gibt den Teilnehmenden Gelegenheit, mehr über die Stärken und Fähigkeiten der anderen herauszufinden. Wenn man die Übung zum Start in einen Workshop benutzt, kann das die Teilnehmenden darauf einstimmen, während des gesamten Workshops aufmerksam auf Ressourcen zu achten. Andere mögliche Effekte können sein: Ideen für die Tagesordnung finden, Bewusstsein und Verantwortung für individuelle Ziele und Interessen schaffen.

Was habe ich davon?

Instruktionen zu Beginn

Ausführliche Beschreibung

Laden Sie die Teilnehmenden ein, aufzustehen und Dreiergruppen zu bilden, am besten mit Menschen, mit denen sie normalerweise nicht zusammenarbeiten oder nicht viel zu tun haben. Zeigen Sie ihnen das A-B-C Muster – am Flipchart oder auf der Leinwand und bitten Sie sie festzulegen, wer A sein will und anfängt. Wenn die Teilnehmerzahl nicht durch drei teilbar ist, bilden Sie besser Vierergruppen als Paare.

Die Übung folgt einem strukturierten Verlauf, in dem A die erste Frage an B stellt, B antwortet und stellt die gleiche Frage an C. C antwortet und stellt die Frage an A (siehe Abb.). Wenn die Gruppe eine Runde beendet hat, hebt sie die Hände. Wenn die meisten Gruppen mit ihrer ersten Runde fertig sind, geht es mit den weiteren Fragen in die nächste Runde. Bevor es abschließend darum geht, Komplimente zu geben, bitten Sie die Teilnehmenden um besondere Aufmerksamkeit. Machen Sie ihnen klar, was sie bisher geschafft haben und beziehen Sie sich auf ihre Fähigkeit zuzuhören, die sie nun einsetzen können. A und B geben C ein Kompliment für das, was er/sie erzählt und mit ihnen geteilt hat, B und C an A, C und A an B.

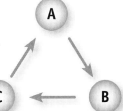

1. „Von all den Dingen, die Sie in Ihrer Arbeit tun, was würden Sie sagen, womit sind Sie am ehesten zufrieden?"
2. „Womit noch?"
3. „Wenn Sie dies betrachten und all die anderen Dinge, die Sie in Ihrer Arbeit tun, was würden Sie sagen, was wird die interessante Entwicklung während dieses Kurses ..., während der nächsten ..., während des geplanten Projekts ... sein?"
4. „Was wird das erste kleine Signal sein, an dem Sie merken, dass Sie einen kleinen Schritt weitergekommen sind?"
5. „Geben Sie Komplimente!"

Es gibt viele verschiedene Möglichkeiten, wie diese Übung, je nach Zielsetzung und Gruppenzusammensetzung, ausgewertet werden kann. Hier einige Beispiele:

Weiteres Vorgehen

▶ Was haben Sie während dieser Übung entdeckt?
▶ Was haben Sie über sich und Ihre Kollegen herausgefunden?
▶ Inwiefern war das hilfreich?
▶ Inwiefern können diese Fragen für Ihre Arbeit relevant sein?
▶ Was haben Sie bezüglich Ihrer Ziele für diesen Workshop herausgefunden? (Daraus lässt sich eine Tagesordnung erstellen.)

Kommentar

Die Teilnehmenden treffen hier in ihren Stärken und Ressourcen aufeinander und finden eine Menge Anregungen für ihre individuelle Entwicklung. Selbst Kollegen aus dem gleichen Arbeitszusammenhang werden wahrscheinlich neue Dinge übereinander herausfinden. Die Übung ist noch lebendiger, wenn die Teilnehmenden aufstehen können, während sie die Fragen lesen und sich gegenseitig stellen. Es ist aber natürlich auch in Ordnung, wenn sie auf Stühlen sitzen.

Wir setzen diese Übung nun schon seit drei bis vier Jahren ein und sie zählt immer noch zu unseren Lieblingsaktivitäten. Sie kann problemlos in sehr unterschiedlichen Kontexten angewandt werden und wichtige individuelle Ziele klären, zum Beispiel in Veränderungsprojekten oder in Trainings. Und sie ist ein idealer, frischer Anfang für Seminare und Workshops, am besten mit 20 Teilnehmenden oder mehr. Was uns besonders daran gefällt ist, wie einfach die Fragen variiert werden können, z.B. für Follow-up-Workshops oder andere Gelegenheiten.

Quellen/Literatur

Die Übung hat sich aus Ideen entwickelt, die wir zum ersten Mal in einem Workshop von Evan George vor vielen Jahren kennengelernt haben. Wir haben herausgefunden, dass dieses „zirkulierende" Format sehr nützlich und aktivierend in Gruppenkonstellationen sein kann. Die Fragen entwickelten wir bei einem Workshop über Anerkennung mit Gale Miller.

Es ist uns ein großes Vergnügen, dass wir diese Übung mit Ihnen teilen können und wir freuen uns über jede Rückmeldung und Weiterentwicklung.

Kapitel 3

Brennpunkte – Probleme eingrenzen – Ziele und Konflikte klären

In diesem Kapitel lesen Sie:

Drei in eins 67
Ein Perspektivwechsel, um konflikthafte Situationen
besser zu verstehen und Handlungsalternativen
zu entdecken

Ein Behälter für Probleme 73
Wie die Gruppe Problemen Raum gibt,
um sie hinter sich zu lassen

Erfolge 78
Wie Menschen erkennen, dass sie über die Ressourcen
zur Konfliktlösung längst verfügen

Kooperation zerstrittener Teams 82
Konfliktpotenziale erkennen und das Potenzial
von Konflikten konstruktiv nutzen

Strukturierter Zieltratsch 87
Vorab in kleiner Runde die individuellen Ziele
für den Workshop artikulieren

Was müssen wir hinkriegen? 90
Die Kurve vom Problem zur Lösung kriegen

Drei in eins

Inge Zellermann, Deutschland

Kurzbeschreibung

„Drei in eins" ist eine unterstützende Übung, um schwierige bzw. konflikthafte Situationen besser verstehen zu können und neue Handlungsmöglichkeiten zu entdecken. Die Betrachtung eines Themas aus unterschiedlichen Blickwinkeln macht fremde Standpunkte erfahrbar. Die eigenen Aspekte und Anteile am Geschehen werden deutlich und tragen zum Erkennen von Lösungsmöglichkeiten bei.

Setting

- Diese Übung kann in Gruppen bis zu 16 Teilnehmenden durchgeführt werden, sofern der Raum die erforderliche Größe hat. Grundsätzlich sollte Blickkontakt des Moderators zu allen Personen möglich sein.
- Dauer: 20 bis 30 Minuten
- Material: DIN-A4-Blätter oder Moderationskarten als Bodenanker, Stifte
- Räumliche Voraussetzungen: Jede Person benötigt einen freien Raum von mindestens zwei Quadratmetern um sich herum (Stühle, Materialien etc. an die Wände rücken).

Kontext und Zielsetzung

- Das Tool verwende ich häufig in Situationen, in denen Konflikte (auch mit nicht anwesenden, dritten Personen) über Schuldzuweisungen beschrieben und thematisiert werden bzw. wenn Menschen sich in konflikthaften Situationen als handlungsunfähig, als rat- und machtlos erleben (z.B. schwieriger Kollege, nervige Kundin, Teamkonflikte).

- Voraussetzung für diese Übung ist ein echtes Interesse der Teilnehmenden an einer Veränderung der Situation und die Bereitschaft, das eigene Verhalten entlang der Frage zu reflektieren: „Was muss

Inge Zellermann

passieren, damit eine ähnliche Situation zukünftig als zufriedenstellender, zielführender, konstruktiver ... erlebt wird?"

▶ Ein Grundprinzip des lösungsorientierten Ansatzes lautet: „Wenn etwas immer wieder nicht funktioniert, mach nicht mehr von demselben, sondern probiere etwas anderes!" In Konflikten sehen die Betroffenen häufig vor allem den „Splitter im Auge des anderen" und beharren darauf, der andere müsse zunächst etwas ändern. Ziel dieser Übung ist es daher, die Aufmerksamkeit auf die eigenen Anteile an der Entwicklung der Situation zu richten, alternative Handlungsmöglichkeiten zu identifizieren und sich somit als gestaltungs- und handlungsfähig zu erleben. Die Betrachtung aus verschiedenen Blickwinkeln fördert Erkennen und Verstehen der anderen Standpunkte und kann den Konflikt entschärfen.

Ausführliche Beschreibung

Einführung:

Der Moderator lädt die Teilnehmenden zu einem Experiment ein: *„Sie haben in der folgenden Übung die Möglichkeit, einen Konflikt aus verschiedenen Perspektiven zu betrachten, um dadurch mehr Informationen zu erhalten und möglicherweise neue Sichtweisen oder Lösungsmöglichkeiten zu entdecken. Sie werden eine konflikthafte Situation in Ihrer eigenen Rolle (A), in der Rolle des Konfliktpartners (B) und als unbeteiligter Beobachter (C) erleben.*

Dazu suchen Sie sich im Raum einen Platz, an dem Sie gerne die kommenden 20 Minuten sein möchten und sorgen für mindestens zwei Quadratmeter freien Raum um sich herum. Nehmen Sie drei Moderationskarten und einen Stift mit an den Platz.

Nun kennzeichnen Sie die Karten mit A, B und C und legen sie in einem Dreieck mit jeweils einem Meter Abstand so vor sich auf den Boden, dass von jeder Position aus die beiden anderen Karten gut zu sehen sind."

Während die Teilnehmenden sich ihre Plätze suchen, achtet der Moderator darauf, dass ausreichend Abstand gewahrt wird.

Erster Schritt:

„Der Platz, auf dem Sie jetzt stehen, ist Ihr Ausgangspunkt. Von diesem Platz aus gehen Sie nun zur Karte ‚A' und stellen sich darauf. Dies ist der Platz, an dem Sie verschiedene Aspekte der konflikthaften Situation noch einmal aus Ihrer Sicht erleben werden. Das Erinnern und Einfühlen fällt leichter, wenn Sie dabei die Augen schließen."

Im Folgenden schickt der Moderator die Teilnehmenden auf eine kleine Erinnerungsreise, indem das Erleben der einzelnen Sinne angesprochen wird; unterstützt von einer sanften, langsamen „Traumreisen-Stimme", die zwischen den einzelnen Sätzen Pausen lässt.

Zweiter Schritt – 1. Position (Ich):

„*Nun sind Sie noch einmal in der Situation X und Sie sehen die andere Person vor sich oder neben sich, ganz so, wie es war … Sie sehen das Gesicht der anderen Person, die Augen, den Mund … Sie sehen, wie nah oder fern die andere Person ist, wie sie da steht … oder sitzt … Und Sie hören sich und die andere Person sprechen, Sie hören den Klang der Stimme, … das Tempo, … die Lautstärke … Sie hören, was sie sagt und Sie hören sich, was Sie sagen … und wie Sie es sagen …*

- *Was wollen Sie in dieser Situation ganz konkret von der anderen Person?*
- *Welche guten Gründe haben Sie dafür?*
- *Was tun Sie in der Situation dafür, den Konflikt nicht weiter eskalieren zu lassen?*
- *Wie gelingt Ihnen das?*

Und dann verabschieden Sie sich von dieser Situation, öffnen die Augen und gehen wieder zu Ihrem Ausgangspunkt.

Überlegen Sie hier bitte: Wie kann das, was Sie in dieser Perspektive erfahren haben, Ihnen in zukünftigen Konflikten von Nutzen sein?"

Als Moderator achten Sie an dieser Stelle darauf, dass alle Teilnehmenden wieder auf den Ausgangspunkt zurückgehen!

Dritter Schritt – 2. Position (Du):

Sie bitten die Teilnehmenden, sich auf den Platz der Karte „B" zu stellen und führen sie wieder über das Ansprechen der verschiedenen Sinneswahrnehmungen (siehe 1. Absatz im zweiten Schritt) in das Erlebte. Besonders wichtig in der Art der Frageführung ist die Unterstützung, sich in die andere Person hineinzuversetzen, z.B.:

„Auf diesem Platz schlüpfen Sie jetzt in die Schuhe der anderen Person. Machen Sie sich ihre Körperhaltung und Sicht zu eigen – stellen Sie sich vor, Sie seien die andere Person. Und genau als diese Person nehmen Sie jetzt wahr, was Sie und wen Sie vor sich sehen. Wie sieht Ihr Gegenüber aus?

- *Was wollen Sie in dieser Situation ganz konkret von der anderen Person?*
- *Welche guten Gründe haben Sie dafür?*
- *Was tun Sie in der Situation dafür, den Konflikt nicht weiter eskalieren zu lassen?*
- *Wie gelingt Ihnen das?*

Und dann verabschieden Sie sich von dieser Situation, öffnen die Augen und gehen wieder zu Ihrem Ausgangspunkt. Überlegen Sie hier bitte: Wie kann das, was Sie in dieser Perspektive erfahren haben, Ihnen in zukünftigen Konflikten von Nutzen sein?"

Vierter Schritt – 3. Position (Sie):

Sie bitten die Teilnehmer, sich auf den Platz der Karte „C" zu stellen und als Beobachter die Situation von außen zu erleben. Führen Sie sie auch hier noch einmal durch die Situation:

„Stellen Sie sich vor, Sie seien zufällig ein unbeteiligter Beobachter dieser Situation gewesen – was haben Sie gesehen ..., gehört ...?

- *Was wollen die beiden in dieser Situation ganz konkret voneinander?*
- *Welche guten Gründe haben Sie dafür?*
- *Was tun die beiden in der Situation dafür, den Konflikt nicht weiter eskalieren zu lassen?*
- *Wie gelingt ihnen das?*
- *Welche Gemeinsamkeiten tauchen evtl. auf?*
- *Welche Chancen können Sie von außen erkennen?*
- *Wenn die beiden Sie um Rat fragen würden, was würden Sie ihnen empfehlen?"*

Holen Sie die Teilnehmer wieder auf den Ausgangspunkt zurück: *„Und dann verabschieden Sie sich von dieser Situation, öffnen die Augen und gehen wieder zu Ihrem Ausgangspunkt. Überlegen Sie hier bitte: Wie kann das, was Sie in dieser Perspektive erfahren haben, Ihnen in zukünftigen Konflikten von Nutzen sein?"*

Fünfter Schritt – Ausgangspunkt:

Lassen Sie den Teilnehmenden einen Moment Zeit, ihre Erfahrungen wirken zu lassen. Danach bitten Sie um Einsammeln der Positionskarten und Rückkehr in die Sitzrunde.

Sechster Schritt – Auswertung:

1. Jeder schreibt für sich die drei wichtigsten Erkenntnisse („AHAs") auf Karten.
2. Eine Austauschrunde zu zweit oder dritt schließt sich an: *„Was könnten Sie in Zukunft mehr, weniger oder gar nicht mehr tun, damit Sie eine ähnliche Situation zukünftig als zufriedenstellender, zielführender, konstruktiver ... erleben?"*

Weiteres Vorgehen

Diese intensive Übung unterstützt Verstehen und Anerkennen der Einsicht „Jeder Mensch hat seine eigene Sicht der Dinge" und kann damit Basis weiterer Workshoparbeit sein mit dem Ziel, Unterschiedlichkeiten anzuerkennen und wertzuschätzen, z.B.:

▶ Fokus Kundenkontakt: Wie schaffe ich es, im Gespräch die anderen Positionen wahrzunehmen?
▶ Fokus Teamgeist: Welchen Nutzen haben wir von der Unterschiedlichkeit der Sichtweisen in unserem Team?

Kommentar

Das Modell der „Wahrnehmungspositionen" ist wegen seines hohen Nutzens ein Standard-Tool in meiner Coaching-Praxis. Also lag die Idee nahe, das, was für den Einzelnen gut und hilfreich ist, auch für Gruppen nutzbar zu machen. Im Rahmen einer Seminarreihe zum Thema „Kommunikations- und Konfliktlösungsmöglichkeiten im Kundenkontakt" wurde das Tool in Gruppen erprobt und von den Teilnehmenden als sehr unterstützend angenommen.

Der lösungsorientierte Kniff: Das Wissen um mögliche Lösungen – auch für Konflikte – bringen die Klienten mit, oft ohne sich dessen bewusst zu sein. Die Reise durch drei verschiedene Perspektiven mit Fragen, die diese Ressourcen und Kompetenzen den Klienten einfach unterstellen (z.B.: „Was tun Sie dafür, den Konflikt nicht weiter eskalieren zu lassen?") hilft häufig, dies zu erkennen – und in Zukunft nutzbar zu machen.

Ein weiterer wesentlicher Vorteil dieser Übung ist, dass jede Person für sich verdeckt und diskret ein emotionales Thema bearbeiten kann, ohne sich vor der Gruppe „outen" zu müssen.

Gut einsetzbar ist das Tool, wenn ein Minimum an Vertrautheit mit der Gruppe und der Workshopsituation gegeben ist. Wesentlich in der Durchführung ist, dass die verschiedenen Positionen A, B und C sauber getrennt bleiben!

Quellen/Literatur Grundlage dieser Übung ist eines der Basis-Modelle aus dem NLP – genannt Wahrnehmungspositionen.

Ein Behälter für Probleme

Carey Glass, Vereinigtes Königreich

Kurzbeschreibung

Diese Übung ermöglicht es einer Gruppe, sich schnell und ernsthaft weg von einer Problemsprache und hin zur Lösungssprache zu bewegen. Zugleich erhält sie dabei Gelegenheit, so viel wie nötig über das Problem zu sprechen. Anschließend kann die Gruppe zu Lösungen übergehen, ohne dass sich das Problem störend bemerkbar macht oder sie daran hindert, weiter voranzukommen.

Setting

- Geeignet für 2 bis 25 Teilnehmende
- Dauer: zwischen 20 und 60 Minuten
- Die Teilnehmenden entscheiden selbst, wie viel Zeit diese Übung benötigt.

Kontext und Zielsetzung

Diese Übung eignet sich besonders für Teams, die mit einer emotional schwierigen Situation zu tun haben oder eine schmerzhafte Erfahrung durchlebt haben. Falls diese Erfahrung ihren Versuchen im Wege steht, weiterzukommen, erweist sich diese Übung als äußerst hilfreich. Der beste Zeitpunkt für sie ist, nachdem die Erwartungen und Ziele für den Tag geklärt sind und bevor es darum geht, Lösungen für die weitere Arbeit zu finden.

Insoo Kim Berg wird oft mit dem Satz zitiert: „Lösungsfokussiert sein bedeutet nicht, problemphobisch zu sein." Im lösungsorientierten Ansatz wird es für wenig hilfreich gehalten, Probleme zu analysieren, um Lösungen zu finden. Daher wird ein lösungsorientierter Moderator nicht versuchen, angesprochene Probleme durch Fragen weiter zu vertiefen. Andererseits erkennt der Ansatz an, dass Menschen ihre Probleme immer wieder ansprechen, weil sie bisher keine Chance hatten, damit Gehör zu finden – zumindest nicht in dem Ausmaß, wie sie es sich gewünscht hätten. Sie fühlen sich schlicht übergangen. In der lösungsorientierten Arbeit vermeidet der Moderator nicht Probleme, sondern er zeigt, dass er alles hört, was von den Teilnehmenden ausgedrückt wird, ohne dass er dabei das Problem weiter vertieft. Damit respektiert er den Wunsch der Teilnehmenden nach einem offenen Ohr, ohne dadurch problemorientiert zu agieren.

Die Übung gibt den Teilnehmenden Erlaubnis, so viel und so lange über Probleme zu sprechen, wie sie möchten und stellt sicher, dass sie dabei gehört werden. Sie stellt damit Raum und Zeit zur Verfügung, in der das Problem ausgedrückt werden kann. Dies hat zur Konsequenz, dass die Teilnehmenden anschließend umso schneller bereit sind, sich wieder auf Lösungen zu konzentrieren – und dies in einer praktischen und produktiven Weise. Das Problem sickert dadurch nicht weiter in den Prozess der Lösungsfindung. Erwünschte Nebeneffekte sind, dass dabei ein Gefühl von Zusammenhalt in der Gruppe entsteht und dass vorbildhaft gezeigt wird, wie man Gelegenheit gibt, das Problem zu benennen und gleichzeitig Verantwortung für Lösungen zu übernehmen.

Ausführliche Beschreibung

Diese Übung kann in einen Workshop integriert werden, in dem es um neue Wege geht und darum, angemessene Lösungen zu finden. Meist ist dem Moderator schon vor dem Workshop bewusst, dass die Gruppe ein Problem hat, das sie stört und am weiteren Fortkommen hindert. Dies ist zum Beispiel häufig nach einer größeren Restrukturierung der Fall, nach schweren finanziellen Verlusten, wenn eine Abteilung unter strenger Beobachtung steht oder ihr unerreichbare Ziele gesetzt wurden. Natürlich kann der Moderator diese Übung auch spontan in einem Workshop einsetzen, wenn er merkt, dass es ein Problem gibt, um das die Gruppe ständig kreist.

Die Übung wird als Teil des Ablaufs für den Tag vorgestellt, so dass die Gruppe schon von Anfang an weiß, dass es Gelegenheit geben wird, über das zu sprechen, was passiert ist oder gerade passiert. Es ist hilfreich, explizit zu erwähnen, dass Sie relativ früh im Workshop einen Zeitraum freihalten möchten, der es den Teilnehmenden erlaubt, ihre Gedanken und Gefühle zum Problem auszusprechen.

Um den Fokus eindeutig darauf zu richten, dass der Hauptzweck des Tages in der Suche und Entwicklung von Lösungen liegt, ist es wichtig, dass die Gruppe zu Beginn eine Übung macht, in der sie ihre Ziele und Erwartungen formuliert.

Ein Behälter für Probleme

Schritt 1: Einzelne überlegen, was sie der Gruppe sagen möchten

Stellen Sie die Übung vor und sagen Sie, dass im ersten Schritt zunächst jeder Gelegenheit erhält, darüber nachzudenken, was er der Gruppe gerne in Bezug auf das Problem sagen möchte. Wenn die Gruppe bis zu sechs Teilnehmende hat, geben Sie ihnen fünf Minuten Zeit, um über das Problem und über das nachzudenken, was sie dazu gerne sagen möchten. Wenn die Gruppe größer ist, ist es besser, in Paaren zu arbeiten und den Paaren 15 Minuten Zeit zu geben, ihre Gedanken und Gefühle über das Problem zur Sprache zu bringen. Die Teilnehmenden können ihre Gedanken selbstverständlich auch aufschreiben.

Schritt 2: Die Gruppe tauscht ihre Gedanken und Gefühle über das Problem aus

Fragen Sie nun die Gruppe, wie lange sie gerne über ihre Gedanken und Gefühle sprechen möchte und akzeptieren Sie den Zeitrahmen, der vorgeschlagen wird. Diese Akzeptanz des Zeitrahmens ist entscheidend für den Erfolg der Übung, damit Einzelne nicht das Gefühl haben, ihnen würde nicht genug Zeit gegeben, um sich angemessen äußern zu können. Führen Sie die Gruppe an eine andere Stelle im Raum oder wechseln Sie, wenn möglich, den Raum. Das kann ganz informell geschehen, indem die Teilnehmenden entscheiden, ob sie ihre Stühle mitnehmen oder sich an der anderen Stelle einfach auf Tische setzen oder im Stehen weiterarbeiten.

Gehen Sie herum und unterstützen Sie Einzelne dabei, ihre Gedanken und Gefühle zu äußern. Arbeiten Sie dabei assoziativ und erlauben Sie den Teilnehmenden, ihre Reflexionen mit vorangegangenen Gedanken zu verknüpfen. Wenn es Ihnen notwendig erscheint, wiederholen Sie nochmals, was gesagt wurde, so dass die Einzelnen wissen, dass sie gehört und verstanden wurden. Sie können auch eine zweite Runde anschließen, wenn sie merken, dass immer wieder neue Gedanken und Aspekte ausgesprochen werden.

Wenn die vereinbarte Zeit zur Hälfte vergangen ist, fragen Sie die Gruppe, ob der Zeitrahmen noch stimmt und korrigieren Sie ihn, falls dies notwendig ist. Wenn die Zeit vorbei ist, überprüfen Sie, ob die Gruppe nun bereit ist, etwas Neues zu beginnen. Nach meiner Erfahrung braucht die Gruppe in der Regel weniger Zeit, als sie sich vorher vorgestellt hat.

Nach dieser Übung ist es nützlich, eine kurze Pause zu machen. Damit setzen Sie eine klare Grenze zwischen dem Fokus auf die Vergangenheit zum Fokus auf die Zukunft, dem sich die Gruppe nach der Pause widmet.

Weiteres Vorgehen

Wenn die Teilnehmenden die Vergangenheit körperlich hinter sich gelassen haben, ist es gut, mit einer Intervention weiterzumachen, die in Richtung Zukunft geht (siehe Kap. 5, „Futur Perfekt", S. 143 ff.)

Kommentar

Ich habe diese Übung entwickelt, um damit die Bewegung von der Vergangenheit zur Zukunft zu symbolisieren, vom Problem zur Lösung im Sinne der Lösungsorientierung. Im lösungsorientierten Ansatz werden Probleme als Teil der Vergangenheit gesehen und Lösungen als Teil der Zukunft. In dieser Übung benutzen wir verschiedene Räume, um damit die Vergangenheit und die Zukunft zu symbolisieren. Teilnehmende verlassen nach der Übung den Raum, in dem sie über die Vergangenheit gesprochen haben. Dann gehen sie in den Raum, in dem sie über die Zukunft sprechen und Lösungen erarbeiten.

Es gibt drei Erfolgsfaktoren für diese Übung:

1. Der Moderator muss der Gruppe die Erlaubnis geben, über Probleme zu sprechen, indem er genügend Zeit dafür im Tagesablauf einplant. Wenn die einzelnen Teilnehmer erst einmal wissen, dass ihnen zugehört wird, verschwinden ihre Befürchtungen und sie suchen nicht länger nach Gelegenheiten, um ihre Gefühl über das Problem zu äußern.

2. Es ist wichtig, dass die Gruppe die Kontrolle über den Zeitraum hat, den sie benötigt, um ihre Gedanken auszutauschen. Sobald man der Gruppe diese Kontrolle gewährt, stellt man sicher, dass sie nur so viel und so lange über das Problem spricht, wie sie möchte – und nicht mehr. Da die Teilnehmenden nicht mehr darum kämpfen müssen, gehört zu werden, ist der Zeitaufwand für diese Übung meist geringer, als man am Anfang erwartet.

3. Es sollte einen symbolisch unterschiedlichen Raum geben, entweder an einer anderen Stelle im Raum oder in einem anderen Raum, so dass die Gruppe auch körperlich die Vergangenheit nach der Pro-

Ein Behälter für Probleme

blemerörterung hinter sich lassen kann. Das Problem wurde vollständig in einen Behälter oder Raum platziert und braucht nicht mehr in den Lösungsraum hineinzusickern.

Quellen/Literatur

Diese Übung bietet einer Gruppe die Möglichkeit, die wunderbar ausbalancierte Lösung zu verwirklichen, die Steve de Shazer und Insoo Kim Berg entwickelt haben, um das Grundbedürfnis von Menschen zu verstehen und zu akzeptieren, ihre Gefühle über ein Problem auszudrücken, ohne dabei problemorientiert zu werden. Die Menschen sprechen über das Problem, so viel wie Sie wollen – und nicht mehr.

Erfolge

Barry Winbolt, Vereinigtes Königreich

Kurzbeschreibung   Ein lösungsorientierter Weg, um Menschen bei der Erkenntnis zu helfen, dass sie Fähigkeiten besitzen, von denen sie noch nicht wussten, dass sie sie haben.

Setting
- Teilnehmerzahl: 20 bis 25 Teilnehmende in 4er- oder 5er-Gruppen
- Dauer: 20 Minuten plus 10 Minuten Auswertung
- Technische Voraussetzungen: genug Platz für die Gruppen, um ungestört miteinander reden zu können. Flipchart und Stifte für den Moderator

Kontext und Zielsetzung

Diese Intervention kann an fast jeder Stelle eines Workshops eingesetzt werden. Ich benutze sie vor allem, um das Lernen am Ende meiner lösungsorientierten Konfliktklärungs-Workshops zu verstärken.

Die meisten Menschen wissen viel mehr, als sie glauben zu wissen. Wir sind zum Beispiel alle dazu fähig, mit Konflikten umzugehen. Wenn wir an Konflikte denken, erinnern wir uns allerdings meistens an die Fehler und unser Versagen, wenn Konflikte außer Kontrolle gerieten. Diese Übung hilft den Teilnehmenden, wichtige Erfolge zu identifizieren und dabei zu lernen, dass sie ganz natürliche Fähigkeiten haben, um mit Schwierigkeiten im Leben umgehen zu können – und eben auch Konflikte zu klären.

Die Intervention kann letztlich für jedes Anliegen genutzt werden, nicht nur im Rahmen der Konfliktklärung. Wir wissen zum Beispiel alle, wie wir mit Stress umgehen könnten, aber auch hier erinnern wir uns eher an unser Versagen, an besonders stressige Zeiten oder an Zeiten, in denen es uns schlecht ging.

Ausführliche Beschreibung

Bilden Sie Gruppen von vier oder fünf Teilnehmenden. Für die Auswertung brauchen Sie unterschiedliche Antworten. Daher ist es gut, wenn Sie zumindest vier oder fünf Teams bilden. Ist die Teilnehmerzahl eher klein, reduzieren Sie einfach die Größe der Gruppen. Wenn Sie also insgesamt zwölf Teilnehmende haben, bilden Sie vier Dreiergruppen.

Bitten Sie alle Teilnehmenden, sich an eine Zeit zu erinnern, die für sie anstrengend war, in der es so aussah, als ob sich ein echter Konflikt entwickeln würde, dies aber doch nicht passierte. Tatsächlich blieb der Konflikt aus, das Ganze endete sogar damit, dass die Person, mit der sich der Konflikt anbahnte, ihnen gedankt hat. Mit anderen Worten: Durch irgendetwas, das die einzelnen Teilnehmenden getan haben, vermieden sie eine schwierige Situation. Fragen Sie sie an dieser Stelle noch nicht, wie sie das geschafft haben. In der Regel hat aber jeder schon einmal eine solche Situation im Leben erlebt.

Geben Sie den Teilnehmenden 15 bis 20 Minuten Zeit, sich an solche Erfolge zu erinnern und in ihrer kleinen Gruppe darüber zu reden.

Dann geht es in die nächste Runde: Bitten Sie Freiwillige, Erfolgsgeschichten aus ihrer Gruppe zu erzählen. Sie brauchen dafür letztlich nur zwei Personen, die Ihnen Beispiele liefern. An dieser Stelle zahlt sich die Gruppenarbeit aus. Einige Menschen sind zu schüchtern oder zu bescheiden, um über ihre Erfolge zu reden. Ihre Gruppenkollegen springen an dieser Stelle gerne für sie ein. Machen Sie dann Folgendes:

- Bitte Sie um eine kurze Beschreibung des Erfolgs.
- Fassen Sie Ihr Verständnis des Gesagten zusammen.
- Gratulieren Sie zum Erfolg.
- Fokussieren Sie nun auf das Anliegen dieser Übung. Fragen Sie: *„Welche besonderen Stärken haben es Ihnen ermöglicht, in dieser Situation ein gutes Ergebnis zu erzielen?"* Üblicherweise kommen dann Antworten wie: „Ich habe gut zugehört.", „Ich konnte sehen, dass sie verärgert war, deswegen habe ich nicht weiter argumentiert.", „Ich konnte verstehen, warum er so aufgeregt war." etc.
- Fassen Sie diese Kommentare als Stichworte auf einem Flipchart zusammen: „zugehört", „beobachtet", „verstanden" usw.
- An dieser Stelle können Sie den Freiwilligen unterstützen, die Erfolge noch etwas ausführlicher zu beschreiben. In einigen Kulturen sind die Menschen eher bescheiden und fühlen sich unwohl, wenn sie über Erfolge sprechen. Dies hört sich für sie wie Prahlerei an.
- Danken Sie dem Freiwilligen, sprechen Sie Ihre Anerkennung aus und gehen Sie dann zum zweiten Freiwilligen über. Wiederholen

Barry Winbolt

Sie die Übung und fassen Sie die genannten Punkte wieder auf dem Flipchart zusammen.

Nun zur Auswertung: Am Morgen habe ich den Teilnehmenden erzählt, dass ich ihnen am Ende des Tages demonstrieren werde, dass sie letztlich über alle Fähigkeiten verfügen, um einen Konflikt zu meistern. Die gesammelten Punkte auf dem Flipchart stellen nunmehr nichts anderes dar als die Schlüsselqualifikationen in Konfliktklärung: zuhören, sich empathisch einfühlen, Objektivität wahren, der Versuch zu verstehen usw. (Aus diesem Grund führe ich die Übung auch am Ende meiner Konfliktklärungs-Workshops durch.)

Diese Übung verstärkt damit den Lernprozess, der über den Tag verteilt stattgefunden hat. Zwei oder drei Freiwillige für die Auswertung sind dabei vollkommen ausreichend. Die anderen Teilnehmenden werden währenddessen über ihre eigenen Erfolge und Schlüsselqualifikationen reflektieren.

Danken Sie abschließend den Freiwilligen, bestätigen Sie ihre besonderen Fähigkeiten und betonen Sie ruhig, dass wir alle verborgene Talente haben.

Geben Sie den Gruppen fünf Minuten Zeit, um ihre Gedanken und Erfahrungen auszutauschen.

Weiteres Vorgehen

Bieten Sie den Teilnehmenden die Möglichkeit, ihre jeweiligen Erfolge miteinander auszutauschen und anzuerkennen. Dies ist dann entweder die letzte Übung des Tages oder es geht gleich anschließend in eine Kaffeepause.

Kommentar

▶ Diese Übung ist auf eine ganz natürliche Weise lösungsorientiert, weil sie belegt, dass **jeder** Konflikte klären kann. Wir haben bisweilen nur vergessen, diese Fähigkeiten einzusetzen – oder weigern uns einfach, daran zu denken. Wenn wir neue Fähigkeiten erlernen (z.B. Klavier spielen, Golf, Malen) nutzen wir die Trainingsstunden schließlich auch nicht, um unsere Fehler zu wiederholen. Im Gegenteil, wir versuchen auf unseren Erfolgen aufzubauen und sie zu wiederholen.

Erfolge

- Dies ist eine Übung, die viel Gelegenheit zur Anerkennung bietet. Gruppen im sozialen Dienst habe ich empfohlen, diese Übung in ihren wöchentlichen Teamsitzungen einzusetzen.
- Der Moderator kann beim Formulieren helfen, wenn er die Stichworte auf das Flipchart notiert. Er kann auf diese Weise auch darauf achten, dass hier die Punkte angesprochen werden, die während des Tages behandelt wurden.
- Es kann vorkommen, dass jemand eine Geschichte erzählt, die sich in diesem Zusammenhang nicht so gut eignet (z.B., dass der Konflikt durch ein zufälliges Ereignis unterbrochen wurde). Bedanken Sie sich dann einfach und gehen Sie zu einem aussagekräftigeren Beispiel über.

Diese Übung ist eine eigene Entwicklung des Autors und kam erstmals bei einem Workshop in Hull, UK, 2001 zum Einsatz.

Quellen/Literatur

Kooperation zerstrittener Teams

Lilo Schmitz, Deutschland

Kurzbeschreibung   Wenn Sie zur Konfliktklärung bei zerstrittenen Teams oder Abteilungen zu Hilfe gerufen werden, besteht die Gefahr, dass Sie sich zwischen den „Fronten" zerreiben. Dieses humorvolle lösungsorientierte Modell normalisiert den Konflikt, sorgt für gute Stimmung und leitet die ersten Schritte zu einer besseren Kommunikation an.

Setting
- ▶ Für 6 bis 40 Teilnehmerinnen/Teilnehmer
- ▶ Veranschlagen Sie (je nach Gruppengröße) 3 bis 5 Stunden (gut investierte Zeit) sowie Zeit für eine Pause
- ▶ Material:
  - Arbeitsblatt mit den drei Fragen aus Phase 2
  - Moderationskarten, um Ergebnisse für die Unter- und Kleingruppen festzuhalten
  - Flipchart für das Sammeln der zu klärenden Punkte
  - Klebepunkte
  - Moderationswände
  - drei Abschlussplakate
- ▶ Räumliche Voraussetzungen: zwei Großgruppenräume, Arbeitsmöglichkeiten für Kleingruppen
- ▶ Vorbereitung: Sichern Sie die ununterbrochene Teilnahme am Gruppenprozess. Organisieren Sie am besten ein Treffen außerhalb der üblichen Arbeitszusammenhänge.

Kontext und Zielsetzung   Diese – von Zeitrahmen und Anzahl der Teilnehmenden etwas aufwendige, aber sehr effektive – Methode ist immer dann nützlich, wenn verhärtete Fronten zwischen zwei Untergruppen, Teams oder Abteilungen die Arbeitsfähigkeit der größeren Organisation beeinträchtigen. Die klar gegliederte Methode gibt Ihnen als Moderator einen sicheren Rahmen. Voraussetzung ist, dass die meisten Teilnehmenden die Einschätzung teilen, dass es einen Konflikt zwischen verschiedenen Gruppen gibt.

Konflikte zwischen Teams und Untergruppen gehören zum Arbeitsalltag. Sie haben manchmal sogar nützliche (Neben-)Effekte: Sie stärken den Zusammenhang in der eigenen Gruppe, sind manchmal kurzweilig und spornen an. Wenn die Spannungen jedoch zu groß werden, wenn zu viel Energie und Zeit für den Konflikt verschwendet werden, ist die richtige Zeit für dieses humorvolle und lösungsorientierte Moderationsmodell gekommen, das auf mehreren Ebenen wirkt.

Ziel ist es, die Situation zu normalisieren und zu entspannen und die Arbeitsfähigkeit im Sinne des Ganzen (wieder-)herzustellen.

Phase 1: Normalisierung im Plenum

Normalisieren Sie in einer kleinen Ansprache den Konflikt. Erläutern Sie, wie unterhaltsam, anspornend und lebendig Konflikte zwischen einzelnen Gruppen sein können. Betonen Sie, dass es oft kein eindeutiges Richtig oder Falsch gibt, sondern in vielen Fällen durchaus widerstreitende Sichtweisen. Das ist berechtigt.

Ausführliche Beschreibung

Wir haben also Respekt vor den bestehenden Konflikten, für die die meisten Beteiligten „gute Gründe" haben. Für die Arbeitsfähigkeit einer Organisation ist es dennoch wichtig, auch bei unterschiedlichen Sichtweisen funktionierende Arbeitsabsprachen zu treffen. Laden Sie die Beteiligten ein, diesem Moderationsmodell heute ein paar Stunden zu schenken, indem sie in größeren und kleineren Gruppen bestimmte Fragen bearbeiten.

Phase 2: Spiel mit Stereotypen

Für jede der beiden Gruppen steht ein Arbeitsraum zur Verfügung. Finden Sie für jede Gruppe eine Moderatorin/einen Moderator sowie eine Protokollantin/einen Protokollanten für ein Kurzprotokoll, das später im Plenum vorgetragen wird. Stellen Sie den Gruppen Plakate oder Flipcharts zur Verfügung. Bei kleineren Gruppen reichen Moderationskarten aus. Bitten Sie die Gruppen, in den nächsten 30 (größere Gruppen: 40) Minuten folgende drei Fragen (bitte schriftlich mitgeben!) zu beantworten und mit den Antworten zu diesen Fragen wieder ins Plenum zu kommen:

1. Was klappt bei allen Schwierigkeiten halbwegs gut mit dem anderen Team?
2. Was müsste das andere Team tun, um die Situation noch schlimmer zu machen?
3. Was erzählt wohl das andere Team, was mit uns besonders schrecklich oder schwierig ist?

Danach treffen sich beide Gruppen im Plenum. Die Protokollantin/der Protokollant stellen jeweils die Antworten ihrer Gruppen auf diese drei Fragen vor, was meist zu heiteren Kommentaren Anlass gibt. Danach folgt eine kleine Pause.

Phase 3: Klärungsbedarf sammeln und gewichten

Im Plenum sammeln Sie nun durch Zuruf unter dem Titel *„Wenn wir besser zusammenarbeiten wollen, welche Punkte müssen wir dann klären?"* an einem Flipchart oder mithilfe von Moderationskarten Punkte, für die ein Klärungsbedarf besteht. Fassen Sie sehr ähnliche Punkte und Anliegen ggf. zusammen. Danach erhält jede Teilnehmerin/jeder Teilnehmer drei Klebepunkte und klebt diese vorne an die Themen, die für sie/ihn besonders wichtig sind. Im Plenum zählen Sie die Punkte aus und geben die drei wichtigsten Themen bekannt. Bitten Sie die Teilnehmenden, diese Themen zu notieren.

Phase 4: Kleingruppenarbeit

Nun werden nach einem Zufallsprinzip Kleingruppen aus beiden Teams gebildet, die versuchen, in der nächsten Stunde Verbesserungsvorschläge für die drei Themenbereiche zu erarbeiten, die sie anschließend im Plenum vorstellen sollen.

Phase 5: Abschlussplenum

Die Gruppen stellen zu jedem Thema ihre Lösungsideen im Plenum vor. Dort werden sie kurz diskutiert und abgestimmt. Die Ergebnisse halten Sie auf drei vorbereiteten Plakaten fest, und zwar wie folgt:

▶ **Plakat A:** Hier haben wir uns geeinigt. Das tun wir sofort (Rubriken: Wer? Wann? Was?).
Nehmen Sie hier nur Punkte auf, die einvernehmlich abgestimmt werden können. Die Teilnehmenden stimmen entweder mit „Wir sind dafür" oder „Wir können uns damit arrangieren".

▶ **Plakat B:** In diesen Punkten können wir uns heute nicht einigen; es besteht zeitnah Klärungsbedarf (Rubriken: Wer klärt das? Wann? Und wie/wo?).
Nehmen Sie hier alle Punkte auf, die kontrovers diskutiert werden. Fragen Sie jeweils nach „Müssen wir uns hier einigen?", um zu entscheiden ob Sie die Punkte auf Plakat B oder doch auf C notieren.

▶ **Plakat C:** Das bleibt vorläufig ungeklärt, hier müssen wir nicht unbedingt einer Meinung sein.
Bemühen Sie sich im Sinne von Normalisierung und Wertschätzung von Vielfalt („diversity") in Organisationen und Unternehmen darum, viele der kontroversen Punkte in dieser Rubrik unterzubringen.

Verabreden Sie, wie und wann die konkreten Aufträge aus den Plakaten A und B überprüft werden und bedanken Sie sich abschließend für die konstruktive Mitarbeit.

Dieses aufwendige und kraftvolle Instrument stellt eine große, abgeschlossene und in der Regel einmalige Intervention dar. Stellen Sie lediglich sicher, in welchem Rahmen klar übernommene Aufgaben rückgemeldet werden können.

Weiteres Vorgehen

Durch Humor und ironisches Spiel mit Fremd- und Eigenstereotypisierungen kommt Leichtigkeit ins Plenum und Fronten werden aufgelockert. Die ressourcenorientierte Fragestellung lädt ein, sich selbst und die eigene Gruppe ironisch-kritisch zu sehen, der anderen Gruppe gegenüber jedoch respektvoll zu bleiben. Durch die Bildung gemischter Kleingruppen, die um die besten Ideen für die Zukunft wetteifern, werden die eingefahrenen Linien von Kooperation und Gegnerschaft aufgeweicht und neue Perspektiven entwickelt.

Kommentar

Im Modell finden sich hilfreiche Normalisierungen, die Multiperspektivität aus systemisch-lösungsorientierter Sicht anstreben:

▶ In Ihrem einleitenden Statement bezeichnen Sie Konflikte als normal und hilfreich.
▶ Durch die offen gemachte Fantasie „Was reden die anderen wohl schlecht über uns?" wird Klatsch und kritische Nachrede normalisiert und humorvoll überzeichnet.

▶ Durch das abschließende Plakat „Das bleibt vorläufig ungeklärt, hier müssen wir nicht unbedingt einer Meinung sein" normalisieren Sie unterschiedliche Sichtweisen und wertschätzen Unterschiedlichkeit („diversity").

Durch die Aufgabenstellung für die Kleingruppen schaffen wir in jedem Fall neue Mikro-Solidarität jenseits der Grenzen der bisherigen Teams. Wird ein Kleingruppenvorschlag vom Plenum angenommen, wird diese Kleingruppe bestätigt und bestärkt. Wird ein Vorschlag nicht angenommen, kann sich die Gruppe gemeinsam kopfschüttelnd über das „unverständige" Plenum wundern.

Quellen/Literatur Einige Elemente dieses Modells wurden von den pfiffigen Organisationsentwicklern Burns und Stalker bereits in den 60er-Jahren eingesetzt. Lesen Sie dazu:

▶ Burns, T. und Stalker, G. M. (1961): The Management of Innovation. London.

Strukturierter Zieltratsch

Daniel Meier, Schweiz

Der strukturierte Zieltratsch hilft den Teilnehmenden eines Workshops, ihre persönlichen Ziele für die Veranstaltung bewusst zu machen. So werden sie zum Hüter der eigenen Ziele und können ihre Aufmerksamkeit schon zu Beginn auf das erfolgreiche Ende legen.

Kurzbeschreibung

- Für jede Anzahl an Teilnehmenden geeignet
- 10 bis max. 30 Minuten
- Flipchart mit entsprechenden Fragen für die Gruppen

Setting

Meist stehen Workshops unter einem großen Thema wie „Verbesserung der Zusammenarbeit". Unter diesem Thema finden sich Teilnehmende zusammen – doch jeder Teilnehmende hat unter dem Übertitel meist ganz individuelle Ziele. Und nur wenn diese persönlichen Ziele auch Platz und Beachtung finden, wird Lernen möglich und der Workshop zu einem persönlichen Highlight.

Durch diese Startübung erhalten die Teilnehmenden die Möglichkeit, schon früh intensiv miteinander in Kontakt zu kommen und ihre Aufmerksamkeit auf ihre Ziele zu richten. Sie setzen sich mit der Frage auseinander, was denn eigentlich im Workshop geschehen müsste, damit es sich für sie gelohnt hat, daran teilzunehmen. Das hilft ihnen auch, Verantwortung für ihr Lernen zu übernehmen und zielgerichtet dranzubleiben.

Kontext und Zielsetzung

Die Teilnehmenden setzen sich in Vierergruppen zusammen und bestimmen wer A, B, C oder D ist.

Ausführliche Beschreibung

Als Moderator bereiten Sie ein Flipchart vor, auf dem drei (maximal vier) Fragen formuliert sind, die für das Thema bzw. die persönliche Zieldefinition eine Rolle spielen. Bewährt haben sich beispielsweise folgende Fragen:

- Was fasziniert Sie am Thema X?
- In Bezug auf das, was Sie eben gesagt haben – was soll heute hier passieren, damit es sich für Sie gelohnt hat, hier mit dabei zu sein?
- Was wäre im Verlauf des Workshops ein erstes Zeichen, dass Ihnen zeigt: „Ah, ich bin ja schon auf dem Weg, meine Ziele zu erreichen?"

Nun richtet erst A die erste Frage an Person B, die sie kurz beantwortet. Danach richtet Person B die erste Frage an Person C. Danach C an D und zum Schluss D an A (siehe Abb.). Damit ist die erste Fragerunde abgeschlossen. Für die erste Fragerunde rechnen wir mit ca. acht Minuten Zeitbedarf.

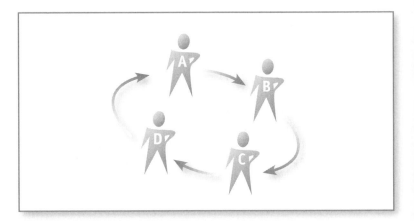

Danach ist die zweite Frage an der Reihe: A stellt sie B, B an C usw.

Jede der drei Fragen wird also reihum gestellt und beantwortet. Es hilft enorm, wenn der Moderator jeweils mit einem Zeichen (Gong o. Ä.) anzeigt, wann die Gruppen mit einer Fragerunde durch sein sollten.

Ergänzung:

Man kann nach den drei Fragen die Übung beenden. Sollte noch etwas Zeit bleiben, so gibt es die schöne und wirkungsvolle Erweiterung durch einen Ressourcentratsch:

Strukturierter Zieltratsch

B, C und D tratschen kurz über Person A, die interessiert zuhört: *„Welche Ressourcen haben Sie in den Aussagen von A gehört, die Sie zuversichtlich stimmen, dass Person A ihre Ziele auch erreichen wird?"*

Nach zwei Minuten Tratsch gibt es einen Wechsel und die Gruppe tauscht sich zur selben Frage über Person B aus.

Nach der Übung ist es hilfreich, im Plenum kurz zu fragen: *„Gibt es ein Ziel oder eine Bemerkung aus dieser Übung, die für mich als Moderator wichtig zu wissen ist. Etwas, das einen direkten Einfluss auf die Gestaltung oder das Programm des Workshops hat?"*

Weiteres Vorgehen

Diese Übung hilft, die Teilnehmenden in ihrem Alltag sowie bei ihren Bedürfnissen abzuholen und sie als Experten für ihre Ziele und ihr Lernen wahrzunehmen.

Kommentar

Die hoch strukturierte Vorgehensweise erlaubt in kurzer Zeit, eine intensive Arbeitsatmosphäre zu schaffen und auf den Punkt zu kommen. Die Teilnehmenden lernen sich über das Thema, ihre Ziele und ihre Ressourcen kennen und nicht über ihre Funktion oder Hierarchiestufe. Zudem kann diese Übung bei längeren Workshops (2 bis 3 Tage) auch wieder verwendet werden, wenn sich die Gruppen in der gleichen Zusammensetzung gegen Schluss zu einer persönlichen Lernauswertung treffen.

Erstmals begegnet bin ich dieser Übung auf der internationalen Konferenz der lösungsorientierten Praktiker (SOLWorld Conference) in Stockholm 2004. Björn Johansson aus Schweden stellte sie dort vor.

Quellen/Literatur

Was müssen wir hinkriegen?

Mark McKergow, Vereinigtes Königreich

Kurzbeschreibung Menschen lieben es manchmal, über Probleme zu reden. Diese Übung gibt ihnen dazu Raum, während sie gleichzeitig lösungsorientiert bleiben können.

Setting
- Die Übung funktioniert mit jeder Gruppengröße.
- Die Aktivität kann zwischen 15 und 30 Minuten dauern, je nach Kontext. Verschiedene Varianten benötigen entsprechend mehr oder weniger Zeit.
- Benötigtes Material: Papier und Schreibstifte, Flipchart

Kontext und Zielsetzung

- Die Übung eignet sich hervorragend dafür, die wirklich wichtigen Dinge im Workshop voranzubringen. Sie schafft eine solide Basis durch eine breite Zustimmung zu dem Projekt oder der Herausforderung, die angegangen werden soll. Darauf aufbauend kann sie eine Menge konkreter Details zur Lösung beisteuern, wobei die Teilnehmenden ihre Sicht der Dinge darstellen können.

- In Workshops und im Teamcoaching wollen die Teilnehmenden häufig über ihre Probleme reden. Wenn diese Diskussion zu schnell abgebrochen wird, kann das dazu führen, dass sich die Teilnehmenden nicht ernst genommen fühlen. Wenn es jedoch gelingt, die Gruppe in ein Gespräch darüber zu führen, „was wir alles hinkriegen müssen, um vorwärtszukommen", dann werden einerseits die wirklich zentralen Fragen diskutiert und gleichzeitig wird die Aufmerksamkeit von dem, „was alles nicht funktioniert" hin zu dem gelenkt, „was wir eigentlich wollen" – und damit vom Problem zur Lösung.

Es gibt viele verschiedene Möglichkeiten, wie diese Methode umgesetzt werden kann. Im Folgenden beschreibe ich ein Format, bei dem ich zusammen mit dem Team in der klassischen Reihenfolge vorgehe: denken – zusammensetzen – austauschen.

Ausführliche Beschreibung

Zunächst sorge ich für eine gute Arbeitsatmosphäre und dafür, dass das Team geklärt hat, an welchem Thema es arbeiten will. Dann bitte ich alle, Papier und Stift zu nehmen und kündige Folgendes an:

„Als Nächstes wollen wir uns einen Überblick über alle Aspekte verschaffen, die mit diesem Thema zusammenhängen. Denken Sie bitte einige Momente über folgende Frage nach: ‚Was müssen wir alles hinkriegen, damit wir vorankommen?' Notieren Sie sich auf einer Liste – egal wie lang – all die Punkte, die wir angehen müssen. Dafür haben Sie drei Minuten Zeit."

Nun rauchen die Köpfe und die Stifte fliegen über das Papier. Einige Listen sind länger als andere, das ist in Ordnung. Nach drei Minuten bitte ich die Teilnehmenden, sich zu zweit zusammenzusetzen, am einfachsten mit ihrem Nachbarn. Wenn Teilnehmende aus verschiedenen Abteilungen dabei sind, bitte ich sie, mit Kollegen aus der gleichen Abteilung zusammenzuarbeiten. Ich gebe ihnen fünf Minuten, um ihre Listen zu diskutieren und so zusammenzuführen, dass eine Rangfolge der wichtigsten Punkte entsteht. Natürlich kann die Zeit für diese Arbeit ausgeweitet werden, wenn die Diskussion besonders produktiv zu sein scheint.

Ich beginne die wichtigsten Themen zu sammeln, indem ich von jeder Gruppe ein Thema von der Spitze ihrer Prioritätenliste erfrage. Ich schreibe die Themen auf ein Flipchart und achte dabei genau darauf, dass die Worte dem entsprechen, was gesagt wurde. Ist ein Thema als Problem formuliert, kann ich es wenden, indem ich zum Beispiel Folgendes sage:

„Ja das ist ein wichtiges Thema. Was also sollen wir in Bezug darauf hinkriegen?"

Da jedes Paar an die Reihe kommen soll, muss das Sammeln schnell gehen. Ich versuche, so viele Themen wie möglich aufzuschreiben, damit niemand das Gefühl hat, dass etwas Wichtiges ausgelassen wurde. Das Chart wird dann an der Wand aufgehängt.

Sobald das erledigt ist, kann mit einer Aktivität zum „Futur Perfekt" weitergemacht werden. Zum Beispiel mit der Frage: „Einmal angenom-

men, wir würden das alles hinkriegen, was würde dann passieren?"
Dies macht die nächsten möglichen Schritte sehr konkret und animiert
die Teilnehmenden, darüber nachzudenken, wie das „Leben ohne das
Problem" aussehen könnte.

Weiteres Vorgehen Ich empfehle unbedingt, mit einer Aktivität zum „Futur Perfekt" (siehe Kap. 5 ab S. 143 ff.) fortzufahren. Dies erlaubt es, all die Dinge, die in dieser Übung gesammelt wurden, in eine gemeinsame Fassung zu bringen und damit die individuellen Themen hinter sich zu lassen.

Kommentar
- Diese Übung entwickelte ich während eines Team-Workshops. Die Teilnehmenden wollten die Probleme diskutieren, die sie bezüglich einer bevorstehenden Reorganisation beschäftigten. Ich formulierte die Frage um von „Was ist das Problem?" zu „Was wollen Sie hinkriegen?". Es zeigte sich, dass dies sehr effektiv war und eine Menge Ideen hervorbrachte, um daraus ein „Futur Perfekt" zu entwickeln.

- Meines Erachtens ist es wichtig, dass Menschen nicht das Gefühl haben, sie würden vom Problem zur Lösung gedrängt. Wenn die Teilnehmer während der Übung weiter über Probleme reden, schlussfolgere ich daher nicht, dass sie die Übung nicht richtig verstanden haben, sondern dass sie sie noch nicht zu Ende geführt haben.

- Die Antworten müssen an dieser Stelle noch nicht sehr konkret sein, das geschieht in der Regel im nächsten Schritt. Wenn die Leute zum Beispiel sagen, dass die Kommunikation zwischen dem Chef und dem Team nicht gut ist und dass deshalb die Kommunikation besser werden muss, dann ist das so in Ordnung. An dieser Stelle zu sehr ins Detail zu gehen, würde zu Auseinandersetzungen darüber führen, wie denn bessere Kommunikation aussehen soll. Das ist an dieser Stelle in der Regel nicht nötig.

Quellen/Literatur Ich entwickelte diese Übung, während ich Ideen aus Daniel Meiers Buch „Teamcoaching mit dem SolutionCircel" ausprobierte. Sein Prozess der „Brennpunkte" hat diese Variante inspiriert, die nicht so sehr auf die Brennpunkte schaut, sondern eher auf die Themen und Befürchtungen, die sich darum ranken.

Kapitel 4

Der Blick auf Ressourcen – Stärken und Erfolge wertschätzen

In diesem Kapitel lesen Sie:

Anker und Bojen im Meer der Kompetenzen 95
Verhandene Kompetenzen im Team bewusst machen
und davon gegenseitig profitieren

Die Tripel-Übung 101
Die Kunst, über Erfolge zu sprechen und stolz darauf zu sein

Loveletters 106
Eine sehr persönliche Art, positives Feedback zu geben

Qualitätsspiegel 110
Die Qualitäten von Menschen als beste Form des
Qualitätsmanagements nutzen

Reporter – alle sind gefragt! 114
Auf schnelle Weise Vorerfahrungen und Meinungen
zum Thema generieren

Ressourcenmarkt 118
Das Potenzial ungeliebter Eigenschaften aus völlig
neuer Perspektive betrachtet

Ressourcen-WALK-Shop „Dialog des Wandels" 122
Beim Spaziergang Neues entwickeln und
Ressourcen entdecken

Schachtelweise Bilder – Bilanz ziehen 130
Wertschätzendes Feedback via Streichholzschachtel

Stilles Ressourcengrüßen 134
Für gegenseitige Wertschätzung reicht ein Augenblick

Ubuntu 137
Die erstaunliche Entdeckung, wie eng die eigene
Entwicklung mit der von anderen Menschen verbunden ist

Anker und Bojen im Meer der Kompetenzen

Liselotte Baeijaert und Anton Stellamans, Belgien

Kurzbeschreibung

Die Übung versteht sich als Personal- und Team-Assessment, das sich auf Stärken und Ziele konzentriert. Es untersucht Ressourcen und Lernziele in der Gruppe und regt den Austausch darüber an, wie am Arbeitsplatz am besten gelernt werden kann. Es erzeugt Energie und ist eine gute Grundlage für gegenseitiges Coaching.

Setting

- Passend für Gruppengrößen von 5 bis 20 Personen
- Die gesamte Übung dauert eine bis eineinhalb Stunden.
- Der Raum muss groß genug sein, um im Stuhlkreis sitzen zu können. Teile der Übung lassen sich auch im Freien durchführen.
- Material und Vorbereitung:
  - Zeichnen Sie ein Poster mit allem, was Sie bereits über die Kompetenzen der Gruppe wissen. Benutzen Sie dabei die Worte der Teilnehmenden.
  - Legen Sie Post-its in zwei verschiedenen Farben bereit: eine für die Bojen und eine für die Anker, damit die Teilnehmenden darauf ihre Namen notieren können.
  - Bereiten Sie genügend Arbeitsblätter mit den Fragen zu Bojen und Ankern vor, eins für jedes Teilnehmerpaar.

Kontext und Zielsetzung

- Die Übung kann in Teamentwicklungen, in Workshops zum Selbstmanagement und in Workshops zum Coaching angewandt werden. Sie konzentriert sich auf Ressourcen und Lernziele und schafft einen Überblick über nützliche Unterschiede in der Gruppe. Sie fördert die Zusammenarbeit zwischen den Teilnehmenden.

- Mit dieser Übung konzentrieren wir uns zunächst auf bereits vorhandene Kompetenzen und Ressourcen. Dies erzeugt bei den Teilnehmenden Zuversicht über ihre Kenntnisse und Ressourcen. Sie lernen sich gegenseitig besser kennen und können auf diesem Weg persönliche Wertschätzung aufbauen.

▶ Die Wahrscheinlichkeit für persönliche Entwicklung ist relativ hoch, wenn Menschen einerseits das Gefühl haben, dass sie nicht bei null beginnen müssen und dass sie andererseits ein erreichbares und attraktives Ziel haben, auf das sie sich konzentrieren können. Daher fragen wir in der Übung nach vielen Bojen und lediglich nach einem Anker. Außerdem werden die Teilnehmenden eingeladen, ihre persönlichen Lernpräferenzen zu überdenken und diese für ihr nächstes Lernziel nutzbar zu machen. Diese Übung kann dazu ermuntern, von und mit anderen Teammitgliedern zu lernen.

Ausführliche Beschreibung

Vorbereitung

Der Moderator befragt vorab den Team-Leiter oder einige Teilnehmende der Gruppe, um herauszufinden, welche Kompetenzen in deren Berufswelt wirklich wichtig sind. Anschließend zeichnet er auf einem Poster oder Flipchart ein Meer. In dieses Meer setzt er kleine Inseln, die die ermittelten unterschiedlichen Kompetenzen repräsentieren, die für die beruflichen Zusammenhänge der Teilnehmenden wichtig sind (siehe Abb. 1). Das Poster wird gut sichtbar an die Wand gehängt.

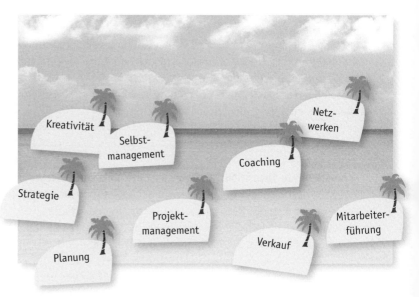

Abb. 1: Poster mit „Kompetenzinseln"

Übung

Die Teilnehmenden sitzen im Stuhlkreis. Der Moderator lädt sie ein, sich zu entspannen, ihre Augen zu schließen und dann mit ihm auf eine imaginäre Bootsfahrt zu gehen, bei der sie das Meer der Kompetenzen an ihrem Arbeitsplatz entdecken. In diesem tiefen und weiten Ozean gibt es bekannte und unbekannte Gebiete. Der Moderator benennt einige der Kompetenzen, die auf der Karte eingetragen sind und die für einige oder die meisten Teilnehmenden wichtig sind. Er kann auch nach weiteren Kompetenzen fragen, die die Teilnehmenden noch ergänzen möchten (10 Minuten).

Dann fährt er fort: *„Denken Sie nun bitte in Ruhe darüber nach, wie Sie die wichtigsten Kompetenzen während Ihres Arbeitslebens erworben haben. Dies ist bekanntes Gebiet für Sie. Sie stellen die Orte dar, an denen Sie Ihre Bojen setzen. Hier fühlen Sie sich wohl. Was können Sie über diese Orte und diese Kompetenzen erzählen? Wie sind Sie dorthin gelangt? Was hat Ihnen geholfen, diese Kompetenzen zu entwickeln? Welche Herausforderungen, welche Umstände, welche Aktivitäten und Menschen haben Ihnen dabei geholfen, sich dahin zu entwickeln?"*
(ca. 5 Minuten Stille)

Wenn es der Zeitplan und die Umgebung erlauben, kann der Moderator die Teilnehmenden auch einladen, einen kurzen Spaziergang zu machen und über diese Fragen nachzudenken. Wichtig ist eine klare Zeitvereinbarung, zu der die Teilnehmenden wieder zurückerwartet werden (maximal 15 Minuten).

„Schreiben Sie nun Ihren Namen auf einige Post-its und kleben Sie diese an die Stellen des Posters, wo Ihre Kompetenzen liegen. Sie können auch Kompetenzen auf der Karte ergänzen und Ihren Namen dorthin kleben."
(5 Minuten)

„Setzen Sie sich nun bitte zu zweit zusammen und unterhalten Sie sich 20 Minuten lang über Ihre Bojen."

Der Moderator verteilt ein Arbeitsblatt mit Fragen, die hierfür hilfreich sein können. Er schlägt vor, dabei Fragen zu benutzen, die mit „wie" und „was" beginnen (siehe Abb. 2).

Abb. 2: Arbeitsblatt mit Fragen zu Kompetenzen

Sprechen Sie über Ihre Bojen:

- Erzählen Sie mir mehr über Ihre Bojen: Was haben Sie in Ihrem Arbeitsleben alles gelernt, worauf Sie jetzt richtig stolz sind?
- Was machen Sie gerne und worin sind Sie richtig gut?
- Wie haben Sie es geschafft so ... zu werden (z.B. gut organisiert)?
- Wie haben Sie es gelernt, zu ... (z.B. Mitarbeiter zu führen)?
- Wie sind Sie ein ... geworden (z.B. guter Projektmanager)?
- Was hat Ihnen in Ihrer Entwicklung ... geholfen (z.B. vom Kollegen zum Vorgesetzten)?
- Wer hat Sie angeregt? Wem sind Sie dankbar für diese Entwicklungen?
- Welchen persönlichen Nutzen haben Sie von all diesen Kompetenzen?
- Geben Sie sich zum Schluss gegenseitig eine Anerkennung zu etwas, was Ihnen an Ihrem Kollegen/Ihrer Kollegin besonders bemerkenswert erscheint.

Nun lädt der Moderator die Teilnehmenden ein, sich wieder in den Stuhlkreis zu setzen, sich zu entspannen und sich auf den folgenden Schritt zu konzentrieren:

„Denken Sie nun bitte an den nächsten Ort, den Sie besuchen möchten. Und zwar ist dies die Kompetenz, die Sie zu all dem, was Sie schon können oder wissen, noch zusätzlich erwerben möchten. Welche Kompetenz benötigen Sie oder welche Herausforderung steht Ihnen gerade jetzt bevor, damit Sie Ihre Arbeit noch besser erledigen können? Dies ist der nächste Platz, an dem Sie Ihren Anker werfen. Denken Sie darüber nach, wie es sein wird, wenn Sie diese neue Kompetenz all Ihren anderen Stärken hinzufügen. Was ist der konkrete persönliche Nutzen für Sie? Und was hat Ihr Team davon?" (wieder ca. 5 Minuten Stille)

Wie zuvor können Sie als Moderator – wenn Zeit und Umgebung dies erlauben – den Teilnehmern anbieten, diese Frage auf einem kurzen Spaziergang zu überdenken (maximal 10 Minuten).

„Schreiben Sie nun bitte Ihren Namen wieder auf ein Post-it und kleben Sie es auf der Karte der Kompetenzen dorthin, wo Sie Ihren Anker werfen wollen. Wenn Sie die Kompetenz auf der Karte noch nicht finden, können Sie diese gerne ergänzen."

Der Moderator lädt die Teilnehmenden nun ein, sich wieder zu zweit oder zu dritt zusammenzusetzen und sich über ihre Anker auszutauschen. Die Gruppen können nun anders zusammengesetzt sein als beim ersten Mal. Die Fragen werden wieder auf einem Arbeitsblatt verteilt (siehe Abb. 3).

 Sprechen Sie über Ihren Anker:

- Beschreiben Sie, was die Kompetenz, die Sie gerne entwickeln möchten (Ihr Anker) Ihnen konkret bedeutet.
- Was wissen Sie bereits darüber?
- Wer in diesem Raum könnte Sie dabei unterstützen (vielleicht hilft es, wenn Sie auf der Karte der Kompetenzen darauf schauen, wo sich die Bojen Ihrer Kollegen befinden)?
- Geben Sie sich gegenseitig Anregungen, welche Möglichkeiten Sie sehen, diese Kompetenzen zu entwickeln?

Abb. 3: Fragen zur Kompetenzentwicklung

Nach dieser Übung kann der Moderator den Teilnehmenden folgende Auswertungsfragen stellen:

- Was hat bei dieser Übung gut funktioniert?
- Was haben Sie gelernt?
- Inwiefern war das nützlich für Sie?
- Welche konkrete Ideen wollen Sie in die Praxis umsetzen?
- Was nehmen Sie sonst noch mit?

Die Teilnehmenden können vereinbaren, sich nach dem Workshop oder bei einem weiteren Treffen gegenseitig zu coachen und dabei über die Fortschritte zu reden, die sie gemacht haben. Sie können sich auch dafür entscheiden, sich über nützliche Quellen und Aktivitäten auszutauschen, die sie bei der Verfolgung ihrer Lernziele weiterbringen.

Weiteres Vorgehen

Diese Übung wurde in Zusammenarbeit mit unseren Kollegen Sven De Weerdt, Mark Claus und René Bouwen während eines Projekts zum Thema „Lernen am Arbeitsplatz für erfahrene Mitarbeiter" entwickelt. In diesem Projekt untersuchten wir, was Menschen über 50 an ihrer Arbeit motiviert. Wir entdeckten, dass Gespräche über den reichen Erfahrungsschatz dabei sehr hilfreich waren. Auch das Sprechen über Lern-

Kommentar

ziele und nächste Schritte brachte eine Menge neuer Energie, nach dem Motto: „Zum Lernen bist Du nie zu alt!" Es gibt keine Altersbegrenzung für Wachstum und Entwicklung von Kompetenzen. Solange Menschen lernen, haben sie mit einiger Wahrscheinlichkeit Spaß und Motivation bei der Arbeit.

Die Übung ist lösungsorientiert weil ...
- die Teilnehmenden als Experten ihres Lernens und ihrer Lernziele behandelt werden,
- der Fokus auf den Stärken und Ressourcen liegt,
- sie eingeladen werden, einen ersten Schritt in Richtung ihres Ziels zu gehen,
- sie sich gegenseitige Wertschätzung zeigen und die anderen Gruppenmitglieder ermutigen,
- die Gruppe das unausgesprochene Wissen über die Entwicklung von bestimmten Kompetenzen enthüllt.

Quellen/Literatur Die Ideen für diese Übung entstanden in Zusammenarbeit mit unseren Kollegen Sven de Weerdt und Prof. René Bouwen (University of Leuven) sowie Mark Claus während der Arbeit am Projekt „Keep the fire burning", das Teil eines Gesamtprojekts zum Thema „Indicators for learning in the workplace" war und mit finanzieller Unterstützung von ESF (European Social Funding) von 2005 bis 2007 durchgeführt wurde.

Die Tripel-Übung

Ben Furman, Finnland

Diese Übung dient dazu, Workshopteilnehmern eines der zentralen Prinzipien des lösungsorientierten Ansatzes zu demonstrieren: Wie man über Erfolg so sprechen kann, dass daraus Stolz und lang anhaltende Unterstützung durch andere Menschen entstehen.

Kurzbeschreibung

- Es dauert ungefähr 10 Minuten, um die Übung zu erklären, nochmals 10 Minuten, damit die Teilnehmenden ihre Aufgabe erfüllen können und weitere 15 bis 30 Minuten für die Auswertung.
- Die Teilnehmenden arbeiten in Paaren oder in Dreiergruppen. Die Kleingruppen können im selben Arbeitsraum bleiben. Sie stellen einfach ihre Stühle so, dass sie sich bequem unterhalten können.
- Sie benötigen entweder ein Arbeitsblatt oder ein Präsentationsmedium (OHP, Beamer), mit dem Sie die einzelnen Schritte der Übung zusammenfassend darstellen. Sie können die Teilnehmenden auch bitten, die Anweisungen aufzuschreiben. Die Teilnehmenden müssen die Anweisungen aber jederzeit im Blick haben, um die Übung Schritt für Schritt durchführen zu können.

Setting

- Diese Übung kann in Workshops, bei Elternabenden oder bei allen Arten von Zusammenkünften eingesetzt werden, in denen die Teilnehmenden eine persönliche Erfahrung damit machen sollen, wie man der Welt auf lösungsorientierte Art begegnen kann.

Kontext und Zielsetzung

- Die Übung bietet den Teilnehmenden interessante Lernerfahrungen. Sie werden erkennen, dass in vielen Kulturen das Reden über Erfolge als Prahlerei angesehen und deshalb nicht besonders geschätzt wird. Sie werden aber auch merken, dass es tatsächlich für uns alle wichtig zu lernen ist, unsere Erfolge mit anderen Menschen zu teilen.

Sie werden Einsichten in die Psychologie des Erfolgs bekommen. Sie werden sehen, wie wichtig es ist, einen guten Rahmen zu schaffen, um über Erfolge reden zu können, wie entscheidend es ist, wie wir auf die Erfolgsgeschichten anderer Menschen antworten und insbesondere, wie man so über Erfolge spricht, dass dies einen positiven Effekt auf die Umgebung hat.

Ausführliche Beschreibung

Die Übung kann in Paaren oder in Dreiergruppen durchgeführt werden. Die folgende Erläuterung ist für Paare geschrieben. Zunächst ist A der Fragesteller und B spricht über Erfolge. Dann werden die Rollen getauscht. In einer Dreiergruppe haben A, B und C jeweils Gelegenheit, ihre Erfolgsgeschichten zu erzählen.

A: Bitten Sie Ihren Partner, Ihnen etwas über einen Erfolg zu erzählen, den er oder sie kürzlich gehabt hat. Wenn Ihnen das Wort „Erfolg" zu groß erscheint, können Sie B auch bitten, Ihnen etwas zu erzählen, das in letzter Zeit gelungen ist, etwas, worüber man ein wenig stolz sein kann. Der Erfolg muss nichts mit der Arbeit zu tun haben. Es kann auch ein Erfolg in einem Hobby oder in der Familie sein.

B: Erzählen Sie eine Geschichte über etwas, das Ihnen kürzlich gelungen ist. Machen Sie keine lange Geschichte daraus, erzählen Sie einfach kurz und bündig über irgendetwas, das ganz gut geklappt hat, irgendetwas, auf das Sie ein wenig stolz sind.

A: Antworten Sie B mit einem „Tripel", mit dem, was wir „die dreifach anerkennende Antwort" nennen. Sie besteht aus drei Teilen:

1. **Ausruf des Erstaunens.** Zeigen Sie, dass Sie beeindruckt sind. Benutzen Sie Ihre Mimik und Gestik und sagen Sie etwas wie: „Wow!", „Tolle Geschichte!" oder „Ich bin beeindruckt".
2. **Würdigung der Schwierigkeit:** Sorgen Sie dafür, dass B weiß, dass das, was er oder sie geschafft hat, nicht einfach war. Sagen Sie z.B. etwas wie: „Das war nicht einfach.", „Das hätte nicht jeder geschafft.", „Viele haben das versucht und viele haben es nicht geschafft.", „Ich glaube, so eine gute Idee hätte ich niemals gehabt.".
3. **Bitte um Erläuterung:** Beenden Sie den Tripel mit einer ernsthaften Frage. Halten Sie Augenkontakt und zeigen Sie, dass Sie wirkliches Interesse daran haben, wie B das geschafft hat. Wie ist er oder sie auf diese Idee gekommen, wie ist es ihm oder ihr gelungen, so eine anspruchsvolle Aufgabe zu bewältigen? In diesem Sinne können

Die Tripel-Übung

Sie z.B. sagen: „Wie haben Sie das geschafft?", „Ich bin neugierig darauf, von Ihnen zu erfahren, wie Ihnen das gelungen ist.".

B: Antworten Sie auf die Frage von A, indem Sie jemand anderen loben. Zeigen Sie sich ein wenig bescheiden und geben Sie die Anerkennung an jemanden weiter, indem Sie berichten, wer Sie unterstützt hat oder wer es möglich gemacht hat, dass Sie diesen Erfolg erreicht haben. Sie können zum Beispiel sagen: „Um ehrlich zu sein, eigentlich war es gar nicht meine Idee, die Idee habe ich von so und so." Oder: „Nun, eigentlich habe ich das gar nicht alleine geschafft, ich hab eine Menge Hilfe von so und so bekommen."

A: Kommen Sie auf die Anerkennung zurück. B gibt bescheiden die Anerkennung an einen anderen weiter. Helfen Sie B, sich stolz zu fühlen auf das, was er oder sie geschafft hat. Geben Sie die Anerkennung zurück an A – an die Person, der sie wirklich zusteht. Dazu können Sie zum Beispiel sagen: „Nun seien Sie bitte nicht so bescheiden. Sie haben das geschafft." Oder: „Gut, aber das wäre ja nie ohne Sie passiert."

B: Lächeln Sie, zeigen Sie, dass Sie sich freuen und fühlen Sie sich stolz!

Die Paare oder Dreiergruppen benötigen circa 10 Minuten, um diese Übung durchzuführen. Wenn sie fertig sind, bitten Sie jeweils zwei Gruppen, sich zusammenzusetzen und folgende Frage zu beantworten: „Was lernen Sie aus dieser Übung?"

Wir hoffen, dass Menschen aus dieser Übung Folgendes lernen:

1. Menschen sprechen üblicherweise nicht über ihre Erfolge, wenn sie nicht danach gefragt werden.
2. Es lohnt sich, über seine eigenen Erfolge zu sprechen und es gibt eine Menge Gründe, weshalb es wichtig ist, dass Menschen ihre Erfolge mit anderen teilen.
3. Niemand spricht gerne über seine Erfolge, wenn das Vertrauen fehlt, dass sein Gegenüber positiv reagiert.
4. Es lohnt sich, darüber nachzudenken, was eine positive Antwort ausmacht. Was für den einen eine positive Antwort ist, kann für den anderen eine negative Antwort sein.
5. Wenn man vergisst, andere anzuerkennen, die zum Erfolg beigetragen haben, dann kann das schlimme Konsequenzen haben – und schließlich:
6. Für uns alle ist es wichtig, stolz auf Gelungenes zu sein.

Weiteres Vorgehen

Sobald die Teilnehmenden die Übung durchgeführt haben und anschließend auch genügend Zeit hatten, um über ihre „lessons learned" zu sprechen, sollten Sie in Ihrem Programm weitermachen. Die soeben gemachte Erfahrung wird dazu führen, dass die Teilnehmenden aufmerksamer werden und bemerken, wie sie lösungsorientierte Ideen und Prinzipien in ganz unterschiedlichen Zusammenhängen einsetzen können – zum Beispiel auch in Schulen oder am Arbeitsplatz.

Kommentar

Das Konzept „Lösungsorientierung" ist eigentlich eine irreführende Bezeichnung. Der Ansatz, der lösungsorientiert genannt wird, ist originär überhaupt nicht auf Lösungen hin orientiert. Es ist eher ein Ansatz, in dem der Coach oder Moderator sich auf Fortschritte konzentriert. Er arbeitet mit den Klienten daran, welche Fortschritte sie erwarten und welche Fortschritte sie bereits gemacht haben. Die „Wunderfrage" ist eine von vielen Möglichkeiten, wie der Coach herausfindet, was konkret den Fortschritt für die Klienten ausmacht. Das Finden von „Ausnahmen" (Zeiten, in denen es besser geht) und von „Änderungen vor dem Treffen" (Zeichen für aktuelle positive Entwicklungen) sind Möglichkeiten, um Fortschritte zu sammeln, die bereits gelungen sind.

Nach Fortschritten zu schauen bedeutet in der Regel, nach Erfolgen zu schauen. Dabei wird über Augenblicke geredet, in denen uns Dinge gelungen sind, in denen wir es geschafft haben, unsere Probleme zu überwinden oder mit ihnen erfolgreich umzugehen. Über kleine und große Erfolge zu reden ist so zentral in der lösungsorientierten Arbeit, dass es tatsächlich weniger irreführend wäre, diesen Ansatz erfolgsorientiert statt lösungsorientiert zu nennen.

In diesem Zusammenhang muss allerdings auch erwähnt werden, dass es leichter gesagt als getan ist, über Erfolg zu sprechen. In vielen Kulturen ist dies tabu. Es wird als peinlich oder sogar als ungebührlich angesehen. Viele Sprachen kennen den Ausdruck „Eigenlob stinkt", der benutzt wird, um Menschen vom Prahlen abzuhalten beziehungsweise davon, über ihre Erfolge zu sprechen. Nun ist allerdings das Reden über Erfolge das Brot und die Butter des lösungsorientierten Ansatzes. Deshalb ist es unerlässlich, Menschen zu helfen, sich mit der Idee anzufreunden, über ihre Erfolge zu sprechen und die grundlegenden Prinzipien zu verstehen, wie dies in sozial akzeptabler Art geschehen kann – ohne irgendwelche Untertöne von Prahlerei. Die geschilderte Übung hilft Teilnehmenden dabei, sich wohlzufühlen, wenn sie über ihre eigenen Erfolge sprechen. Sie lernen, wie sie auf die Erfolge von anderen antworten können und wie sie sicherstellen können, dass die Person, die erfolgreich war, auch eine Gelegenheit erhält, stolz auf das Erreichte zu sein.

Sowohl in Finnland als auch in vielen anderen europäischen Ländern – und eigentlich in den meisten Ländern der Welt – fühlen sich Menschen unwohl, wenn sie über ihre Erfolge sprechen. Daher entschieden wir uns, eine Übung zu entwickeln, die Menschen hilft, Ihre Komfortzone in dieser Hinsicht zu erweitern. Zunächst baten wir einfach Teilnehmende unserer Workshops, ihre Erfolgsgeschichten miteinander auszutauschen. Wir fanden schnell heraus, dass es darüber hinaus nötig war, eine Reihe von Elementen hinzuzufügen, damit dies zu einer angenehmen Erfahrung wurde.

Wenn Sie die Übung ausprobieren, werden Sie merken, dass sie den Humor der Teilnehmenden weckt. Vielen macht es zum Beispiel Spaß auszuprobieren, welcher „Ausruf des Erstaunens" am besten in ihre Kultur passt – und finden es witzig, sich darüber lustig zu machen. Bei der Übung wird viel gelacht. Sie hebt die Stimmung der Teilnehmenden.

Wir haben diese Übung in vielen Ländern der Welt durchgeführt. Nach unserer Erfahrung sind die grundlegenden Annahmen und Anregungen kulturübergreifend und lassen sich auf alle Menschen dieser Welt anwenden. Das Bedürfnis, auf die eigenen Erfolge stolz zu sein und diese Erfolge mit jemanden zu teilen, scheint universell zu sein. Unsere Erfahrungen mit der Übung legen es nahe, dass auch die Regeln, nach denen dies zu einer erfreulichen Erfahrung werden kann, zu großen Teilen universell sind.

Die Übung wurde von meinem Kollegen Tapani Ahola und mir entwickelt. Die Idee von der „dreifach anerkennenden Antwort" geht auf die Art und Weise zurück, wie Insoo Kim Berg auf Klienten reagierte, wenn diese ihr erzählten, was sie alles geschafft hatten.

Quellen/Literatur

Loveletters

Frank Taschner, Deutschland

Kurzbeschreibung — „Loveletters" ist ein schriftliches Feedbackverfahren, bei dem sich die Beteiligten ausschließlich positive Rückmeldungen geben. Die Fokussierung auf positives Feedback schafft einen Rahmen für Wertschätzung und wirkt der in vielen Gruppen und Organisationen verbreiteten Tendenz entgegen, Feedback vorrangig zu negativ erlebtem Verhalten zu äußern.

Setting
- Loveletters werden ab einer Gruppengröße von etwa sechs Personen interessant, weil hier die Wahrscheinlichkeit, dass jeder jedem Feedback ohne Hilfe von Loveletters gibt, schon stark abnimmt. Die Höchstgrenze lässt sich nicht allgemein bestimmen. Sie hängt davon ab, ob und wie intensiv sich die Teilnehmenden gegenseitig erlebt haben, um sich überhaupt Feedback geben zu können.
Beispiel: 30 Mitarbeiter einer Firma, die schon zehn Jahre zusammenarbeiten, können wahrscheinlich sehr ausführliche Loveletters schreiben. 30 Teilnehmenden eines Workshops, die sich vorher nie gesehen haben und während der ganzen Veranstaltung in verschiedenen Arbeitsgruppen arbeiten, wird das kaum gelingen.
- Zeitbedarf für Variante „en bloc": 15 Minuten zur Vorstellung und Erläuterung der Methode, plus ca. drei Minuten pro Teilnehmendem.
Beispiel: Bei einer Gruppe mit zwölf Teilnehmenden sind 15+12x3 = ca. 50 Minuten für Anleitung und Durchführung zu rechnen, damit jeder Teilnehmende die Möglichkeit hat, jedem anderen einen Loveletter zu schreiben.
- Zeitbedarf für Variante „parallel": 15 Minuten, ansonsten kein zusätzlicher Zeitbedarf, da die Teilnehmenden Pausenzeiten oder Reflexionsphasen im Prozess nutzen, um die Loveletters zu schreiben.
- Material: Briefkuverts in DIN A4 nach Teilnehmerzahl, Klebeband, (grüne) Moderationskarten, evtl. Motivpostkarten zum Beschreiben.

Loveletters

- Medien: ein Flipchart mit Erläuterung der Methode und Arbeitsauftrag
- Räumliche Voraussetzungen: keine
- Vorbereitung: 10 Min. zur Visualisierung des Flipcharts mit dem Arbeitsauftrag

Die Loveletters eignen sich vor allem für Anlässe, in denen die Gruppenbindung verstärkt werden soll, also entweder für direkte Teambildungs- und Teamentwicklungsmaßnahmen oder für Veranstaltungen, in denen das Sachthema im Vordergrund steht und gleichzeitig ein hoher Grad an gegenseitiger Verbundenheit erwünscht bzw. erforderlich ist.

Ein Beispiel: Die neue Führungskraft eines zehnköpfigen Teams einer Bank hatte mich für die Moderation eines zweitägigen Workshops engagiert, bei dem es um den Rückblick auf die geleistete Arbeit und die Planung zukünftiger Aufgaben ging. Der Einsatz der Loveletters „en bloc" hatte eine Signalwirkung: „Bei mir als neuer Führungskraft ist es opportun, sich gegenseitig Wertschätzung und Anerkennung auszusprechen."

Die Beteiligten erhalten mit dieser Methode gewissermaßen die „offizielle" Erlaubnis bzw. die explizite Ermutigung, sich gegenseitig Wertschätzung auszusprechen. Damit soll eine Kultur der Anerkennung gefördert und eine Fixierung auf Negatives durchbrochen werden. Die oft unausgesprochene Maxime des „Nicht geschimpft ist genug gelobt!" erfährt eine praktische Widerlegung, da alle Beteiligten gleichzeitig zu Empfängern von positivem Feedback werden und die stärkende Wirkung selbst spüren.

Kontext und Zielsetzung

1. Variante „en bloc":

Beispielsituation: Wir befinden uns in der Abschlussphase eines zweitägigen Teamworkshops, der die Rückschau auf die geleistete Arbeit und die Verbesserung bestimmter Arbeitsabläufe zum Ziel hat. Der Moderator leitet die Methode ein, indem er einige Worte zur Bedeutung einer funktionierenden und vor allem wertschätzenden Feedback-Kultur sagt. Er kann dabei bereits zuvor getroffene Äußerungen der Gruppe bzw. der Auftraggeber aufgreifen, die in die Richtung „schlechte Kommunikation" oder „mangelndes Feedback" gingen. Er stellt die Loveletters als ein Angebot vor, den anderen einmal ganz bewusst Wertschätzung auszudrücken und positives Feedback zu geben.

Ausführliche Beschreibung

© managerSeminare

Von entscheidender Bedeutung ist, dass die Methode nicht bierernst als Pflichtprogramm nach dem Motto „Lobt euch gefälligst!", sondern voller Leichtigkeit und als Chance eingeführt wird, im Sinne von: „Hier ist Zeit und Raum für etwas, das im Alltag leicht aus den Augen verloren wird."

Der Moderator stellt dann den visualisierten Arbeitsauftrag für diese Methode vor, der in unserem erwähnten Zwei-Tages-Teamworkshop folgendermaßen aussehen könnte:

„Bitte nehmen Sie sich jetzt ein Briefkuvert, schreiben Ihren eigenen Namen darauf und befestigen Sie es als ‚Briefkasten' an der Wand des Tagungsraumes. Sie haben anschließend für 30 Minuten die Möglichkeit, den anderen ‚Liebesbriefe' zu schreiben und sie in die entsprechenden Briefkästen zu werfen. Nutzen Sie dazu grüne Moderationskarten oder Motivpostkarten Ihrer Wahl. Bitte geben Sie Ihren Kollegen Feedback zu deren ganz konkretem Verhalten, das Sie persönlich positiv erlebt haben. Zum Beispiel:

- *Das schätze ich an Dir, das tut mir gut …*
- *Das ist mir bei dieser Veranstaltung positiv an Dir aufgefallen …*
- *Das ist Dein wertvoller Beitrag für diese Gruppe/Organisation …*
- *Bitte behalte Folgendes unbedingt bei …*

Wichtig: Keiner muss, aber jeder darf jedem etwas schreiben. Am Ende der Veranstaltung nehmen Sie dann einen Briefkasten voller wohltuender und stärkender Rückmeldungen mit nach Hause. Viel Vergnügen!"

2. Variante „parallel"

Beispielsituation: Wir befinden uns zu Beginn einer dreitägigen Veranstaltung mit ca. 30 Außendienstlern mit Open-Space-Elementen. Die Teilnehmenden erleben sich in wechselnden Situationen und Settings. Es herrschen hohe Sachorientierung und ein gewisser Zeitdruck. Die Einleitung erfolgt wie in der Variante „en bloc". Der Arbeitsauftrag wird dahingehend modifiziert, dass die Teilnehmenden während der ganzen drei Tage Gelegenheit haben, sich „Liebesbriefe" zu schreiben.

Weiteres Vorgehen

Der Reiz der Methode liegt nicht zuletzt darin, dass es danach nicht weitergeht. Alle nehmen ihre Briefkästen mit den Loveletters mit nach Hause. Die Feedbacks entfalten ihre Wirkung im Anschluss. Ich habe von Teilnehmenden gehört, die die Öffnung ihres Briefkastens feierlich zu Hause auf dem Sofa mit einem Glas Wein zelebriert haben. Besonders Neugierige verschönern sich mithilfe der Loveletters schon die Fahrt nach Hause.

Ich hatte mit dieser Methode bisher in Train-the-Trainer-Seminaren schöne Erfolge und setze sie jetzt auch in moderierten Prozessen ein. Die Effekte sind ganz ähnlich: Der Wert von Wertschätzung wird spürbar und dadurch neu bewusst. Die Chance ist hoch, dass einige Teilnehmende die „Loveletters" in ihr alltägliches Verhaltensrepertoire übernehmen.

Kommentar

Zwei typische kritische Situationen habe ich erlebt:

- Es gibt vereinzelt Teilnehmende, die die Befürchtung äußern, dass bei all der Anerkennung die Probleme und die Kritik vergessen werden. Dieses Bedürfnis gilt es würdigend aufzugreifen und zu befriedigen, allerdings mit anderen Methoden. Hier hilft die Bitte: „Wir wollen das eine tun und das andere nicht lassen!"
- Ganz selten fühlen sich Teilnehmende peinlich berührt, direkte Anerkennung auszusprechen bzw. niederzuschreiben. Hier hilft der Hinweis auf die Freiwilligkeit und die Empfehlung, mit ganz kleinen Dingen zu beginnen.

Qualitätsspiegel

Peter Röhrig, Deutschland

Kurzbeschreibung — Der Qualitätsspiegel ist eine einfache und pfiffige Methode, um Ressourcen der Teilnehmenden direkt und konkret sichtbar zu machen. Sie aktiviert alle Beteiligten und gibt ihnen Gelegenheit zum wertschätzenden Feedback an andere.

Setting
- Optimale Teilnehmerzahl: 6 bis 16
- Benötigte Zeit: Einzelarbeit 10 Minuten, danach je nach Gruppengröße 15 bis 20 Minuten zum Herumgehen, Lesen, Ergänzen und eine kurze Reflexionsrunde, insgesamt 30 bis 40 Minuten
- Für diese Übung ist ein wenig Vorbereitung nötig. Für alle Teilnehmenden muss ein halbes Flipchart-Blatt und ein dicker Filzstift bereitliegen, außerdem Krepp-Klebeband, mit dem die Plakate an der Wand befestigt werden können. Hilfreich ist auch ein vorbereitetes Plakat mit der Arbeitsanweisung.
- Tische und Stühle müssen von den Wänden weggerückt werden, damit die Teilnehmenden zum Lesen und Kommentieren nahe an die Plakate herankönnen.
- Bei Einzelorganisationen (z.B. allein arbeitenden Selbstständigen) ist es hilfreich, den Unterschied zwischen der persönlichen Qualität und der Qualität der eigenen Organisation deutlich zu machen.
- Ab 16 Teilnehmenden wird die Übung deutlich schwieriger, weil es kaum noch möglich ist, alle Plakate aufzunehmen und, wo möglich, zu kommentieren.
- Kommentare (Fremdbilder) sollten möglicht in einer anderen Farbe geschrieben werden als das Originalplakat.

Qualitätsspiegel

▶ Eingesetzt werden kann die Übung immer, wenn es um die Ressourcen von Teams und Organisationen geht, also vor allem in Anfangsphasen von Workshops. Die Intervention eignet sich zum Kennenlernen, auch in Gruppen, die schon zusammenarbeiten und schafft eine Plattform für weitere vertrauensvolle Kooperation.

Kontext und Zielsetzung

▶ Ziel dieser Intervention ist vor allem, den Blick der Teilnehmenden auf Ressourcen und Kompetenzen zu richten: ihre eigenen, die ihrer Organisation und die der anderen Teilnehmenden. Dies ist für viele Organisationen und Teams eine eher ungewohnte Perspektive und gehört (noch) nicht zur Unternehmenskultur. Daher bietet die Übung auch einen einfachen Einstieg, um ein gemeinsames Verständnis von Qualität bzw. der Stärke einer Organisation oder eines Unternehmens zu entwickeln. Die Teilnehmenden werden angeregt, darüber nachzudenken, über welche Kompetenzen sie bereits verfügen und wie sie diese Ressourcen verstärken können.

▶ Der Nutzen liegt in einem deutlichen Gewinn an Kompetenz und Selbstwert, einer Stärkung des Zugehörigkeitsgefühls und einem besseren Überblick.

Die Intervention beginnt mit einer kurzen Anmoderation, am besten unterstützt durch eine Arbeitsanweisung am Flipchart oder (bei größeren Gruppen) als Handout:

Ausführliche Beschreibung

„*Betrachten Sie sich und Ihre Organisation im Qualitätsspiegel: Beschreiben Sie auf einem Poster jeweils drei Merkmale der Qualität*

▶ *für Sie persönlich,*
▶ *für Ihre Organisation (und ggf. ihre Mitarbeitenden).*

Finden Sie dabei Antworten auf folgende Fragen: Was können Sie besonders gut? Was zeichnet Sie aus? Was haben Sie Exzellentes zu bieten? Worauf sind Sie richtig stolz?

Schreiben Sie die Punkte knapp und einfach formuliert untereinander und lassen Sie auf dem Plakat unter den Punkten noch Platz für Kommentare (siehe Beispielplakat rechts). *Dazu haben Sie 10 Minuten Zeit. Plakate und Stifte liegen dort bereit.*"

Der Moderator kann während dieser Einzelarbeit herumgehen und Verständnisfragen beantworten. Die Teilnehmenden, deren

Plakat fertig ist, hängen es an einer freien Wand mit Klebestreifen auf. Sobald alle Plakate aufgehängt sind, fordert der Moderator die Teilnehmenden auf:

„Wandern Sie herum und lesen Sie die Plakate der anderen. Achten Sie dabei auf die unterschiedlichen Verständnisse und die verschiedenen Kriterien für die Qualität von Personen und Organisationen. Überlegen Sie, wie alle diese Qualitäten für unsere weitere Arbeit hilfreich sein könnten. Falls Sie die Person/Organisation kennen, ergänzen Sie die Spiegel-Bilder mit den Qualitätsmerkmalen, die Sie gerne würdigen möchten. Falls Sie die Person oder Organisation noch nicht kennen, überlegen Sie einfach, welche zusätzlichen Qualitäten diese Person/Organisation vermutlich auszeichnet – und schreiben Sie diese auf. Benutzen Sie dazu bitte eine andere Stiftfarbe als das ursprüngliche Plakat."

Weiteres Vorgehen Kurze Reflexionsrunde im Plenum, z.B. mit den Fragen:
- „Wo finden wir interessante Gemeinsamkeiten und Unterschiede, von denen wir in der Gruppe profitieren können?"
- „Was sind die grundlegenden Qualitäten in unserem Team/unserer Organisation?"
- „Wie können wir diese Qualitäten in Zukunft verstärken?"

Kommentar Die Übung ist aus meiner intensiven Beschäftigung mit der Frage entstanden, wie ich das sperrige Thema „Qualität" auf überzeugende und einfache Weise in Organisationen und Unternehmen einführen kann. Häufig geschieht das mit einer eindeutigen „Defizit-Orientierung", also mit Fragen wie: „Was ist schlecht? Was muss besser werden (um die Qualität zu verbessern)?" Meine Erfahrung hat gezeigt, dass die Motivation sinkt, wenn Teams sich vorrangig mit Schwächen, Problemen und ihrer Beseitigung beschäftigen. Wer sich nur auf Schwachstellen und Fehler konzentriert, wird bestenfalls durchschnittlich und nicht exzellent.

Ich habe herausgefunden, dass es in Workshops, in denen es um Organisations- und Qualitätsentwicklung geht, sehr viel Erfolg versprechender ist, den Blick zunächst auf die vorhandenen Ressourcen zu richten. Damit schärfe ich das Bewusstsein der Teilnehmenden für Gelungenes und lasse sie ihre Überlegungen „wie von selbst" darauf richten, wie sie diese Ressourcen verstärken können.

Die Übung funktioniert sowohl in Gruppen, die sich noch wenig kennen, als auch in vertrauten Teams. Sie hilft zunächst den Teilnehmenden, sich auf die eigenen Stärken zu besinnen. Die Konzentration auf die drei wichtigsten Ressourcen, die zudem noch knapp und klar formuliert auf ein Plakat geschrieben werden sollen, ist für viele Teilnehmende eine große Herausforderung. Umso neugieriger sind danach alle zu erfahren, was die anderen geschrieben haben. Dabei ist es ebenso spannend, Gemeinsamkeiten zu finden wie Unterschiede festzustellen. Beides bietet Ansatzpunkte, wie Teilnehmende der Gruppe von einander lernen können.

Foto: Teilnehmende bei der Arbeit an den Plakaten

Vertrautheit in der Gruppe schafft einen großen Anreiz, die Plakate zu kommentieren und die Dinge, die an den anderen bemerkenswert erscheinen, zu ergänzen. Dabei werden regelrecht Geschenke verteilt. Die strahlenden Gesichter der „Beschenkten" sprechen meist für sich. Nur selten wird nachgefragt, was denn mit den Kommentaren gemeint sein könnte.

Ein Favorit aus meiner persönlichen Schatzkiste – zum ersten Mal in einem internationalen Rahmen vorgestellt auf der ersten SOLWorld-Konferenz in Bristol 2002.

Quellen/Literatur

Reporter – alle sind gefragt!

Katalin Hankovszky, Schweiz/Ungarn

Kurzbeschreibung „Reporter" ist eine aktivierende Form, um Vorerfahrungen und Meinungen zum Thema einer Veranstaltung rasch zu generieren und zu sammeln. Alle sind Reporter und Interviewte zugleich.

Setting
- Geeignet für Gruppen von 6 bis ca. 30 Teilnehmenden
- Benötigte Zeit: ca. 20 bis 50 Minuten
  - Anweisung: zwei Minuten
  - Durchführung: 20 bis 30 Minuten je nach Gruppengröße und Komplexität der Fragen
  - Auswertung: 5 bis 10 Minuten
- Schreiben Sie die vorbereiteten Fragen auf Karten.
- Besonders benutzerfreundlich sind Klemmbretter als Unterlage für die Notizen.
- Genügend Raum für das Interview; Papier und Stifte für die schriftliche Zusammenfassung und eine Pinnwand, um die Ergebnisse aufzuhängen

Kontext und Zielsetzung
- „Reporter" eignet sich als Intervention in der Anwärmphase und auch als Einstieg in ein neues Thema. Mit entsprechenden Anpassungen ist dies auch als Großgruppenmethode anwendbar.
- Insoo Kim Berg wird der Satz zugeschrieben: „Sprich die Menschen immer in ihren Ressourcen an." Zu den Ressourcen, die in Organisations- und Teamprozessen relevant sind, gehören auch das Vorwissen und all die Erfahrungen der Teilnehmenden. Mit „Reporter" wird dieses Wissen gewürdigt und gesammelt. Außerdem werden die Teilnehmenden als aktive Mitgestalter in den Ablauf einbezogen. Wenn

wir Teammitglieder/Teilnehmende als Experten betrachten, ist es eine logische Konsequenz, im Workshop Verantwortungsübernahme für alle zu ermöglichen.

Ausführliche Beschreibung

Sie bereiten pro Teilnehmer jeweils eine Frage vor, die für die weitere Arbeit, für das zu behandelnde Thema relevant ist. Alle bekommen ein Blatt mit einer Frage. In größeren Gruppen kann eine Frage mehrmals vorkommen. Dann übernehmen nicht Einzelne, sondern Kleingruppen die Verantwortung für die Suche nach Antworten auf diese Frage.

Anmoderation: *„Jedes Team ist so stark, wie es seine Ressourcen nutzen kann. Darum lohnt es vor jeder Aufgabe, diese Ressourcen herauszufinden und zu veröffentlichen, damit sie für das Team auch nutzbar sind."*

Im ersten Schritt erklären Sie die Aufgabe: *„Wir werden nun die weitere Arbeit vorbereiten. Ich lade Sie ein, in der Rolle eines Reporters die anderen zu befragen und umgekehrt als Interviewpartner zur Verfügung zu stehen. Ich habe Fragen ausgewählt, die für unser Tagesthema wichtig sind und zu denen Sie alle schon Erfahrungen mitbringen oder zu denen Sie sich schon Gedanken gemacht haben. Ich bitte Sie nun, die Verantwortung für eine dieser Fragen zu übernehmen und in den nächsten 20 Minuten so viele Antworten aus der Gruppe einzuholen, wie nur möglich. Sie werden mit Ihrer Frage auf jemanden zugehen und diese Person interviewen. Anschließend stellt Ihnen Ihr Gegenüber auch eine Frage, Sie sind also auch als Antwortgeber gefragt. Wenn Sie beide eine Antwort bekommen haben, gehen Sie weiter zu einem nächsten Gesprächspartner. Bitte machen Sie Notizen, um am Schluss eine kurze Zusammenfassung der Antworten erstellen zu können."*

Sie lassen die Teilnehmenden ein Blatt (= eine Frage) ziehen und dann darf das gegenseitige Interview losgehen. Beispielfragen können sein:

▶ Wie würden Sie den Nutzen unseres letzten Workshops aus heutiger Sicht beschreiben?
▶ Welche Zeichen weisen darauf hin, dass die Abteilung auf einem guten Weg zu ihren Zielen ist? Welche noch?

Nach Ablauf der Zeit geben Sie ein Zeichen und erteilen die folgende Instruktion:

Katalin Hankovszky

"Bitte fassen Sie die Antworten auf einem A4-Blatt zusammen und hängen Sie das Blatt an die Pinnwand. Im weiteren Verlauf unserer Zusammenarbeit werden wir darauf Bezug nehmen können, wenn es passt."

Weiteres Vorgehen

Bei kleineren Gruppen: *"Nun bitte ich Sie, sich zwei bis drei Minuten Zeit zu nehmen und die Antworten so zusammenzufassen, dass sie uns in zwei bis drei Sätzen die wichtigsten Eindrücke vermitteln können."*

In größeren Gruppen haben die Teilnehmenden je nach der zur Verfügung stehenden Zeit Gelegenheit, die „Ausstellung der Ideen" zu betrachten und können Kommentare dazu abgeben.

Fotos: Teilnehmende beim Interview und die zusammengetragenen Ergebnisse in der „Ausstellung der Ideen"

Kommentar

▶ Besonders stolz waren wir auf die Übung bereits, als sie noch „Rasende Reporter" hieß. Teilnehmende stürzten sich mit sichtlicher Motivation in die Erforschung der Gruppenmeinung und bei der Kleingruppenvariante bekamen wir mit besonderer Sorgfalt vorbereitete Zusammenfassungen. Die aufkommende Hektik hat uns gestört, bis wir realisierten: „Worte schaffen Wirklichkeit" und nannten die Form fortan schlicht „Reporter".

▶ Besonders lösungsorientiert an der Übung finde ich, dass das Wissen und die Vorerfahrung direkt am Anfang erhoben, einbezogen und wertgeschätzt wird. Darüber hinaus übernehmen alle Verantwortung für das gemeinsame Thema.

▶ Eine weitere Variante bietet sich insofern, dass sich Reporter-Fragen im Laufe einer Veranstaltung ergeben. Mit diesen Fragen lässt sich „Reporter" spontan einsetzen, um damit neue Aspekte zu einem konkreten Thema zu erarbeiten.

▶ Interessant – und gleichzeitig entlastend für den Moderator – kann es sein, wenn die Fragen im Kreis der Teilnehmenden gesammelt werden. Sie erleben sich dabei als Experten und durch die Erarbeitung der Fragen sind sie auf die Themen schon optimal eingestimmt.

▶ Wenn Teilnehmende sich als Reporter engagieren, ist es wichtig, dass alle Ergebnisse gewürdigt werden. Dazu hat sich die Pinnwand mit der schriftlichen Zusammenfassung bewährt, da nicht immer gewährleistet werden kann, dass in der Veranstaltung alle Fragen bearbeitet werden können.

▶ Diese Form haben wir aus dem Spiel „Rasende Reporter" entwickelt. In: Lernen ermöglichen. Fundgrube, K. Hankovszky und P. Szabó, Basel 1999.

Quellen/Literatur

Ressourcenmarkt

Stephanie von Bidder, Schweiz

Kurzbeschreibung Lustvolles Neurahmen von unliebsamen Fähigkeiten: In einer marktähnlichen Atmosphäre versuchen die Teilnehmenden, sich gegenseitig vermeintlich schlechte Angewohnheiten schmackhaft zu machen und zu verkaufen. Dabei entdecken sie diese wieder neu und erhalten andere, vielleicht überraschende Sichtweisen.

Setting
- Ab fünf Teilnehmer – je mehr, desto Markt!
- Circa 30 Minuten
- Gleichfarbige Karten oder Zettel, Stifte
- Eventuell Schale oder Korb, in welche die beschriebenen, gefalteten Zettel gelegt werden können.
- Freier Raum zum Herumgehen

Kontext und Zielsetzung
- Der Ressourcenmarkt eignet sich besonders, um die Haltung des lösungsorientierten Ansatzes zu vertiefen. Gut geeignet ist die Methode auch für Teams, die ihre Zusammenarbeit verbessern wollen.
- Kann gut als Einstieg am Morgen oder nach der Mittagspause verwendet werden, da die Übung sehr anregend und lebendig ist.
- Das Ent- und Aufdecken von Ressourcen im lösungsorientierten Training und Coaching ist eine wichtige Kernkompetenz. Der Ressourcenmarkt bietet die Gelegenheit, in unliebsamen Fähigkeiten Ressourcen und Möglichkeiten zu entdecken, die bisher noch nicht offenbar waren und die so auf lustvolle und fröhliche Art eine neue Bedeutung erhalten können. Die Teilnehmenden können spielerisch Umdeutungen üben und hören viele verschiedene Varianten von den anderen „Mitverkäufern".
- In der Teambildung hilft es den Gruppen, lustvoll neue Sichtweisen auf Alteingefahrenes zu erlangen.

Ausführliche Beschreibung

Zur Vorbereitung legt der Moderator gleichfarbige Moderationskarten oder Zettel und Stifte in die Kreismitte. Eine Klangschale kann helfen, deutliche Start- und Schlusszeichen zu geben.

- Dauer der Anmoderation: 3 bis 5 Minuten
- Vorbereitung der Teilnehmenden: 5 Minuten
- Anweisung: 2 Minuten
- Durchführung: 15 bis 20 Minuten je nach Gruppengröße und Spaß
- Auswertung: 5 bis 10 Minuten

Anmoderation: „In Teams kann es vorkommen, dass schlechte Gewohnheiten oder unliebsame Fähigkeiten einzelner Teammitglieder angesprochen werden. Da kann es hilfreich sein, eine andere Sichtweise anzubieten, wenn z.B. jemand immer wieder Ungeduld bemängelt. Ein mögliches Angebot wäre dann: ‚Oh, Sie stellen sicher, dass Sie das von Ihnen Erwünschte immer sehr schnell ansprechen.' Oder: ‚Sie sorgen effizient dafür, dass Unerledigtes rasch vom Tisch ist!'"

Anweisung: „Ich möchte Sie, liebe Teilnehmende, nun einladen, bei sich selbst eine bis zwei unangenehme Fähigkeiten zu finden, die sie loswerden wollen." (Zeit lassen …)

„Wenn Sie eine bis zwei gefunden haben, nehmen Sie bitte pro Fähigkeit eine Karte (bitte gleichfarbige Karten benutzen) und schreiben Sie sie auf. Damit andere nicht lesen können, was Sie geschrieben haben, falten Sie die Karte einmal und legen Sie sie in der Kreismitte auf den Boden (bzw. in die Schale/den Korb)." (Warten Sie, bis alle fertig sind …)

Der Moderator mischt die Karten gut durch und fährt fort: „Nun können Sie sich eine Karte nehmen und sind hiermit eingeladen, die Fähigkeit, welche darauf geschrieben steht, einem anderen Teilnehmenden zu verkaufen. Machen Sie das wie auf einem Markt, feilschen Sie, preisen Sie sie in den höchsten Tönen an! Es darf auch geboten werden! Einzige Einschränkung: Sie dürfen die Fähigkeit nie direkt nennen. Hören Sie auch, was Ihnen Ihr Gegenüber verkaufen will. Wer weiß: Vielleicht hat er eine Fähigkeit, die Sie unbedingt haben möchten. Versuchen Sie diese dann mit ähnlichen Argumenten oder mit anderen Vorzügen weiterzuverkaufen."

„Haben Sie an der Ihnen verkauften Fähigkeit Gefallen gefunden, nehmen Sie die Karte vom Verkäufer und geben ihm die Ihre, wenn er sie kaufen möchte. Wenn Sie einer Fähigkeit schon mehrmals begegnet sind, tauschen Sie diese gegen eine neue Karte aus der Mitte/Schale um."

Auswertungsfragen:
- Was haben Sie entdeckt?
- Was hat Sie überrascht?
- Was hat gut funktioniert?
- Was war eine Herausforderung?
- Wie genau haben Sie das gemacht?
- Welche war Ihre Lieblingsumdeutung? etc.

Sammeln und Reflektieren: Es lohnt sich, einige Beispiele zu sammeln und schriftlich festzuhalten. Alternativ können Sie den Teilnehmenden auch Zeit geben, sich ihre Lieblingsdeutungen zu notieren.

Weiteres Vorgehen

Ressourcen/Vorboten für die bevorstehenden Aufgaben in Teamentwicklungsseminaren oder Teamcoachings sammeln. Anknüpfungspunkte bieten sich immer wieder, sobald das Thema Ressourcen auftaucht. Die Moderatorin kann jede Gelegenheit nutzen und immer wieder Neurahmungen anbieten, wenn sie Beiträge der Teilnehmenden kommentiert.

Kommentar

Wir alle haben gelernt, darauf zu achten, was nicht so gut funktioniert und sind ganz schnell dabei, in unserem Inneren eine Fähigkeit, die uns nicht so lieb ist, zu kategorisieren und mit einem Stempel zu versehen – sehr oft mit einem negativen. Die Intervention bietet die einmalige Gelegenheit, in einem unverbindlichen Rahmen (es ist ja sichergestellt, dass ich nicht einmal meine eigene unangenehme Fähigkeit verkaufen muss!) hierfür neue Bedeutungen zu entdecken, sie offen auszusprechen, damit zu spielen und vielleicht zwei, drei Gelegenheiten zu erhalten, diese neu und aus einer anderen Perspektive zu formulieren. Zugleich erhalte ich viele verschiedene Angebote und Deutungen von meinen Mitspielern, die das Gleiche versuchen – und habe am Schluss eine ganze Palette von Möglichkeiten zur Auswahl.

Gerade dieser spielerische Rahmen und die oft fröhliche Stimmung dabei ließen diese Übung zu einer meiner Lieblingsübungen werden. Es ist schon vorgekommen, dass Teilnehmende ihr vormals unliebsames Verhalten so lieb gewonnen haben, dass sie es nicht mehr hergeben wollten oder bei anderen Teilnehmenden zurückgekauft haben! Eine meiner persönlichen Schlussfolgerungen: Ressourcen suchen und benennen macht Spaß!

Mein Dank geht an Gudrun Sickinger vom NIK Bremen, sie hat mich vor einigen Jahren mit dem „Ressourcenmarkt" bekannt gemacht und ihn zu einer meiner liebsten Übungen werden lassen. Meine Weiterentwicklung des Tools besteht im Einsammeln und Vermischen der Karten, damit man als Erstes nicht seine eigene unangenehme Ressource verkaufen muss. Das entlastet und erhöht den Spaßfaktor.

Quellen/Literatur

Ressourcen-WALK-Shop „Dialog des Wandels"

Gesa Niggemann, Deutschland

Kurzbeschreibung

Der WALK-Shop ist in Wirklichkeit ein Workshop im Spazierengehen an der frischen Luft und eignet sich besonders gut für die Arbeit in Changeprojekten. In Veränderungsprozessen können Menschen Altes, wie Gewohnheiten oder Verhaltensweisen, oft nur loslassen, wenn sie Fähigkeiten und Ressourcen entdecken, um Neues zu sehen und zu denken. Dazu kommen die Teilnehmenden im wahrsten Sinne des Wortes körperlich wie mental „in Bewegung": Auf einem Rundweg in freier Natur (See, Park, rund um Firmengelände/Hotel, Innenstadt, Botanischer Garten, …) werden anhand von Reflexionsfragen in wechselnden Zweiergruppen laufend im Dialog Ressourcen und Antworten gefunden. An markanten Treffpunkten (Bank, Bootssteg, Schutzhütte, …) finden Sharing- und Integrationsrunden mit der ganzen Gruppe statt. Festgefahrene Denkmuster kommen in Fluss, lösen sich im Gehen auf und „wandeln" sich mit den gefundenen Ressourcen. Zum Abschluss kann jeder der Teilnehmenden eine Ressourcen-Rede an einer natürlichen „Speaker´s Corner" (Rosenbeet, Pavillon, Hügel, …) halten. Der WALK-Shop ist erfrischend, belebend und bewegend und dadurch eine echte Alternative zu langen Reflexionsrunden im Seminarraum.

Setting

- Die Intervention eignet sich gut für Gruppengrößen von 6 bis ca. 20 Personen. Da in Zweiergruppen gearbeitet wird, ist es anregender, wenn die Teilnehmenden ihre Gesprächspartner wechseln können, weshalb nicht weniger als 6 Personen teilnehmen sollten. Mit mehr als 20 Personen ist es für den Moderator zu anstrengend, draußen den gesamten Teilnehmendenkreis anzusprechen, auch kann sich das „Walk"-Feld zu weit auseinanderziehen.
- Wenn die Teilnehmerzahl nicht durch zwei teilbar ist, sollte der Moderator darauf achten, dass sich bei jeder Neuverteilung in Gruppen eine Dreiergruppe bildet.
- Es werden ungefähr 2,5 bis 3 Stunden Zeit benötigt.

Ressourcen-WALK-Shop „Dialog des Wandels"

- ▶ Natürlich ist es am schönsten, bei sonnigem Wetter spazieren zu gehen. Mit wetterfester Kleidung und Regenschirmen funktioniert die Übung aber auch.
- ▶ Vorbereitung des Moderators: Der Moderator bereitet die Fragen auf Arbeitsblättern vor, die vor der jeweils nächsten Runde an die Teilnehmenden verteilt werden. Falls der Moderator selbst etwas präsentieren möchte (Zahlen, Daten, Fakten oder Ähnliches), eignet sich eine DIN-A3-große Präsentationsmappe mit Ringlochung zum Aufklappen, in die man große Folien einheften kann, um sie dann zu zeigen. Diese können vorher wetterfest laminiert werden. Oder man kann auf dieser Unterlage mit Klebezetteln „outdoor moderieren".
- ▶ Hilfreiches Material für die Teilnehmenden: Je ein Klemmbrett und ein Kugelschreiber für jeden Teilnehmenden, um die vorbereiteten Arbeitsblätter mit den Reflexionsfragen festzuklemmen und die Antworten und Reflexionen zu notieren.
- ▶ Räumliche Voraussetzungen: Die Strecke für den WALK-Shop sollte mindestens drei bis fünf Kilometer lang sein, pro Laufrunde also 1.000 bis 1.500 Meter betragen. Der Moderator sollte die Strecke vorher mit der Uhr abgelaufen haben und sich vergegenwärtigen, dass nachdenkende Teilnehmende langsamer laufen als er in der Vorbereitung. Er notiert sich Wege und markante Punkte wie Plätze mit Bänken, Fußgängerbrücken, natürliche Gelände-Erhebungen, Mauern entlang der Strecke für Pausen, Versammlungsorte für die ganze Gruppe sowie die Speaker's Corner. Bewährt haben sich bisher der Frankfurter Palmengarten, die Rheinbrücken in Köln, der Rundgang um den Zeuthener See, um ein paar Durchführungsorte zu nennen.
- ▶ Als Medien bewährt haben sich: Ein Trolley-Aktenkoffer für den Moderator zum Hinterherziehen als Materiallager (oder für Pausenüberraschungen wie Getränke und Snacks).

Der WALK-Shop ist gut geeignet, um nach einer ersten Anwärmphase mit dem Kennenlernen der Teilnehmenden untereinander und einem Einstieg in das Thema ins vertiefte Arbeiten und Reflektieren zu kommen. Gerade die Verwandlung von Alt nach Neu, vom Problem zur Lösung, z.B. im Rahmen von Veränderungsprozessen, ist ein guter Anlass für diese Intervention. Er ist auch gut geeignet, um ganz neu auf ein altbekanntes oder unbeliebtes Thema zu schauen. Selbst kritische Teilnehmende lassen sich nach gelungener Anfangserklärung auf die ungewöhnliche Form ein.

Kontext und Zielsetzung

Die Teilnehmenden setzen sich sehr tief mit ihrem Thema auseinander, ohne auf einem Stuhl „festzukleben". Die körperliche Bewegung hilft zudem, geistig neue Pfade einzuschlagen. Durch die wechselnden Zweiergruppen gibt es immer wieder neue Anregungen und Sichtweisen, die Lösungen hervorbringen können. Am Ende fühlen sich die Teilnehmenden durch den Spaziergang und die vielfältigen Ressourcen auf mehreren Ebenen „erfrischt".

Ausführliche Beschreibung

Der WALK-Shop teilt sich nach einer Einleitung in „Walk"-Phasen, in denen die Teilnehmenden in Zweiergruppen miteinander laufen und arbeiten und in „Talk"-Phasen, in denen die Gruppe sich zum Austausch (Sharing) trifft, Reflexionen mitteilt und neue Fragen als Arbeitsauftrag für den nächsten „Walk" entgegennimmt. Sie können beliebig viele dieser „Walks" und „Talks" aneinanderhängen, erfahrungsgemäß tritt nach vier bis fünf Runden ein gewisser Gewöhnungs- und Ermüdungseffekt ein. Maximal fünf Runden genügen also!

Jede Walk-Runde dauert etwa 8 bis 15 Minuten, jede Talkrunde 10 bis 15 Minuten. Sie brauchen also etwa 1.000 bis 1.500 Meter für jeden Walk, um den Teilnehmenden genügend Wegezeit zum Reden zu bieten.

1. Einführung durch den Moderator

Moderator und Teilnehmende treffen sich zur Einführung am ersten Treffpunkt, dem Ausgangsort des WALK-Shops. Dies sollte ein „natürlicher" Treffpunkt in der gewählten Umgebung sein: eine Baumgruppe, eine Erhebung, eine Ansammlung von Bänken etc. Falls die Teilnehmenden sich hier zum ersten Mal treffen und sie beispielsweise nicht am selben Tag schon miteinander gearbeitet haben, sollten Sie eine kurze Vorstellungsrunde machen und Namensschilder vergeben, um sich besser kennenzulernen.

Der Moderator gibt eine Einführung in das zu bearbeitende Thema und erläutert das Vorgehen: *„Wir haben jetzt etwa 2,5 Stunden Zeit, miteinander über das Thema X nachzudenken und Lösungen für Y zu entwickeln. Ausgangsbasis für Ihre Überlegungen ist XX/das Ergebnis von XX/die Problemstellung XX/Ihr Wunsch nach Veränderung in XX. Um dies zu erreichen, haben wir im richtigen Leben wie auch heute ein Stück des Weges vor uns …"*

Falls notwendig, können an dieser Stelle Ausgangserkenntnisse oder Zahlen, Daten, Fakten aus dem Unternehmen als Information gegeben werden.

Der Moderator erläutert das methodische Vorgehen: *„Unser WALK-Shop unterteilt sich in Walk- und Talk-Phasen. In den Walk-Phasen haben Sie etwa 10 bis 15 Minuten Zeit, jeweils zu zweit oder zu dritt über eine Fragestellung nachzudenken und sich auszutauschen. Dazu erhalten Sie die jeweiligen Reflexionsfragen pro Runde von mir auf einem Blatt. Ich bitte Sie, sich Antworten und Ideen auf diesem Blatt zu notieren. Wir machen einen Treffpunkt aus, an dem wir unsere Austauschrunde in der ganzen Gruppe – unseren Talk – durchführen."*

Der Moderator erklärt die „Spielregeln" für den WALK-Shop: *„Es ist sehr anregend, wenn Sie Ihren Partner nach jeder Austausch-Runde (Talk-Runde) wechseln, um immer wieder auf neue Ideen zu kommen. So lernen Sie auch andere Teilnehmende aus dieser Gruppe besser kennen. Ich möchte Sie auch bitten, die Laufzeiten einzuhalten. Erfahrungsgemäß haben wir alle ein unterschiedliches Lauftempo. Sollten Sie also schneller sein, dann können Sie am Treffpunkt warten oder eine Extra-Schleife gehen. Viel Spaß bei Ihrem Gespräch!"*

2. Erste Arbeitseinheit („Walk") der Teilnehmenden

Die Teilnehmenden starten auf ihren ersten „Walk" und diskutieren ihre Fragen. Passende Fragen für den ersten Walk könnten sein: *„Was könnte auf diesem Spaziergang passieren, was Sie in Ihren Fragen weiter voranbringt?"* Oder: *„Wenn Sie an einen Ihrer letzten Veränderungsprozesse zurückdenken, was war das beste, was Sie/Führungskräfte/Kollegen/Mitarbeiter zum Erfolg beigetragen haben?"*

Bei der Suche nach Antworten können sie abwechselnd sprechen oder jeweils der eine und die andere nacheinander und sich erste Ideen und Antworten beim Gehen auf dem Reflexionsblatt notieren, deshalb ist ein Klemmbrett nützlich. Sie sollten ihr Gespräch vor dem nächsten Talk-Treffpunkt kurz auf das Wesentliche schriftlich auf ihrem Fragenblatt zusammenfassen, damit sie den anderen Teilnehmenden den Inhalt leichter mitteilen können.

Der Moderator läuft entweder mit seinem Rollkoffer vor der Gruppe her und kann dann am vereinbarten Treffpunkt auf die Gruppe warten. Oder er bildet das Schlusslicht und sorgt dafür, dass niemand verloren geht.

Teilnehmende eines WALK-Shops, ins Zweier-Gespräch beim „Walk" vertieft

3. Erste Austauschrunde („Talk")

Die Teilnehmenden trudeln nach und nach am vereinbarten Talk-Treffpunkt ein. Der Moderator startet mit einer einladenden Frage zum Austausch der Gruppe: *„Welche Antworten und Ergebnisse haben Sie miteinander entwickelt?"* Er moderiert das Gespräch der Teilnehmenden, würdigt Gemeinsamkeiten und Unterschiede …

… und leitet über in die zweite Walk-Runde: *„Finden Sie einen neuen Partner für die nächste Walk-Runde. Ihre nächsten Fragen sind die folgenden: … Wir treffen uns wieder an folgendem Ort: …"* Passende Fragen für die zweite Walk-Runde könnten zum Beispiel sein: *„Was sind für Sie die ersten hilfreichen Schritte hin zu etwas Neuem am Beginn dieses Veränderungsprozesses?"* Oder: *„Woran genau werden Sie merken, dass sich etwas verändert, welches Verhalten von Ihnen/Kollegen/Mitarbeiterinnen führt in die gewünschte Richtung?"*

Austausch von Teilnehmenden und Moderatorin in der „Talk"-Runde

4. Fortführung

Walk- und Talkrunden wechseln einander ab. Sie können als Moderator die Teilnehmenden zwischendurch mit erfrischenden Getränken oder Müsliriegeln aus Ihrem Rollkoffer überraschen. Eine Pause zwischendrin schadet nicht!

5. Ressourcen-Rede

Eine schöne Möglichkeit, Überlegungen aus den Gesprächen zusammenzufassen und in Richtung Umsetzung zu bringen, ist die Ressourcen-Rede: Jeder Teilnehmende überlegt sich bei einem der letzten Walks eine Zwei-Minuten-Rede. Fragen zur Vorbereitung der Rede können sein:

▶ Was habe ich in den Gesprächen bei diesem WALK-Shop gehört, was neu für mich im Umgang meiner Organisation mit Veränderungen war? Was davon will ich auf jeden Fall beibehalten?
▶ Was waren für mich die wichtigsten Ideen, die wir gefunden haben?
▶ Was sind meine nächsten Schritte?
▶ Wer wird mich dabei unterstützen? etc.

Die Reden werden an einem besonders hübschen Talk-Treffpunkt in einer Art natürlicher „Speaker's Corner" (Rosenbeet, Pavillon, auf einer Mauer stehend) gehalten und natürlich gibt es wertschätzenden Applaus der anderen Teilnehmenden. Dieser Talk dauert dann natürlich etwas länger als die vorhergehenden.

6. Abschluss

Die Teilnehmenden kommen in der letzten Talk-Runde zusammen. Abschluss kann eine kurze Gesamtreflexion des WALK-Shops sein. Folgende Fragen könnten dienlich sein: *„Auf einer Skala von 0 bis 10, wie hilfreich und ressourcenfördernd haben Sie den heutigen WALK-Shop erlebt?"* Der Moderator kann diese Skala zum Beispiel auf einer Treppe oder einem Rasenstück mit Bäumen oder Beeten aufstellen lassen und die Teilnehmenden kurz zu ihrem Standpunkt interviewen: *„Was genau war für Sie besonders hilfreich im heutigen WALK-Shop? Was lässt Sie auf Punkt X stehen und nicht auf Y? Wie könnten Sie diesen Standort sichern oder noch verbessern?"*

Weiteres Vorgehen

Die Ergebnisse der WALK-Shop-Reflexionen können natürlich im traditionellen Workshop-Setting weiter bearbeitet werden. Folgende Möglichkeiten bieten sich an:

1. Teilnehmende, die während des WALK-Shops noch gar nicht miteinander gearbeitet haben, treffen sich in einer Kleingruppe und teilen sich ihre wichtigsten Erkenntnisse mit.
2. Alle Ergebnisse werden auf Pinnwänden gesammelt und so zur Ergebnissicherung für alle noch einmal visualisiert.
3. Unterschiedliche Sichtweisen können in Pro-Contra-Gruppen bearbeitet werden.

Kommentar

Angeregt wurde die Entwicklung des WALK-Shops durch die Beschäftigung mit dem Buch von William Bridges „Leading Transitions". Dort wird beschrieben, wie sich Menschen im Changeprozess durch drei Zonen der Transition hindurchbewegen müssen: Das Loslassen, die Neutrale Zone und den Neuanfang. Diese Bewegung haben wir einfach wörtlich genommen und daraus den WALK-Shop konzipiert. Er ist auch für andere Themen außerhalb von Transition denkbar. Wichtig zu wissen: Es ist kaum möglich, beim Laufen problemfixiert zu denken, da man dann oft stehen bzw. im wahrsten Sinn des Wortes stecken bleibt. Als Moderator kann man dieses sichtbare Signal gut nutzen, um den Prozess der Teilnehmenden hin zum Denken in Lösungen zu begleiten. Der Moderator kann in einem solchen Fall wertschätzend dazu einladen, die schwierige Situation anzuerkennen und den Teilnehmenden die (Coping-)Frage stellen, wie es möglich ist, die derzeitige Situation weiterhin geduldig auszuhalten. Oder er kann die Teilnehmenden einfach bitten, ein paar Minuten schweigend weiterzugehen, sich aber auf jeden Fall weiter zu bewegen und dabei zu beobachten, welches die ersten Gedanken und Impulse sind, wenn sie sich das gewünschte Ziel bildhaft vorstellen.

Reiz des Tools, Beispiele, Ergebnisse und Nachwirkungen der Intervention

- ▶ Für Moderatoren, die sich selbst gerne an der frischen Luft bewegen und oft bedauern, bei schönstem Wetter im klimagekühlten Seminarraum „eingesperrt" zu sein, ist es eine willkommene Abwechslung nach draußen gehen zu können – und natürlich für die Teilnehmenden auch.
- ▶ Besonderen Spaß hat der WALK-Shop bei der Durchführung im Frankfurter Palmengarten gemacht. Passend zu den Themen befanden wir uns im stachligen Kakteengarten, im undurchsichtigen Dschungelhaus oder zwischen den blühenden Rosenbeeten. So wurde die Landschaft rundherum zur idealen Metapher für die Inhalte.

Beachtenswertes und Überraschungen

- ▶ Man sollte vorher den Gesundheitszustand aller Teilnehmenden checken, ob sie die Strecke von rund fünf Kilometern lauftechnisch ohne Schwierigkeiten bewältigen können.
- ▶ Eine Überraschung war, dass sich die ausgesuchten Strecken häufig als zu kurz erwiesen, wenn die Teilnehmenden erst einmal Geschmack am Laufen und Denken gefunden hatten. So mussten wir spontan Streckenerweiterungen hinzufinden, die dann nicht mehr ganz optimal waren. In der Innenstadt von Köln liefen wir über die Rheinbrücken und es war teilweise etwas zu laut an der Straße, um sich gegenseitig mitzuteilen und zuzuhören. Deshalb ist es unabdingbar, die Strecken vorher im Detail und nicht nur grob oder auf dem Stadtplan abzulaufen und wichtige und geräuscharme Punkte vor allem für Talk-Treffpunkte festzulegen.
- ▶ Eine weitere Überraschung kann sein, dass sich aus den Talk-Runden neue und andere Fragen für den nächsten Walk ergeben, als sich der

Moderator in der Vorbereitung überlegt hat. Dann ist es gut, mit dem Flow zu gehen und den Fragen-Auftrag für den nächsten Walk in diese Richtung anzupassen.

▶ Angeregt wurde die Entwicklung des WALK-Shops durch die Beschäftigung mit dem Buch von William Bridges „Leading Transitions" (1995, ISBN 1-85788-341-1).

Quellen/Literatur

Schachtelweise Bilder – Bilanz ziehen

Gabriele Röttgen-Wallrath und Annette Lentze, Deutschland

Kurzbeschreibung

Diese Intervention – mit Bildern beklebte Streichholzschachteln, die mit wertschätzenden Begriffen gefüllt werden – eignet sich besonders gut zum Bilanzieren
- der eigenen Entwicklung,
- der Wahrnehmung von Ressourcen in der Gruppe.

Setting

- Zeit: ca. 90 Minuten
- Zahl der Teilnehmenden: bis zu 10 Personen
- Material: Streichholzschachteln in dreifacher Anzahl der Teilnehmenden. Diese sind mit unterschiedlichen Motiven beklebt, wobei jeweils zwei Schachteln das gleiche Motiv haben.
- Es werden kleine Zettel benötigt, die gefaltet in die Schachteln passen. Stifte, Flipchart

Kontext und Zielsetzung

- Diese Methode kann vor allem dann eingesetzt werden, wenn die Teilnehmenden miteinander über einen längeren Zeitraum in Teams oder Gruppen in Workshops gearbeitet haben.
- Sie ermöglicht ein ressourcenorientiertes Feedback im Rahmen einer Zwischen- oder Abschlussbilanz.
- Durch das Fokussieren auf Ressourcen unterstützt diese Übung die gegenseitige Anerkennung von Fähigkeiten der anderen in der Zusammenarbeit. Die Kultur der Wertschätzung in Teams oder Gruppen wird gefördert.
- Durch das Feedback der anderen wird die eigene Wahrnehmung überprüft und erweitert.
- Viele Ressourcen, die sich im Gruppenprozess entwickelt haben, werden benannt. Diese Offenlegung kann zur Verbesserung von Arbeitsprozessen, Teamarbeit und Kooperation beitragen. Sie bietet eine gute Grundlage für zukünftiges lösungsorientiertes Arbeiten.

Schachtelweise Bilder – Bilanz ziehen

Einstieg/Anmoderation

Ausführliche Beschreibung

„Wir haben einige Zeit miteinander gearbeitet und Sie haben viel erreicht. Ich möchte Sie zu einem Experiment einladen, um die vergangene Zeit zu reflektieren und gemeinsam zu überlegen, wie Sie zukünftig Ihre Ressourcen ziel- und lösungsorientierter einsetzen können. Ich habe Ihnen hierfür Schachteln mit unterschiedlichen Motiven und kleine Zettel mitgebracht."

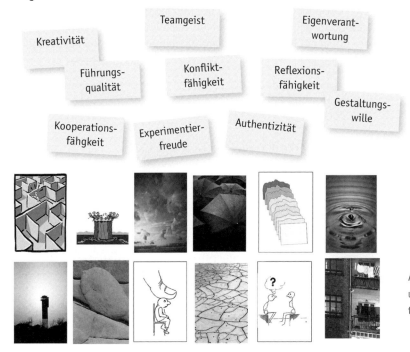

Abb.: Ressourcenzettel und Streichholzschachteln mit Motiven

Schritt 1 (ca. 10 Min.)

Die Zettel werden an die Teilnehmenden verteilt. Jeder schreibt drei Ressourcen auf, die er in der bisherigen Zusammenarbeit bei den anderen oder bei sich wahrgenommen hat, die die Gruppe weitergebracht und zu neuen Lösungen in der zukünftigen Arbeit geführt haben (eine Ressource pro Zettel).

Schritt 2 (ca. 5 Min.)

In der Zwischenzeit legt der Moderator die Schachteln so aus, dass die aufgeklebten Motive nicht sichtbar sind. Die Teilnehmenden sollen zu diesem Zeitpunkt durch die Motive nicht beeinflusst werden. Die Schachteln werden von den Teilnehmenden mit den Ressourcenzetteln bestückt (ein Zettel pro Schachtel).

Schritt 3 (ca. 20 Min.)

Die Teilnehmenden werden vom Moderator darauf hingewiesen, die nachfolgenden Beiträge der anderen unkommentiert aufzunehmen (in den Schritten 3 bis 5).

Jetzt werden die Schachteln umgedreht und mit den Motiven nach oben ausgelegt. Die Teilnehmenden wählen sich ein Motiv aus und lassen sich dabei davon leiten, welches Bild sie im Blick auf die bisherige Zusammenarbeit besonders anspricht. Nachdem alle ein Motiv gewählt haben, teilen sie nacheinander ihre Überlegungen zu folgender Frage mit:

- Was hat mich gerade an diesem Motiv – bezogen auf unsere Zusammenarbeit – angesprochen?

Schritt 4 (ca. 30 Min.)

Die Teilnehmenden werden aufgefordert, die Schachteln nacheinander zu öffnen. Die Zettel mit den Ressourcen werden vorgelesen und zu den folgenden Fragestellungen weiter erläutert:

- Was verbinden Sie mit dieser Ressource bezogen auf diese Gruppe?
- Was fällt Ihnen alles dazu ein? Was darüber hinaus?
- Wie kann diese Ressource die Gruppe zukünftig unterstützen?

Schritt 5 (ca. 10 Min.)

Zum Abschluss fragt der Moderator die Teilnehmenden:

- Sie haben heute einen großen Schatz an Ideen mitbekommen. Was können Sie davon bereits morgen für sich nutzbar machen und in einem ersten kleinen Schritt umsetzen?

Weiteres Vorgehen   Wurde diese Methode als Zwischenauswertung eingesetzt, kann im weiteren Verlauf des Workshops bewusst mit den „gehobenen" Ressourcen gearbeitet werden. Das Wissen um die vorhandenen Stärken in der Gruppe ermöglicht es den Teilnehmenden konkreter zu benennen: „Was können wir schon gut?" und „An welcher Stelle benötigen wir noch Unterstützung?" Hierdurch wird ein zielgerichtetes und lösungsorientiertes Arbeiten erleichtert.

Kommentar

- Entstanden ist die Übung bei der Entwicklung einer Intervention für ein Team, das in einer resignativen Phase steckte. Ihm war der Blick auf konstruktive Lösungen abhanden gekommen.
- Diese Übung legt den Fokus nicht auf die Probleme, sondern beschäftigt sich mit den bereits funktionierenden Lösungen.
- Es ist hilfreich, die Fragestellungen für Schritt 3, 4 und 5 vorab auf dem Flipchart zu notieren, da die präzisen Fragestellungen für die Teilnehmenden Orientierung bieten.
- Die Bilder regen zu Beschreibungen an. Die Überraschung, welche Motive ausgewählt werden und was jemand damit verbindet, gibt Raum für Unerwartetes.
- Die Wirkung des in der Übung Erlebten macht Mut, diese Erfahrung in den eigenen Arbeitsgebieten umzusetzen.
- Die Schachteln mit den Motiven bieten die Möglichkeit, sie den Teilnehmenden als Geschenk mitzugeben. Dies ist ein Anker dafür, das Erreichte nicht aus den Augen zu verlieren. Ein solches Geschenk wird als Wertschätzung wahrgenommen.
- Wenn es sich anbietet, können die Motive für die Schachteln auch mit einem Schwerpunktthema gestaltet werden, z.B. Türen, Fortbewegungsmittel, Piktogramme.
- Bei kleineren Gruppen (max. 5 Teilnehmende) kann der Verlauf dahingehend verändert werden, dass nicht mehr die Gruppe und ihre Entwicklung im Vordergrund stehen, sondern die Entwicklung der Einzelnen in den Fokus genommen wird. Jeder wählt für jedes Mitglied der Gruppe ein Bildmotiv und eine Ressource aus und gibt jedem eine Rückmeldung. Die Übung kann entsprechend modifiziert werden.
- Wir erlebten eine Überraschung, als zwei Teilnehmer, deren Beziehung konfliktreich war, das gleiche Motiv auswählten. Sie erhielten auf diese Weise eine andere Ebene des Austausches und der Sicht voneinander. Überraschend für die Teilnehmenden sind immer wieder die vielfältigen Assoziationen und Wahrnehmungen der Gruppe, die als Ressourcen wertgeschätzt werden.

Quellen/Literatur

Die Anregung, Streichholzschachteln mit Motiven zu bekleben, haben wir bei Heinrich Fallner, Bielefeld, kennengelernt. Aus dieser Idee haben wir diese Übung konzipiert.

Stilles Ressourcengrüßen

Katalin Hankovszky, Schweiz/Ungarn

Kurzbeschreibung

Diese kleine bescheidene Form aktiviert den Ressourcenblick der Teilnehmenden füreinander. Sie üben damit ihre Fähigkeit, sich an die Stärken und die Geschichten mit positivem Ausgang bei den anderen Teilnehmenden zu erinnern. Dadurch entsteht eine lebendige Stimmung mit neuer Energie und es wird leichter, konstruktiv zusammenzuarbeiten.

Setting

- 12 bis 100 Teilnehmende, bestehende Gruppen
- Benötigte Zeit: ca. 3 bis 8 Minuten
- Für diese Übung brauchen Sie lediglich einen Gong o. Ä., mit dem Sie Menschenstimmen übertönen können.
- Sie brauchen genügend Raum, damit die Menschen aufeinander zugehen können.

Kontext und Zielsetzung

- Das Tool kann in Gruppen zum Einsatz kommen, die sich untereinander gut kennen. Die Anwärmphase ist der typische Rahmen. Die Übung entfaltet ihre wohltuende Wirkung auch, wenn nach einer Informationsphase (Besprechung, unangenehme Mitteilungen usw.) die gemeinsame Arbeit losgehen soll. Die Übung ist auch in großen Gruppen einsetzbar und benötigt keinerlei Vorbereitung.

- „Worauf sich die Aufmerksamkeit richtet, dort geschieht Lernen" (Tim Galway). Die Fokussierung der Aufmerksamkeit ist auch im lösungsorientierten Ansatz bedeutsam: Wir lenken unsere Aufmerksamkeit gezielt darauf, was funktioniert, was schon da ist, was Kunden besonders gut können. Dieser Wechsel weg von dem im Alltag üblichen Defizitblick ist nicht für alle gleich leicht zu vollziehen. Am Anfang der lösungsorientierten Arbeit ist es hilfreich, die beobachteten Stärken und bekannten Ressourcen noch nicht nennen zu müssen, sondern „still wachzurufen".

Anmoderation: *„Heute werden wir gemeinsam auf unsere Ziele hinarbeiten. Dazu brauchen wir jede und jeden von Ihnen, und zwar mit Ihren jeweils besten Fähigkeiten. Und über eins können wir sicher sein: Alle benötigten Fähigkeiten sind da, bei Ihnen, im Team. Schauen Sie nur!"*

Ausführliche Beschreibung

Anleitung: *„Nehmen Sie sich nun in den nächsten fünf Minuten Zeit und gehen Sie aufeinander zu. Begrüßen Sie einfach möglichst viele im Team. Dazu erhalten Sie einen kleinen Auftrag. Während Sie einander die Hand reichen, in die Augen schauen (und auf gut Schweizerisch den Namen) und ‚Guten Morgen' sagen, lassen Sie einen kurzen Film vor Ihren Augen ablaufen: Welche Stärken und besonders günstigen Eigenschaften kennen Sie von dieser Person? In welcher Situation haben Sie sie erlebt, in der sie ihre Kompetenzen gezeigt hatte? All diese Gedanken behalten Sie im Stillen für sich und gehen zur nächsten Person weiter."*

Nach 5 bis 8 Minuten (oder wenn Sie das Gefühl haben, die Mehrzahl der möglichen Begrüßungen sei geschehen) unterbrechen Sie die belebte Szene mit einem Zeichen und laden die Teilnehmenden ein, sich für die weitere Arbeit hinzusetzen.

Nach dieser Übung können Sie mit einem aufgeweckten Publikum rechnen. Erfahrungsgemäß ist eine für jede Arbeit nützliche Offenheit und gegenseitige Akzeptanz entstanden. Eine schöne Option ist es, mit einer Übung fortzufahren, in der in kleineren Gruppen Ressourcen auch verbalisiert werden.

Weiteres Vorgehen

▶ Die Übung entstand, als der ca. 50-köpfigen Belegschaft einer Organisation vorweg schlechte Nachrichten mitgeteilt wurden und ich mit einer Trainerkollegin unmittelbar anschließend den lösungsorientierten Ansatz einführen sollte. Wir brauchten einen sinnvollen Separator, der zu unserem Thema führen, eine andere Energie in den Raum bringen und nur wenig „Überwindung" von den Teilnehmenden erfordern sollte. In dieser Situation ist „stilles Ressourcengrüßen" als Rettung aufgetaucht.

Kommentar

▶ Die Übung glänzt mit „niedrigen Risiken": Jeder kann sich individuell auf die Instruktionen einstellen und auch wem keine spontane Ressourcen-Fantasie in den Kopf kommt, fällt nicht auf. Teilnehmende berichten, es sei eine spezielle, wohltuende Erfahrung, anderen in die Augen zu schauen und zu wissen, dass die Personen gerade etwas Gutes über uns denken. Selbst wenn das Tempo der wechselnden Begrüßungen einmal schneller ist, so dass nicht jedem sofort eine wertvolle Ressource des Partners in den Sinn kommt, so ist doch schon das herzliche Lächeln und Händeschütteln von Nutzen.

▶ Entscheidend ist eine sorgfältige, zu der herrschenden Stimmung passende Anleitung.

Quellen/Literatur

▶ Diese Form entstand aus der Not in meiner Praxis. Ähnlichkeiten bestehen zu einer „Guten-Morgen-Übung" aus dem Improvisationsbereich mit den drei Phasen: 1. Herumgehen und schnell wegschauen, wenn jemand entgegenkommt, 2. Herumgehen und nach einer sehr wichtigen Person in der Menge suchen, die noch nicht da ist, 3. Herumgehen und gute alte Bekannte begrüßen.
▶ Timothy Galway (2002): The Inner game of Work. Overcoming Mental Obstacles for Maximum Performance. Cengage Learning Services.

Ubuntu

Liselotte Baeijaert and Anton Stellamans, Belgien

Dies ist eine Übung, in der die Teilnehmenden herausfinden, wie eng Ihre persönliche Entwicklung mit der von anderen Menschen verbunden ist. Sie entwickeln neue Wege der persönlichen Weiterentwicklung, bei denen sie von ihren Netzwerken profitieren.

Kurzbeschreibung

- Für Gruppen von 5 bis 20 Teilnehmenden geeignet
- Die Übung dauert 50 Minuten, weitere 15 Minuten benötigt die Auswertung.
- Material: Für jeden Teilnehmenden ein Poster und ein Stift sowie drei verschiedene Sorten Post-its (verschiedene Farben und/oder verschiedene Formen). Mindestens 20 Zettel pro Teilnehmenden von einer Sorte sowie mindestens 10 von jeder der beiden anderen Sorten. Klebeband oder Haftpunkte, um die Poster an der Wand zu befestigen.
- Vorbereitung: Es ist für die Teilnehmenden einfacher, ein Plakat zu gestalten, wenn Sie ein ausgefülltes Beispiel mitbringen und zeigen.
- Raum: Ausreichend Platz auf Tischen oder auf dem Boden, damit die Teilnehmenden an ihren Postern arbeiten können.
- Musik: Vor der Übung und während die Teilnehmenden an ihren Postern arbeiten, kann afrikanische Musik gespielt werden.

Setting

- Diese Übung ist besonders hilfreich, um Menschen zu unterstützen, die eine neue Arbeit suchen bzw. die eine neue Rolle und Funktion in ihrer Organisation übernehmen wollen. Durch die Übung erfahren sie, wie andere Menschen und Netzwerke wichtige Ressourcen für sie darstellen können.
- Sie ist auch sehr nützlich, um mit Personalentwicklern Konzepte für ein interaktives Kompetenzmanagement zu erarbeiten: Kompeten-

Kontext und Zielsetzung

zen werden in der Interaktion mit anderen Menschen entwickelt, neue Interaktionen führen zur Entwicklung neuer Kompetenzen.
- Menschen, die lösungsorientiertes Coaching lernen, entdecken durch die Übung, wie hilfreich es sein kann, das persönliche Netzwerk der Klienten als Ressource zu nutzen.

Der Sinn dieser Übung liegt vor allem in Folgendem:

- Die Teilnehmenden blicken darauf zurück, wie sie ihre Fähigkeiten und ihr Wissen im Laufe ihres Lebens entwickelt haben. Dieser Rückblick ermutigt sie, weitere Schritte zu unternehmen.
- Sie lernen anzuerkennen, welche Rolle andere Menschen in ihrer persönlichen Entwicklung spielen. Durch diese Menschen wurden sie in neue Netzwerke eingeführt, an neue Aufgaben herangeführt und eigneten sich neue Kompetenzen an.
- Sie entwickeln eine Vorstellung davon, welche Rolle andere Menschen beim nächsten Schritt ihres persönlichen Wachstums spielen könnten.
- Sie freuen sich über glückliche Umstände, die sie dahin geführt haben, wo sie nun in ihrem Leben stehen.
- Sie lernen zu erkennen, wie sie von diesen glücklichen Umständen profitieren können, um sich noch weiter zu entwickeln.
- Und sie entdecken, dass auch sie Schlüsselpersonen in der Entwicklung anderer Menschen sein können.

Ausführliche Beschreibung

Einführung

Der Moderator kann mit einigen Sätzen erklären, was es mit dem „Geist des Ubuntu" auf sich hat: *„Ubuntu ist der afrikanische Glaube daran, dass wir das, was wir sind, nur dank der Menschen um uns herum geworden sind. Es ist die Erkenntnis, wie groß der Einfluss von anderen auf uns ist und wie wir erst durch sie zu dem wurden, wie wir sind. Diese Übung wird Ihnen helfen, auf Ihre persönliche Entwicklung zurückzublicken und zu erkennen, welche Personen eine Schlüsselrolle in den verschiedenen Stadien Ihres Lebens gespielt haben.*

Ein erstes Ziel dieser Übung ist es, zu entdecken, welche Personen eine Schlüsselrolle in Ihrer persönlichen Entwicklung gehabt haben. Außerdem schauen wir darauf, wie Sie es dank dieser Menschen und ihrer Netzwerke geschafft haben, im Leben voranzukommen. Schließlich sollen Sie einen Eindruck davon bekommen, welche Menschen und Netzwerke Ihnen in Ihrer zukünftigen Entwicklung helfen könnten."

Erster Teil: Aufzeichnen von Schlüsselpersonen und Netzwerken

Im ersten Teil dieser Übung erstellen die Teilnehmenden eine „Landkarte" mit ihren Schlüsselpersonen, Netzwerken und wichtigsten Aktivitäten (siehe Foto).

Sie erhalten ein Flipchart oder Poster, einen Stift und verschiedene bunte Post-it-Zettel. Bitten Sie sie, das Poster im Querformat zu benutzen und rechts eine Spalte von circa 15 Zentimetern zu lassen. Dann laden Sie sie ein, über die Männer und Frauen nachzudenken, die eine wichtige Rolle in ihrer persönlichen Entwicklung gehabt haben. Deren Namen schreiben Sie jeweils auf einzelne gelbe Post-it-Zettel. Sie können auch die Namen der zugehörigen Netzwerke auf solche Zettel schreiben. Sobald alle Namen notiert sind, werden sie auf das Poster geklebt. Namen, die zusammengehören, werden auf dem Poster auch zusammen gruppiert. Die ältesten Einflüsse kommen auf die linke Seite, die aktuellen auf die rechte Seite des Plakats. Sagen Sie den Teilnehmenden, dass sie dafür 10 bis 15 Minuten Zeit haben und fragen Sie, ob die Aufgabe klar ist.

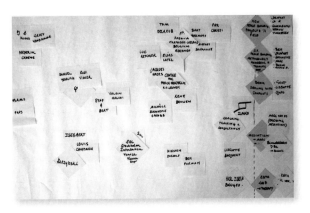

Beispiel für ein ausgefülltes Plakat

Lassen Sie während der Arbeit am Poster afrikanische Hintergrundmusik laufen.

Zweiter Teil: Projekte und Aktivitäten aufzeichnen

„Im zweiten Teil dieser Übung werden wir die wichtigsten Projekte oder Arbeitsaufgaben hinzufügen, die Sie in Ihrem Leben bewältigt haben. Schreiben Sie die Namen für diese Projekte auf die grünen Zettel und verbinden Sie sie mit den Menschen, die Sie schon auf dem Poster festgehalten haben. Dafür haben Sie fünf Minuten Zeit."

Dritter Teil: Nächste Schritte aufzeichnen

„Im letzten Teil dieser Übung werden wir uns auf Ihre nächsten Schritte konzentrieren. Einige von Ihnen haben vielleicht schon ganz konkrete Pläne für Ihre berufliche Zukunft. Schreiben Sie einfach die Namen für diese zukünftigen Projekte auf die orangen Zettel und ebenso die Namen der Menschen, die daran beteiligt sein werden. Kleben Sie diese orangen Zettel in die rechte Spalte, die Sie dafür freigehalten haben."

Andere von Ihnen sind vielleicht ganz zufrieden, so wie die Dinge im Moment stehen. Auch Sie können sich überlegen, wer in Zukunft von dem, was sie tun, profitieren könnte und dies auf Post-its notieren.

Wieder andere von Ihnen haben vielleicht ein großes Bedürfnis nach Veränderung, Sie wissen aber noch nicht, wie Ihre nächsten Schritte aussehen könnten. Denken Sie bitte einmal über Netzwerke nach, die um Themen herum organisiert sind, die Sie besonders interessieren. Überlegen Sie sich, wie Sie in diesen Netzwerken mitmachen können. Oder denken Sie an Menschen, die Dinge tun, die für Sie besonders anregend sind und überlegen Sie, wie Sie etwas zusammen machen könnten. Auch dafür haben Sie wieder fünf Minuten Zeit."

Auswertung

Hilfreiche Fragen für die Auswertung dieser Übung sind zum Beispiel:

- ▶ Was haben Sie in der ersten Runde durch das Auflisten der Schlüsselpersonen in Ihrem Leben gelernt?
- ▶ Wie sehen Sie diese Personen jetzt?
- ▶ Was haben Sie dabei über die Verbindung zwischen Ihrer persönlicher Entwicklung und den Menschen um sich herum gelernt?
- ▶ Was haben Sie über die Stärken und besonderen Fähigkeiten erfahren, die Sie während Ihrer beruflichen Laufbahn entwickelt haben?
- ▶ Wie könnten andere Menschen Sie in Zukunft dabei unterstützen, Ihre Kompetenzen noch weiter zu entwickeln?
- ▶ Welche Ihrer Stärken erlauben es Ihnen, neue Menschen kennenzulernen und Ihren beruflichen Weg weiterzuverfolgen?
- ▶ Wie haben Ihre eigenen Fähigkeiten und Ihr Wissen Sie dazu gebracht, sich bestimmten Netzwerken anzuschließen?
- ▶ Wie könnten Sie diese besonderen Stärken Ihrer Interaktion mit Menschen und Netzwerken ausweiten und in Zukunft noch besser einsetzen?

Diese Auswertung dauert circa 10 Minuten.

Weiteres Vorgehen Nach dieser Übung können Sie eine Intervention anschließen, in der die Teilnehmenden ihre persönlichen Qualitäten und Stärken genauer untersuchen (z.B. „Anker und Bojen im Meer der Kompetenzen" auf S. 95 ff.).

Die Teilnehmenden können auch ihre Wünsche für ihre berufliche Zukunft weiterverfolgen, indem sie sich gegenseitig befragen, was in Zukunft anders sein soll.

Personalentwickler können die Übung und deren Ergebnisse für die weitere Kompetenzentwicklung der Mitarbeiterinnen und Mitarbeiter nutzen.

Die Übung „Ubuntu" bezieht verschiedene zentrale Gedanken des lösungsorientierten Ansatzes ein:

Kommentar

- Zunächst öffnet sie den Blick für Fortschritte, die die Klienten bereits gemacht haben. Durch diese Wertschätzung erkennen sie, dass sie nicht bei null anfangen müssen. Dies schafft mentale Stärke, um den nächsten persönlichen Entwicklungsschritt in Angriff zu nehmen.
- Mit dieser Übung wird den Klienten bewusst, wie ihr persönliches Netzwerk ihnen geholfen hat und wie sie von der Unterstützung anderer Menschen bereits profitiert haben: Diese Menschen sind Teil ihrer Ressourcen.
- Schließlich schauen wir bei der lösungsorientierten Arbeit besonders auf die Interaktion zwischen Menschen. Die Aktion ist in der Interaktion – oder wie Professor Dr. René Bouwen sagt: „Veränderung passiert zwischen den Nasen, nicht zwischen den Ohren!"

Die Übung entstand aus einer Diskussion mit Professor Dr. René Bouwen von der Universität Leuven über Kompetenzmanagement und das Lernen in Beziehungen. Kompetenzmanagement beruht auf einer dynamischen Sicht von Organisationen und bietet Mitarbeitern Gelegenheit zur persönlichen Entwicklung. Leider wird diese Entwicklung häufig von oben gesteuert und allein von der strategischen Planung der Organisation bestimmt – aber nicht von den Kapazitäten und Wünschen der Mitarbeiter. Durch diese Übung erkennen wir, dass wir unsere Kompetenzen aber vor allem durch jene Dinge entwickeln, die wir im Leben mit anderen Menschen gemeinsam tun.

Der Hinweis auf den Geist des Ubuntu entstand in Diskussionen mit Josaphat Misaguzo Balegamire über afrikanische Netzwerke. Zentrale Idee des Ubuntu ist vor allem die Erfahrung, welche Freude es macht, mit anderen Menschen verbunden zu sein. Es geht um die Dankbarkeit, die man fühlt, wenn man erkennt, dass andere Menschen – jeder in seiner ganz eigenen Art – uns helfen, der Mensch zu werden und zu sein, der wir sind. Selbst wenn manche Menschen unsere Pläne durchkreuzt haben, können wir Ihnen immer noch dankbar sein, weil dadurch andere Dinge möglich geworden sind. Die Freude an Ubuntu kann auch entstehen, wenn wir unser Wissen, unsere Fähigkeiten und Ressourcen sowie unsere Zeit mit anderen teilen und dabei entdecken, dass Zusammenarbeit wunderbare Ergebnisse erzielen kann, die weit über unsere eigenen persönlichen Möglichkeiten hinausgehen.

▶ Die Wahrscheinlichkeit ist hoch, dass einige Teilnehmende die besondere Bedeutung von Menschen in ihrem Leben betonen, und zwar nicht, weil sie ihnen Möglichkeiten geboten haben, sondern weil sie ihre Pläne durchkreuzt haben. Sie können das anerkennen und fragen, wie sie diese Menschen jetzt sehen und wie diese Schwierigkeiten in der Vergangenheit ihnen vielleicht geholfen haben, dort anzukommen, wo sie nun sind. Manchmal kann dies helfen, solche Menschen in unserem Leben mit anderen Augen zu sehen.

▶ In der Auswertung wundern sich viele Teilnehmende häufig über die seltsamen Umstände und Zufälle in ihrer persönlichen Entwicklung. Dies bietet eine hervorragende Gelegenheit, den Unterschied zur Sprache zu bringen zwischen der sauber strukturierten Geschichte, die wir manchmal über unser Leben erzählen und dem, was uns tatsächlich passiert ist. Diese Diskussion kann die Teilnehmenden animieren, darüber nachzudenken, wie sie diese glücklichen Umstände in ihrer zukünftigen Entwicklung nutzen können – indem sie sich zum Beispiel in neue Netzwerke oder Aktivitäten einbringen, ohne dafür einen direkten Grund oder ein Ziel zu haben.

▶ Sie können diese Übung ausweiten, indem Sie die Teilnehmenden bitten, zusätzlich die Kompetenzen aufzuschreiben, die sie in den verschiedenen Stadien ihres Lebens und den damit verbundenen Aufgaben erlernt haben. Dies kann an den dritten Teil der Übung angehängt werden.

Quellen/Literatur Diese Übung wurde von uns auf der Grundlage von Gesprächen mit Dr. René Bouwen über Beziehungslernen sowie mit Josaphat Misaguzo Balegamire über Ubuntu entwickelt.

Kapitel 5

Das „Futur Perfekt" – Visionen und Strategien entwickeln

In diesem Kapitel lesen Sie:

Blick zurück in die Zukunft 145
Den Erfolg eines Vorhabens vorwegnehmen –
um aus diesem Erfolg zu lernen

Das Spiegelteleskop 152
Eine „bewegte" Fragerunde bereitet auf zukünftige
Veränderungen vor

Der rote Faden 156
Die Gruppe kreiert gemeinsam eine eigene
(Entwicklungs-)Geschichte

Die Rundfahrkarte in die Zukunft 161
Von der Wirklichkeit zur Möglichkeit und wieder zurück –
mit gut gefülltem Ressourcenkoffer

Die Wunschsuppe 167
Mit allen Zutaten für ein Erfolgsrezept zum Wunschmenü

Dream-Team 172
Die Presse wird jubeln – wir schreiben einfach schon
mal unsere eigene Erfolgsstory

Focus Five 178
Gehen wir richtig vor? So behalten Sie alle
Einflussfaktoren im Blick

Futur Perfekt dokumentiert 185
Mit dem eigenen Storyboard ebnet das Team
den Weg zum Ziel

Magische Metaphern 189
Mit Metaphern ein Bild der Zukunft entwerfen –
konkret und positiv

Strategie-Wanderung 194
Neue Wege für ein Veränderungsvorhaben einschlagen –
Alternativen erwandern

Traumtheater 20XX 200
Der Sketch: eine gelungene Vorstellung der Veränderung

Blick zurück in die Zukunft

Hans-Peter Korn, Schweiz

„Blick zurück in die Zukunft" dient dem Entdecken von Lösungsideen, Lösungswegen und neuen Sichtweisen aus der Position des erfolgreich beendeten Vorhabens als Basis für die anschließende strukturierte Auswertung. Die Methode ist geeignet für Workshops aller Art, insbesondere auch zur Entwicklung von Visionen, Produkt- und Dienstleistungsideen und von Vorgehensplänen bei komplexen Projekten. Die eingesetzten szenischen Simulationstechniken verstärken das Engagement, die Spontaneität und Kreativität der Beteiligten.

Kurzbeschreibung

- ▶ Zeitbedarf: 20 bis 90 Minuten, je nach Anzahl der Rollen und Durchführungsvariante
- ▶ Geeignet für Gruppen ab vier Personen, sinnvoll für bis zu 25 Personen. Bei Großgruppenanlässen können parallel arbeitende Teilgruppen (z.B. zu jeweils unterschiedlichen Teilthemen oder mit unterschiedlichen Rollen) gebildet werden.
- ▶ Benötigt werden ein paar Pinnwände für die Klebezettel und ein Raum mit genügend großer freier Bodenfläche.

Setting

- ▶ Dieser Prozess ist überall dort hilfreich, wo von Teams Lösungsideen für ein Vorhaben gefunden werden sollen, dessen Resultate von hoher Bedeutung und Wichtigkeit sind.
- ▶ Ergebnis des Prozesses sind umfangreiche Ideensammlungen aus ganz unterschiedlichen Perspektiven als Basis zur anschließenden Auswertung (Strukturierung, Bewertung und Auswahl, Präzisierung, Operationalisierung).
- ▶ Dadurch, dass Rückschau gehalten wird aus der Position eines erfolgreichen Abschlusses des Vorhabens, wird der Fokus auf das gelegt, was gelungen ist und auf die Herausforderungen, die dabei erfolgreich gemeistert werden konnten.

Kontext und Zielsetzung

Ausführliche Beschreibung

Ausgangslage

In der vorausgegangenen Auftragsklärung im Rahmen der Vergabe des Mandats an den Moderator oder in einem vorangehenden Schritt wurde festgelegt, was das gesamthafte Ziel des Vorhabens ist, in welches dieser Workshop eingebettet ist.

1. Start

Der Moderator verweist auf das auf einem Flipchart geschriebene „sichtbare" oder „merkbare" Gesamtergebnis jenes Vorhabens (Projekt, Produkt- oder Dienstleistungsidee, geänderter Arbeitsprozess, Reorganisation, ...), das Thema des Workshops ist. Das können Aussagen sein wie:

- „Das zentrale Helpdesk für XYZ ist in Bukarest voll funktionsfähig."
- „Im Bereich Netzleittechnik können wir eine konkurrenzlos neue Palette von Produkten und Services anbieten."
- „Die Durchlaufzeit für die Wareneingangsprüfung wurde um mehr als 30 Prozent reduziert."
- „Der heutige zentrale Stabsbereich ‚Forschungskooperationen' wurde auf die einzelnen Units mit Entwicklungsabteilungen aufgeteilt."

2. Einladung

Der Moderator lädt die Teilnehmenden ein, als ersten Schritt zu ergründen, wie es denn ganz konkret aussehen wird, wenn das Vorhaben tatsächlich gelungen ist. Die Beteiligten also „auf dem Gipfel des Erfolgs stehend die Aussicht bewundern und vom Gipfel aus den Weg zum Gipfel ansehen". Denn: Es ist meist einfacher, den Weg zum Gipfel von oben zu sehen als vom Tal aus ...

Der Moderator informiert die Teilnehmenden darüber, dass all das, was sie in diesem ersten Schritt erarbeiten werden, in der anschließenden Detailausarbeitung weiterverwendet wird.

3. Raum schaffen

Stühle und Tische werden zur Seite gestellt, so dass eine möglichst große freie Bodenfläche entsteht (alternativ können Sie natürlich auch in einen anderen Raum wechseln). An einer Seite sind zwei bis drei Pinnwände aufgestellt, die Stühle im Halbkreis angeordnet. Alle Teilnehmenden verteilen sich im Raum.

4. Zeitmaschine

Moderator: *„Ich lade Sie jetzt zu einem Experiment ein: Zu einem Zeitsprung. Zu einem Sprung zu jenem Zeitpunkt, an dem das Vorhaben erfolgreich abgeschlossen ist. Das Ergebnis (… nennt das „sichtbare" oder „merkbare" Gesamtergebnis …) ist erreicht. Sind Sie bereit für diesen Zeitsprung?"*

Teilnehmende geben Zustimmung mit kleinen Gesten oder Worten wie „ja" oder „okay".

Moderator: *„Setzen Sie sich bitte … ich schalte **jetzt** die Zeitmaschine ein … plus sechs Monate … plus zwölf Monate … wir sind jetzt im (… nennt Monat und Jahr …) … plus zwei Jahre … plus drei Jahre … jetzt sind wir im (… nennt Monat und Jahr …) …"* Der Moderator lässt die Zeitmaschine bis zu jenem Zeitpunkt laufen, zu dem das Vorhaben sicher abgeschlossen sein wird. *„… und jetzt sind wir im (… nennt Monat und Jahr …) … ich schalte die Zeitmaschine **aus**!"*

5. Anmoderation Videodokumentation

Moderator: *„Wir sind im (… nennt Monat und Jahr …). Das Vorhaben ist erfolgreich abgeschlossen. Das Ergebnis (… nennt das „sichtbare" oder „merkbare" Gesamtergebnis …) ist erreicht. Es war ein anspruchsvolles Stück Arbeit für alle Beteiligten. Natürlich mussten ein paar schwierige Situationen gemeistert werden. Das ist gelungen. Und Sie sind froh, dass es insgesamt gesehen gut gelaufen ist … und vielleicht auch ein wenig stolz darauf … Und deshalb möchte die Firma (Organisation) eine kleine Videodokumentation anlässlich des erfolgreichen Abschlusses machen. Und zwar so:*

Ein paar Leute, die das Erreichte ermöglichten (z.B. Projektleiter, Experten, Entwickler, Pilotkunden), sollen vor laufender Kamera von Vertretern wichtiger externer Stakeholder (z.B.: Fachzeitschriften, Behörden, Kundenorganisationen) dazu interviewt werden, was genau erreicht wurde und wie das gelungen ist."

6. Rollenvergabe

Der Moderator bittet die Teilnehmenden um Vorschläge für typische „Macher-Rollen" und typische „Interviewer-Rollen". Insgesamt sollten höchstens halb so viele Rollen wie Teilnehmende definiert werden, maximal aber je fünf Macher- und Interviewer-Rollen. Die Teilnehmenden entscheiden selbst, wer welche dieser Rollen übernimmt.

7. Vergabe spezieller Rollen und Aufträge

Moderator: *"Bei den nun folgenden Interviews ist es wichtig, dass die erfolgreiche Bewältigung des Vorhabens besprochen wird. Damit bei der Schilderung aufgetretener Probleme vor allem deren Lösung beschrieben wird, brauche ich zwei Personen, die als ‚Lösungsmittel' die Interviews immer dann kurz unterbrechen und wieder auf die ‚Lösungsspur' lenken, wenn vor allem über das Problem und seine Ursachen und nicht über seine Lösung gesprochen wird. Wer möchte diese zwei Rollen der ‚Lösungsmittel' übernehmen?"* (Teilnehmende melden sich)

"Alle anderen bitte ich, als Beobachter in Stichworten zu notieren, welche Antworten die Interviewer von den Machern auf Fragen dieser Art erhalten:

- *Wie sieht jetzt das Ergebnis des Vorhabens aus?*
- *Was ist anders als zu Beginn?*
- *Woran erkennen Sie das ganz konkret?*
- *Wie ist das gelungen?*
- *Wie konnten Schwierigkeiten gemeistert werden?*

Schreiben Sie die Stichworte auf Post-it-Zettel (oder Moderationskarten). Diese Notizen sind dann das Basismaterial für die anschließende Detailarbeit."

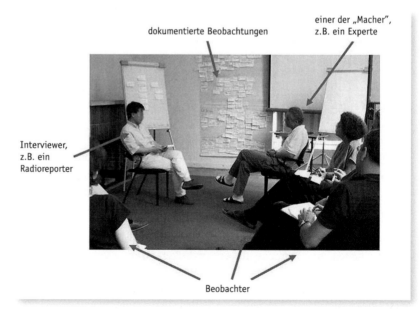

Foto: Aufbau und Rollenverteilung beim Interview

8. Interviews für die „simulierte" Videodokumentation

Die Interviews finden auf dem „Bühnenraum" vor dem Stuhl-Halbkreis der Beobachter statt. Für die Interviewteilnehmer sind Stühle bereitgestellt. (Anm. des Autors: Außer bei sehr „videogewohnten" Personen wäre es kontraproduktiv, bei diesem Teil tatsächlich Video- oder Tonmitschnitte zu machen. Mitschnitte reduzieren die Spontaneität und verleiten zum „übertriebenen Theaterspielen".)

Variante bei wenigen Macher- und Interviewer-Rollen:

Im folgenden Beispiel gibt es die Macher „A" und „B" und die Interviewer „X", „Y" und „Z". Zum „Anwärmen" der Rollen bittet der Moderator zu Beginn jedes Interviews den Macher und den Interviewer, kurz ein paar Worte über die eigene Rolle zu sagen in der Art von: „Ich bin … Diese Funktion habe ich seit … Mein besonderes Interesse am Vorhaben gilt …"

Danach werden die Macher interviewt. Die Interviewer stellen dabei Fragen in der Art, wie sie im Schritt 7 beschrieben sind. Der Moderator und die „Lösungsmittel" achten darauf, dass die Interviewten in der Gegenwartsform und so konkret wie möglich von den Dingen reden, die nun anders sind. Die Beobachter schreiben mit und heften nach dem Interview ihre Zettel auf die Pinnwände.

Reihenfolge der Interviewpartner:
- Entweder: „A"+„X", „A"+„Y","A"+„Z", „B"+„X", „B"+„Y","B"+„Z".
- Oder: Es wird ausgelost, welcher Macher mit welchem Interviewer als nächstes Paar drankommt.

Variante bei vielen Macher- und Interviewer-Rollen:

Auf dem Bühnenraum gibt es ein Setting wie bei Live-Diskussionen im Fernsehen (à la „Talk im Turm") und es sind alle Macher und Interviewer gleichzeitig auf der Bühne. Alle Interviewer können allen Machern ohne vorgegebene Reihenfolge Fragen stellen.

Die Anmoderation erfolgt vom Moderator, der auch die Gesamtmoderation übernimmt. Im Rahmen der Anmoderation bittet der Moderator auch hier jeden Macher und Interviewer, zum „Anwärmen" kurz ein paar Worte über die eigene Rolle zu sagen in der Art von: „Ich bin … Diese Funktion habe ich seit … Mein besonderes Interesse am Vorhaben gilt …"

Bei der anschließenden Diskussion achten der Moderator und die „Lösungsmittel" darauf, dass die Interviewten in der Gegenwartsform und so konkret wie möglich von den Dingen reden, die nun anders sind. Die Beobachter schreiben mit und heften erst nach Abschluss der ganzen Diskussion ihre Zettel auf die Pinnwände.

9. Entrollen

Bei der Rückkehr von der Bühne zu den vorher besetzten Stühlen im Halbkreis dankt der Moderator den Rollenträgern für ihre Beiträge und bittet sie, vor dem Hinsetzen die Rolle mit Handbewegungen „abzustreifen".

10. Zeitmaschine retour und kurze Pause

Moderator: *„Leider können wir nicht länger im (... nennt Monat und Jahr ...) bleiben ... mit der Zeitmaschine begeben wir uns alle nun wieder zurück ins ‚Heute' ... Achtung: Bitte bleiben Sie ruhig sitzen ... ich schalte den Rückwärtsgang der Zeitmaschine **ein** ... (... nennt Monat und Jahr der jeweils passierten Zeitpunkte bis zur Ankunft im Heute) ... so, ... jetzt sind wir wieder in der Gegenwart ... Ich schalte die Zeitmaschine aus ... Bitte aufstehen und aussteigen! Es gibt jetzt eine kurze Pause von 10 Minuten."*

11. Austausch

Nach der Pause bittet der Moderator die Teilnehmenden im Stuhlkreis kurz zu berichten, was für sie „in der Zukunft" besser als erwartet funktioniert hat. (Hier ist die Wortwahl „besser als erwartet" sehr wichtig – und nicht z.B. „Was hat gut funktioniert?" oder „Wie war es?", um die positiven Ergebnisse weiter zu verstärken.)

12. Überleitung zur weiteren Ausarbeitung des gesammelten Materials (Zettel auf den Pinnwänden):

Der Moderator leitet über zu den nächsten Schritten. Das kann z.B. die thematische Strukturierung der aufgeklebten Zettel sein.

Weiteres Vorgehen

Die Ergebnisse des Prozesses sind umfangreiche Ideensammlungen aus verschiedensten Perspektiven. Sie können als Basis zur anschließenden Auswertung (Strukturierung, Bewertung/Priorisierung und Auswahl, Präzisierung, Operationalisierung im Sinne von „to Do's") dienen.

Dieser Prozess ist eine von vielen möglichen Formen lösungsfokussierter szenischer Improvisationen. Er bedient sich der besonders wirksamen psychodramatischen Methode der „sur plus Realität", der „Rollenübernahme" und des „Rollentausches".

Durch Aufbau und Anlage der Übung wird verhindert, sich auf das zu konzentrieren, was zum Scheitern führen könnte. Derartige Befürchtungen werden in diesem Prozess nicht ausgeblendet, sondern als – rückblickend betrachtet – schwierige Phasen artikuliert, die bewältigt werden konnten.

Damit wird eine positive Grundstimmung geschaffen, ohne Schwierigkeiten und Risken zu verneinen. Sie werden auch thematisiert – zugleich mit Ideen, wie es nach ihrer Bewältigung aussehen wird.

Kommentar

Diese Methode ist meine eigene Entwicklung. Veröffentlichungen dazu:

Quellen/Literatur

- ▶ Hans-Peter Korn: Staging of Strategic Solutions for the Future Business. In: Lueger/Korn: „Solution-Focused Management". Rainer Hampp Verlag, München 2006.
- ▶ Hans-Peter Korn: Creating Management-Solutions by Sociodrama. In: KAPS (Korean Association for Psychodrama and Sociodrama) bi-annual Journal, Jan. 2007.
- ▶ Website: www.SolutionStage.com

Das Spiegelteleskop

Annie Bordeleau, Deutschland

Kurzbeschreibung   Diese Übung ermöglicht es den Teilnehmenden, Bilder ihrer eigenen Zukunft zu entdecken und zu gestalten. Jede der gestellten Fragen vergrößert und fokussiert auf kleine Veränderungen, die nach dem Workshop eintreten werden.

Setting
- Ideal für Gruppen von 6 bis 16 Teilnehmenden
- Nehmen Sie sich 20 bis 30 Minuten für diese Übung.
- Ein Raum, der groß genug ist, um sich ohne Behinderungen zu bewegen
- Lösungsorientierte Fragen auf Kärtchen (siehe Vorlage, S. 154).
- Eine Klingel oder ein anderes Signal

Kontext und Zielsetzung

Es gibt eine Reihe von Anwendungen für das „Spiegelteleskop":

1. Es ist ein hervorragender Eisbrecher, da es eine ausgeprägte Interaktion zwischen den Gruppenmitgliedern ermöglicht.
2. Es kann die Gruppe auf eine Sitzung vorbereiten, die der Zielformulierung dient.
3. Es ist sehr gut geeignet, nachdem ein Team den künftigen Idealzustand definiert hat, so dass jeder Einzelne sieht, wie sich das eigene Verhalten ändern wird.
4. Es kann auch zum Abschluss eingesetzt werden, um den Transfer zu unterstützen.

Jeder Teilnehmende wird – ausgehend vom Blick auf das Ende – in die Lage versetzt, zu erforschen, was anders sein wird, wenn die erwünschte Änderung eingetreten ist. Auch fördert die Übung die Gruppe oder Teammitglieder dabei, lösungsorientiert zu denken.

Das Spiegelteleskop

1. Schaffen Sie genügend Platz im Raum, um einen Kreis aus allen Teilnehmenden zu bilden.
2. Als Nächstes bitten Sie die Hälfte der Gruppe, einen Kreis in der Mitte zu bilden; die Gesichter nach außen gewandt. Diese Gruppe bildet die „Spiegel".
3. Die „Spiegel" erhalten eine lösungsorientierte Frage (siehe Vorlage auf S. 154), die auf eine kleine Karte geschrieben ist.
4. Die übrigen Teilnehmenden werden gebeten, sich vor den Spiegel zu stellen, d.h. jeweils vor eine Person mit einer Karte (siehe Abb.).

Ausführliche Beschreibung

5. Der Moderator erklärt die Übung anhand der folgenden drei Punkte:
   ▶ „Sie haben nun die Gelegenheit, durch das Spiegelteleskop zu blicken und Ihre Zukunft im Fokus zu sehen. Was sehen Sie?"
   ▶ „Die ‚Spiegel' werden Ihnen eine Frage stellen, nachdem das Startsignal gegeben worden ist. Die Antworten auf diese Fragen erlauben es Ihnen, klarer zu sehen. Die ‚Spiegel' hören aufmerksam zu und können weitere Fragen stellen oder ‚Was noch?' sagen, um Ihnen dabei zu helfen, sich noch stärker auf die Details zu konzentrieren, die einen Unterschied machen."
   ▶ „Nach 90 Sekunden wird ein weiteres Signal gegeben. Die Teilnehmenden im äußeren Kreis gehen zum nächsten ‚Spiegel' über und beantworten dessen Frage."

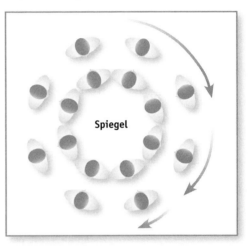

Abb.: Der äußere Kreis rotiert einmal komplett um die inneren „Spiegel".

6. Vor dem Beginn der Übung kann der Moderator ein Beispiel geben und die Gruppe bitten, eine Proberunde zu starten.
7. Wenn der äußere Kreis sich vollständig um den inneren Kreis gedreht hat, wechseln die „Spiegel" und die Teilnehmenden die Rollen. Die Spiegel beantworten jetzt die Fragen als äußerer Kreis, die anderen Teilnehmenden stellen nun Fragen als innerer Kreis.
8. Dieser Teil der Übung endet nach zwei vollständigen Drehungen der Kreise.

Wenn diese Übung zu Beginn eines Workshops als Eisbrecher eingesetzt wird, kann der nächste Schritt darin bestehen, die Teilnehmenden darum zu bitten, eine oder zwei konkrete Aktivitäten, die sie nach dem Workshop starten wollen, auf Karten zu schreiben und der Gruppe zu

Weiteres Vorgehen

präsentieren: „Dieser Workshop wird dann für mich nützlich gewesen sein, wenn ich am Ende ..."

Wenn diese Übung in der Mitte eines Workshops oder Team-Coachings eingesetzt wird, kann der nächste Schritt in einer Übung zur Skalierung bestehen.

Wenn die Übung als abschließende Aufgabe eingesetzt wird, ist es sinnvoll, den Teilnehmenden etwas Zeit zu geben, um sich persönliche Notizen zu machen und über die Antworten nachzudenken, bevor sie gehen.

Kommentar ▶ Wenn es sich bei der Gruppe schon um ein Team handelt, werden die Teilnehmenden später in der Lage sein, sich bei der Umsetzung der Veränderungen gegenseitig zu unterstützen, da sie ja gehört haben, worauf sie achten müssen.

Vorlage für Fragen

Dies sind einige Beispiele für Fragen, die die „Spiegel" stellen können, um den Teilnehmenden dabei zu helfen, sich auf die gewünschten Veränderungen und die Auswirkungen dieser Veränderungen auf ihre Umwelt zu konzentrieren.

▶ Nehmen Sie an, Sie hören mit Dingen auf, die nicht funktionieren, was tun Sie stattdessen?
▶ Was ist das erste Anzeichen für Veränderungen, das Sie bemerken werden?
▶ Was werden die Vorteile dieser kleinen Veränderungen für Sie sein?
▶ Wer wird die erste Person sein, die merkt, dass sich etwas verändert hat?
▶ Wie werden andere reagieren, wenn diese Veränderung stattfindet?
▶ Wie werden Sie wissen, dass es sinnvoll für Sie war, hierher zu kommen?
▶ Wenn ich eine kleine Spinne wäre, die an Ihrer Wand sitzt, welche kleinen Veränderungen würde ich wahrnehmen?
▶ Nehmen Sie an, Sie würden Dinge anders machen, was würden Sie sich wünschen, das andere bemerken?

▶ Außerdem wäre es möglich, dass sich jeder Teilnehmende auf ein persönliches Anliegen oder Problem während der Übung konzentriert. In kurzer Zeit können die Teilnehmenden so in die Lage versetzt werden, eine Idee oder Anregung zu entdecken, die sie vorher nicht gesehen haben.
▶ Die Übung gibt Schwung und Energie, da jeder zur selben Zeit aktiv ist und interagiert.

Diese Übung wurde von mir entwickelt. *Quellen/Literatur*

Der rote Faden

Michael Goran, Kanada

Kurzbeschreibung „Der rote Faden" ist eine schnelle Übung, die alle Teilnehmenden gleichermaßen einbezieht und ein Team eng auf ein gemeinsames Anliegen einschwört. Bevor die eigentliche Arbeit mit dem Solution Focus anfangen kann, ist es häufig notwendig, einen gemeinsamen Ausgangspunkt oder Bezugsrahmen zu schaffen. Als Übung, in der eine Gruppe gemeinsam eine Geschichte konstruiert, ist der rote Faden eine witzige und kreative Methode, die Gemeinsamkeit erzeugt und ein Team schneller dazu bringt, Lösungen zu entwickeln.

Setting
- Anwendbar in kleinen bis mittelgroßen Gruppen von 4 bis 15 Teilnehmenden. Große Gruppen können aufgeteilt werden, indem die gesamte Geschichte (d.h. das komplexere Problem) auf Kapitel verteilt wird.
- Die Vorbereitung dauert 5 bis 10 Minuten, eine Übungsrunde 5 Minuten, die Ausführungsrunden 10 Minuten und die Auswertung maximal 30 Minuten.
- Benötigt werden ein Stuhl pro Teilnehmenden im Stuhlkreis und mindestens zwei Flipcharts, auf denen die Struktur des „roten Fadens" aufgeschrieben ist.

Kontext und Zielsetzung
- Der rote Faden eignet sich besonders, wenn innerhalb einer Organisation unterschiedliche Fraktionen verschiedene Interessen verfolgen (z.B. das Management und die Arbeiter in der Produktion, Marketing und Verkauf).

- Die Arbeit mit dem Solution Focus kann beschleunigt werden, weil die Übung den Teilnehmenden hilft, einen konkreteres und detailgenaueres Bild der erwünschten Zukunft für die Gruppe zu zeichnen.

So kann die Übung als Alternative oder Ergänzung zur Wunderfrage genutzt werden.

▸ In der Teamentwicklung schafft der rote Faden eine sehr demokratische Atmosphäre, die jedem Teilnehmenden gleiche Möglichkeiten bietet, zur Gesamtgeschichte beizutragen. Dies kann besonders für diejenigen in der Gruppe hilfreich sein, deren Stimmen häufig nicht gehört oder in manchen Gruppensituationen völlig überhört werden. Auf diese Weise unterstützt die Übung die Interaktion in der Gruppe, da keine einzelne Person die Geschichte übermäßig beeinflussen kann und alle Teilnehmenden gleichermaßen für die Lösung verantwortlich sind.

▸ Die Übung lässt sich auch einsetzen, um eine erste Vorstellung davon zu bekommen, wohin sich eine Gruppe entwickeln könnte. Dadurch kann auch klarer werden, wer der eigentliche Kunde für Veränderung ist und welche Veränderungen angestrebt werden.

▸ In der strategischen Planung kann der rote Faden genutzt werden, um auf oberster Hierarchie-Ebene im Team eine schnelle Vorstellung über die Vision oder Mission eines Unternehmens zu entwickeln. Dabei können so viele Wiederholungen wie möglich oder notwendig gemacht werden, bis ein Entwurf entstanden ist, mit dem alle zufrieden sind.

Der rote Faden lässt sich am besten einführen, indem zuerst die Struktur an einem Beispiel aus der Literatur beschrieben (z.B. Romeo und Julia oder ein orientalisches Märchen) und anschließend an einem aktuellen Beispiel erläutert wird (z.B. Nachrichten, aktuelle Entwicklungen). Diese doppelte Erläuterung und Demonstration macht es für die Gruppe leichter, mit der Struktur zu arbeiten.

Ausführliche Beschreibung

Einführung

„Ich lade Sie nun zu einer Übung ein, mit der alle schnell auf den gleichen Stand kommen und vielleicht sogar eine Lösung erarbeiten. Zunächst einmal möchte ich gerne von Ihnen wissen, was ein Märchen mit einem Fall aus der Geschäftswelt gemeinsam hat? … Beide folgen einer bestimmten Struktur. Alle Geschichten folgen einer einfachen Struktur, die wir den roten Faden nennen …"

Schreiben Sie die folgende Struktur vorher wortwörtlich auf ein Flipchart. Bitte widerstehen Sie dabei der Versuchung, das Ganze auszuschmücken, da dies die Einfachheit der Struktur beeinträchtigen würde.

Der rote Faden

„Es war einmal ..."

„Und jeden Tag ..."

„Bis eines Tages ..."

„Und deshalb ..."
„Und deshalb ..." – dieser Teil kann ausgeweitet oder
„Und deshalb ..." verkürzt werden, je nach Bedarf

„Bis schließlich ..."

„Und seitdem ..."

„Wir erzählen gleich eine Geschichte, Ihre Geschichte, indem wir diese Struktur benutzen. Dabei geht es in der Runde immer der Reihe nach, so dass jeder von Ihnen drankommt. Wenn Sie an der Reihe sind, beginnen Sie Ihren Satz bitte jeweils mit dem nächsten passenden Satzanfang."

Beispiel

Der Moderator kann die folgende Geschichte benutzen oder sich eine eigene ausdenken. Es empfiehlt sich, die Geschichte vorher aufzuschreiben. Natürlich kann man die Geschichte auch erfinden, wenn man gut improvisieren kann.

▶ Person 1 könnte sagen: *„Es war einmal ein kleines Unternehmen, genannt Apple Computer."*
▶ Person 2 könnte sagen: *„Und jeden Tag, während die ganze Welt Computer benutzte, die lange und komplizierte Anweisungen brauchten, versuchten die Mitarbeiter von Apple, die Arbeit am Computer immer weiter zu vereinfachen."*
▶ Person 3 könnte sagen: *„Bis eines Tages die Apple-Leute auf die Idee kamen, statt lange kryptische Kommandos auf der Tastatur einzugeben, den Computer mit einer Maus und mit Pull-down-Menüs auszustatten."*

- ▶ Person 4 könnte sagen: *„Und deshalb fingen die Leute von Apple an, den Macintosh Computer zu verkaufen, der die PC-Industrie revolutionierte."*
- ▶ Person 5 könnte sagen: *„Und deshalb erzielten sie höhere Verkaufszahlen als IBM, ein großes etabliertes Unternehmen."*
- ▶ Person 6 könnte sagen: *„Und deshalb erregten diese Verkaufserfolge die Aufmerksamkeit von Microsoft, das sich vor diesem neuen Windows-basierten Computerkonzept fürchtete."*
- ▶ Person 7 könnte sagen: *„Und deshalb entwickelte Microsoft Windows als ihr neues Betriebssystem."*
- ▶ Person 8 könnte sagen: *„Bis schließlich Windows anfing, sich in der ganzen Welt besser zu verkaufen als Macintosh."*
- ▶ Zurück zu Person 1, die sagen könnte: *„Und seitdem ist der Macintosh in den Verkaufszahlen für Computer weit hinter Windows zurückgefallen."*

Zusätzliche Grundregeln

Wenn ein Teilnehmender an der Reihe ist, dem partout gerade nichts einfällt, kann er zum nächsten weitergeben – allerdings nur ein Mal. Ermutigen Sie die Teilnehmenden, sich nicht zu sehr unter Druck zu setzen, um besonders originell oder witzig zu sein, sondern einfach das nächste plausible Stück der Geschichte anzufügen, selbst wenn es sich erst einmal langweilig anhört. In diesem Zusammenhang sind langweilige Teile vollkommen in Ordnung. Zu viel Kreativität führt erfahrungsgemäß dazu, dass die Geschichte schwierig fortzusetzen ist und schließlich zum Stillstand kommt.

Auswertungsfragen

Die folgenden Auslegungsfragen sind Vorschläge, die gerne ergänzt werden können. Es kommt dabei vor allem darauf an, dass kooperative Schlussfolgerungen gezogen werden können:

- ▶ Was sagt uns die Geschichte darüber, in welche Richtung wir gehen?
- ▶ An welchen kleinen Zeichen würden wir im Alltag merken, dass wir uns bereits in diese Richtung bewegen?
- ▶ Wann in der Vergangenheit war es schon einmal ein wenig so, wie in der Geschichte?

Michael Goran

Weiteres Vorgehen

Die Teilnehmer können anschließend in Einzelarbeit ihre eigene Geschichte schreiben, in der sie das Futur Perfekt für ihre Gruppe und ihre Rolle darin erzählen und diese dann der Gruppe vorstellen.

Kommentar

- ▶ Vor vielen Jahren entdeckte Jim Duvall, vom Brief Therapy Training Centre in Toronto, dass der Solution Focus und die Improvisation sich in Form und Inhalt sehr ähnlich sind. Er stellte fest, dass Improvisationen hervorragende Gelegenheiten bieten, um den Solution Focus zu trainieren.
- ▶ Diese Übung des Geschichtenerzählens in der Gruppe beruht auf verschiedenen Prinzipien des Solution Focus, z.B.: „Gehe langsam voran" (kleine Schritte führen schließlich zu großen Ergebnissen) und „die Aktion (d.h. die Geschichte) entsteht aus der Interaktion", also aus den einzelnen Elementen der Geschichte.
- ▶ Diese Übung bietet einen ermutigenden Prozess, der sicherstellt, dass jedes Mitglied der Gruppe zur Geschichte beitragen kann, da jede Person nur einen Satz auf einmal sagen darf. Die eher Ruhigen erhalten eine Gelegenheit, ohne Einschränkung zu reden, und die eher Dominanten werden durch die Struktur eingegrenzt.
- ▶ Es ist häufig überraschend, wie schnell die Teilnehmenden während der Übung bemerken, dass kein Beitrag wichtiger ist als der andere. Damit die Geschichte zu einem guten Ende kommt, müssen alle auf den Ideen der anderen aufbauen.
- ▶ Oft benötigen Gruppen mehrere Runden, um kreative Lösungen für ihr Anliegen zu finden. Je öfter die Geschichte wiederholt wird, desto schneller entstehen gute Ergebnisse.
- ▶ Die Gruppe kann vor jeder Runde vereinbaren, welche Teile der Geschichte sie erhalten will, und an welchen Stellen Verbesserungen nötig sind, um die Geschichte zuzuspitzen.

Quellen/Literatur

Die Übung habe ich vor über zehn Jahren bei Kat Koppet kennengelernt, einem Improvisationslehrer aus den USA. Die genaue Quelle ist mir unbekannt. Die Übung wird häufig in Improvisationstrainings benutzt, um Teilnehmende zu befähigen, gemeinsam eine Geschichte zu erzählen, deren Ausgang unbekannt oder ungewiss ist (und darum geht es schließlich bei aller Improvisation).

- ▶ Impro (Keith Johnstone), Impro for Storytellers (Keith Johnstone), The Artist's Way (Julia Cameron).

Die Rundfahrkarte in die Zukunft

Michael Hjerth, Schweden

Die „Rundfahrtkarte" hilft Teilnehmenden, in eine gewünschte Zukunft zu reisen, dort interessante Ressourcen und Erfahrungen zu finden und mit all den Ressourcen und Erfahrungen in einem imaginären Koffer zurückzukehren.

Kurzbeschreibung

Die Übung dauert circa 30 Minuten. Eine Auswertung ist nicht nötig. Günstig ist im Anschluss eine kurze Pause oder eine Dehnübung.
Es gibt keine Obergrenze für die Teilnehmendenzahl. Die Übung kann mit 1.000 Menschen durchgeführt werden, sofern der Raum groß genug ist. Es sollten mindestens 12 Teilnehmende an runden Tischen sitzen – jeweils 5 bis 10 Personen an jedem Tisch. Es wird keinerlei Technik benötigt. Durch eine PowerPoint-Präsentation kann eine Reiseatmosphäre geschaffen werden.

Setting

Die Übung passt am besten in die Abschlussphase von Großgruppenveranstaltungen bzw. Konferenzen. Sie funktioniert genauso gut in Organisationszusammenhängen, vor allem wenn wir eine motivierende Atmosphäre schaffen wollen, in der viele Menschen zur gleichen Zeit ressourcenfokussiert arbeiten. Dies kann ein Planungstreffen sein, ein Teamentwicklungs-Workshop, ein Training oder eine andere Veranstaltung, in der es darum geht, Ressourcen aufzubauen. Ich habe die Übung bisher hauptsächlich gegen Ende von Veranstaltungen eingesetzt, sie lässt sich meines Erachtens aber auch problemlos an anderen Stellen im Laufe einer Veranstaltung einsetzen.

Kontext und Zielsetzung

Das Rundfahrtticket in die Zukunft erzeugt sowohl ein Gefühl von Möglichkeiten für Individuen als auch ein gemeinsames Erfolgserlebnis. Es hilft den Teilnehmenden zu erfahren, welche Ressourcen und Erfahrungen eine gewünschte Zukunft bringen wird, bevor sie sie tatsächlich erleben. Nach dieser Übung werden die Teilnehmenden in der Regel eine Fülle von Möglichkeiten erkennen, um entspannt und zuversichtlich voranzugehen. Am Ende einer Veranstaltung entsteht dadurch das Gefühl eines offenen Endes, das wie ein Neuanfang wirken kann.

Ausführliche Beschreibung

Vorbereitungen

Im Raum müssen runde Tische aufgebaut sein, alternativ gehen auch Stuhlkreise. Wenn Sie gerne mit PowerPoint arbeiten, schaffen Bilder von Zügen, Bahnhöfen oder Koffern die nötige Reiseatmosphäre.

Ablauf

1. Laden Sie die Teilnehmenden zu einer Reise ein, einer Reise in die Zukunft und zurück. Dabei werden sie einen Koffer mitnehmen. Bitten Sie sie, sich vorzustellen, wie dieser Koffer aussieht: Ist er groß oder klein? Welche Farbe hat er, aus welchem Material besteht er?

2. Bitten Sie die Teilnehmenden aufzustehen.

3. Sagen Sie: *„Wir beginnen nun mit unserer Fahrt in die Zukunft. Gleich werde ich Sie bitten, linksherum um den Tisch zu gehen, dabei genau zwölf Schritte zu machen, einen nach dem anderen, einen für jeden Monat. Nachdem Sie zwölf Schritte gemacht haben, werden Sie zurück an Ihrem Stuhl sein, in genau einem Jahr, und werden sich dort wieder hinsetzen."*

4. Führen Sie die Teilnehmenden eine Runde um ihren Tisch herum mit folgender Anleitung: *„So nun machen Sie bitte den ersten Schritt vom 12.10.2007 bis zum 12.11.2007. Der Herbst kommt, die Bäume haben schon wunderbare Farben, die Luft ist so frisch, wie sie nur im Herbst sein kann.*
   Nun gehen Sie den nächsten Schritt und sind beim 12. Dezember. Weihnachten ist nahe, es gibt viel zu tun und Sie freuen sich schon auf die Ferien, auf ein neues Jahr mit neuen Möglichkeiten. Weihnachtsfeiern, lachende Kinder, Geschenke, gutes Essen. Vergessen Sie nicht den Champagner und die Zigarren für den Neujahrsabend zu kaufen.
   Nun gehen Sie bitte einen weiteren Schritt (und während die Teilnehmenden diesen Schritt machen, sagen Sie: *„Frohes neues Jahr!"*) *und erreichen den 12. Januar. Es ist Winter, vielleicht liegt schon Schnee, alles ist weiß und der Schnee glänzt."*

Fahren Sie fort damit, die Teilnehmenden einen Schritt pro Monat durch das Jahr zu führen, bis Sie beim gewünschten Datum sind, ein Jahr später: *„Wir sind jetzt wieder beim 12.10.2008 angelangt. Bitte setzen Sie sich wieder hin."*

5. Begrüßen Sie die Teilnehmenden in der Zukunft: *„Willkommen! Schön, Sie wiederzusehen. Strecken Sie sich ein wenig, atmen Sie tief durch nach der langen Reise, machen Sie es sich bequem und schauen Sie im Raum herum. Es ist schon eine Weile her, vor einem Jahr saßen wir in diesem Raum, wir arbeiteten gut und kreativ und dachten über unsere Zukunft nach – und nun sind wir wieder zurück. Wie die Zeit vergeht! Ich habe Gerüchte gehört, dass es bei Ihnen in der Zwischenzeit gut gelaufen ist, es gab eine Menge günstige Entwicklungen, Sie hatten viel Erfolg, haben allerhand geschafft, viele Herausforderungen bewältigt, neue Fähigkeiten entwickelt, neue Kontakte geknüpft und neue Netzwerke aufgebaut.*
   Sie sind bestimmt neugierig, was die anderen so alles erlebt haben. Lassen Sie uns das herausfinden, indem Sie sich an Ihrem Tisch unterhalten: Welche guten Erfahrungen haben Sie heute, die Sie vor einem Jahr noch nicht hatten? Welche Ressourcen haben Sie nun? Was haben Sie alles geschafft? Welche neuen Netzwerke sind entstanden? Neue Kontakte, neue Formen der Zusammenarbeit, neue Fähigkeiten, neue Arbeitsweisen? Unterhalten Sie sich darüber ein paar Minuten." (Diese Unterhaltung kann in kleinen Gruppen mit zwei oder drei Personen geführt werden oder mit allen am Tisch.)

6. Laden Sie im Anschluss an das Gespräch die Teilnehmenden ein, still für sich alle neuen Erfahrungen, Fähigkeiten und Kontakte einzusammeln und sie in den Koffer zu packen: *„Ach übrigens, haben Sie Ihren Koffer dabei? Dann holen Sie ihn doch bitte einmal heraus. Sie können Ihre Augen schließen, um sich das Folgende besser vorstellen zu können. Sie packen nun in Ihren Koffer all Ihre neuen Erfahrungen, Fähigkeiten, Errungenschaften, neue Kontakte und Ressourcen. Packen Sie sie sorgfältig ein, denn Sie werden sie auf eine Reise mitnehmen."*
   Fahren Sie fort, den Teilnehmenden beim Packen zu helfen. Sprechen Sie dabei mit langsamer, klarer Stimme, mit vielen Pausen, um die Vorstellungskraft zu unterstützen: *„Nun ist Ihr Koffer gepackt. Bitte schließen Sie ihn sorgfältig und verstauen Sie ihn irgendwo an Ihrem Körper, wo er sicher aufbewahrt werden kann und wo Sie leichten Zugriff haben. Es kann an jeder Stelle sein, die sich für Sie richtig anfühlt, der Bauch, die linke Hand, das Herz, ein Finger, Ihr Hinterkopf, sogar Ihr Knie oder ein Zeh. Irgendwo, wo es sich für Sie*

richtig anfühlt. Denken Sie daran, dass der Koffer sicher aufbewahrt und leicht zugänglich sein soll."

7. Leiten Sie anschließend die Rückfahrt ein: „Nun haben Sie Ihren Koffer sicher verstaut. Bitte stehen Sie wieder auf, wir werden jetzt die Rückreise antreten. Ich werde Sie nun ein Jahr zurückführen. Bitte wenden Sie sich nach rechts. Diesmal gehen wir zwölf Schritte in die entgegengesetzte Richtung und wir gehen rückwärts." Führen Sie die Teilnehmenden wieder von Monat zu Monat – diesmal aber etwas flotter, für jeden Schritt reichen ein Satz oder einfach nur das Datum völlig aus.
„Nun sind wir zurück am 12.10.2007. Bitte setzen Sie sich wieder hin. Recken und strecken Sie sich und atmen Sie einmal tief durch. Schön dass Sie wieder zurück sind! Das war eine Reise! Würden Sie bitte nachschauen, ob der Koffer noch da ist? Können Sie ihn noch leicht finden?"

8. Erzeugen Sie bei den Teilnehmenden die Vorstellung, dass der Ressourcenkoffer jederzeit verfügbar sein kann, wenn die Teilnehmenden ihn brauchen: In herausfordernden Situationen, wenn sie einmal verwirrt sind oder wann immer sie eine Fülle von Ressourcen und Möglichkeiten benötigen. „Ich bin froh, dass Sie den Koffer sicher und zugänglich aufbewahrt haben. Dieser Koffer wird immer für Sie da sein, wenn Sie ihn brauchen – in herausfordernden Situationen, in Zeiten von Verwirrung, immer wenn Sie eine Auffrischung an Ressourcen brauchen, wenn Sie sich daran erinnern wollen, was alles möglich ist, oder einfach wenn Sie sich an eine schöne Situation erinnern möchten."

9. Ende und Übergang. An dieser Stelle der Übung ist es gut, eine Pause oder eine Dehnübung anzuschließen: „Nach so einer schönen Reise brauchen Sie jetzt eine Pause! Draußen finden Sie Kaffee und Obst. Wir treffen uns hier in 15 Minuten wieder."

Weiteres Vorgehen　　In der Pause können die Unterhaltungen, die in der Übung angefangen wurden, informell weitergeführt werden. Am besten funktioniert diese Übung gegen Ende einer Veranstaltung. Daran anschließen lassen sich sehr gut Übungen, in denen nächste Schritte oder Aktivitäten geplant werden, in denen es um die Verpflichtung zur Veränderung geht, wie z.B. die „Skalen-Party" (siehe S. 281 ff.). Sofern Sie mit der „Skalen-Party" fortfahren, sollten Sie sich dabei auf nächste Schritte und

Selbstverpflichtungen konzentrieren und nicht zu lange in der Zukunft bleiben, da dies schon durch die Rundfahrt-Übung erarbeitet worden ist.

Diese Intervention habe ich mit Christer Eliéersson entwickelt, als Teil eines abschließenden Prozesses für eine Konferenz über die Arbeit mit dem Solution Focus mit Arbeitslosen im Jahr 2006. Wir suchten damals etwas, das gut zu dem Setting passte, mit dem wir arbeiteten: Ungefähr 200 Menschen, die an runden Tischen saßen, eine Aktivität, die auf dem ganz natürlichen Gespräch am runden Tisch aufbaute und dabei noch ermöglichte, in das Futur Perfekt zu gehen. Ich hatte schon seit einiger Zeit an verschiedenen Konzepten von Veränderungen in Zeit und Raum gearbeitet, bei denen es darum geht, die Wunderfrage an unterschiedliche Kontexte anzupassen. Aus meinen Erfahrungen mit der „Skalenparty", die an anderer Stelle in diesem Buch beschrieben wird, wusste ich, dass Veränderungen in Zeit und Raum dadurch unterstützt werden können, dass man sich real körperlich bewegt. Wir fanden es allerdings schwierig, uns vorzustellen, wie das mit 200 Menschen gleichzeitig passieren sollte, ohne dass wir den Raum völlig umräumen mussten. Nach einigem Überlegen war die Lösung klar: Wir lassen die Teilnehmenden sich wie in einer Spirale in einem Kreis und wieder zurück bewegen. Dadurch konnten die Teilnehmenden in einem Rundgang zum gleichen Platz zurückkommen und sich dort in einer möglichen Zukunft befinden. Von der Wirklichkeit hin zur Möglichkeit und wieder zurück. All dies, ohne den Tisch zu verlassen.

Kommentar

Als nächsten Schritt suchten wir eine Metapher, die den Teilnehmenden helfen sollte, sich an ihre Lernerfahrungen zu erinnern. Und da es ums Reisen ging, war der Koffer als Bild sehr naheliegend. Die Idee, den Koffer irgendwo im Körper zu verstauen, leitet sich aus Hypnosetechniken ab.

Die Übung hat einiges gemeinsam mit der Wunderfrage in der lösungsorientierten Therapie. Sie benutzt tranceähnliche Techniken ohne echte Trance-Arbeit. Für mich ist bei der Arbeit mit dem Solution Focus das Konzept des Wirklichen und des Möglichen ganz entscheidend. Ich gehe davon aus, dass es zwei Bereiche menschlicher Realität gibt: Das Wirkliche (reale) und das Mögliche (was real sein könnte). Probleme sind immer wirklich, sie sind da, sie sind Fakten. Die Wunderfrage lädt Menschen ein, sich alternative mögliche Realitäten vorzustellen: Diese sind nicht lediglich eine Fantasie, sondern eine Möglichkeit. Das Wunder in der Wunderfrage ist etwas, das passieren könnte. Dies lässt sich an folgendem Beispiel illustrieren: Wenn Kinder spielen, scheinen sie so zu tun, als ob sie ein Prinz oder eine Prinzessin wären. Dabei sind sie nicht wirklich ein Fantasieprinz. Sie sind ein möglicher Prinz: Sie wissen, dass sie kein wirklicher Prinz sind, aber sie sind auch nicht einfach nur ein Junge, der so tut, als ob er ein Prinz wäre. Das Kind ist – in einem sehr wirklichen Sinne – ein möglicher Prinz. Und damit ist es gleichzeitig Kind und Prinz.

Wenn wir erwachsen werden, verblasst unsere Fähigkeit, in Möglichkeiten zu denken und zu agieren. Dies liegt einerseits an unserem Bildungssystem: Kindern wird beigebracht, dass es richtige und falsche Arten gibt, etwas zu tun. Sie lernen, wie die Dinge sind, nicht notwendigerweise, wie sie sein könnten. Dadurch wird eine Menge unserer Kreativität unterdrückt und wir beginnen, sie mit Fantasie zu verwechseln. Zum Glück beginnen viele Schulen nun wieder, Kreativität zu lehren, teilweise inspiriert durch Ideen des „Accelerated Learning" oder Menschen wie Edward de Bono.

Eine Sache, die mich immer wieder an der Arbeit mit dem Solution Focus reizt, ist, wie wir ganz verschiedene Werkzeuge einsetzen, um Menschen dazu einzuladen, in Möglichkeiten zu denken – und damit die natürliche Art von Kindern in Erinnerung zu rufen, herauszufinden, was sein könnte. Alle Sätze, die mit dem schönen Wörtchen „angenommen" beginnen, tun dies. Zum Beispiel: „Einmal angenommen, dies war ein erfolgreiches Treffen, was wäre anders, wenn wir dieses Treffen dann verlassen?" Oder: „Angenommen, Sie wären einen Schritt weiter auf der Skala, was würden Sie dann tun, was Sie jetzt nicht tun?" Fragen wie diese laden Menschen ein, die Wirklichkeit einen Moment zu verlassen und in die Möglichkeit zu wechseln, um dann über die Möglichkeit die Wirklichkeit zu beeinflussen. So überraschend elegant und effizient die Wunderfrage auch ist, sie könnte der Beginn einer Entwicklung verschiedener Techniken zur Bewegung in Zeit und Raum sein. Sehr interessante neue Entwicklungen finden sich in Theatertechniken, in denen Menschen mögliche Situationen spielen und in der lösungsorientierten Aufstellungsarbeit von Matthias Varga and Insa Sparrer.

Quellen/Literatur   Ich danke Christer Eliéersson dafür, dass er diese Aktivität mit mir entwickelt hat und ein wunderbarer Partner als Gastgeber für die Konferenz war, bei der wir die Aktivität zum ersten Mal einsetzten.

Die Wunschsuppe

Dominik Godat, Schweiz

Das Kochen der Wunschsuppe ist eine spielerische und bildliche Methode, bei der die Teilnehmenden die Zutaten (Ziele und Wünsche) bereitstellen und die Suppe zusammen kochen. Je nach Belieben kann die Wunschsuppe verfeinert, gewürzt oder garniert werden (z.B. mit Ressourcen und Funktionierendem, Perspektivenwechseln und nächsten Schritten). Auf spielerische Art werden dabei die Kreativität und die Ideen der Teilnehmenden gefördert. Die bildliche Darstellung des Wunschmenüs ermöglicht es den Teilnehmenden, einen Überblick über die eigenen Ziele, Ressourcen und mögliche Lösungsansätze und damit auch mehr Klarheit zu erlangen.

Kurzbeschreibung

- Optimale Gruppengröße: 4 bis 6 Personen bei Teams mit gemeinsamen Zielen, 4 bis 15 Personen bei Gruppen mit individuellen Zielen
- Benötigte Zeit: je nach Ausführung 30 Minuten bis mehrere Stunden
- Material: Flipchart-Papier und Stifte für alle Teilnehmenden, genügend Post-it-Zettel oder sonstige beschreibbare Kärtchen, Klebeband, eventuell Flipchart mit Arbeitsanweisung
- Räumliche Voraussetzungen: Optimalerweise haben die Teilnehmenden genügend Platz, um die Flipchart-Papiere auszubreiten und die Kärtchen zu beschreiben bzw. im Raum umherzugehen und die Wunschsuppen zu betrachten.
- Vorbereitung: Der Vorbereitungsaufwand ist gering, da lediglich ein Flipchart mit der Arbeitsanweisung sowie eines mit einem aufgemalten Teller, Besteck, Glas und Dessertschälchen erstellt und die Flipchart-Papiere, Stifte und Kärtchen für die Teilnehmenden bereitgelegt werden müssen.

Setting

Dominik Godat

Kontext und Zielsetzung

Diese Methode eignet sich je nach Ausführung als Intervention zur Erforschung der Wünsche und Ziele der Teilnehmenden oder in erweiterten Formen auch als Hauptbestandteil oder Leitfaden eines Workshops. Sie kann sowohl für Teams mit gemeinsamen Zielen als auch in Einzelarbeit mit Personen mit individuellen Zielsetzungen angewendet werden.

Ziel dieser Intervention ist es, auf spielerische Art die Wünsche und Ziele (in erweiterten Formen auch Ressourcen, bereits Funktionierendes sowie mögliche Lösungsansätze) ausfindig zu machen und diese bildlich einprägsam darzustellen. Die gewählte Metapher des Kochens ist hierbei sehr nützlich, da es erstaunlich viele Parallelen zur lösungsorientierten Arbeit gibt (z.B. bei Fragen wie „Was möchte ich gerne essen – oder kochen? Welche Ressourcen habe ich dazu? Wie soll es am Ende aussehen und schmecken, damit es sich gelohnt hat?", aber auch die Freude am Ausprobieren und Verfeinern). Durch die Koch-Metapher ist es deshalb für Teilnehmende einfach, einen lösungsorientierten Fokus einzunehmen. Das bildliche Festhalten hilft zudem, sich das Erarbeitete auch nach dem Workshop zu vergegenwärtigen und dient so als Erinnerungsstütze für die Umsetzung im Alltag.

Ausführliche Beschreibung

Die Intervention beginnt mit einer kurzen Einführung. Dazu werden zwei Flipcharts benötigt: Auf dem ersten ist ein Teller von oben abgebildet, auf der linken Seite des Tellers eine Gabel, auf der rechten Seite ein Löffel, ein Glas und ein Dessertschälchen. Auf dem zweiten Flipchart ist die Arbeitsanweisung (z.B. unten stehender Ablauf) wiedergegeben. Zudem teilt der Moderator den Teilnehmenden genügend Post-it-Zettel oder Kärtchen und Stifte aus.

Ablauf bei Teams mit gemeinsamen Zielen

Bei Teams mit gemeinsamen Zielen benötigt der Moderator noch einen großen Kochtopf mit Rührkelle, welche er auf einen Tisch stellt. Da der Moderator als Koch fungiert, kann er auch eine Kochmütze oder Kochkleider tragen.

Zuerst werden die Zutaten für die Suppe benötigt: Die Ziele und Wünsche des Teams. Hier kann der Moderator z.B. folgende Fragen stellen: „Was sollte im heutigen Workshop geschehen, damit sich dieser für Sie gelohnt hat? Was ist Ihr Ziel? Welche Faktoren sind für Ihr Ziel wichtig? Wie müssen diese Faktoren sein? Was möchten Sie dabei er-

Die Wunschsuppe

reichen? Was werden Sie in einem Jahr zusammen erreicht haben? Auf was werden Sie besonders stolz sein?" etc.

Die Teilnehmenden schreiben die Antworten auf die ausgeteilten Kärtchen und werfen diese in den Kochtopf. Der Moderator rührt im Kochtopf, nimmt die Kärtchen anschließend aus dem Topf, liest sie vor und klebt sie in den aufgemalten Teller. Hierbei lohnt es sich, das Team zu fragen, wie diese gruppiert werden sollen.

Falls diese Intervention ausschließlich zur Erforschung der Wünsche und Ziele der Teilnehmenden verwendet wird, ist das Kochen an dieser Stelle zu Ende und es kann mit weiteren Interventionen fortgefahren werden.

Als Zweites kann die Suppe durch Ressourcen und Funktionierendes verfeinert werden. Dies kann u.a. mit folgenden Fragen erfolgen: „Welche Ressourcen sind im Team vorhanden? Was zeichnet Ihr Team aus? Was können Sie selbst zum Erfolg des Teams beitragen? Was haben Sie bis jetzt gemacht, was nützlich war? Was funktioniert bereits gut?" etc.

Die Antworten werden wieder durch die Teilnehmenden auf Kärtchen geschrieben, in den Kochtopf geworfen, gerührt und durch den Koch auf das aufgemalte Besteck geklebt. Und schon haben Sie eine durch Ressourcen und Funktionierendes verfeinerte Wunschsuppe.

Nun können Sie die Suppe noch mit Perspektivenwechseln ergänzen (die Antworten können z.B. auf das aufgemalte Glas aufgeklebt werden) und mithilfe von folgenden Fragen würzen: „Wie werden Ihre Kunden merken, dass Sie Ihr Ziel erreicht haben? Wie werden es die anderen Mitarbeitenden merken? Wie werden es die Teammitglieder oder Sie selbst merken?" etc. Um die Suppe mit nächsten Schritten anzureichern, sind folgende Fragen geeignet: „Was wäre ein sinnvoller nächster Schritt auf dem Weg zu Ihrem Ziel? Was wird Ihr erster Schritt nach diesem Workshop sein? Was wäre ein nächster Schritt, den Ihre Kunden bestimmt bemerken würden?" etc. Nächste Schritte können in das aufgemalte Dessertschälchen geklebt werden.

Ablauf bei Gruppen mit individuellen Zielen

Bei Gruppen mit jeweils eigener Zielsetzung der Teilnehmenden kocht jeder seine eigene Suppe und muss dafür ein Flipchart mit Teller, Besteck, Glas und Dessertschälchen selbst malen. Der Moderator übernimmt danach nicht die Rolle des Kochs, sondern eher die eines Dirigenten, der das Kochen mit Fragen moderiert. Die Teilnehmenden beantworten diese und kleben die beschriebenen Kärtchen auf ihr Flipchart-Papier. Nach dem Kochen können die Flipchart-Papiere im Raum aufgehängt und durch die anderen Teilnehmenden begutachtet, kommentiert und allenfalls ergänzt werden.

Der Ablauf Schritt für Schritt

1. Einleitung inkl. Vorbereitung der Küche (Kochtopf, Rührkelle, Flipchart mit aufgezeichnetem Teller, Besteck, Glas und Dessertschälchen)
2. Frage nach Wünschen und Zielen
3. Beantworten der Fragen durch die Teilnehmenden
4. Vorlesen und Aufkleben der Antworten auf den aufgemalten Teller
5. Frage nach Ressourcen und Funktionierendem
6. Beantworten der Fragen durch die Teilnehmenden
7. Vorlesen und Aufkleben der Antworten auf das aufgemalte Besteck
8. Frage nach Perspektivenwechsel
9. Beantworten der Fragen durch die Teilnehmenden
10. Vorlesen und Aufkleben der Antworten auf das aufgemalte Glas
11. Frage nach nächsten Schritten
12. Beantworten der Fragen durch die Teilnehmenden
13. Vorlesen und Aufkleben der Antworten auf das aufgemalte Dessertschälchen
14. eventuell weitere Fragen

Weiteres Vorgehen   Falls die Wunschsuppe ausschließlich zur Erforschung der Ziele und Wünsche verwendet wird, können danach weitere lösungsorientierte Interventionen folgen.

Ist diese Methode Hauptbestandteil resp. Leitfaden eines Workshops, so empfehle ich den Fokus im Anschluss vor allem auf die Zuversicht zu legen und so eine Brücke in den normalen Alltag nach dem Workshop zu schlagen.

Kommentar   ▶ Die Parallelen zwischen Kochen und lösungsorientierter Arbeit faszinieren mich bereits seit Längerem und haben mich auf die Idee gebracht, die lösungsorientierte Arbeit bildlich darzustellen. Durch diesen spielerischen Kniff ist es einerseits für den Moderator einfach, den Fokus auf Ziele, Wünsche, Ressourcen, Funktionierendes, andere Perspektiven und nächste Schritte zu lenken. Andererseits scheint es so für die Teilnehmenden einfacher, sich darauf einzulassen und sich die gewünschte Zukunft spielerisch zu „kochen".

- Die Wunschsuppe kann mit ein wenig Fantasie beliebig erweitert und ausgebaut werden (z.B. mit Fragen nach Zuversicht, Vorboten, Wundern etc.).

- Die bildliche und spielerische Darstellung prägt sich einerseits gut ins Gedächtnis ein und dient andererseits auch in Zukunft als Reminder.

- Das Tool funktioniert bei Teams mit gemeinsamem Ziel am besten dann, wenn alle Gruppenmitglieder offen sind für die gesamte mögliche Bandbreite der Ziele, Wünsche und nächsten Schritte und möglichst wenig Hierarchie im Team besteht. Sollte diese Offenheit nicht oder eine starke Hierarchie im Team vorhanden sein, ist die Wunschsuppe nicht die richtige Intervention.

Quellen/Literatur

Inspiriert durch verschiedene spielerische Workshops, u.a. bei der SOL-World-Konferenz in Interlaken, sowie durch das Entdecken der Parallelen zum Kochen und dem Wunsch nach einer einprägsamen Metapher, habe ich diese Methode entwickelt.

Dream-Team

Armin Rohm, Deutschland

Kurzbeschreibung — Am Ende eines Workshops begeben sich die Teilnehmenden gedanklich in die Zukunft und stellen sich vor, die gemeinsam erarbeiteten Ziele seien bereits auf beeindruckende Art und Weise erreicht worden. Sie schlüpfen dabei in die Rolle von Journalisten bekannter Zeitschriften und beschreiben aus deren Sicht im typischen Stil der jeweiligen Magazine die einzigartige Erfolgsstory.

Setting
- ▶ Teilnehmerzahl: 8 bis 25 – die Intervention kann grundsätzlich mit kleinen und größeren Gruppen durchgeführt werden. Je nach Größe der Gesamtgruppe werden unterschiedlich viele Kleingruppen gebildet.
- ▶ Benötigte Zeit: Anmoderation und Einteilung der Kleingruppen ca. 10 Minuten, Verfassen der Artikel in Kleingruppen ca. 40 bis 60 Minuten, Präsentation der Artikel ca. 5 Minuten je Kleingruppe. Die Gesamtdauer beträgt für die hier vorgestellte Variante – abhängig von der Anzahl der Kleingruppen – 60 bis 90 Minuten.
- ▶ Material:
  - Kopien der Aufgabenbeschreibung entsprechend der Anzahl der Kleingruppen
  - Ein Kugelschreiber und ein A4-Block je Kleingruppe
- ▶ Räumliche Voraussetzungen:
  - Ein großer Plenumsraum für die Anmoderation und für die Präsentationen (möglichst Stuhlkreis ohne Tische)
  - Mehrere Gruppenräume entsprechend der Anzahl der Kleingruppen oder ausreichend andere störungsfreie Orte
- ▶ Vorbereitung: Der Moderator sollte den Text der Aufgabenbeschreibung immer auf die jeweilige Gruppe und den jeweiligen Kontext abstimmen. Folgende Punkte müssen jeweils präzisiert werden:
  - Name der Organisation bzw. des Teams
  - Datum, Bezeichnung und/oder Motto des Workshops

- Zeithorizont für den Blick in die Zukunft
- Bezeichnung der Auszeichnung (z.B. „Arbeitgeber des Jahres")

▶ Das Tool bietet sich insbesondere an, wenn am Ende eines Workshops attraktive, gemeinsame Zukunftsbilder verstärkt und verankert werden sollen. Beispiele hierfür sind neben Teamentwicklungsworkshops vor allem Visions-, Ziel- und Strategieworkshops, Leitbildentwicklungen oder Kick-off-Veranstaltungen komplexer Change-Projekte. Dream-Team eignet sich sowohl für die Arbeit mit einzelnen Teams als auch für Workshops mit Repräsentanten aus verschiedenen Unternehmensbereichen.

Kontext und Zielsetzung

▶ Wenn Teams oder Organisationen im Rahmen von Workshops ehrgeizige Ziele erarbeiten, tritt am Ende der Veranstaltung nicht selten eine kollektive Ernüchterung ein. Im abschließenden Blitzlicht dominieren dann plötzlich Bedenken und Zweifel: „Haben wir uns da nicht zu viel vorgenommen? Können wir all das neben dem Tagesgeschäft überhaupt schaffen?"

▶ Dream-Team sorgt dafür, dass die Energie der Teilnehmenden am Ende eines Workshops konsequent auf den angestrebten gemeinsamen Erfolg gelenkt wird. Das Gelingen – und nicht ein mögliches Scheitern – steht im Zentrum der Aufmerksamkeit. Es entstehen attraktive Bilder einer erstrebenswerten Zukunft. Dadurch wird für jeden sichtbar, weshalb die Anstrengung aller sich lohnt. Mögliche Probleme, Widerstände und Ängste werden dabei keineswegs geleugnet. Im Gegenteil: Sie werden elegant in die Zukunftsbetrachtung einbezogen, indem die Teilnehmenden das erfolgreiche Überwinden dieser Barrieren thematisieren und die dazu nötigen Ressourcen identifizieren.

▶ Dream-Team unterstützt den Praxistransfer auf kreative Weise und sorgt für einen spannenden, meist amüsanten Workshopabschluss.

Wie der Ablauf der Intervention konkret aussehen kann, soll im Folgenden am Beispiel eines Visions-Workshops der XY GmbH verdeutlicht werden. Am Workshop nehmen 25 Personen aus unterschiedlichen Hierarchie-Ebenen und allen Unternehmensbereichen teil.

Ausführliche Beschreibung

Der Moderator gibt den Teilnehmenden folgende Instruktion: *"Zum Abschluss möchte ich Sie noch zu einer spannenden Übung einladen. Bilden Sie hierzu bitte vier ungefähr gleich große Kleingruppen."*

Nachdem sich die Gruppen zusammengefunden haben, fährt der Moderator fort: *"Angenommen, wir befinden uns im Jahr 2010. Alles, was sich die Geschäftsführung und die Mitarbeiter im Visions-Workshop 2008 gemeinsam vorgenommen haben – und noch viel mehr – wurde bereits perfekt umgesetzt. Gerade wurde die XY GmbH von einer hochkarätigen internationalen Jury zum ,Unternehmen des Jahres' gewählt. Die Medien berichten begeistert.*

Die Mitglieder Ihrer Kleingruppe sind Journalisten einer namhaften Zeitschrift. Verfassen Sie gemeinsam einen Pressebericht zur Erfolgsgeschichte der XY GmbH.

- *Finden Sie eine "knackige" Headline.*
- *Beschreiben Sie die einzigartige Erfolgsstory der XY GmbH.*
    - *Was haben Geschäftsführung und Mitarbeiter in den vergangenen drei Jahren alles geleistet?*
    - *Wie war das möglich?*
    - *Welche Hindernisse mussten überwunden werden?*
    - *Was sagen Kunden, Lieferanten und Wettbewerber über die XY GmbH?*
    - *Was genau ist das Erfolgsgeheimnis?*

Suchen Sie sich bitte einen Ort, an dem Ihre Gruppe ungestört arbeiten kann. Sie haben 45 Minuten Zeit, Ihre Story zu verfassen. Bevor Sie beginnen, einigen Sie sich bitte, für welche Zeitschrift Sie schreiben. Verfassen Sie Ihren Artikel dann bitte im typischen Stil dieser Zeitschrift. Einigen Sie sich bitte auf eine oder zwei Personen, die den Artikel anschließend im Plenum verlesen."

Der Moderator übergibt den Gruppen den Text der Instruktion zusätzlich in schriftlicher Form. Dann ziehen sich die "Redaktionsteams" zurück, einigen sich, für welches Journal sie schreiben und entwickeln gemeinsam einen "typischen" Text.

Der Moderator hält sich in dieser Phase weitgehend im Hintergrund. Er sollte jedoch gelegentlich den Arbeitsfortschritt überprüfen und die noch zur Verfügung stehende Zeit mitteilen. Gegen Ende kann es erforderlich sein, perfektionistischen Ansprüchen der Teilnehmenden entgegenzuwirken und zu "erlauben", dass z. B. manche Passagen nur stichwortartig formuliert oder nicht alle Fragen aus der Aufgabenbeschreibung beantwortet werden. Inhaltlich mischt sich der Moderator jedoch nicht ein.

Zum Schluss versammeln sich alle Teilnehmenden wieder im Plenum. Der Moderator beschreibt nochmals kurz die Ausgangssituation (drei Jahre später als heute; Wahl der XY GmbH zum „Unternehmen des Jahres") und bittet die erste Gruppe, ihren Presseartikel zu präsentieren. Es bleibt der Gruppe überlassen, wie viele Personen an der Präsentation mitwirken.

Foto: Teilnehmer bei der Abschlusspräsentation

Nach jeder Präsentation erhalten die Akteure den verdienten Applaus. Anschließend leitet der Moderator zum nächsten Bericht über. Wenn alle Gruppen präsentiert haben, endet die Veranstaltung mit einem kurzen Dank durch den Initiator der Veranstaltung. Auf eine „Analyse" der Beiträge wird bewusst verzichtet.

In der Regel ist es sinnvoll, den Workshop nach den Präsentationen direkt zu beenden. Dadurch wird verhindert, dass die optimistische Stimmung der Teilnehmenden am Ende durch kopfgesteuerte „Ja-aber-Analysen" zerstört wird. Dennoch wirkt die Intervention über den Workshop hinaus. Die „Erfolgsstorys" haben meist einen hohen Erinnerungs- und Unterhaltungswert. Die Texte werden in vielen Firmen als „Erinnerung an die Zukunft" am schwarzen Brett oder in der Mitarbeiterzeitschrift veröffentlicht. „Dream-Team" verstärkt so locker und augenzwinkernd die kollektive Aufbruchstimmung.

Weiteres Vorgehen

Außerdem bieten die Texte dem Moderator oftmals nützliche Informationen sowohl in Bezug auf die Ressourcen als auch hinsichtlich der „geheimen Tagesordnungspunkte" einer Organisation. Diese Aspekte kann er im Feedback an die Auftraggeber thematisieren und/oder in Folgeworkshops berücksichtigen.

Kommentar

Der besondere Charme der Intervention ergibt sich vor allem aus zwei Aspekten:

▶ Es geht um die Zukunft, also darf und muss spekuliert werden. Nicht objektive Tatsachen, sondern Wünsche, Träume und Fantasien stehen im Vordergrund. „Dream-Team" lenkt die Energie der Teilnehmenden elegant auf die emotionalen Aspekte des Wandels und die gemeinsam erwünschte Zielsituation.

▶ Weil die Teilnehmenden nicht aus ihrer beruflichen Funktion heraus, sondern aus der Rolle von Journalisten berichten, können die Artikel deutlich mutiger ausfallen. So ist es beispielsweise leichter möglich, die Tabu-Themen einer Organisation (und deren Überwindung!) auf humorvolle Weise in die Storys zu integrieren.

Hier noch einige Tipps für eine optimale Prozessgestaltung:

▶ Manchmal ist es sinnvoll, die Bildung der Kleingruppen aktiv zu steuern, z.B.
  – wenn sichergestellt werden soll, dass möglichst gemischte Gruppen mit Vertretern aller Bereiche und Hierarchiestufen entstehen
  – oder wenn zu befürchten ist, dass die Anwesenheit der Geschäftsleitung in den Kleingruppen eine „kreativitätshemmende" Wirkung entfaltet. In diesem Fall ist es sinnvoll, die Geschäftsführung als separate Gruppe zu definieren.
▶ Der Moderator sollte in Schritt 2 („Verfassen der Artikel") bereits die Namen der ausgewählten Zeitschriften abfragen und die Reihenfolge der Präsentationen entsprechend festlegen. Um einen idealen Spannungsbogen zu erzeugen, orientiert er sich an der Regel: seriös und sachlich beginnen – reißerisch, provokant und frivol abschließen.

„Dream-Team" kann in zahlreichen weiteren Varianten durchgeführt werden. Einige Beispiele:

▶ Die Namen der Zeitschriften können auch vorgegeben werden. Der Moderator lost Kleingruppen aus, trennt diese räumlich und teilt Arbeitsblätter aus, die zuvor jeweils mit dem Logo einer bekannten Zeitschrift versehen wurden. Das Spektrum reicht von seriöser Wirtschaftszeitung bis Boulevard-Blatt. Die Gruppen wissen gegenseitig nicht, wer für welche Zeitschrift schreibt. Bei der Abschlusspräsentation darf dann ggf. geraten werden, um welche Zeitschriften es sich bei den einzelnen Beiträgen handelte.
▶ Statt dem Verfassen eines Presseartikels kann die Aufgabe auch darin bestehen, eine Erfolgsmeldung für die Tagesnachrichten im Fern-

sehen zu entwickeln. Die Teilnehmenden können hierzu Videoclips mit fiktiven Interviews drehen und in die Nachricht integrieren.
▶ Steht wenig Zeit zur Verfügung, kann der Auftrag an die Kleingruppen auch lauten, innerhalb von maximal zehn Minuten lediglich drei bis fünf kurze Sätze im Telegrammstil für einen „Newsticker" zu verfassen. Die Gruppen bleiben dabei im Plenum. Geschwindigkeit und kreatives Chaos sind bei dieser Variante wichtiger als sprachliche Eleganz und intellektueller Tiefgang.

Quellen/Literatur

Die Grundidee der Intervention wurde im deutschsprachigen Raum vor allem durch Roswita Königswieser und Alexander Exner unter dem Titel „Rückblick aus der Zukunft" bekannt. Das Tool existiert heute in vielfältigen Variationen, wobei die Bezeichnung „Dream-Team" hauptsächlich im „Reteaming-Ansatz" verwendet wird. Die Reteaming-Methode nutzt das Tool jedoch nicht als Schlussintervention, sondern bereits zu Beginn, um dann im Workshop mit den Zukunftsbildern zu arbeiten.

▶ Roswita Königswieser, Alexander Exner (1998): Systemische Intervention – Architekturen und Designs für Berater und Veränderungsmanager. Stuttgart, Klett-Cotta.
▶ Wilhelm Gaisbauer (2004): Reteaming – Methodenhandbuch zur lösungsorientierten Beratung. Heidelberg, Carl-Auer Verlag.

Focus Five

Klaus Schenck, Deutschland

Kurzbeschreibung

Alle Komponenten, die für die ganzheitliche Ausrichtung einer Aufgabe gebraucht werden, lassen sich auf einer Zeitlinie angeordnet sammeln: Ziele, Sinn und Zweck liegen in der Zukunft, Ressourcen und Randbedingungen beruhen auf Entscheidungen der Vergangenheit, Input und Prozess bedingen und beschreiben das Vorgehen in der Gegenwart. „Focus Five" fasst diese Zeitlinie zu einem übersichtlichen Format auf ein Blatt zusammen und ermöglicht so die übersichtliche Sammlung und gründliche Konsistenzprüfung der einzelnen Bestandteile.

Setting

- Teilnehmende: Von der Einzelarbeit bis zur Großgruppe einsetzbar; optimal für 3 bis 30 Personen
- Zeitbedarf: In neuen und größeren Arbeitsgruppen kann „Focus Five" gut eine Stunde beanspruchen. Als Zwischenbilanz oder als kurze Selbstklärung reichen manchmal auch fünf Minuten.
- Material: „Focus Five" braucht in der Grundversion ein Blatt Papier (an Flipchart oder Pinnwand), das von Hand mit dem Filzstift in die fünf Felder unterteilt wird, sowie kleine Zettel oder Karten, auf denen die Stichworte notiert werden. Der Einsatz selbstklebender Zettel („Post-it") erleichtert die Arbeit: Die Teilnehmenden können die Stichworte selbst notieren, zudem lassen sich die Stichworte mit Projektfortschritt leicht clustern und verschieben. Das „Focus Five"-Plakat wird so im Raum platziert, dass die Teilnehmenden sich beim Ausfüllen davor frei bewegen können.

Eine Beschriftung mit Filzstiften erleichtert die Lesbarkeit im Fotoprotokoll. Bei der Selbstklärung reichen ein Blatt Papier und ein Bleistift; bei großen Gruppen kann das Format auch mit PC und Beamer für alle sichtbar dargestellt werden. (Tipp: Die Größe der Darstellung darf durchaus knapp bemessen sein: Wenn die Sichtbarkeit nicht bis in die letzte Sitzreihe reicht, ist das eher eine zusätzliche Einladung, zum Nachlesen einmal nach vorne und damit in Bewegung zu kommen ...)

▶ „Focus Five" ist immer dann sinnvoll einsetzbar, wenn es darum geht, einen nächsten größeren Arbeitsschritt (Veranstaltung, Projekt, Meeting) unter Berücksichtigung all seiner Bedingungen zu bewerten, sinnvoll auszurichten und auf Konsistenz und Vollständigkeit zu prüfen. In der Kombination der beiden Teil-Tools ist die Intervention insbesondere wirksam, um Sinn und Zweck der anstehenden Aufgabe herauszufinden und im Fokus zu halten.

▶ „Focus Five" ist zudem äußerst hilfreich, wenn Klärung, Ausrichtung und Wechselwirkung von Zwecken, Zielen, Mitteln, Regeln und Vorgehensweise geprüft werden sollen.

▶ Es ist anwendbar in Gruppen oder alleine, auf einem Blatt Papier, einem Flipchart, einer Overheadfolie oder größeren Formaten (je nach Aufgaben- und Gruppengröße).

▶ So wie sich der Sinn einer Botschaft nur aus Text und Kontext gemeinsam erschließt, ergibt sich auch der Sinn eines Projekts oder einer Besprechung nur unter Einbezug ihres Kontextes und ihrer Randbedingungen. Deshalb ist es gut investierte Zeit, sich zu Beginn gemeinsam über diese Randbedingungen klar zu werden und über die Zielsetzungen zu einigen. Was soll bei der Aktivität herauskommen? Wofür ist das gut? Was ist das Ausgangsmaterial? Haben wir alles, was wir für die Arbeit brauchen? Wer ist alles involviert? Für wen sind die Resultate wichtig? Inwiefern? Welche Regeln der Zusammenarbeit sollen gelten? „Focus Five" fasst die Antworten auf diese Fragen in guter Balance zwischen Detail und Überblick auf einer Seite zusammen. Es schafft damit Klarheit von Anfang an und bei Bedarf immer mal wieder auch zwischendurch.

Kontext und Zielsetzung

Außer „Titel" und „Datum" (die zuerst oben auf dem Blatt notiert werden) besteht das grundlegende Format aus fünf Feldern, die in drei Schichten angeordnet sind. Die mittlere Schicht ist selbst in drei nebeneinander liegende Felder unterteilt (Layout und Nummerierung: siehe Muster-Abbildung auf S. 181)

Ausführliche Beschreibung

▶ Als Erstes werden die beiden Felder „Ziele/Output" („1") und „Übergeordneter Kontext/Sinn" („2") ausgefüllt – unter Beteiligung aller im Meeting Anwesenden! „Output" bedeutet: Was wir am Ende der Besprechung aus dem Raum tragen wollen (Einen Bericht? Ein Modell? Einen Aktionsplan? ...). Sinn meint: Relevante Bestandteile einer wünschenswerten Zukunft, für die die heutigen Ziele nützlicher Input sind. Ausgefüllt heißt: Die wesentlichen Punkte werden vom Moderator oder besser von den Teilnehmenden selbst in Stichworten in die einzelnen Feldern eingetragen. In der Papierversion werden bevorzugt Karten oder „Post-it"-Klebezettel dafür benutzt; dann bleiben die Bestandteile mit dem späteren Arbeitsfortschritt beweglich. (Tipp: Wenn die Teilnehmenden ihre Zettel selbst aufhängen, kommen auch sie – und auf diese Weise ihre Gedanken – besser in Bewegung ...)

▶ Die beiden Felder werden sorgfältig auf Plausibilität und Konsistenz geprüft: Können wir den Output, die Tagesziele realistischerweise heute erreichen? Tragen sie etwas zum „Sinn", zum größeren Ganzen bei? Können wir Ziele definieren, die noch bessere Beiträge dazu leisten? Sind die Elemente des größeren Kontexts attraktiv? Wer profitiert davon? Inwiefern? etc. Bei Inkonsistenzen wird entsprechend ergänzt oder geändert.

▶ Dann werden die beiden Felder „Input" („3") und „Fundament" („4") ausgefüllt. Input heißt: alle Materialien und Ressourcen (Dokumente, frühere Resultate, Modelle, Personen ...), die im Raum vorhanden und für die definierten Ziele relevant sind. Das Fundament ist der Platz, um alle zusätzlich vorhandenen, potenziell nützlichen Ressourcen zu notieren, wie auch alle Restriktionen und alle Regeln, die nicht routinemäßig angewandt oder kulturell selbstverständlich sind.

▶ Umfassenderer Plausibilitätscheck: Haben wir alle Ressourcen, die wir für die definierten Ziele brauchen? Müssen wir für nützliches Verhalten Spielregeln ändern, entfernen oder hinzufügen? Haben wir zusätzliche besondere Fähigkeiten und Talente von Teilnehmenden (als Ressourcen!) wahrgenommen? Sind andere Randbedingungen zu beachten? etc.

▶ Wenn die Teilaspekte noch nicht zueinander passen: In welcher Sektion müssen Änderungen vorgenommen werden? Müssen Ziele gekürzt werden oder Ressourcen aufgestockt? Müssen Ziele aufgeschoben werden, weil ein wichtiger Input erst noch beschafft oder erstellt werden muss? Machen die Regeln Sinn?

Focus Five

▶ Das zuletzt (!) ausgefüllte Feld ist die „Agenda" („5"). Wenn die anderen vier Felder sorgfältig bedacht und auf Verträglichkeit und Vollständigkeit geprüft wurden, sollte die Tagesordnung sich fast von alleine ergeben: als logische Beschreibung der Schritte, die den „Input" im Verlauf des Meetings unter Anwendung der Regeln und Ressourcen in die erwünschten Resultate transformieren, die ihrerseits zu einem attraktiven Sinn beitragen.

Abb.: Muster eines „Focus Five"-Plakats

Übergeordneter Kontext/„Sinn"

Systemische Einbettung der aktuellen Aktivität:

▶ Wofür ist das, was wir heute machen, ein sinnvoller Beitrag?
▶ Worauf wird es sich noch auswirken? Wem nutzt es? Inwiefern?
▶ Was wird die folgende, nächst größere Aufgabe sein?
▶ …

3.	5.	1.
Ausgangsbasis: **konkreter, aktueller INPUT**	Ablauf: **Agenda, „THROUGHPUT"**	Aktuelles Ziel: **OUTPUT**
Beschreibung der Ausgangssituation	Vorgehensweise, Agenda	Welches Resultat („milestone"/„outcome") wollen wir nachher aus diesem Raum tragen können?
Vorhandenes Material	Projektplan	
Aktuelle Unterlagen	Transformationsprozess:	▶ Qualitativ: was, von welcher Beschaffenheit
Anwesende Personen bzw. ihre Ressourcen und Talente	▶ Wie viel?	
	▶ Wovon, womit?	▶ Quantitativ: wie viel, in welchem Umfang
	▶ In welcher Reihenfolge?	
…	▶ …	▶ …

Fundament: Randbedingungen, Ressourcen & Regeln

▶ (Womöglich gar nicht so selbstverständliche) Wichtige Werte
▶ (Womöglich sonst nur implizite) Vorannahmen
▶ (Womöglich sonst ungeschriebene) Regeln und Metaregeln
▶ (Womöglich sonst übersehene) Restriktionen und Randbedingungen
▶ Weitere Ressourcen (über die bei „Input" genannten hinaus …)

- ▶ Wenn die Gruppe der Vollständigkeit und inneren Konsistenz der Focus-Five-Beschreibungen zugestimmt hat, kann's „mit Volldampf" mit dem Abarbeiten der Agenda losgehen.

- ▶ Wann immer Änderungen auftreten (also auch: bei Fortschritten!), kann das „Focus Five" gemeinschaftlich angepasst werden. Erreichte Ziele des einen Schritts werden vielleicht Input im nächsten. Regeln kommen dazu oder werden entbehrlich. Ändert sich die Umwelt oder der Markt, dann ändert sich womöglich der Sinn. (Tipp: Post-it-Zettel halten die Einträge dafür mobil und nach Bedarf einzeln auswechselbar!)

Weiteres Vorgehen

Nachdem ein „Focus Five" gemeinsam erstellt wurde, kann die inhaltliche Arbeit entlang der festgelegten „Agenda" beginnen. Periodisch, je nach Arbeitsfortschritt, wird das „Focus Five" auf den neuesten Stand gebracht. Immer dann, wenn Bedenken auftreten, ob die laufende Arbeit noch zielführend ist, kann das leicht mit dem „Focus Five" geprüft und ggf. korrigiert werden.

Kommentar

„Focus Five" ist abgeleitet von der „Flow-Blume", dem Einstieg in die Teamarbeitsmethodik „FlowTeam". Es vereint mehrere für die Zusammenarbeit besonders nützliche Aspekte:

- ▶ „Focus Five" schafft eine Meta-Ebene und sorgt von dort aus für Orientierung, bevor die Arbeit selbst beginnt. Der sonst oft anzutreffende hektische Aufbruch in die falsche Richtung wird vermieden.
- ▶ Von Anfang an wird die Arbeit auf konkrete und sinnvolle Ziele sowie den Nutzen für „Kunden" dieser Arbeit ausgerichtet.
- ▶ Schon in dieser Orientierungsphase sind alle beteiligt und aktiv; damit wird auch signalisiert, dass Initiative und Beteiligung willkommen sind.
- ▶ Zusammenarbeit von Anfang an: Es wird sofort etwas Konkretes gemeinsam hergestellt.
- ▶ Ziele und ihr Kontext werden für alle sichtbar visualisiert – damit sinkt das Risiko von Missverständnissen.
- ▶ Gemeinsam erarbeitete, sinnvolle Ziele und die Agenda erzielen höhere Verbindlichkeit.
- ▶ Die gemeinsame Ausrichtung lässt sich jederzeit leicht an veränderte Situationen anpassen.

- „Focus Five" ist leicht skalierbar, nicht nur in der Gruppengröße, sondern auch in der Reichweite der betrachteten Einheit. Es kann gleichermaßen auf den Horizont eines Großprojekts wie auch auf den eines einzelnen Arbeitsschritts ausgerichtet werden. Je nach Bedarf können Klarheit über den Gesamtzusammenhang oder Klarheit über den ersten Schritt zugleich hergestellt werden.
- Vorrang beim Ausfüllen haben die gewünschten Resultate und deren Sinn. Denn wenn eine Arbeit kein Ziel hat oder keinen Sinn macht, braucht man sich über die Spielregeln dafür auch keine Gedanken mehr zu machen.
- Die einzelnen Felder bilden relevante Aspekte aus unterschiedlichen Zeiten ab. Sie lassen sich gedanklich so „auseinanderfalten", wie in der Abbildung skizziert.

- Oder umgekehrt: Die „Zeitlinie" ist im „Focus Five" zu einem strukturierten Format flächig auf einem Blatt „zusammengefaltet". So wird deutlich, wie Erfahrungen und Ressourcen aus der Vergangenheit sowie Ziele in der Zukunft gemeinsam das Vorgehen in der Gegenwart bestimmen – informieren, ausrichten, ermöglichen und begrenzen zugleich.

Mögliche Varianten:

- Das Feld „Übergeordneter Kontext/Sinn" kann bei Bedarf auch weiter unterteilt werden. Bisher bewährt hat sich die gelegentliche Differenzierung in a) „Sinn" und „gewünschte Wirkung" oder b) in „Anspruchsgruppen (‚Stakeholder')" und die für jeden Nutznießer angestrebten, einzeln aufgeführten „Nutzen". Solche Erweiterungen brauchen allerdings Fingerspitzengefühl für die Balance zwischen Detailliertheit und Übersichtlichkeit.

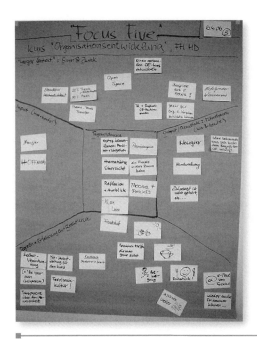

▶ „Focus Five" berücksichtigt vorwiegend den „Kooperationskontext" der gemeinsamen Arbeit, aber nicht den „Kompetitionskontext", den internen und externen Wettbewerb.
Der könnte bei Bedarf zusätzlich eingeführt werden durch ein eigenes Feld für „Kontingenz/Wettbewerb/Risiken". Diese Aspekte können wie bei einer „Kraftfeldanalyse" der Sammlung von Sinn, Nutznießern und Nutzen gegenübergestellt werden und so ein ausgewogeneres (zugleich aber auch komplexeres) Bild vor Entscheidungen über die weitere Vorgehensweise vermitteln.

Foto: Beispiel eines im Workshop erstellten „Focus Five"

Quellen/Literatur

▶ Die Grundform von „Focus Five" geht zurück auf Michael Brower von der Unternehmensberatung GOAL/QPC. Sie wird unter der Bezeichnung „Flow-Blume" gut beschrieben in: Martin Gerber, Heinz Gruner (1999): „FlowTeams – Selbstorganisation in Arbeitsgruppen". Credit Suisse, Goldach (CH), S. 37 ff. (online zu beziehen via www.flowteam.com). Die direkt davon abgeleitete Variante des „Institute for Excellence" (www.ife-web.com) hieß „Fokus Chart".

▶ Eine ähnliche Struktur ist das „KontextModell" von Consensa (www.consensa.com), beschrieben in: Daniela Mayrshofer, Hubertus A. Kröger (2001, 2. Aufl.): „Prozeßkompetenz in der Projektarbeit". Windmühle, Hamburg, S. 190 ff.

▶ Die Arbeit mit Zeitlinien geht zurück auf die „Time Line Therapy" von Tad James und Wyatt Woodsmall (Meta Publications, 1989).

Futur Perfekt dokumentiert

Paul Z Jackson, Vereinigtes Königreich

Dies ist eine lebendige und eindrucksvolle Übung, in der ein Team ihr gemeinsames Futur Perfekt erarbeitet, formuliert und dokumentiert.

Kurzbeschreibung

- Die Übung funktioniert am besten mit einer Gruppe von vier Personen oder mehreren Gruppen mit jeweils bis zu sechs Mitgliedern.
- Für das Zeichnen werden 30 bis 40 Minuten benötigt, weitere 30 Minuten für die Präsentationen und die Auswertung.
- Benötigtes Material: Papier und Stifte für die Storyboards, Tische zum Zeichnen, genügend Platz an der Wand, um die Ergebnisse zu präsentieren.

Setting

Ich setze diese Übung ein, wenn ein Team oder eine Gruppe bereit ist, über ihr Futur Perfekt nachzudenken. Es sind keinerlei Vorkenntnisse oder besondere Interessen am Solution Focus notwendig.

Kontext und Zielsetzung

Ein wichtiger Bestandteil der lösungsorientierten Arbeit ist es, eine Richtung für Veränderungen zu bestimmen. Diese Übung ermöglicht es einer Gruppe, ein gemeinsames Futur Perfekt zu formulieren. Oder anders formuliert: Sie beschreiben die „10" – den Idealzustand – auf ihrer Skala beziehungsweise malen sich ihre Antwort auf die Wunderfrage aus.

Ausführliche Beschreibung

Bilden Sie zunächst Gruppen mit vier bis sechs Teilnehmenden. Geben Sie jeder Gruppe eine Arbeitsanweisung. Sorgen Sie dafür, dass alle das notwendige Material zur Verfügung haben. Es kann nützlich sein, die Arbeitsanweisung vorzulesen, um herauszufinden, ob es dazu Fragen gibt. Sie können auch ein Beispiel eines Storyboards oder eines einzelnen Bildes zeigen. Erläutern Sie, dass die Gruppe doppelt so viele Bilder malen soll, wie Mitglieder in ihrer Gruppe sind (ergo: Fünf Mitglieder erstellen zehn Bilder).

Das Datum der Dokumentation kann entweder „morgen" sein (bzw. der Tag nach dem Wunder), „in drei Monaten" oder ein anderes bestimmtes Datum in der Zukunft, das der Gruppe passend erscheint.

Arbeitsanweisung

„Sie sind Mitglied eines Produktionsteams, das einen besonderen Dokumentarfilm drehen will. Sie befinden sich gerade in der Anfangsphase für diese neue Dokumentation über ein unglaublich erfolgreiches Team (und das sind Sie!). Zum letzten Mal haben Sie dieses Team am … (hier aktuelles Datum einfügen) besucht und eine Menge über sie herausgefunden. Seitdem haben Sie gehört, dass sie von Erfolg zu Erfolg geeilt sind. Unsere Aufgabe ist nun, Folgendes herauszufinden:

▶ *Wie lässt sich die Teamarbeit so darstellen, dass wir sie unseren Zuschauern zeigen können?*

Dafür wollen wir ein Storyboard für die Dokumentation zusammenstellen. Alles muss sichtbar oder hörbar sein. Wir benötigen also konkrete Nachweise, die die Erfolge des Teams beispielhaft illustrieren. Sie können markante Situationen in Bildern festhalten und für Dialoge Sprechblasen benutzen.

Die Darstellungen sollen den Zuschauern Folgendes vermitteln:

▶ *wer diese Menschen sind und wofür sie da sind,*
▶ *Ausschnitte aus den Schlüsselprozessen, mit denen sie beschäftigt sind, die deutlich machen, warum gerade diese Situationen wichtig für den Erfolg des Teams sind (wichtig: Wir werden nicht genug Zeit haben, um alles darzustellen, beschränken Sie sich daher auf die allerwichtigsten Situationen!)*
▶ *sowie Dinge, die für dieses Team einzigartig sind, die man wahrscheinlich in anderen Branchen, an anderen Arbeitsplätzen oder in anderen Teams so nicht sehen könnte.*

Futur Perfekt dokumentiert

Das Ergebnis wird ein Storyboard sein – eine Bilderserie mit Untertiteln –, das als Basis für die Dokumentation über dieses Team dient. Es zeigt die besten Eigenschaften in der Zusammenarbeit als Team, die es den Teammitgliedern ermöglichen, Ziele genau so zu erreichen, wie sie es sich wünschen."

Fotos: Im Workshop erstellte Bilder mit Szenen beispielhafter Teamarbeit

Wenn die Storyboards fertig sind, laden Sie die Gruppen ein, ihre Ergebnisse im Raum aufzuhängen und den anderen Teams (bei lediglich einer Gruppe dem Moderator) zu präsentieren.

Diese Übung kann für sich alleine durchgeführt werden oder auch zu einer weiteren Diskussion über das Futur Perfekt führen sowie über die kleinen Schritte, die in diese Richtung gemacht werden können.

Weiteres Vorgehen

▶ Die Erfahrung zeigt, dass diese Übung ein sehr kooperativer Weg ist, um Gruppen dazu zu bringen, ein gemeinsames Futur Perfekt zu erarbeiten. Sie erzeugt sehr viele kreative Energie und scheint Menschen auch davon abzubringen, über das Futur Perfekt zu diskutieren (was bei verbalen Beschreibungen leicht geschehen kann). Außerdem erzeugt sie ein konkretes und sichtbares Ergebnis, auf das später während des Workshops zurückgegriffen werden kann oder das sogar nach mehreren Monaten wieder herangezogen werden kann.

▶ Manchmal bitte ich die Gruppe, ein Storyboard mit dem Thema „ein Tag im Leben der Gruppe" zu präsentieren. Ich habe auch schon mit

Kommentar

einer Variante gearbeitet, in der die Teilnehmenden eine Zeitungsseite gestaltet haben – mit Bildern und Überschriften, die zeigen, was die Gruppe in ihrem Futur Perfekt erreicht hat.

▶ Sie können für Ausgeglichenheit in der Übung sorgen, indem Sie die Teilnehmenden dazu einladen, dass jeder von ihnen der „Star" in einem der Bilder sein soll.

Quellen/Literatur
▶ Die Übung wurde von mir persönlich entwickelt.
▶ Paul Z Jackson, Mark McKergow (2007): The Solutions Focus – Making Coaching and Change SIMPLE, Intercultural Pr, London.

Magische Metaphern

Loraine Kennedy, Vereinigtes Königreich und Lina Skantze, Schweden

„Magische Metaphern" eignet sich als Übung vor allem für den frühen Einsatz in einem Workshop zu Veränderungsprozessen. Die Energie und Fantasie, die bei den Teilnehmenden dadurch geweckt wird, kann während des gesamten Workshops weiterwirken. Zurück am Arbeitsplatz können die Ergebnisse dieser Übung eine gute Grundlage für zukünftige Diskussionen bilden, weil aus den einmal gefundenen Metaphern Codeworte für die Gruppe werden.

Kurzbeschreibung

- Die Übung funktioniert gleichermaßen gut mit zwei wie mit bis zu 100 Teilnehmenden, solange ausreichend Platz für ungestörte Kleingruppenarbeit vorhanden ist.
- Normalerweise benötigen Sie für die Übung zwischen 30 und 60 Minuten. Bei größeren Gruppen kann es auch länger dauern, dann sollte zwischen dem 3. und 4. Teil eine Pause gemacht werden.
- Beginnen Sie mit einer fünfminütigen Einführung durch den Moderator. Darauf folgen 20 bis 30 Minuten Kleingruppenarbeit (mit 2 bis 5 Teilnehmenden pro Gruppe, je nach der Gesamtteilnehmendenzahl). In Workshops mit Gruppen bis zu 8 Teilnehmenden ist es auch möglich, mit der ganzen Gruppe als Team zu arbeiten.
- Für das Feedback und die Diskussion in der gesamten Gruppe werden zwischen 10 und 30 Minuten benötigt, je nachdem, wie viele Kleingruppen ihre Ergebnisse vorstellen.
- Es werden Papier (idealerweise Flipchart-Bögen) und farbige Stifte benötigt, um die Metaphern zu zeichnen.

Setting

Diese Übung kann früh im Workshop eingesetzt werden, um die Kreativität der Teilnehmenden anzuregen und sie dabei zu unterstützen, ihre Sichtweisen auf Gegenwart und Zukunft auszutauschen. Die Sprache,

Kontext und Zielsetzung

die Bilder und die Symbole, die während dieser Übung erzeugt werden, helfen in allen folgenden Arbeitsprozessen.

Die Arbeit mit Metaphern bietet hervorragende Möglichkeiten, Veränderungsprozesse in eine Organisation oder ein Team hineinzutragen und dabei die Teammitglieder einzubeziehen, eine erwünschte Zukunft zu entwerfen und sich dafür zu engagieren. Teilnehmende finden Metaphern häufig deswegen so nützlich, weil sie leicht zu behalten sind, weil mit ihrer Hilfe Ideen einfach vermittelt werden können und weil sie ein Gegengewicht zu Vernunft und Verstand sind.

In frühen Stadien eines Veränderungsprozesses kann die Übung mit den magischen Metaphern die Teilnehmenden dazu ermuntern, ihre Vorstellungen von Gegenwart und Zukunft zu erforschen und auszudrücken. Die Übung bietet Gelegenheit herauszufinden, was im Augenblick gut funktioniert und weitergeführt werden sollte, und gleichzeitig auch zu identifizieren, was verändert werden sollte. Eine Metapher für die zukünftige Situation kann helfen, Hoffnung zu erzeugen und eine Richtung vorzugeben.

Ein Grundprinzip der Arbeit mit dem Solution Focus ist es, das Problem in der Vergangenheit zu lassen und eine erfolgreiche Zukunft zu erzeugen. Diese Übung, in der die Teilnehmenden eine Metapher ihrer erwünschten Zukunft erarbeiten, ermutigt sie, mit kreativen Ideen zu spielen. Frei von Zwängen der Realität entdecken sie neue Einsichten und Perspektiven und eröffnen sich alternative Möglichkeiten, mit Problemen umzugehen. Häufig entwickeln Teilnehmende eine starke emotionale Bindung zu ihrer Metapher, die sie in die Zukunft „beamt".

Es gehört zu Veränderungen, etwas aufzugeben oder zu verlieren. Im Verlauf von Veränderungsprozessen wird der Blick häufig zu sehr auf Verluste und deren Wirkungen gerichtet. Daher schlagen wir vor, die Aufmerksamkeit stärker auf die Zukunft zu richten und den Teilnehmenden dabei die Freiheit zu geben, eigene positive Ideen und Vorstellungen einzubringen. Dies erzeugt ein gemeinsames Gefühl, eine neue Welt zu besitzen oder zu erobern. Gleichzeitig finden sie heraus, wie sie die wertvollen Ressourcen, die ihnen im Moment das Leben leichter machen, in diese Zukunft mitnehmen können.

Die Arbeit mit Metaphern, die auf einem anderen Realitätsniveau funktioniert, vermeidet hemmende Faktoren, kann sehr viel Spaß und Mut machen und zu tiefgründigen Erfahrungen führen.

Magische Metaphern

Teil 1 am Flipchart (5 Minuten)

Stellen Sie das Konzept von Metaphern vor, indem Sie erklären, wie Menschen Informationen in Form von Bildern im Gedächtnis speichern. Indem wir Metaphern erzeugen und untersuchen, können wir neue Einsichten gewinnen und sind herausgefordert, die Dinge anders zu betrachten. Sie können erklären, dass der Gebrauch von Metaphern ein unbeschwerter Weg ist, andere Sichtweisen für Probleme zu finden. Beschreiben Sie, wie die Teilnehmenden in der Übung arbeiten werden: zu zweit, in Kleingruppen oder im Team.

Ausführliche Beschreibung

Anmoderation

Teil 2 (10 bis 15 Minuten)

Geben Sie die folgende Arbeitsanweisung und erläutern Sie, dass die Ergebnisse und Antworten sowohl Worte als auch Zeichnungen oder andere bildliche Repräsentationen sein können. Am besten schreiben Sie diese Anweisung auf ein Flipchart oder teilen sie als Handout aus:

„Wählen Sie ein Bild oder eine Metapher, die die gegenwärtige Situation beschreibt." (Zum Beispiel, wie das Team im Moment eine Dienstleistung erbringt oder wie die Organisation von den Teilnehmenden gesehen wird.)

Handout

Geben Sie den Teilnehmenden 10 bis 15 Minuten Zeit, um eine passende Metapher für die gegenwärtige Situation zu finden und zu diskutieren, was diese bedeuten könnte. Wodurch zeichnet sie sich aus, was sind ihre besonderen Eigenschaften? Ermutigen Sie die Teilnehmenden, ihre Metapher zu zeichnen.

Handout

Machen Sie weiter, wenn alle Gruppen eine Metapher gefunden und sich über ihre Besonderheiten unterhalten haben.

Teil 3 (15 bis 20 Minuten)

Bitten Sie die Teilnehmenden nun, eine neue Metapher für die zukünftige Situation zu finden. Dabei können sie auf die gleiche Metapher zurückgreifen und sie weiterentwickeln oder verändern.

Ausgehend vom Beispiel oben: *„Wie möchten Ihre Kunden Ihre Dienstleistung in einem Jahr erleben?"* oder *„Wie wird Ihre Organisation aussehen, wenn wir diese Veränderungen geschafft haben?"*

Verlauf

Bitten Sie die Teilnehmenden herauszufinden, was in Relation zur Gegenwart und ihrer Metapher gleich geblieben ist und was sich verändert haben wird. Als Leitfaden für diese Diskussion können lösungsorientierte Fragen auf einem Flipchart aufgeschrieben oder als Handout verteilt werden. Beispiele:

- Beschreiben Sie die Metapher und ihre Besonderheiten.
- Was geschieht um dieses Bild herum?
- Was denken oder fühlen Sie, wenn Sie sich dieses Bild vorstellen?
- Was ist an dieser Metapher wichtig?
- Was funktioniert im Moment gut in Bezug auf diese Metapher?
- Was noch?
- Wer hat bei gegenwärtigen Erfolgen mitgeholfen?
- Was braucht die Metapher, um gut funktionieren zu können?
- Welche Dinge hätten Sie gerne anders?
- Was haben Sie von diesen Veränderungen?
- Wer wird ansonsten noch von diesen Veränderungen profitieren?
- Welchen Unterschied werden diese Veränderungen machen?
- Was bietet diese Metapher noch, um Ihnen zu helfen, eine positive Zukunft zu entwickeln?

Teil 4 (10 bis 20 Minuten)

Bitten Sie die Kleingruppen nach 15 bis 20 Minuten, sich wieder im Plenum zusammenzufinden. Falls es passt, hängen Sie die Zeichnungen von den Metaphern an den Wänden auf und geben Sie den Teilnehmenden Gelegenheit, sich diese ein paar Minuten anzuschauen.

Fordern Sie die Gruppen auf, ihre erste und zweite Metapher vorzustellen und zu erläutern und dabei auch zu beschreiben, welche Veränderungen passiert sind, als sie sich die Zukunft vorgestellt haben. Stellen Sie klärende Fragen und moderieren Sie die Diskussion, die durch jedes Bild erzeugt wird. Sie können dabei gemeinsame Elemente und Unterschiede zwischen den Gruppen herausstellen. Lassen Sie die Teilnehmenden kommentieren, was sie während dieser Übung erfahren haben und was davon sie in die Zukunft mitnehmen möchten.

Um konkrete Schritte im Veränderungsprozess zu erarbeiten, schlagen wir vor, eine Skalierungsübung anzuschließen (vorzugsweise im Gehen, z.B. den „Skalen-Spaziergang" von Paul Z Jackson, siehe S. 212 ff.). Von 1 bis 10 können die Teilnehmenden angeben, wie nahe sie schon an der Zukunfts-Metapher dran sind. Was geschieht bereits, das sie bis zu dem Punkt bringt, den sie auf der Skala gewählt haben und was könnte ein nächster Schritt sein? Ermutigen Sie sie bis zur 10 auf der Skala zu gehen und dabei zu erfahren, wie es ist, sich dort zu befinden.

Die Kraft der Metaphern bleibt lebendig und kann schnell wieder geweckt werden, lange nachdem Worte und Diskussionen schon vergessen sind. Die Bilder können Referenzpunkte und wertvolle Ressourcen am Arbeitsplatz sein. Bilder können in Büros oder Gemeinschaftsräumen aufgehängt oder in Sitzungen wieder angesprochen werden. Sie können Abkürzungen für die Zukunftserwartungen der Menschen werden.

Die Metaphern können auch als Ausgangspunkt für weiterführende Diskussionen oder Workshops genutzt werden. Wenn sie in einer neuen Skalierungsübung herausfinden, wo sie zur Zeit stehen, können Teilnehmende ihre Fortschritte in Richtung Veränderung herausfinden.

Weiteres Vorgehen

Viele Beispiele für das Arbeiten mit Metaphern finden wir in der Arbeit von Milton Erickson (Rosen, 1982). Unserer Erfahrung nach ist die Arbeit mit Metaphern vor allem mit Menschen sehr nützlich, die nach Veränderung streben. Unsere Arbeit mit einzelnen Klienten ist die Grundlage dieser Übung. Wir haben uns zusammengesetzt und eine Intervention entwickelt, die ganze Gruppen einbezieht und es den Teilnehmenden erlaubt, gleichzeitig kreativ und realistisch zu sein. Metaphern beflügeln die Kreativität, wenn sie Bilder der Zukunft entwerfen und Codeworte für die Gruppe werden. Die lösungsorientierten Fragen tragen dazu bei, dass durch die Übung Ressourcen und Hoffnungen geweckt werden.

Uns ist aufgefallen, dass Menschen oft Metaphern benutzen, wenn sie etwas beschreiben. Die Neuropsychologie zeigt, dass Menschen nicht nur in Worten denken, sondern auch in Bildern und Symbolen. Metaphern bieten einfache und eindrucksvolle Möglichkeiten, eine Situation und ihren Kontext zusammenzufassen und zu interpretieren. Ein einziges Wort bietet damit Zugang zu einem ganzen umfangreichen Konzept. So schnell und einfach geben mündliche oder schriftliche Erläuterungen selten die gleiche Klarheit. Das Wahrnehmungsbild, das durch eine Metapher erzeugt wird, ist konkret und explizit.

Kommentar

▶ Rosen, S. (1982): My voice will go with you. The teachings and tales of Milton H. Erickson. New York, Norton
▶ Jackson, P. Z. & McKergow, M. (2007): The Solutions Focus, the Simple Way to Positive Change. London and Maine, Nicholas Brealey Publishing

Quellen/Literatur

Strategie-Wanderung

Christine Kuch, Deutschland

Kurzbeschreibung Die Strategie-Wanderung bringt eine Gruppe aktiv, schnell und spielerisch dazu, passende Strategien für den Start (oder die Wiederaufnahme) eines gewünschten Veränderungsvorhabens zu formulieren. Dabei können vorgegebene lösungsorientierte Strategien erwandert und es können auch neue Wege eingeschlagen werden. Abschließend werden konkrete Maßnahmen vereinbart.

Setting
- Teilnehmerzahl: 5 bis 30 Personen (ggf. auch mehr)
- Zeitaufwand: 30 bis 90 Minuten inkl. Vor- und Nachbereitung; für die Strategie-Wanderung selbst ca. 10 bis 30 Minuten
- Notwendiges Material und Medien: Die Strategien können auf DIN-A4-Karton (für die Strategie-Wanderung) und auf DIN-A5-Karton (für die Formulierung der nächsten Schritte) gedruckt oder als Materialset bei der Autorin bestellt werden (kuch@medcoaching.de). Bunte Moderationskarten (oder bunte Postkarten) und Stifte für die Teilnehmenden. Eine Pinnwand, bei größeren Gruppen zwei Pinnwände. Flipchart mit Ablaufplan und ggf. Maßnahmenplan.
- Räumliche Voraussetzungen und Vorbereitung: Ein größerer Raum, in dem ein Stuhlkreis mit Pinnwänden und Flipchart vorbereitet wird und zudem (möglichst in einer anderen Ecke des Raumes) die fünfzehn Strategien der Strategie-Wanderung jeweils auf einem DIN-A4-Karton gedruckt in einem Kreis auf dem Boden liegen. Stifte und Moderations- oder Postkarten für die Teilnehmenden neben den Strategieblättern ebenfalls auf den Boden legen. Möglich ist es auch, die Strategieblätter in einem anderen Raum zu platzieren und die Gruppe nach der ersten Phase (Klärung des Fokus) dort hinzuführen.

Strategie-Wanderung

▶ Neue Verfahren sollen eingeführt, ein Projekt gestartet, ein Problem gelöst oder ein Ablauf verbessert werden – bei diesen und anderen Veränderungen in der Organisation bringt die Strategie-Wanderung Klarheit in die Frage: „**Wie** sollen wir dabei vorgehen?" Sie eignet sich damit besonders gut dazu, Veränderungsvorhaben (wieder) in Gang zu bringen, sowohl auf der Ebene eines Teams oder einer Abteilung als auch auf der Ebene der Gesamtorganisation.

Kontext und Zielsetzung

▶ Ein Erfolgsprinzip des lösungsorientierten Vorgehens besteht darin, Personen Veränderungen selbstverantwortlich gestalten zu lassen. Die Strategie-Wanderung führt dieses Prinzip auf spielerische Art konsequent weiter und bietet einen sicheren Rahmen für die Prozessgestaltung, also Antworten auf die Frage, wie Veränderungen konkret umgesetzt werden sollen. Die Intervention bringt Leichtigkeit in schwierige Veränderungsprozesse.

Vorbereitung: Was ist im Fokus?

Ausführliche Beschreibung

Bevor Sie das Tool anwenden, sollten Sie sicher sein, dass die Gruppe oder das Team, mit dem Sie arbeiten, sich in der Lage sieht und willens ist, sich selbst aktiv an der Veränderung zu beteiligen. Zudem sollte zwischen Ihnen und allen Beteiligten eine vertrauensvolle Beziehung etabliert sein, die es den Beteiligten ermöglicht, sich auf den von Ihnen vorgeschlagenen Prozess einzulassen.

Anschließend befragen Sie die Gruppe nach ihrem gemeinsamen Ziel: „Welches Ziel wollen Sie erreichen? Was soll nach der Veränderung anders sein?" Das Ziel halten Sie schriftlich auf einem großen Blatt Papier oder auf einer Moderationswolke fest.

Es ist auch möglich, das Tool mit eine Gruppe von Personen mit unterschiedlichen (Teil-)Zielen anzuwenden. Dann könnten die Fragen lauten: „Bitte denken Sie an das Projekt, dass Sie starten möchten. Wie lautet Ihr Ziel? Was ist nach Ihrem Projekt anders?" Auf ein großes Blatt schreiben Sie dann ein übergeordnete Ziel, wie z.B. „Wir auf dem ersten Platz!" oder „Wir bieten unseren Klienten die beste Beratung".

Wenn der Fokus geklärt ist, leiten Sie die Gruppe in einen anderen Teil des Raumes (oder in einen anderen Raum), in dem die fünfzehn Strategien der Strategie-Wanderung auf DIN-A4-Kartons in einem Kreis auf dem Boden liegen. Jede Strategie ist mit einem Bild und Beispielsätzen dargestellt. Sie platzieren nun das von Ihnen dokumentierte Ziel der Beteiligten in der Mitte des Kreises und los geht's.

Christine Kuch

Beispiel für die 15 Strategien, die es zu „erwandern" gilt.

Strategie-Wanderung

Sie bitten die Teilnehmenden, sich in einem Kreis um die Strategien zu stellen. Dann klären Sie sie über den weiteren Verlauf auf, den Sie am besten auf einem Flipchart visualisieren:

1. Wandern (1 Minute)
2. Rasten: Postkarten schreiben (2,5 Minute)
3. Plauschen: Austauschen und Unterstützung bekommen (3 Minuten)
4. Und wieder von vorn: Wandern, Rasten, Plauschen (1 bis 2 Wiederholungen)

Dies können Sie so (oder ähnlich) moderieren: *„Ich werde Sie nun bitten, sich zunächst für eine Minute auf die Wanderung zu begeben. Schauen Sie sich die Strategien an und suchen Sie nach solchen, die Sie mögen, z.B. weil Sie gute Erfahrungen damit haben oder weil Sie sich vorstellen könnten, dass dies in der speziellen Situation funktionieren könnte. Nach einer Minute werde ich die Wanderung unterbrechen und Sie suchen die Strategie auf, die Ihnen auf Ihrer bisherigen Wanderung am besten gefallen hat."* Nach einer Minute nutzen Sie eine Glocke, einen kleinen Gong oder machen sich sonst irgendwie bemerkbar.

„Ich bitte Sie nun gleich, eine Rast einzulegen und zwar bei der Strategie, die Ihnen bei Ihrer Wanderung bislang am besten gefallen hat. Überlegen Sie bitte, was Sie als Nächstes unter Beachtung der gewählten Strategie tun würden. Schreiben Sie bitte Ihre Ideen auf Karten und platzieren Sie diese in der Nähe der Strategie. Sie haben dafür zweieinhalb Minuten Zeit. Bitte gehen Sie nun zu Ihrem Rastplatz, zu der Strategie, die Sie bislang am meisten angesprochen hat."

Nach zweieinhalb Minuten machen Sie sich wieder bemerkbar: *„Wenn Sie andere am gleichen Rastplatz finden, bilden Sie kleine Gruppen von zwei oder drei Personen. Nun werde ich Sie gleich bitten, einen kleinen dreiminütigen Plausch mit Ihrem Nachbarn anzufangen. Dabei zeigen Sie ihm Ihre Karten. Ihr Nachbar sagt Ihnen daraufhin, was ihm an Ihren Ideen und an Ihnen gut gefällt. Dann zeigt Ihr Nachbar Ihnen seine Karten und Sie sagen ihm daraufhin, was Ihnen an seinen Ideen und an ihm gut gefällt. Sie haben dafür jetzt drei Minuten Zeit."*

Nach drei Minuten machen Sie sich wieder bemerkbar und bitten die Gruppe, sich auf eine erneute Wanderung zu begeben, die Sie dann wie zuvor moderieren. Dabei bitten Sie die Beteiligten auch, bei der Wanderung eine neue Strategie zu ergänzen, falls sie eine von ihnen favorisierte vermissen. Die Wanderung kann eventuell nochmals wiederholt werden.

Abschließend können Sie den Beteiligten für ihre aktive Teilnahme danken und sie bitten, wieder Platz zu nehmen.

Die nächsten Schritte

Die im Rahmen der Strategie-Wanderung ausgewählten Strategien entnehmen Sie nun dem DIN-A5-Kartensatz und heften diese zusammen mit den von den Teilnehmenden beschrifteten Karten an eine Pinnwand. Nachdem Sie das erzielte Ergebnis wertschätzten, fragen Sie die Gruppe, ob ein abgestimmtes Prozedere zwischen allen Beteiligten notwendig und sinnvoll erscheint, um das Ziel zu erreichen, oder ob jeder der Teilnehmenden eine individuelle Strategie verfolgen kann.

Falls die Beteiligten sich für ein abgestimmtes Prozedere entscheiden, kann eine Gruppendiskussion anhand der Ergebnis-Pinnwand moderiert werden. Fragen wie z.B. „Fehlt noch etwas?" oder „Was sollte als Erstes getan werden?" helfen dabei, die Diskussion zu strukturieren und einen konkreten Maßnahmenplan zu erstellen. Dabei werden für die relevanten Strategien kleine konkrete Aktionen entwickelt und vereinbart, die in den nächsten Tagen bzw. Wochen umgesetzt werden können.

Falls die Beteiligten entscheiden, dass jeder der Teilnehmenden die eigene, selbst ausgewählte Strategie verfolgen kann, wird nun jeder Teilnehmende gebeten, in Bezug auf die ausgewählte Strategie zu überlegen, was *sein* persönlicher kleiner Schritt sein könnte, um ein Stück in Richtung des erwünschten Ziels zu kommen. Er entscheidet dann, welche konkrete kleine Aktion er umsetzen wird. Falls die Gruppe nicht zu groß ist, kann anschließend jeder Teilnehmende berichten, wann er was bis wann tun möchte. Dadurch kann zum einen die Verbindlichkeit gesteigert und zum anderen deutlich gemacht werden, was alles passieren wird, um das gemeinsame Ziel zu erreichen.

Abschließend sollte Raum für die gegenseitige Wertschätzung gegeben werden. Zudem ist es hilfreich, auch bei kleinen Veränderungsvorhaben ein zweites Meeting zu verabreden. Hierbei können die Bemühungen und kleinen Erfolge der Beteiligten wertgeschätzt und das bisherige Vorgehen reflektiert werden („Was ist gut gelaufen?", „Was sollten wir wieder so machen?", „Was sollten wir künftig anders machen?" etc.). Bei größeren Vorhaben können zudem die nächsten Schritte vereinbart werden.

Kommentar

Die Strategien im Tool wurden auf der Basis einer von mir durchgeführten Interviewstudie mit Personen entwickelt, die sich mit systemisch-lösungsorientierter Organisationsentwicklung befassen. Im Rahmen dieser Studie wurden die Strategien zudem Führungskräften und Mitarbeitern aus Organisationen im Gesundheitswesen und anderen Dienstleistungsbranchen vorgelegt und von ihnen bezüglich ihrer Nützlichkeit bewertet. Die Idee zur Entwicklung des Tools entstand vor dem Hintergrund, möglichst viele Involvierte an der Entscheidung zu beteiligen, wie vorgegangen werden soll – im Sinne des Shared Decision-making. Zudem sollte die Bewegung, die bei Veränderungsvorhaben notwendig ist, praktisch erfahrbar gemacht werden.

Dies spiegelt sich in Äußerungen von Teilnehmenden wieder, so z.B.: „Ich hätte nie gedacht, dass so eine kurze Sache (in diesem Team dauerte die Wanderung 10 Minuten) so viel Wirkung hätte und auch noch locker ist." Oder: „Ehrlich gesagt, das, was mir am deutlichsten wurde: Ich muss was bei mir ändern. Da wäre ich vorher nicht drauf gekommen. Und es ist viel einfacher, als ich dachte."

Doch was tun, wenn jemand mit keiner der vorgeschlagenen Strategien etwas anfangen kann? Ich bitte dann den Betreffenden zu beschreiben, worauf man aus seiner Sicht achten müsste, um einen erfolgreichen Verlauf zu gewährleisten, und dies dann als neue Strategien hinzuzufügen. Das Tool erlaubt die Formulierung neuer Strategien und ist daher selbst für Veränderung offen. Gelegentlich äußern Teilnehmende bei der Vereinbarung der nächsten Schritte ihre große Befriedigung, dass man nun tatsächlich mit entscheiden könne und nicht „der Chef" das letzte Wort habe. Daher ist es wichtig, vorab mit der Führung des Teams zu klären, wie weit den Mitarbeitenden freie Hand gegeben wird, den Veränderungsprozess selbstverantwortlich zu gestalten.

Quellen/Literatur

▶ Christine Kuch (2006): Initiating Organisational Development. In: Lueger/Korn: Solution-focused management. Rainer Hampp Verlag, München, pp. 249-57.

Traumtheater 20XX

Yasuteru Aoki, Japan

Kurzbeschreibung Diese Übung verwende ich in internen Workshops mit Teilnehmenden, die ausdrücken wollen, wie sich Veränderungen an ihrem Arbeitsplatz zeigen. Sie erzeugt eine Menge Spaß und Energie. Sowohl das Spielen der Veränderung in der Schauspielerrolle als auch das Beobachten der Veränderung in der Zuschauerrolle hinterlässt bleibende Eindrücke möglicher Veränderungen.

Setting
- Günstig sind Vierergruppen bei einer Gesamtgruppengröße von 16 bis 24 Teilnehmenden. Dies kann flexibel gehandhabt werden.
- Vorbereitung: 60 bis 90 Minuten, Spielen: 30 Minuten, Auswertung: 10 bis 15 Minuten
- Jede Gruppe sollte in der Vorbereitungsphase einen abgeschlossenen Raum zur Verfügung haben, so dass sie den Inhalt ihres Sketches geheim halten können.
- Wenn Sie Preise vergeben wollen, sollten Sie etwas vorbereiten, das der Situation und der jeweiligen Unternehmenskultur angemessen ist.

Kontext und Zielsetzung

Diese Übung setze ich gegen Ende eines zweitägigen lösungsorientierten Kommunikations-Workshops ein, wenn die Teilnehmenden bereits mit lösungsorientierten Prinzipien vertraut sind. Sie bietet viele Ansatzpunkte, um daran zu arbeiten, wie sich die Kommunikation am Arbeitsplatz verbessern lässt. Außerdem stärkt sie den Teamgeist.

Eines der Schlüsselelemente der lösungsorientierten Arbeit ist es, sich auf mögliche Lösungen zu konzentrieren, statt Probleme in der aktuellen Situation zu untersuchen. Traumtheater 20XX bietet die Möglichkeit, die Gegenwart mit Humor zu umgehen und ein konkretes Bild einer positiven Zukunft zu erfahren. Die Übung ist eine gute Verbindung zwischen lösungsorientiertem Wissen und Alltagssituationen. Die Teilnehmenden können ihre Erfahrungen in einer Weise ausspielen, die zu einprägsamen Erlebnissen führen. Der Schlüssel dazu liegt im Austausch von „zukünftigem Glück". Dies schafft Hoffnung und positive Energie und bietet die Grundlage für nächste Veränderungsschritte.

---

1. Der Moderator kündigt die Übungen humorvoll an: *„Willkommen zum Traumtheater, präsentiert von … (Name des Unternehmens). Heute werden wir ein einzigartiges Schauspiel genießen: unsere fantastische Zukunft, gespielt von unseren wunderbaren Schauspielerinnen und Schauspielern – und das sind Sie!"* Ergänzend kann der Moderator kurz erläutern, wie diese Theaterarbeit für die Organisation hilfreich sein kann, da hier über eine erwünschte Zukunft nachgedacht und neue Möglichkeiten erarbeitet werden.

Ausführliche Beschreibung

2. Der Moderator bittet die Teilnehmenden, Vierergruppen zu bilden und diesen Gruppen einen Namen zu geben. Dies kann ein Name sein, der an eine echte Theatergruppe erinnert.

3. Die Teilnehmenden besprechen in ihren Gruppen, welche Kommunikationssituationen sie im Rahmen ihrer Arbeit verbessern wollen. Dies sollte ohne die Nennung von Namen geschehen. In Führungskräftetrainings werden häufig folgende Situationen genannt: unklare Aufträge an Mitarbeiter vergeben; Konkurrenz im Gespräch mit anderen Führungskräften; Sitzungen ohne konstruktive Kommunikation usw. (Zeit: 5 Minuten).

4. Jede Gruppe sucht sich eine Situation aus und beginnt, zwei Sketche zu erarbeiten: eine Szene vor und eine nach Einführung des Solution Focus. *„Bevor der Solution Focus eingeführt wurde, pflegten unsere Führungskräfte Folgendes zu tun: … "* Und: *„Nachdem der Solution Focus eingeführt wurde, verbesserte sich unsere Kommunikation, so dass das im Jahr 20XX so aussieht: … "* Alle vier Gruppenmitglieder sollten eine Rolle übernehmen. Eine davon kann eine Erzählerrolle sein (Zeit: 30 bis 45 Minuten).

5. Wenn die Szenen durchgesprochen und vorbereitet sind, werden die Gruppen ermutigt, sie in einem abgeschlossenen Raum zu proben (Zeit: 30 Minuten).

6. Das Theater: Die Teilnehmenden sitzen in Stuhlreihen wie in einem echten Theater. Der Moderator übernimmt die Rolle eines Zeremonienmeisters und stellt jede Gruppe kurz vor. Für die eigentliche Vorstellung hat jede Gruppe maximal fünf Minuten Zeit.

7. Nach jedem Sketch kommt der Moderator zurück auf die Bühne und bittet die Zuschauer, der Gruppe Anerkennung zu geben. Außer Applaus können das auch anerkennende Beobachtungen zur schauspielerischen Leistung der Einzelnen sein.

8. Falls gewünscht, kann der Moderator, wenn alle Sketche aufgeführt wurden, Preise verleihen. Das kann ganz kurz geschehen, mit anerkennenden Bemerkungen und Applaus, oder es kann ganz großartig, wie bei der Oscar-Verleihung in Hollywood, inszeniert werden.

9. Die Gruppen kommen wieder zusammen und reflektieren den Prozess dieser Theaterproduktion. Sie tauschen sich über Fragen aus wie: Was haben wir aus der Entwicklung und Aufführung der Szenen gelernt, was aus der Reaktion der Zuschauer? Woran könnten wir merken, dass einige Dinge aus dem zweiten Sketch (nach dem Solution Focus) schon eingetroffen sind? usw. (Zeit: 10 bis 15 Minuten).

Weiteres Vorgehen

Der Moderator kann den Teilnehmenden weitere „Futur-Perfekt-Fragen" stellen, zum Beispiel:

▶ Welche anderen Szenen können Sie sich nach dem Solution Focus vorstellen?
▶ Wenn all diese Situationen Wirklichkeit werden, welche Folgen wird das haben?

Kommentar

▶ Früher habe ich Rollenspiele in internen Kommunikationstrainings eingesetzt, indem ich Fehler entdeckte und sie korrigierte. Ein Freiwilliger kam nach vorn, spielte eine bestimmte Kommunikationssituation mit einem anderen Freiwilligen und wenn ich einen schwerwiegenden „Fehler" fand, hielt ich die Szene an und bat ihn, es korrekt zu wiederholen. Auf diese Weise bekam ich Kommentare wie: „Herr Aoki, jetzt weiß ich, was ich falsch mache. Vielen Dank!" Ich fand das solange gut, bis ich entdeckte, dass das Wissen darüber, was falsch ist, nicht unbedingt bedeutet, dass man weiß, wie es richtig geht. Für die Workshopteilnehmenden ist es viel wichtiger, ein klares und konkretes Bild von dem zu haben, was für sie richtig ist.

▶ Die Qualität des Schauspielens ist überhaupt nicht wichtig. Normalerweise ist sie gut genug und es ist immer eine Menge Humor im Spiel. Im „Vor-Solution-Focus-Sketch" werden problematische Kommunikationssituationen häufig wie in einer Fernsehkomödie gespielt, so dass die Teilnehmenden eine Menge zu lachen haben. Und wenn sie dann den „Nach-Solution-Focus-Sketch" sehen, haben sie auf einmal wunderbare Vorbilder vor Augen. Dies kann sehr bewegend sein.

▶ In der Regel macht der Kontrast zwischen vorher und nachher es für die Zuschauer leichter, die Pointe zu verstehen. Die Übung kann auch ohne den „Vor-Solution-Focus-Sketch" durchgeführt werden, wenn Sie meinen, dass dadurch zu viel Problemsprache und Kritik erzeugt wird.

▶ Es kann sein, dass die Schauspieler die lösungsorientierten Ideen nicht genau wiedergeben. Seien Sie großzügig und akzeptieren Sie alle positiven Elemente in dem „Nach-Solution-Focus-Sketch". Es geht vor allem darum, ein gutes Bild von der zukünftigen Arbeitssituation zu bekommen.

▶ Normalerweise nutze ich die Mittagspause für die Vorbereitung. In Vierergruppen diskutieren und entwickeln die Teilnehmenden während des Mittagessens das Szenario. Wenn sie vom Essen kommen, können Sie sofort mit den Proben beginnen. Das verhindert ein „Suppenkoma".

Quellen/Literatur

Als ich diese Übung entwickelte, habe ich dazu keine besonderen Quellen benutzt. Allerdings haben mir meine früheren Erfahrungen mit Dr. Zerka Moreno im Psychodrama eine Menge geholfen.

Kapitel 6

Skalierungen – Unterschiede und Fortschritte erkennen

In diesem Kapitel lesen Sie:

Coaching Time-out 207
Mit lösungsfokussierten Fragen aus verfahrenen
Situationen in Trainings und Seminaren herausfinden

Der Skalen-Spaziergang 212
Auf einer Skala den eigenen Lernfortschritt
zu Fuß erkunden

Fehlermanagement 217
„Fehler" aus der Zukunft und der Vergangenheit
betrachten – ein Perspektivwechsel, der neue Kräfte
freisetzt

Zwischenstopp 222
Innehalten, um die vorhandene Energie auf die
weiteren Schritte zu konzentrieren

Coaching Time-out

Thomas Lenz, Österreich

Kurzbeschreibung

Coaching Time-out ist eine Intervention, die Zeit für echte Entwicklung schafft: Der Moderator unterbricht die Übung und stellt mit lösungsfokussierten Fragen die anscheinend „verfahrene" Übung wieder auf die Schiene. Nach der Wiederaufnahme der Outdoor-Übung entstehen nachhaltige Effekte in der Lern- und Organisationsentwicklung.

Setting

- Die Intervention kann mit einer einzelnen Person und mit Gruppen durchgeführt werden. Limitierender Faktor nach oben ist die Möglichkeit, sich schnell zusammenzustellen und ein für alle akustisch nachvollziehbares Gespräch führen zu können.
- Das Coaching Time-out benötigt rund 10 bis 20 Minuten je nach Gruppengröße und Diskussionsbedarf der Gruppe. Länger sollte die eigentliche Übung nicht unterbrochen werden.
- Die Übung wirkt vor allem in der freien Natur und mit körperlich und geistig herausfordernden Übungs-Settings. Es ist schon ein besonderes Erlebnis, im Sonnenschein zusammenzustehen oder beim Lagerfeuer zu sitzen und zu reden, wenn dabei die Muskeln und Glieder vom Arbeiten schmerzen.
- Ich habe auch gute Erfahrungen mit der Intervention bei Indoor-Übungen und Kurz-Planspielen gemacht. Sie sollte dann noch konzentrierter und der Übung angemessen verkürzt eingesetzt werden.

Kontext und Zielsetzung

Das Coaching Time-out findet seine Anwendung in längeren Übungen und Simulationen, bevorzugt mit Outdoor-Charakter. Themen können sein: Führungsentwicklung, Prozessentwicklung, Projektmanagement, Organisationsentwicklung, Teamarbeit, Kooperation oder andere unternehmerische Aufgabenstellungen.

Längere und komplexe Outdoor-Übungen können leicht langatmig werden oder durch ein Übermaß an Action-Anteilen das Lernen in den Hintergrund drängen. Viele positive Anstöße können so verloren gehen. Die folgende Intervention unterstreicht den Laborcharakter von Outdoor-Übungen, in denen experimentiert und neues Verhalten erprobt werden kann. Die Teilnehmenden erarbeiten sich Erfolgserlebnisse aus herausfordernden Aufgabenstellungen und verankern die Fähigkeiten, die sie dahin geführt haben. Sie lernen dabei aus Spaß und Erfolgserlebnis statt aus Misserfolg und Fehleranalyse.

Ausführliche Beschreibung

Der Rahmen

In einer Outdoor-Simulation zum Thema „Führung und Prozessqualität" wird beispielsweise eine Seilbahn gebaut. Dazu müssen die Teilnehmenden eine Fülle von Aufgaben bewältigen: eine ausführliche Planung vornehmen, Berechnungen anstellen, Material beschaffen, Aufgaben und Rollen festlegen, Tätigkeiten delegieren und die Ausführung umsetzen. Durch gruppendynamische Prozesse, natürliche Umweltereignisse oder auch durch Interventionen des Moderators entstehen Schwierigkeiten für die Teilnehmenden. Es kommt zu Krisen und Konflikten. In solchen kritischen Situationen setzen Organisationen in der Regel bewährte Überlebensstrategien ein.

Foto: Die Outdoor-Gruppe beim Time-out.

Die Intervention des Coaching Time-out

Diesen Moment muss der Moderator erkennen und ein Time-out, also einen Übungsstopp ausrufen. Die betreffenden Personen – seien es einzelne Rollen oder die gesamte Gruppe – werden zusammengerufen und versammeln sich an einem neutralen Ort, der noch in Sichtweite des Übungsgeschehens ist. Ein möglicher Dialog zwischen Moderator und Teilnehmenden kann nun folgendermaßen ablaufen.

Moderator: *„Wie geht es Ihnen jetzt?"* (Themen und Stimmungen sammeln)

Teilnehmende beginnen zu erzählen von Problemen, Versäumnissen anderer, von Ungerechtigkeiten und Schwächen der Spielanleitung, von eigenen oder fremden Unzulässigkeiten und Fehlern usw.

Moderator: *„Ich sehe und schätze, mit wie viel Enthusiasmus Sie dabei sind. Ich möchte Ihnen dafür danken. Es zeigt mir, dass Sie diese Spielsituation ernst nehmen.* (Wertschätzung der Versuche) *Bevor wir entscheiden, wie es weitergeht, habe ich eine wichtige Frage an Sie: Was ist bis jetzt gut gelaufen?"* (Ressourcen sammeln)

Teilnehmende geben ihre Antworten.

Moderator: *„So, wie ich Ihren Spaß bei der Sache beobachtet habe, müssen doch einige Dinge einen Unterschied ausgemacht haben gegenüber anderen schwierigen Situationen, die Sie kennen. Was war denn das, was Ihnen hier gut gefallen hat? Was ist bei Ihnen selbst und bei anderen schon gelungen?"* (Unterschiede und Potenziale herausstreichen)

Teilnehmende beginnen zu erzählen, z.B. über das gemeinsame Naturerlebnis, die Freude, sich bewegen können, ein Erfolgserlebnis beim Auffinden der richtigen Stelle im Wald, das gemeinsam entwickelte Kommunikationssystem, die klare Rollenzuordnung, der Spaß an der kreativen Ideenfindung, die Eigeninitiative usw.

Moderator: *„Das ist doch schon eine ganze Menge. Nennen wir Ihre Aussagen nun der Einfachheit halber Ihre Ressourcen. Welche dieser Ressourcen hätte denn das Potenzial, Ihnen in der weiteren Übung zu helfen, wenn Sie sie konsequent anwenden würden?* (Umsetzung planen)*Und wer in der Gruppe müsste nun was tun?"*

Teilnehmende überlegen ... und strukturieren ihr Lernen. Das heißt, sie diskutieren z.B. Vereinbarungen wie: uns an die vereinbarten Rollen halten, mehr miteinander reden, vor Entscheidungen erst einmal überlegen, die anderen Gruppen aktiver unterstützen usw.

Moderator: *„Das klingt sehr vielversprechend. Jetzt würde ich gerne erleben, wie Sie das Spiel mit den eben beschriebenen Ressourcen weiterführen. Das könnte uns allen etwas bringen. Was meinen Sie dazu?"* (Machbarkeit unterstreichen)

Teilnehmende überlegen und kommen meist überein, die Übung in veränderter Tonart weiterzuführen, da die Chance auf ein erfolgreiches Übungsergebnis eine hohe Motivation schafft.

An dieser Stelle sollte der Moderator großzügig und kulant in der Handhabung von Spielregeln sein, ohne den Charakter der Simulation zu verwässern. Danach geht die Übung weiter.

Eine Verstärkung des Effektes kann erzielt werden, wenn es ein oder mehrere weitere Coaching Time-outs gibt. Mögliche Fragen des Moderators können in diesem Sinne lauten:

- „Wie hat sich denn die Änderung bewährt?"
- „Welche Unterschiede haben Sie bemerkt?"
- „Und wie könnten Sie die Situation noch weiter verbessern?"

Die Reflexion

Beim Reflektieren der Übung geht der Moderator vor allem auf die jeweiligen Sequenzen der Veränderung ein. Damit werden die Teilnehmenden auf ihre Lernfähigkeit und ihre Entwicklungspotenziale hingewiesen, anstatt – wie sonst oft üblich – auf ihre Defizite, um damit zerknirscht nach Hause zu gehen. Mögliche Fragen des Moderators in der Reflexion:

- „Welche Situationen, Verhaltensweisen und Änderungen haben Sie als wirklichen Unterschied zu bekannten Situationen wahrgenommen?"
- „Welche Ideen bekommen Sie dadurch?"
- „Wie können Sie dieses Potenzial für Veränderungen in Ihrem Betrieb nutzen?" (Transfer)

Weiteres Vorgehen

Üblicherweise wird die Simulation am Folgetag reflektiert. Es ergeben sich daraus fast immer vereinbarte Maßnahmen der Gruppe für Spielregeln, Abläufe, Strukturen usw. in der eigenen Organisation. Ein begleitendes Maßnahmen-Coaching macht dabei Sinn. Nicht wenige Unternehmen entschließen sich zu einem regelmäßigen Update in Form einer jährlich wiederkehrenden Outdoor-Veranstaltung.

Kommentar

Einige Teilnehmende meiner Outdoor-Seminare beschweren sich zu Recht über Leerläufe in längeren Outdoor-Sequenzen. Ich sah damals zwei Möglichkeiten: entweder die Herausforderung der Übung zu erhöhen oder das Lernen in der Gruppe zu intensivieren. Der zweite Punkt war für mich der spannendere Weg. Nicht zuletzt hatte ich mir die Frage gestellt: „Wann hat es denn funktioniert? Wann waren in den Übungen wirklich spannende Sequenzen?" Die Antwort: „Wenn man den Teilnehmenden zu ihren Aha-Erlebnissen und zum Aussprechen ihrer Erfolgsgeheimnisse verhalf."

Das Coaching Time-out kam bei mir erstmals zum Einsatz, als sich eine Gruppe bei einer Übung im Gebirge hoffnungslos verfahren hatte. Das Ganze stand kurz vor dem Abbruch. Um das zu vermeiden, nahm ich den Gruppenleiter der Simulation beiseite. Ich empfahl ihm, nun dezidiert Führungsakzente zu setzen und fragte ihn, was das nun sein könnte. Daraufhin berief er ein Krisenmeeting ein. In einer wohl durchdachten und emotionalen Ansprache motivierte er die Gruppe zu einem letzten Versuch (es wurde eine Brücke gebaut), der schließlich zum Erfolg der Übung führte. Diese fünf Minuten seiner Ansprache waren knisternd und ein Beispiel für gute und umsichtige Führung. Noch Jahre später erzählte er mir, welche grundlegende Wendung sich damals in seinem Managerleben vollzogen hatte: Er hatte bewusst Verantwortung für das eigene Handeln übernommen.

Dies gab mir den Anstoß, lösungsfokussierte Ideen explizit in Planspiele einzubauen. Vor allem zwei Aspekte arbeite ich dabei heraus:

1. Ressourcen-Orientierung statt Fehler-Diagnose: Statt mit der Autorität des outdoor-erprobten Moderators Unzulänglichkeiten zu diagnostizieren, lenke ich den Blick auf Erfolgsgeschichten und Aha-Erlebnisse.
2. Durch Wahrnehmung von Unterschieden die Potenziale der Teilnehmenden stärken: In Outdoorübungen gibt es immer Stimmungshochs und Stimmungstiefs. Ich frage nach den erlebten Unterschieden.

Mein Dank gilt Insoo Kim Berg und Harry Korman, die mir in der Ausbildung Solution Focused Brief Therapy viele wertvolle Rückmeldungen zur Vorgehensweise der Kurzzeitmethodik gaben.

Quellen/Literatur

Der Skalen-Spaziergang

Paul Z Jackson, Vereinigtes Königreich

Kurzbeschreibung Diese Übung bietet eine gute Gelegenheit, das Konzept des Skalierens einzuführen oder zu vertiefen. Die Teilnehmenden erfahren körperlich die Bedeutung verschiedener Punkte auf einer Skala. Der Skalen-Spaziergang gibt jedem Teilnehmenden Gelegenheit, an einem individuellen Anliegen zu arbeiten, zum Beispiel bestimmte Dinge in der Arbeit zu verbessern.

Setting
- Teilnehmerzahl: Die Übung lässt sich mit beliebigen Teilnehmerzahlen durchführen. Begrenzungen gibt es lediglich durch die Größe des Raums.
- Dauer: 15 Minuten und 10 Minuten Auswertung
- Technische Voraussetzungen: genügend Raum, um sich mit den Teilnehmenden nebeneinander und möglichst auf gleicher Höhe von einer Seite des Raumes zur anderen bewegen zu können.

Kontext und Zielsetzung
- Mit der Übung wird das Konzept des Skalierens detailliert eingeführt. Dieses unterstützt die Teilnehmenden bei einem individuellen Anliegen, das sie im Rahmen ihrer Arbeit oder in anderen Zusammenhängen voranbringen wollen. Üblicherweise benutze diese Übung, nachdem ich das „Futur Perfekt" eingeführt habe. Die Übung kann aber auch unabhängig davon durchgeführt werden.

- Diese Aktivität bietet den Teilnehmenden eine Menge Anregungen, wie sie sich in allen möglichen Bereichen verbessern können. Sie bietet außerdem in kurzer Zeit Gelegenheit, mehr über das Skalieren zu erfahren und darüber aktiv und fruchtbar zu diskutieren.

Falls Sie vorher über das „Futur Perfekt" gesprochen haben, können Sie einen eleganten Übergang schaffen, indem Sie erläutern, dass die 10 auf einer Skala genau dieses „Futur Perfekt" repräsentiert. *„Anstatt nun aber weiter über Skalierungen zu reden, werden wir auf der Skala spazieren gehen."*

Ausführliche Beschreibung

▶ Schaffen Sie entweder im Raum genügend Platz oder gehen Sie mit den Teilnehmenden nach draußen bzw. in einen Raum mit ausreichend Platz.

▶ Bitten Sie alle, an ein Thema zu denken, das mit ihrer Arbeit verbunden ist und bei dem sie sich gerne verbessern möchten. Überprüfen Sie, ob alle ein Anliegen haben, an dem sie arbeiten können. Wenn ihnen zur Arbeit nichts einfällt, können sie auch einen Sport oder ein Hobby nehmen, in dem sie besser werden wollen.

▶ Dann sagen Sie Folgendes: *„Die 10 steht dafür, dass Sie ständig an Ihrem persönlichen oberen Limit arbeiten, so gut wie Sie nur können. 1 bedeutet, dass Sie beim krassen Gegenteil angelangt sind, am schlimmsten Punkt, den Sie sich vorstellen können. Wenn Sie sich nun diese Skala zwischen 1 und 10 für Ihr Anliegen vorstellen, an welchem Punkt stehen Sie dann im Augenblick?"*

▶ *„Gut, ab diesem Punkt können wir zusammenarbeiten. Wir nennen diese Zahl nun einfach ‚n', egal welche es ist. Bitte behalten Sie diese Zahl für sich."*

▶ Erläutern Sie den Teilnehmenden, dass es eine Skala in diesem Raum gibt. Zeigen Sie, an welcher Seite sich die 1 und an welcher Seite sich die 10 befindet. Bitten Sie nun die Teilnehmenden, mit Ihnen zu einer Linie ungefähr in der Mitte zwischen 1 und 10 zu kommen. Hier befinden sich alle gleichzeitig auf dem von Ihnen erwähnten Skalenwert „n".

▶ Sobald alle auf dieser Linie stehen, fragen Sie, ob sie lieber in Richtung 1 oder 10 schauen möchten. Die meisten Teilnehmenden möchten in der Regel lieber in Richtung 10 schauen. Bitten Sie nun alle, in Richtung 10 zu blicken und fragen Sie die Teilnehmenden, was das Reizvolle daran ist, in diese und nicht in die entgegengesetzte Richtung zu sehen. Sammeln Sie einige Antworten (das kann von „ganz fantastisch" bis „Angst einflößend" reichen) und machen Sie dabei deutlich, dass verschiedene Menschen die Skala und damit auch den Endpunkt 10 ganz verschieden interpretieren.

▶ Fragen Sie nun: *„Was liegt nahe, wenn man sich auf einer Skala befindet?"* Entlocken Sie den Teilnehmern die Antwort, dass dies immer die Möglichkeit impliziert, sich von einem zu einem anderen Punkt auf der Skala zu bewegen. Sie beinhaltet die Möglichkeit des Fortschritts (oder auch des Rückschritts). Die Idee des Sich-Bewegens ist in der Skala sozusagen eingebaut. Skalen setzen Bewegung voraus. Allein dadurch, dass man sich auf einer Skala platziert, ergeben sich Implikationen für Bewegung und dadurch auch für möglichen Fortschritt.

▶ Bitten Sie nun die Teilnehmenden, zurück auf die 1 zu schauen und fragen Sie sie, was ihnen dabei einfällt. Darauf folgen häufig Antworten wie „Versagen", „werde depressiv", „harte Arbeit" etc. Warten Sie, bis irgendjemand „Lernen, Ressourcen" oder etwas Ähnliches sagt. Sollte dies nicht geschehen, führen Sie diese Idee selbst ein, indem Sie etwa sagen: *„Ich schätze einmal, dass Sie eine Menge geschafft haben, um dahin zu kommen, wo Sie sich jetzt auf der Skala befinden. Sie haben einiges gelernt, Hindernisse überwunden und Erfolge gehabt. Vielleicht steht dieser Abstand zwischen ‚n' und ‚1' für dieses Lernen oder sogar für ein ganzes Meer an Wissen und Erfolgen, die Sie dahin gebracht haben, wo Sie jetzt stehen."*

▶ Erklären Sie nun, dass Sie mit den Teilnehmenden keinesfalls zur 1 auf dieser Skala gehen werden und fragen Sie, welche Gründe das haben könnte. *„Was ist so besonders an der 1? Was müssen wir über die 1 wissen? Wie detailliert müssen wir die 1 kennen, um zu wissen, wie sich das dort anfühlt?"* Die Begründung darauf lautet, dass auf der 1 vor allem die Probleme thematisiert werden. Als lösungsorientierter Praktiker fänden Sie dies aber wenig hilfreich.

▶ Bitten Sie die Teilnehmenden stattdessen, sich einen Moment auf die Fähigkeiten, das Wissen und die Erfolge zu besinnen, die den Abstand zwischen der 1 und „n" ausmachen. Sie können sich dafür ruhig einmal selbst loben und auf die Schulter klopfen.

▶ Anschließend gehen Sie mit der ganzen Gruppe zum anderen Ende des Raums bis zur 10. Bitten Sie die Teilnehmenden nun, sich diese 10 so konkret wie möglich vorzustellen. Dabei kann es helfen, die Augen zu schließen. *„Wie ist es hier genau? Woran können Sie festmachen, dass Sie auf der 10 stehen? Woran merken das andere? Was können Sie erkennen? Was wird darüber gesagt? Wie fühlt sich das an? Was genau passiert hier?"*

- ▸ Fragen Sie: *„Wer von Ihnen war schon einmal auf der 10, vielleicht für eine kurze Zeit oder für einen Moment?"* (Dies kann eine Quelle von sehr hilfreichem Wissen und wertvollen Erfahrungen sein.)

- ▸ Geben Sie den Teilnehmenden Zeit, um sich die 10 so konkret wie möglich vorzustellen. Bitten Sie sie dann, ihre Augen wieder zu öffnen und fragen Sie, welche zwei oder drei Freiwilligen etwas über ihre Erfahrung auf der 10 erzählen möchten. Auch hier kann es nützlich sein, zu zeigen, wie unterschiedlich die Erfahrungen und Erwartungen verschiedener Menschen auf der 10 sein können.

- ▸ Fragen Sie: *„Wofür steht die 10? Wie genau und konkret wollen wir über die 10 Bescheid wissen? Worum geht es, wenn wir in Gedanken die 10 auf der Skala besuchen?"*

- ▸ Bitten Sie die Teilnehmenden nun zurück auf den Punkt „n" der Skala. *„Wenn Sie nun auf die 10 schauen, was ist dann anders?"* (Hier sagen Teilnehmende oft, dass sie sich inspiriert fühlen, motivierter. Sie wissen nun etwas, das sie vorher nicht gewusst haben.)

- ▸ Fragen Sie die Teilnehmenden, ob sie direkt von da aus, wo sie jetzt stehen, zur 10 gehen können. Wenn sie dies bejahen, fordern Sie sie als Coach auch sofort auf, das zu tun. *„Wenn nicht, was könnten Sie denn stattdessen tun?"* Die Antwort ist: einen kleinen Schritt zu tun, einen Punkt weiter auf der Skala zu gehen. *„Und das können wir tun, indem wir uns noch einmal das ganze Wissen und die Erfahrung bewusst machen, die wir genutzt haben, um auf ‚n' zu kommen – und zusätzlich auch das einbeziehen, was wir über die 10 gelernt haben."*

- ▸ Bitten Sie die Teilnehmenden, die Augen erneut zu schließen und zu überlegen, was ein erstes kleines Signal sein könnte, an dem sie merken, dass sie sich auf der Skala weiter bewegen – einen halben oder vielleicht sogar einen ganzen Punkt. Was würden sie dann tun, was würden sie sehen? Laden Sie sie nun ein, sich einen kleinen Schritt zu überlegen, der sie in den folgenden Tagen oder Wochen auf der Skala nach vorne bringen wird. Wenn sie sich diesen Schritt vorgestellt haben, bitten Sie sie, diesen Schritt tatsächlich zu machen und dann ihre Augen wieder zu öffnen und sich bewusst zu machen, dass die 10 näher gerückt ist.

- ▸ Bitten Sie die Teilnehmenden nun, sich wieder herumzudrehen und fragen Sie, was im Abstand zwischen dem Ausgangspunkt „n" und

Paul Z Jackson

dem Punkt liegt, an dem sie sich nun befinden. Die Antwort ist: frische Erfahrung, aktuelle Motivation, die helfen kann, weitere Fortschritte zu machen.

Bitten Sie die Gruppe zurück auf ihre Stühle. Nun können Sie alle Fragen beantworten, die die Teilnehmenden zum Skalieren haben und ihnen Zeit geben, alles dazu aufzuschreiben, was irgendwie hilfreich ist.

Weiteres Vorgehen

Es kann sich eine Diskussion darüber anschließen, wie und wann Skalierungen sinnvoll eingesetzt werden können. Skalieren allein ist nicht immer lösungsorientiert. Wenn man z.B. fragt, warum jemand noch nicht auf der 10 steht, ist dies eine reine Defizitanalyse.

Kommentar

Mir ist wichtig, dass Lernen möglichst konkret und erfahrungsgesteuert ist. Für das Konzept des Skalierens erschien mir der geeignetste Weg, dies körperlich durch einen Spaziergang auf der Skala zu erproben. Seitdem ich diese Übung auf einem Workshop einer EBTA-Konferenz vorgestellt habe, habe ich sie in fast jedem weiteren lösungsorientierten Workshop benutzt.

Teilnehmende sagen oft, dass sie die körperliche Erfahrung bei dieser Übung besonders schätzen. Viele bemerken auch, wie hilfreich es für sie ist, sich die 10 sehr genau vorstellen zu können. Es war für mich überraschend, dass einige Teilnehmende sagten, dass sie nach dieser Erfahrung gar nicht auf der 10 sein möchten. Dann können Sie sie fragen, welchen Punkt auf der Skala sie stattdessen erreichen möchten.

Quellen/Literatur
- Die Übung wurde von mir entwickelt.
- Veröffentlichung: Paul Z Jackson, Mark McKergow (2007): The Solutions Focus – Making Coaching and Change SIMPLE. Intercultural Pr, London.

Fehlermanagement

Susanne Keck, Deutschland

Mittels einer Zeitlinie, die durch ein Seil oder Klebeband auf dem Boden installiert wird, und einer darauf Bezug nehmenden Abfolge von lösungsorientierten Fragen richten die Teilnehmenden den Fokus ihrer Aufmerksamkeit statt auf einen geschehenen Fehler auf Maßnahmen in der Zukunft. Die Intervention ist insbesondere für Teams geeignet, die bereits zusammenarbeiten, kann jedoch in abgewandelter Form auch mit Gruppen aus einzelnen Teilnehmenden durchgeführt werden.

Kurzbeschreibung

- Teilnehmerzahl: 2 bis 10 Personen. Bei Gruppen mit mehr als zehn Personen dauert die Übung zunehmend länger, da alle die Chance bekommen sollten, ihre Meinung zu äußern. Dann macht es Sinn, sie zu teilen und die Ergebnisse später wieder zusammenzuführen.
- Zeitbedarf: Je nach Anzahl der Teilnehmenden und des Zeitbudgets mindestens 75 Minuten
- Material: Für die Übung benötigt man prinzipiell nicht mehr als etwas, worauf man die Ergebnisse für alle sichtbar notieren kann, also Flipchart oder besser Moderationskarten mit Pinnwand. Für die „Zeitlinie" sind eine Rolle Klebeband oder ein langes Seil sowie einige verschiedenfarbige Moderationskarten erforderlich. Für die Präsentation der Fragen kann man entweder das Flipchart benutzen oder auch Beamer oder Overhead-Projektor. Es bietet sich an, die Ergebnisse zu fotografieren und den Teilnehmenden als Fotoprotokoll zur Verfügung zu stellen.

Setting

Die Übung kann immer dann eingesetzt werden, wenn es während des Workshops (auch) um einen Fehler bzw. ein spezifisches, klar umrissenes Ereignis geht, das die Teilnehmenden belastet. Die Intervention bietet sich für ein zusammengehörendes Team an, es ist jedoch auch

Kontext und Zielsetzung

möglich, sie mit einer Gruppe aus Einzelpersonen durchzuführen, so dass jeder sich auf einen eigenen „Fehler" konzentriert und die Erfahrungen aus der Übung mit den anderen teilt. Dies ist z.B. in Führungskräfte-Trainings sinnvoll, wenn es um den Umgang mit „Fehlern" bei sich und bei Mitarbeitern geht oder wenn eine Veranstaltung die „Fehlerkultur" im Unternehmen thematisiert.

Viele Menschen reagieren auf Fehler mit deren genauer Analyse, um Wiederholungen zu vermeiden. Während dies eine sehr gute Methode ist, wenn es um technische Ausfälle bei Maschinen geht, versagt sie in aller Regel bei „Fehlern" im Zusammenhang mit zwischenmenschlichen Prozessen, mit denen wir es meist zu tun haben. Die Gründe für unerwartete Ergebnisse gehen hier gegen unendlich und jeder hat seine eigene (berechtigte) Meinung zur „Schuldfrage". Dies macht Diskussionen darüber meist langwierig und unproduktiv. Zielsetzung der vorliegenden Übung ist es, den „Fehler" aus anderen Perspektiven zu betrachten, um dadurch Handlungsspielräume zu erweitern und neuen Mut zu tanken. Zudem werden konkrete Schritte erarbeitet, die in naher Zukunft eine Verbesserung der Situation und ein Hinarbeiten auf die Bewältigung ermöglichen.

Ausführliche Beschreibung

Zu Beginn ist es meist notwendig, dem „Problem-Talk" Ihrer Teilnehmenden zuzuhören. „Problem-Talk" nennen wir das Reden über das Problem, seine Ursachen und schlechten Auswirkungen. Wir zollen den Betroffenen Respekt, indem wir uns zunächst ihre Erlebnisse und Sorgen schildern lassen. Nach einer Weile (spätestens wenn Sie merken, dass es anfängt, alle „runterzuziehen"), können Sie die Teilnehmenden beispielsweise fragen, ob sie bei einer „speziellen" Übung mit „ungewöhnlichen" Fragen mitmachen würden. Sie können die folgende Übung dann z.B. mit den Worten einleiten: *„Wir wollen nun gemeinsam den Verlauf der Ereignisse auf einer Zeitlinie sichtbar machen."*

1. Zeitlinie:

Markieren Sie eine mindestens 2,50 Meter lange Zeitlinie (je mehr Teilnehmende, desto länger sollte sie sein) mit Klebeband oder einem langen Seil auf dem Boden.

2. Karten:

Geben Sie den Teilnehmenden daraufhin drei verschiedenfarbige Moderationskarten, von denen jeweils eine das Ereignis (bzw. den

„Fehler"), eine die Gegenwart und eine den Zeitpunkt in der Zukunft repräsentiert, an dem das Ereignis bewältigt sein wird. Bitten Sie nun die Teilnehmenden, die drei Karten auf der Zeitlinie so anzuordnen, wie sie die zeitliche Abfolge wahrnehmen bzw. antizipieren. Lassen Sie Diskussionen unter den Teilnehmenden zu und mischen Sie sich nur ein, wenn es entweder Verständnisprobleme oder größere Meinungsverschiedenheiten gibt. In letzterem Fall gilt grundsätzlich, dass jeder mit seiner Einschätzung Recht hat und es darauf ankommt, einen Kompromiss zu schließen.

3. Zukunft:

Bitten Sie nun die Teilnehmenden, sich auf den Punkt der Bewältigung zu stellen (natürlich kann sich eine größere Gruppe nicht gleichzeitig auf einen Punkt stellen, aber in etwa um den Punkt herum) und präsentieren Sie die folgenden Fragen (mittels Beamer, Folie oder Flipchart), die absichtlich so gestellt sind, als würden sich die Teilnehmenden selbst fragen:

- Woran merken wir, dass der Fehler bewältigt ist? (Pause …)
- Woran merken das andere (Vorgesetzte, Teams, Konkurrenten, Kunden etc.)?

Als zusätzliche Hilfestellung können Sie die Teilnehmenden bitten sich vorzustellen, es wäre jetzt wie durch ein Wunder der von Ihnen genannte Zeitpunkt der Bewältigung gekommen. Sie hätten nun zufällig den Moderator wieder getroffen, der natürlich nach dem vergangenen Ereignis und dessen Bewältigung fragt. Die Teilnehmenden berichteten ihm, dass (ggf. trotz der damals schlimmen Situation) sich alles besser als erwartet entwickelt hat und sie jetzt gut dastehen. Sie sollen beschreiben, wie die Situation jetzt aussieht, also in der Gegenwartsform sprechen!

- Was haben wir gelernt?

Es bietet sich an dieser Stelle an, das Gedankenexperiment von oben weiterzuspinnen: Wie haben die Teilnehmenden es geschafft, nach der betreffenden Zeitspanne so gut dazustehen? Was haben sie (hat jeder Einzelne) getan, um eine solche Entwicklung möglich zu machen? Und was wissen sie durch diese Bewältigungsarbeit jetzt (also in der fiktiven Zukunft), was sie vorher nicht wussten?

Sammeln Sie die Beiträge der Teilnehmenden auf Moderationskarten oder Flipchart und positionieren Sie sie für alle sichtbar an Pinnwände. Zeigen Sie Ihr Interesse und geben Sie Anerkennung für jeden konstruktiven Beitrag, der Ressourcen aufzeigt. Es sind auch alle anderen, möglicherweise auch pessimistischen Kommentare willkommen und werden genauso notiert.

4. Vergangenheit

Bitten Sie nun die Teilnehmenden, sich auf den Gegenwartspunkt zu begeben und präsentieren Sie die nächste Frage:

- ▶ Was haben wir *bisher richtig* gemacht – so dass der Fehler nicht schon früher passiert ist? (Pause …)
- ▶ Was ist uns – nachdem er passiert ist – bereits gelungen, um ihn zu bewältigen?

Sammeln Sie auch hier die Ressourcen auf Karten oder Flipchart und machen Sie sie sichtbar, möglicherweise in räumlicher Distanz zu den Ergebnissen der ersten Fragerunde. Es kann sein, dass es den Teilnehmenden zunächst schwer fällt, etwas Positives zu finden, da der „Fehler" bzw. das Ereignis alles überstrahlt. Lassen Sie ihnen Zeit, sich auf den drastischen Perspektivwechsel einzustellen. Falls sie überzeugt sein sollten, nichts richtig gemacht zu haben (was nicht oft vorkommt), brechen Sie die Frage ab und beginnen Sie nicht damit, für die Teilnehmenden zu denken. Machen Sie ihnen Komplimente für ihr Durchhaltevermögen und gehen Sie zum nächsten Teil der Intervention über.

5. Schritte

Richten Sie die Aufmerksamkeit wieder auf die fiktive Zukunft, in der der „Fehler" bewältigt ist. Bitten Sie die Teilnehmenden nun, einen Schritt auf diesen Punkt zuzumachen. Dabei kann jeder den Schritt so groß oder klein wählen, wie er möchte. Lassen Sie alle Teilnehmenden erzählen, wie genau die Situation einen Schritt weiter aussieht:

- ▶ Was ist genau anders und woran merke ich das? (Pause …)
- ▶ Woran merken andere das?

Sammeln Sie auch diese Aussagen in Ihrer gewohnten Weise.

6. Meta-Position

Bitten Sie nun die Teilnehmenden, die Zeitlinie zu verlassen, um „von außen" auf das Geschehen blicken zu können. Geben Sie ihnen Gelegenheit, kurz über die bisherige Übung zu reflektieren und zu erwähnen, was sich möglicherweise geändert hat. Präsentieren Sie dann die letzte Frage:

▶ Was werden wir als Nächstes tun?

Sammeln Sie auch hier wieder die Ergebnisse in gewohnter Weise. Haken Sie nach, wenn Äußerungen zu allgemein bzw. unverbindlich sind. Eine Frage könnte lauten: Welche konkreten Ideen haben Sie schon, wie es Ihnen gelingen könnte, einen Schritt weiterzukommen? Als Hilfe können Sie die Teilnehmenden bitten, sich vorzustellen, sie würden ihre zukünftigen Handlungen auf Video aufnehmen. Was genau wäre auf dem Video zu sehen?

Am Ende können die Teilnehmenden ihre Ergebnisse auf den Moderationskarten oder den Flipchart-Bögen betrachten bzw. als Foto-Protokoll mitnehmen.

Im Anschluss an die Übung kann es angebracht sein, hinsichtlich der Maßnahmen noch mehr ins Detail zu gehen. Zudem kann über Transfer gesprochen werden.

Weiteres Vorgehen

Die wichtigste Erkenntnis bezüglich Fehlern, zu der ich dank des lösungsorientierten Ansatzes gekommen bin und die sich durch diese Intervention praktisch umsetzen lässt, ist folgende: „Der beste Weg, um Fehler zu vermeiden, ist, weniger über sie zu sprechen, sondern über das zu sprechen, was funktioniert; und sich weniger darauf zu konzentrieren, sie zu vermeiden, als darauf, das Beste zu tun." Das ist eine mögliche andere Sichtweise, die den Umgang mit Fehlern erheblich erleichtern und langfristig eine gelungene Fehlerkultur etablieren kann.

Kommentar

Das Thema „Fehlerkultur" und „Fehlermanagement" geist[...]n einige Zeit durch die Management-Literatur und i[...]lem-orientierten Ansätzen geprägt. Nur wenig[...] Thema auf eine ressourcenorientierte W[...]n-ter bestimmten Umständen – auch als e[...]gendes werten. Inspirierend waren hier T. [...] von der Universität Göttingen.

Quellen/Literatur

Zwischenstopp

Daniel Meier, Schweiz

Kurzbeschreibung Der Zwischenstopp bietet eine einfache und effektive Gelegenheit, den bisherigen Fortschritt im Workshop festzuhalten, neue Energie zu tanken und gemeinsam sehr zielgerichtet die nächsten, sinnvollen Schritte im Arbeitsprozess zu bestimmen. Es ist eine Übung, die sowohl dem Moderator als auch den Teilnehmenden die Möglichkeit gibt, mit Zuversicht und Sicherheit die nächsten gemeinsamen Schritte zu planen.

Setting
- Für jede Anzahl Teilnehmende geeignet
- Zeitbedarf: 10 bis max. 30 Minuten
- Material: Moderationskarten, Pinnwand und Flipchart sowie genügend Stifte

Kontext und Zielsetzung

Dieses Werkzeug eignet sich gut für Workshops, die einen bis mehrere Tage dauern. Es kann flexibel während des ganzen Workshops eingesetzt werden. Ich verwende den Zwischenstopp in erster Linie dann,

- wenn ich mich als Moderator versichern will, dass die bisherigen Aktivitäten für den Fortschritt des Teams/der Gruppe auch nützlich waren,
- wenn ich Hinweise bekommen möchte, was eine nächste sinnvolle Aktivität sein kann
- und wenn es für die Gruppe hilfreich ist, schon während des Workshops erste Fortschritte zu sehen und eventuell gar zu feiern.

Der Nutzen des Zwischenstopps zeigt sich in der Praxis in zwei Bereichen:

1. **Erste Fortschritte erkennen:** Teamworkshops liegen meist Veränderungs- und Entwicklungswünsche zugrunde. In der lösungsorientierten Arbeit gehen wir davon aus, dass „Veränderung" dauernd geschieht. Sie ist nicht zu verhindern. So ist auch der gemeinsame Workshop eine Intervention, in der Entwicklung geschieht. Oft ist es für die Gruppe hilfreich, sich schon nach wenigen gemeinsamen Workshopstunden bewusst zu werden, welche kleinen Veränderungen bereits zu erkennen sind. Daraus lässt sich Energie und Zuversicht gewinnen – gerade in anfangs hoffnungslos erscheinenden Situationen.

2. **Nächste Schritte planen:** Als Moderator führe ich ein Team mit den verschiedenen Aktivitäten durch einen Prozess. Ähnlich wie auf einer Wanderung ist es auch hier nützlich, zwischendrin innezuhalten und auf die Karte zu schauen: Sind wir auf dem Weg, auf dem eine möglichst große Chance besteht, rechtzeitig unser Ziel zu erreichen? Der Moderator erhält also ganz direkt hilfreiche Informationen für die weitere Gestaltung des Prozesses – Informationen, die ihm zeigen können, welche Anpassungen gemacht werden müssen und wie ein nächster Schritt aussehen könnte.

Es hat sich bewährt, den Zwischenstopp in drei Unterphasen zu strukturieren:

Ausführliche Beschreibung

Phase 1: Nützlichkeitsskala

Definieren Sie eine Skala im Raum: *„Ich bitte Sie nun aufzustehen und sich für einen Moment zu überlegen, wie nützlich das, was wir bis jetzt gemeinsam gemacht haben, für Sie war. Die 10 hier bedeutet, es war total nützlich und die 1 hier bedeutet das Gegenteil davon. Stellen Sie sich bitte auf den entsprechenden Wert Ihrer Einschätzung."*

„Bilden Sie nun Paare mit dem Kollegen, der Ihnen gerade am nächsten steht. Ich möchte Sie einladen, sich gemeinsam darüber auszutauschen, was die drei oder vier Dinge sind, die den Workshop bisher so nützlich für Sie gemacht haben. Was macht es aus, dass Sie schon auf X stehen und nicht bei 1?" (3 bis 5 Minuten Flüstergespräch in Zweiergruppen)

Phase 2:

„Ich habe hier Moderationskarten und einige Stifte bereitgelegt. Ich darf die Paare nun bitten, sich einige Karten sowie einen Stift zu nehmen und

sich zu setzen. Ich bin mir bewusst: Wir sind jetzt erst dabei, gemeinsam die nächsten Schritte für die Veränderung in Richtung auf Ihre Ziele zu bestimmen und vielleicht noch nicht sehr weit auf diesem Weg. Doch ich denke, dass Sie in den letzten Stunden schon einige kleine Anzeichen von Veränderung gesehen, gehört – oder Zeichen gesehen – haben, die in die richtige Richtung zeigen. Ich möchte Sie bitten, sich einige Minuten Zeit zu nehmen und solche ersten kleinen Fortschritte auf den Karten zu notieren. Diese ersten kleinen, vielleicht noch kaum wahrnehmbaren Fortschritte können bei Ihnen oder auch bei anderen passiert sein. Die Moderationskarten können Sie anschließend an der Pinnwand aufhängen."* (2 bis 7 Minuten)

Phase 3:

Bitten Sie nun die Teilnehmenden, sich wieder zurück auf die Nützlichkeits-Skala zu stellen, und zwar auf den Punkt, auf dem sie vorher standen. *„Woran werden Sie merken, dass Sie einen Punkt weitergekommen sind auf dieser Nützlichkeitsskala? Was werden Sie/werden wir dann anders machen? Was werden Sie bei mir bemerken?"*

Das Ergebnis dieser kurzen Flüsterphase wird im Plenum gesammelt und auf Flipchart festgehalten (5 bis 15 Minuten).

Weiteres Vorgehen

In meinen Workshops hat es sich bewährt, nach dem Zwischenstopp auch einen echten Zwischenstopp anzufügen – nämlich eine kurze Pause. Als Moderator habe ich so die Möglichkeit, in Ruhe die nächsten Phasen zu planen.

Kommentar

▶ Das Spannende am Zwischenstopp ist für mich, dass er nicht lange dauert und sehr variantenreich eingesetzt werden kann. Es bietet sich die Möglichkeit, die einzelnen Phasen so anzupassen, dass sie auf das jeweilige Thema, das Team oder den Moderator passen. Einige Moderatoren finden es hilfreicher, wenn dabei mehr schriftlich festgehalten wird (beispielsweise auch der Austausch in der Phase 1 zur Nützlichkeit der bisherigen Aktivitäten) – andere halten eher weniger schriftlich fest.

▶ Eine sehr schöne Variante habe ich schon für Phase 2 (erste Fortschritte) erlebt, als ich die Teilnehmenden die entdeckten

Fortschritte nicht auf Karten schreiben ließ, sondern sich die bestehenden Zweiergruppen getrennt und mit einem neuen Partner zusammengetan haben. In diesen neu gemischten Zweiergruppen wurden dann die entdeckten ersten Fortschritte ausgetauscht. Ich habe dieses „Neu-Zusammenmischen" noch ein zweites Mal durchgeführt, und dies dann „Fortschritts-Gerüchteküche" genannt. Gerüchte entstehen in Teams beinahe zwangsläufig und sind oft wirksame Einflussfaktoren. Warum diese Kraft nicht als positiven Verstärker nutzen?

▶ Ursprünglich habe ich für meine Teamcoachings eine Möglichkeit gesucht, die mich als Moderator besser dazu befähigt, die wirklich nützlichen Aktivitäten für den Entwicklungsprozess des Teams auszuwählen. Zu oft habe ich erlebt, dass sich Teilnehmende kurz vor Workshop-Ende – oder gar erst in der Schlussevaluation – gemeldet haben und meinten, dass wir ja tolle Dinge gemacht hätten, sie jedoch eigentlich etwas ganz anderes erwartet hätten, dieses oder jenes Thema gar nicht zur Sprache kam oder das Ganze nicht hilfreich war. Rund 15 Minuten vor Ende eines Workshops lässt sich daran nicht mehr viel ändern. Der Zwischenstopp hilft mir als Moderator, schon während der gemeinsamen Arbeit nahe bei den Bedürfnissen des Teams zu sein und die Aktivitäten darauf auszurichten.

▶ Erst nach einigen Erfahrungen entwickelte sich dann die Idee und Überzeugung, dass eine solche Zwischenevaluation wunderbar auch dazu genutzt werden kann, den Lernprozess des Teams zu unterstützen. Auswertungen sollen nicht nur dem Moderator oder dem Auftraggeber wichtige Informationen liefern, sondern gleich auch den Personen einen Lernzuwachs liefern oder ihren Fortschritt zielgerichtet unterstützen, denen unsere Arbeit letztlich gilt.

▶ Weitere Informationen zu lösungsorientiertem Vorgehen in Teams finden Sie auch im Buch von Daniel Meier (2005): „Teamentwicklung erfolgreich gestalten – mit dem Solutioncircle Turbulenzen im Team als Chance nutzen". Solutionsurfers, ISBN 3-8334-0668-2.

Quellen/Literatur

Kapitel 7

Interaktion – an der Oberfläche surfen

In diesem Kapitel lesen Sie:

Das UNO-Spiel 229
Mit unterschiedlichen Erwartungen, Spielregeln,
Zweideutigkeiten konstruktiv umgehen

Dein Team im „Flow" 235
Wie eine Lerngruppe Schwarm-Intelligenz entwickelt

Lernen aus guten Beispielen – Austauschbörse 240
Ein strukturierter Erfahrungsaustausch, der dem
eigenen Qualitätsmanagement auf die Sprünge hilft

Lösungsfokussiertes Interview mit dem abwesenden Team ... 247
Wie man mit Nichtanwesenden arbeiten und
mittels Strukturaufstellung trotzdem tragfähige Lösungen
entwickeln kann

Lösungsfokussiertes Interview ohne hörbare Antworten 257
Mit Klienten an heiklen Themen arbeiten, auch wenn
sie sich nicht dazu äußern wollen

Lösungsorientierte Traum-Inszenierungen 263
Das Potenzial von Träumen im schöpferischen Dialog
für die persönliche Entwicklung nutzen

Mini-Coaching mit Maxi-Wirkung 269
Wie kurze Coaching-Interventionen magische
Workshop-Situationen schaffen können

Das UNO-Spiel

Kirsten Dierolf, Deutschland

Das UNO-Spiel ist eine Einstiegsübung in das Thema der interkulturellen Kommunikation. Die Teilnehmenden erleben direkt, wie sie sich verhalten, wenn sie mit Menschen, die andere Erwartungen an Umgangsregeln haben, zusammenspielen. In der folgenden Abfrage werden die wichtigsten Erfolgsfaktoren destilliert. Die Übung macht viel Spaß und liefert einige „Aha"-Effekte. Sie kann überall eingesetzt werden, wo es um das Zusammenwirken von Menschen mit unterschiedlichen Erwartungen an die Zusammenarbeit geht. So ist es auch eine gute Übung bei Restrukturierungen, Zusammenlegungen von Teams oder Merger-Prozessen.

Kurzbeschreibung

▶ Die Übung eignet sich für eine Gruppengröße von minimal 9 bis maximal 20 Personen.
▶ Sie braucht etwa 25 bis 30 Minuten, die Auswertung mindestens 15 Minuten, meist hat man sogar Stoff für 30 Minuten Auswertung.
▶ Material:
  – drei UNO-Kartenspiele ohne Sonderkarten bis auf die +2-Karte
  – drei Blätter mit den Regeln (siehe unten)
  – Flipchart für die Auswertung
  – Marker

Setting

Das UNO-Spiel energetisiert, ist lustig und erkenntnisreich. Deshalb kann es gut als Einstieg in das Thema interkulturelle Kommunikation oder Kommunikation mit verschiedenen Erwartungshaltungen eingesetzt werden.

Die Teilnehmenden werden auf spielerische Weise in eine uneindeutige, verwirrende Situation versetzt und können danach reflektieren, was

Kontext und Zielsetzung

sich zur positiven Bewältigung als nützlich herausgestellt hat. Das Erlebte und Reflektierte bleibt lange im Gedächtnis und so können nach der Übung hoffentlich auch reale uneindeutige Situationen besser gemeistert werden. Durch das Spielerische wirkt die Situation nicht bedrohlich, sondern eher belustigend. Diese freudige Einstellung zur Ambiguität ist einer der Haupterfolgsfaktoren in interkultureller Kommunikation, zwischen Team-Kulturen oder nationalen Kulturen.

Ausführliche Beschreibung

Einführung

Das UNO-Spiel funktioniert am besten, wenn Sie wenig zur Einführung sagen und dabei noch nicht allzu viel vom Thema verraten. Sie können einen kleinen Scherz machen und sagen, dass sich die UNO (United Nations Organisation) ja auch immer mit verschiedenen Kulturen herumschlagen muss, und dass Sie deswegen mit der Gruppe erst einmal eine kleine Runde UNO spielen wollen. Wenn jemand neugierig nach dem Sinn fragt, sagen Sie etwas in Richtung: *„Es handelt sich um neue UNO-Regeln und ich möchte testen, wie schnell Sie als Kleingruppe diese Regeln lernen können."* Verderben Sie den Teilnehmenden nicht die Überraschung!

Das Spiel

Bilden Sie drei Kleingruppen und teilen Sie jeder Gruppe einen Satz UNO-Karten aus. Sortieren Sie die Sonderkarten bis auf die „+2" vorher aus. Verteilen Sie dann an jede Gruppe ein Blatt mit Regeln. Jede Gruppe bekommt ein unterschiedliches Blatt. Die Teilnehmenden wissen jedoch nicht, dass sie unterschiedliche Regeln haben – sie sollten daher auch weit genug voneinander weg sitzen.

Regeln lernen

Geben Sie den Teilnehmenden die Aufgabe, zehn Minuten nach den ausgeteilten Regeln (siehe Anhang S. 232 ff.) zu spielen. Wenn Sie das Gefühl haben, dass jede Gruppe die Regeln gelernt und verinnerlicht hat, können Sie an dieser Stelle auch früher abbrechen.

Spielregeln einsammeln

Es ist sehr wichtig, dass Sie die Spielregeln einsammeln, damit die Gruppe während der nächsten Einheit nicht darauf verweisen kann.

Gruppen mischen

Als Nächstes mischen Sie die Gruppen. Jede Gruppe sollte Mitglieder aller vorhergehenden Gruppen enthalten. Bitten Sie die Gruppen, noch einmal zu spielen, jetzt aber, ohne miteinander zu sprechen. Auch diese Anweisung können Sie als Verschärfung des Tests zum schnellen Regellernen „verkaufen". Beobachten Sie während des Spiels die Gruppen. Es ist immer sehr lustig zu sehen, wie sich – zunächst aus Irritation und Missverständnis – ein abstruses, aber sehr humorvolles Spiel entwickelt.

Auswertung

Die folgenden Fragen haben sich als hilfreich für die Auswertung erwiesen:

- Wie ist es Ihnen ergangen?
- Was haben Sie über die anderen gedacht?
- Was war an dieser Situation interessant?
- Was hat Spaß gemacht?
- Wie haben Sie es geschafft, trotzdem weiterzuspielen?
- Wie haben Sie sich geeinigt?
- Was erwies sich als nützliches Verhalten, was als weniger nützlich?
- Haben Sie sich auch in interkulturellen Situationen schon einmal ähnlich verhalten?
- Woran haben Sie gemerkt, dass jemand sich nützlich verhält?
- Was könnten Sie besser machen?
- Wenn das etwas mit interkultureller Kommunikation/einer Merger-Situation/unterschiedlichen Teamkulturen zu tun hätte, was wäre das?

Im weiteren Verlauf des Workshops kann man immer wieder auf diese unterschiedlichen Umgangsweisen mit unterschiedlichen Regeln hinweisen.

Weiteres Vorgehen

Es kann sich zum Beispiel anbieten, direkt im Anschluss eine Diskussion über die „stillen Regeln" in den jeweiligen Teamkulturen oder nationalen Kulturen zu führen. In Merger-Situationen bieten sich an dieser Stelle auch Gruppenarbeiten zu den Themen an: „Welche Regeln und Übereinkünfte über die Zusammenarbeit haben sich bei uns als besonders nützlich erwiesen?" Oder: „Was wollen wir unbedingt aus unserem alten Team in die Zusammenarbeit mit dem neuen Team übernehmen?"

Kirsten Dierolf

Kommentar   Das UNO-Spiel ist entstanden, weil es sehr schwierig ist, interkulturelle Situationen direkt im Seminarraum beobachtbar und erfahrbar zu machen. Ich wollte ein leichtes, lustiges und relevantes Spiel kreieren, das ganz automatisch auf die wichtigsten Erfolgsfaktoren interkultureller Kommunikation hinweist. Indem die Teilnehmenden die Leichtigkeit und Freude beim Spiel ganzheitlich erleben, wird der Nutzen und Reichtum interkultureller Erlebnisse deutlich. Was vielleicht vorher als notwendig bedrohlich wahrgenommen wird, kann so eine interessante und sogar amüsante Facette erhalten.

Diese Übung wird vor allem dann lösungsfokussiert, wenn man die Auswertung lösungsfokussiert gestaltet. Es ist daher wichtig nachzufragen, was in der Übung gut gelungen ist, um das dann mit Fähigkeiten in interkulturellen Situationen zu verbinden.

Quellen/Literatur   Die Übung wurde von mir selbst entwickelt.

Anhang   **Die UNO-Regeln**

Wichtig: Trotz des unterschiedlichen Inhalts müssen alle Karten bei Verteilung an die Gruppen die gleiche Überschrift tragen – also z.B.: „Die UNO-Regeln" –, damit die Teilnehmenden nicht darauf kommen, dass es für jede Gruppe unterschiedliche Regeln gibt.

X-Regeln

Ziel: Ihre Karten so schnell wie möglich loszuwerden. Der Gewinner des Spiels ist derjenige, dem es gelingt seine letzte Karte zuerst abzulegen.

- ▶ Jeder Spieler erhält 8 Karten. Der Rest der Karten wird auf einen Stapel in der Mitte gelegt. Eine Karte wird vom Stapel genommen und offen neben den Stapel gelegt.
- ▶ Die Spieler sind gegen den Uhrzeigersinn an der Reihe.
- ▶ Jeder Spieler kann eine Karte der gleichen Farbe oder Zahl wie die letzte offen liegende Karte ablegen. Wenn er keine solche Karte auf der Hand hat, muss er zwei Karten vom Stapel aufnehmen.

Das UNO-Spiel

- ▶ Wenn eine +2-Karte gespielt wird, muss der Spieler zwei Karten aufnehmen und kann dann ganz normal weiterspielen (also entweder eine Karte ablegen, oder zwei Karten aufnehmen).
- ▶ Wenn ein Spieler nur eine Karte auf der Hand hat, ruft er laut „UNO". Wenn er das nicht tut, bevor der nächste Spieler gelegt hat, muss er zwei Karten aufnehmen, sofern die anderen Spieler es bemerken, bevor er wieder dran ist.
- ▶ Das Spiel endet, wenn der erste Spieler alle Karten abgelegt hat.

Y-Regeln

Ziel: Ihre Karten so schnell wie möglich loszuwerden. Der Gewinner des Spiels ist derjenige, dem es gelingt seine letzte Karte zuerst abzulegen.

- ▶ Jeder Spieler erhält 6 Karten. Der Rest der Karten wird auf einen Stapel in der Mitte gelegt. Eine Karte wird vom Stapel genommen und offen neben den Stapel gelegt.
- ▶ Die Spieler sind im Uhrzeigersinn an der Reihe.
- ▶ Jeder Spieler kann eine Karte der gleichen Farbe oder Zahl wie die letzte offen liegende Karte ablegen. Wenn er keine solche Karte auf der Hand hat, muss er eine Karte vom Stapel aufnehmen.
- ▶ Wenn eine +2-Karte gespielt wird, muss der Spieler zwei Karten aufnehmen und kann dann ganz normal weiterspielen (also entweder eine Karte ablegen, oder zwei Karten aufnehmen).
- ▶ Wenn ein Spieler nur eine Karte auf der Hand hat, ruft er laut „UNO". Wenn er das nicht tut, bevor der nächste Spieler gelegt hat, muss er zwei Karten aufnehmen, sofern die anderen Spieler es bemerken, bevor er wieder dran ist.
- ▶ Das Spiel endet, wenn der erste Spieler alle Karten abgelegt hat.

Z-Regeln

Ziel: Ihre Karten so schnell wie möglich loszuwerden. Der Gewinner des Spiels ist derjenige, dem es gelingt seine letzte Karte zuerst abzulegen.

- ▶ Jeder Spieler erhält 8 Karten. Der Rest der Karten wird auf einen Stapel in der Mitte gelegt. Eine Karte wird vom Stapel genommen und offen neben den Stapel gelegt.
- ▶ Die Spieler sind gegen den Uhrzeigersinn an der Reihe.
- ▶ Jeder Spieler kann eine Karte der gleichen Farbe oder Zahl wie die letzte offen liegende Karte ablegen. Bei gleicher Farbe muss die Zahl auf der Karte höher sein als die Zahl der offen liegenden Karte. Wenn er keine solche Karte auf der Hand hat, muss er zwei Karten vom Stapel aufnehmen. Wenn niemand in der Runde eine Karte hat, die höher ist oder die gleiche Farbe hat, kann man eine „0" der gleichen Farbe ausspielen.
- ▶ Wenn eine +2-Karte gespielt wird, kann der nächste Spieler zwei Karten ausspielen (oder zwei Karten ziehen, wenn er nicht spielen kann).
- ▶ Wenn ein Spieler nur eine Karte auf der Hand hat, ruft er laut „UNO". Wenn er das nicht tut, bevor der nächste Spieler gelegt hat, muss er zwei Karten aufnehmen, sofern die anderen Spieler es bemerken, bevor er wieder dran ist.
- ▶ Das Spiel endet, wenn der erste Spieler alle Karten abgelegt hat.

Dein Team im „Flow"

Bert Garssen, Niederlande

Kurzbeschreibung

Diese Übung lässt die Teilnehmenden den „Flow" erfahren und demonstriert gleichzeitig, wie sich eine Flow-Situation etablieren lässt. Im Flow zu sein vermittelt den Teammitgliedern eine Vorstellung davon, auf welche Weise „Schwarmverhalten" für sie nützlich sein kann.

Setting

- Gruppengrößen von bis zu 30 Personen sind möglich. Damit die Übung funktioniert, sollte die Gruppe mindestens 10 Mitglieder haben.
- Insgesamt dauert die Übung circa 10 bis 15 Minuten. Die Dauer der Auswertung ist davon abhängig, wie umfangreich die gemachten Erfahrungen ausgetauscht werden sollen.
- Es ist kein spezielles Material notwendig, außer einem Stuhl für jeden Teilnehmenden. Auf jeden Fall muss im Raum genügend Platz für Bewegung seien. Stellen Sie unter Umständen die Tische an die Wand.

Kontext und Zielsetzung

Wenn Sie einmal einer Gruppe das Prinzip der „Schwarm-Intelligenz" demonstrieren wollen, wenn es darum geht, einander zuzuhören, aufmerksam zu sein oder reibungslos zusammenzuarbeiten, dann ist diese Übung sehr hilfreich. Die Teilnehmenden werden dabei hautnah erfahren, wie es ist, Teil eines Schwarmes zu sein. Dadurch wird nicht nur die Theorie verständlich, es bieten sich auch viele Ansatzpunkte, um Schwarmverhalten und Flow-Erfahrungen zu trainieren und umzusetzen.

Zunächst führt die Übung zu Verwirrung, die schließlich in Ermutigung umschlägt, wenn sie am Ende gelingt. Auf jeden Fall macht sie Spaß und erzeugt eine Menge Energie in der Gruppe. Folgende Leitsätze des Solution Focus werden dadurch demonstriert:

- Die Aktion liegt in der Interaktion.
- Wenn etwas funktioniert, mach mehr davon.
- Wenn etwas nicht funktioniert, höre damit auf und versuche etwas anderes.
- Wenn etwas funktioniert, teile es mit anderen und lerne daraus.

Ausführliche Beschreibung

Geben Sie der Gruppe eine kurze Einführung, indem Sie beschreiben, was sie in der folgenden Übung erfahren wird. Machen Sie klar, dass es nur eine Regel gibt: Es darf nicht miteinander geredet werden.

Bitten Sie einen Freiwilligen (A) „auf die Bühne" und einen zweiten (B) dazu, der alle Bewegungen des ersten exakt kopiert, während er durch den Raum geht.

Alle anderen Gruppenmitglieder geben sorgfältig acht und beobachten, wie simultan sich die beiden bewegen. Wenn die Beobachter den Eindruck haben, dass B Person A exakt genug kopiert, klatschen sie im Rhythmus der Bewegungen dieser beiden, die weiter durch den Raum gehen.

Bitten Sie nun eine dritte Person (C) hinter B herzugehen und wiederum dessen Bewegungen exakt zu kopieren. Die Beobachter klatschen weiterhin nur dann, wenn alle drei sich simultan bewegen.

Bitten Sie nun eine vierte Person (D) hinter C herzugehen. Sobald Person D die Person C kopiert, wird C gebeten, getrennt von A und B zu gehen, so dass sich nun zwei Paare im Raum bewegen. Die Beobachter klatschen weiterhin nur dann, wenn alle vier simultan bleiben.

Bitten Sie die beiden Paare nun, jeweils nebeneinander herzugehen.

Nun können sich alle übrigen Beobachter in einem geeigneten Moment anschließen, jeweils einer nach dem anderen, so dass schließlich alle Gruppenmitglieder hintereinander hergehen und die Bewegungen eines anderen Gruppenmitglieds kopieren (jeweils in Paaren).

Fordern Sie nun die Gruppe auf, genau auf die Bewegungen der anderen Paare zu achten und laden Sie sie ein, eine gemeinsame Bewegung in der ganzen Gruppe zu machen. Alle Gruppenmitglieder sollen im gleichen Tempo gehen und dabei die gleichen Bewegungen vollziehen.

Mögliche Auswertungsfragen:
- Wie ist es gelungen?
- Wie könnte diese Erfahrung nützlich für Ihr Team sein?

Kurze Pause. Sie können an dieser Stelle fragen, was bis jetzt hilfreich war – und was noch.

Bitten Sie nun alle, ihre Stühle irgendwo im Raum auf einen von ihnen bestimmten Platz zu stellen (siehe Foto rechts) und sich dort hinzusetzen.

Nun bitten Sie einen Teilnehmenden, sich möglichst weit von seinem Stuhl zu entfernen, so dass nun ein Stuhl leer ist.

Die Aufgabe dieser Person ist es nun, einen anderen leeren Stuhl zu finden und sich dort hinzusetzen. Allerdings werden die übrigen Gruppenteilnehmenden dies zu verhindern versuchen, indem sie ihre Stühle wechseln.

Dabei gibt es folgende Regeln:

- Jeder darf nur in einer bestimmten Art gehen (siehe Foto): wie ein Pinguin!
- Wenn jemand seinen Stuhl verlassen hat, darf er sich nicht wieder auf diesen gleichen Stuhl setzen, sondern muss einen anderen Stuhl suchen.

Wenn der Freiwillige, der mit dieser Übung angefangen hat, einen freien Stuhl gefunden und sich hingesetzt hat, wird es eine andere Person geben, die keinen Stuhl für sich hat. Diese Person ist nun der Nächste auf der Suche nach einem freien Stuhl.

Fotos: Im Pinguin-Gang einen freien Platz ergattern ...

Diese Übung kann solange weitergeführt werden, bis es einen wunderbaren Flow in der Gruppe gibt, bei dem die Bewegungen ganz reibungslos werden und alle „Fehler" aus der Anfangsphase völlig verschwunden sind. Dann entsteht die Erfahrung eines echten „Schwarmverhaltens" (siehe Foto unten rechts).

Kommentar   Diese Übung habe ich aufgrund meiner Erfahrungen mit verschiedenen einzelnen Aktivitäten entwickelt, die einander sehr ähnlich waren. Ich wollte diese Übungen miteinander verbinden, weil ich eine Menge gemeinsamer Elemente des „Flow" und des „Schwärmens" darin wiederfand.

Die Auswirkungen dieser Übungen auf die einzelnen Teilnehmenden und die gesamte Gruppe sind äußerst positiv: Alle haben Spaß, sie erfahren Schritt für Schritt Fortschritte und entdecken nützliche Ressourcen in ihrem Team. Außerdem gibt es eine Menge Gelegenheit, sich gegenseitig Anerkennung zu geben. Auf diese Weise können viele verschiedene Grundregeln des Solution Focus erfahren und geübt werden. Schwarmintelligenz wird praktisch erfahrbar, die lebendige körperliche und emotionale Erfahrung macht es zu einem unvergesslichen Erlebnis.

Quellen/Literatur   Ich lernte die verschiedenen Übungen bei Roelant de Vletter kennen (speelwiejebent@hetnet.nl), einem Clown, den ich manchmal in meine Trainingsgruppen einlade.

- ▶ Mit **Flow** (engl. fließen, rinnen, strömen) wird das lustbetonte Gefühl des völligen Aufgehens in einer Tätigkeit bezeichnet, auf deutsch in etwa Schaffensrausch oder Tätigkeitsrausch, Funktionslust. Die Flow-Theorie wurde von Mihaly Csikszentmihalyi im Hinblick auf Risikosportarten entwickelt, wird aber heute auch für rein geistige Aktivitäten in Anspruch genommen. Flow kann entstehen bei der Steuerung eines komplexen, schnell ablaufenden Geschehens, im Bereich zwischen Überforderung (Angst) und Unterforderung (Langeweile). Der Flow-Zugang und das Flow-Erleben sind individuell. Dennoch gibt es allgemeine Beobachtungen und Prinzipien, die immer gelten. (http://de.wikipedia.org/wiki/Flow_%28Psychologie%29)

- ▶ **Schwarmintelligenz** (engl. swarm intelligence), das Forschungsfeld der Künstlichen Intelligenz (KI), das auf Agententechnologie basiert, heißt auch Verteilte Künstliche Intelligenz (VKI). Das Arbeitsgebiet versucht, komplexe vernetzte Softwareagentensysteme nach dem Vorbild staatenbildender Insekten wie Ameisen, Bienen und Termiten sowie teilweise auch Vogelschwärmen zu modellieren. G. Beni und J. Wang hatten den Begriff „swarm intelligence" 1989 im Kontext der Robotikforschung geprägt. Die Individuen Staaten bildender Insekten agieren mit eingeschränkter Unabhängigkeit, sind in der Erfüllung ihrer Aufgaben jedoch sehr zielgerichtet. Die Gesamtheit solcher Insektengesellschaften ist überaus leistungsfähig, was Forscher auf eine hochgradig entwickelte Form der Selbstorganisation zurückführen. Zur Kommunikation untereinander nutzen Ameisen beispielsweise Pheromone; Bienen den Schwänzeltanz. Ohne zentralisierte Form der Oberaufsicht ist das Ganze also mehr als die Summe der Teile. (http://de.wikipedia.org/wiki/Schwarmintelligenz)

Lernen aus guten Beispielen – Austauschbörse

Peter Röhrig, Deutschland

Kurzbeschreibung Die Übung bietet einen einfachen und klar strukturierten Rahmen, um rasch einen fairen und nutzbringenden Erfahrungsaustausch zu organisieren.

Setting
- ▶ Optimale Teilnehmerzahl: 10 bis 30
- ▶ Benötigte Zeit: Anmoderation und Punkte kleben 15 Minuten, Austauschrunden jeweils 15 Minuten
- ▶ Material: Für diese Übung ist ein wenig Vorbereitung nötig.
  - Sie benötigen ein Plakat oder Flipchart mit den zu bewertenden Kriterien sowie für alle Teilnehmenden mindestens je einen grünen und einen roten Klebepunkt. In kleinen Gruppen (weniger als 10 Teilnehmende) sollten jeweils zwei grüne und rote Punkte geklebt werden.
  - Hilfreich ist auch ein vorbereitetes Plakat mit den Austauschregeln.
  - Im Raum benötigen Sie ausreichend Platz, damit sich für die Austauschrunden mehrere Gruppen zusammenfinden können.
  - Die Übung lässt sich auch mit großen Gruppen durchführen. Auf einer Jahresversammlung der Bonner Sektion der Deutschen Gesellschaft für Qualität habe ich mit ca. 80 Teilnehmenden aus unterschiedlichen Berufsgruppen und Branchen gearbeitet, die gerade wegen des „Blicks über den Tellerrand" sehr von der Austauschbörse profitiert haben. Dazu ist allerdings etwas mehr Vorbereitung nötig. Für die Bewertung und die Austauschregeln hatte ich jeweils Arbeitsblätter in ausreichender Zahl vorbereitet. Die Übung konnte ich dann mit einer PowerPoint-Präsentation anleiten.

Lernen aus guten Beispielen – Austauschbörse

Kontext und Zielsetzung

Die Übung eignet sich hervorragend, um den Austausch über gute Praktiken anzuregen. Wenn zum Beispiel Menschen aus unterschiedlichen Bereichen zusammenkommen und gemeinsame Aktivitäten planen, ist dieses Tool ein guter Einstieg, um Qualitätsaspekte in der jeweiligen Arbeitswelt der Teilnehmenden konkret erfahrbar zu machen. In Gruppen aus unterschiedlichen Organisationen oder Unternehmen lässt sich damit schnell eine vertrauensvolle Basis für den weiteren Erfahrungsaustausch aufbauen. Und selbst in Teams, die schon länger zusammenarbeiten, bietet das Tool Gelegenheit, einen frischen Blick auf eingefahrene Abläufe zu werfen und mit geringem Aufwand voneinander zu lernen.

Bei der Einführung von Qualitätsmanagement-Systemen kann dieses Tool hilfreich sein, um zunächst abstrakt und formalistisch erscheinende Qualitäts-Kriterien und deren Systematik mit Leben zu füllen.

Ziele dieser Intervention sind vor allem:
- das Lernen aus guten Beispielen anzuregen,
- die Vielfalt der Erfahrungen in Gruppen zu nutzen,
- die Menschen über Dinge und Entwicklungen reden zu lassen, auf die sie stolz sind und
- zu zeigen, wie ein fairer Erfahrungsaustausch funktionieren kann.

Ein besonderer Nutzenaspekt für das Wissensmanagement ist der Fokus auf die Interaktion: Häufig wird beim Wissensmanagement vor allem auf eine möglichst umfassende Dokumentation des gesammelten Knowhows Wert gelegt. Viele interessante Ideen und „Kniffe" sind allerdings viel leichter mündlich als schriftlich vermittelbar. Die Übung bietet Anregungen, wie Wissen noch effektiver weitergegeben und auf die besondere Situation unterschiedlicher Arbeitsplätze hin angepasst werden kann.

Bewertungs-System

Ausführliche Beschreibung

Für die Übung benötigen Sie ein einfaches Bewertungs- oder Kriterien-System als Ausgangspunkt des Erfahrungsaustauschs auf einem Plakat oder Flipchart. Ich arbeite gerne mit dem Modell der European Foundation for Quality Management (EFQM), das universell einsetzbar ist. Es beschreibt anhand von neun Kriterien alle wichtigen Bereiche von Organisationen, in denen Qualität bewertet und verbessert werden kann. Sie können auch mit selbst zusammengestellten Kriterien arbeiten, von denen Sie wissen, dass sie für die Teilnehmenden und deren

Arbeitssituation relevant sind. Beispiele dafür finden Sie weiter unten im Abschnitt „Der Kniff".

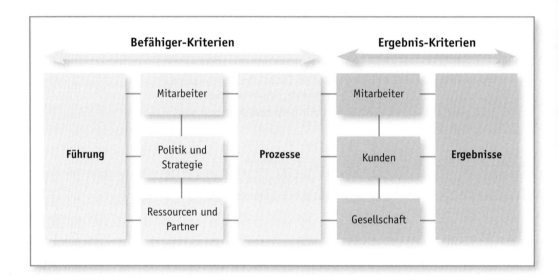

Abb.: Des EFQM-Modell mit Befähiger- und Ergebnis-Kriterien

Falls das von Ihnen gewählte Kriteriensystem den Teilnehmenden noch nicht bekannt ist, sollten Sie es in der Anmoderation zunächst kurz vorstellen und mit einfachen Beispielen veranschaulichen. Für das EFQM-Modell könnte das z.B. folgendermaßen lauten:

„*Dieses System hat sich in ganz Europa bewährt, um Unternehmen und Organisationen bei der Bewertung und Entwicklung ihrer Qualität zu unterstützen. Die neun Kriterien sind so allgemein formuliert, dass sie auf alle Branchen und Betriebsgrößen angewandt werden können. Sie stehen für alle wichtigen Bereiche, in denen es sich lohnt, Verbesserungen anzustreben. Die ersten fünf Kriterien, die so genannten ‚Befähiger-Kriterien', geben Antworten auf die Frage, **wie** ein Unternehmen vorgeht, um exzellente Ergebnisse erzielen zu können. Weitere vier ‚Ergebnis-Kriterien' zeigen an, **was** bei diesen Bemühungen konkret herauskommt. Im Kriterium ‚Mitarbeiter' werden z.B. alle Aktivitäten festgehalten, die dazu beitragen, dass die Mitarbeiter ihre Arbeit gut verrichten können: Was wird alles ganz konkret unternommen, um sie zu qualifizieren, zu informieren, zu unterstützen, ihren Arbeitsplatz und ihre Arbeitsbedingungen optimal zu gestalten etc. Im Kriterium Mitarbeiter-Ergebnisse wird dann aufgeführt, was daraus resultiert: an messbarer Zufriedenheit, Verbundenheit und Identifikation mit dem Unternehmen etc.*"

Bewertungs-Anleitung

„Nutzen Sie nun das EFQM-Modell, um Ihre Stärken und Verbesserungsbereiche zu verorten. Kleben Sie einen grünen Punkt in das Kriterien-Kästchen, in dem Sie bzw. Ihre Organisation über besondere Stärken verfügen. Wählen Sie dabei das Kriterium aus, zu dem Sie über eine gute Idee oder ein erfolgreiches Vorgehen berichten können, das für andere anregend sein könnte.

Kleben Sie einen roten Punkt in das Kriterien-Kästchen, in dem Sie bzw. Ihre Organisation Verbesserungsbereiche sehen. Wählen Sie dabei das Kriterium aus, zu dem Sie am dringendsten Anregungen für Qualitäts-Verbesserungen wünschen."

Schauen Sie sich nun zusammen mit den Teilnehmenden die Punktbewertung an. Wie verteilen sich die grünen und roten Punkte auf die Kriterien? Wo gibt es auffällige Häufungen, wo sind wenig oder gar keine Punkte geklebt worden? Was erscheint den Teilnehmenden an diesem Ergebnis bemerkenswert, was ist vielleicht sogar überraschend für sie?

Konzentrieren Sie sich nun auf die Kriterien, in denen mindestens ein grüner und ein roter Punkt zu finden sind. Besonders interessant für den folgenden Erfahrungsaustausch sind Kriterien, in denen relativ viele rote Punkte und ein grüner Punkt oder einige grüne Punkte kleben. Fragen Sie bei diesen Kriterien nach, wer die grünen Punkte geklebt hat. Notieren Sie auf einem Flipchart, welche Idee oder Anregung sich konkret hinter diesem grünen Punkt verbirgt. Dazu genügt ein Stichwort: Durch eine kurze Beschreibung sollen die Anregungsgeber die übrigen Teilnehmenden zunächst einmal neugierig machen und noch nicht zu viel über ihre Idee verraten. Sammeln Sie auf diese Weise eine Reihe von möglichen Themen für die Austauschbörse. Fragen Sie anschließend zu jedem Stichwort ab, wer gerne mehr darüber erfahren möchte und notieren Sie die jeweilige Zahl der interessierten Teilnehmenden in einer Extra-Spalte hinter den Stichworten. Je nach Größe, Neugier und Begeisterungsfähigkeit der Gruppe ist es für ein klares Ergebnis günstiger, ausschließlich eine Interessen-Nennung, eine begrenzte Zahl (z.B. maximal drei) oder unbegrenzt viele Interessen-Nennungen zuzulassen. Ich gebe in der Regel keine Begrenzung vor. Lediglich für den

Foto: Arbeitsanleitung zur Punktvergabe auf Basis des EFQM-Modells

seltenen Fall, dass fast alle Themen gleich viele Interessenten finden, wiederhole ich die Abstimmung mit einer passenden Begrenzung von Interessen-Bekundungen.

Bilden Sie nun zusammen mit der Gruppe eine Rangfolge des Interesses, mit der sie die Reihenfolge für die nachfolgende Austauschbörse festlegen. Rufen Sie bei einer Gruppengröße von 20 Teilnehmenden die zwei bis drei Anregungsgeber nach vorn, für deren Anregungen das größte Interesse besteht (bei kleineren oder größeren Gruppen entsprechend weniger oder mehr). Erklären Sie, am besten mithilfe eines vorbereiteten Flipcharts, nach welchen Regeln dieser Erfahrungsaustausch funktioniert:

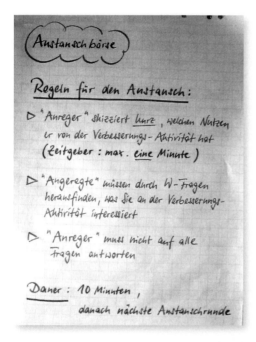

Foto: Spielregeln für die Austauschbörse

„Stellen Sie sich gleich um den Anregungsgeber herum, von dem Sie mehr erfahren möchten. Bestimmen Sie, wer als Zeitgeber darauf achtet, dass die vorgegebenen Zeiten strikt eingehalten werden. Dann skizziert der Anregungsgeber kurz, welchen **konkreten persönlichen Nutzen** er davon hat, dass er diese Idee in seinem Arbeitsbereich umgesetzt hat. Er kann z.B. davon berichten, dass er viel zufriedener mit den Ergebnissen seiner Arbeit ist, seitdem er es genau so macht – oder was immer für ihn persönlich anders und besser ist, als vor der Umsetzung dieser Idee. Dafür hat er maximal eine Minute Zeit! Wenn der Zeitgeber sagt, dass die Minute vorbei ist, dürfen alle Umstehenden Fragen stellen. Vor allem so genannte ‚W-Fragen' (Wie? Was? Wer? Wo? Wann? Womit?) sind gut geeignet, um all das herauszufinden, was Sie wirklich interessiert und was Sie für Ihre eigene Praxis nutzen können. Fragen, die mit ‚Warum' beginnen, sollten Sie möglichst vermeiden, weil sie den Anregungsgeber zu leicht in eine Rechtfertigungsposition drängen. Und bei dieser Austauschbörse geht es ja keinesfalls darum, wer Recht hat, sondern vor allem darum, was Sie voneinander lernen können!

Im Übrigen muss der Anregungsgeber nicht auf alle Fragen antworten. Falls er findet, dass eine Frage zu weit geht, kann er ganz einfach passen und zur nächsten Frage übergehen. Für die Fragen und Antworten haben Sie exakt zehn Minuten Zeit. Wenn der Zeitgeber sagt, dass die zehn Minuten vorbei sind, treffen wir uns wieder im Plenum."

Wenn es viele Themen gibt, an denen Interesse besteht, oder wenn es zu einem oder mehreren Themen weit mehr als zehn Interessierte gibt, sollten weitere Austauschrunden organisiert werden, für die die gleichen Regeln gelten.

Weiteres Vorgehen

Anschließend ist eine kurze Reflexionsrunde im Plenum möglich, z.B. mit den Fragen:

▶ Was waren die Highlights, von denen wir am meisten profitieren können?
▶ Welche weiteren Anregungen oder Unterstützungen wünschen wir, um die Umsetzung erfolgreich zu gestalten?
▶ Wie können wir diese Art von Erfahrungsaustausch in unserem Arbeitsalltag nutzen?

Menschen berichten gerne über gute Ideen, die sie selbst entwickelt oder umgesetzt haben. Die dazu notwendige Vertrauensbasis kann z.B. durch faire Regeln für den Erfahrungsaustausch geschaffen werden. Vor allem die Möglichkeit, Fragen unbeantwortet lassen zu können, schafft Entlastung für die Anregungsgeber – auch wenn diese Möglichkeit nach meiner Erfahrung äußerst selten genutzt wird.

Kommentar

Der besondere Kniff an dieser Art von Erfahrungsaustausch besteht darin, dass die Anregungsgeber gezielt ausgefragt werden können. Menschen mit guten Ideen neigen dazu, mit Begeisterung über alles Mögliche zu erzählen, was ihnen dazu einfällt – und von dem sie vielleicht vermuten, dass es auch für andere interessant sein könnte. Die Einschränkung, zunächst nur kurz über ihren persönlichen Nutzen zu berichten, fokussiert schon darauf, ganz konkrete und alltägliche Nutzenaspekte in den Vordergrund zu stellen. Dies wird verstärkt durch die Vielfalt der Interessen, die von der Gruppe der Fragenden verfolgt werden. In der Regel werden innerhalb der kurzen Zeitspanne von nur zehn Minuten auch komplexere Ideen so anschaulich dargestellt, dass alle Beteiligten etwas dazulernen – auch die Anregungsgeber.

In kleinen Gruppen kann es sinnvoll sein, alle grünen Punkte als mögliche Anregungen per Stichwort auf einem Flipchart festzuhalten – auch wenn keine roten Punkte im entsprechenden Kriterium zu finden sind.

Beispiele für andere Kriterien-Modelle

Beim Erfahrungsaustausch unter Mitarbeitern aus Arztpraxen können zum Beispiel alle Prozessbereiche als Kriterien gewählt werden, die den Kernprozess der Patientenversorgung unterstützen, also Patienteninformation, Patientensicherheit, Mitarbeiterqualifikation, Praxisorganisation, Qualitätsentwicklung etc. Oder es können einzelne Aspekte der Patientenversorgung exemplarisch aufgeführt werden: Patientenannahme, Diagnose, Behandlung, Dokumentation etc. (analog zu QEP, dem QM-System der Kassenärztlichen Bundesvereinigung KBV).

Je nach Anlass können auch sehr spezifische Einzelaspekte eines übergreifenden Themas als Bewertungskriterien gewählt werden. Wenn zum Beispiel Mitarbeiter sozialer Organisationen ihre Erfahrungen zum Fundraising austauschen wollen, könnten Kriterien sein: Auswahl der Zielgruppe, Zielvorgaben, Ansprache von Multiplikatoren, Veröffentlichung etc.

Insgesamt sollte die Zahl der zu bewertenden Kriterien nicht größer als zehn sein, so lassen sich die Bewertung und die anschließende Austauschbörse noch übersichtlich gestalten.

Quellen/Literatur Die Übung habe ich aus verschiedenen Modulen zum Erfahrungslernen entwickelt.

Lösungsfokussiertes Interview mit dem abwesenden Team

Insa Sparrer, Deutschland

Das Lösungsfokussierte Interview mit dem abwesenden Team, kurz LIAT, eignet sich besonders dann, wenn bei Beratungen in Organisationen nicht alle relevanten Beteiligten anwesend sind, z.B. wegen Erkrankungen, dringender Kundenanfragen oder Terminverschiebungen. Diese Intervention erlaubt, Nichtanwesende in die Beratung stärker einzubeziehen, indem in einer Strukturaufstellung angeordnete Stellvertreter so eingesetzt werden, dass sich in der lösungsfokussierten Gesprächsführung eine hohe Übereinstimmung zwischen den Antworten der Stellvertreter und den Interessen und Wünschen der Originalpersonen ergibt.

Diese Intervention hilft, in unvollständigen Gruppen Ideen für gemeinsame Lösungen auf eine Weise zu generieren, als ob alle Gruppenmitglieder anwesend wären.

Kurzbeschreibung

Setting

- Die Gruppengröße sollte mindestens zwei Personen mehr betragen als die zu interviewenden Teammitglieder. Nach oben sind keine Grenzen gesetzt. In kleinen Gruppen kann auch mit Symbolen an Stelle der Personen gearbeitet werden.
- Die Zeitdauer des LIAT ist abhängig von der Anzahl der zu interviewenden Personen. Im Allgemeinen dauert es zwischen 20 Minuten bis maximal zwei Stunden.
- Die Großgruppe sollte im Kreis sitzen, die Teammitglieder für alle sichtbar beim Gastgeber. Die Aufstellung findet in der Mitte der Gruppe statt. Für die Nacharbeit sind mehrere Flipcharts und Pinnwände günstig.

Insa Sparrer

Kontext und Zielsetzung

Die Methode eignet sich hervorragend in Großgruppen: für die Fallsupervision, für Anliegen einzelner Teams und Projektgruppen oder in Konfliktsituationen und zur Generierung von Ideen.

Sie kann auch ausschließlich mit einem Team von am Thema Beteiligten durchgeführt werden. Für diesen Fall gibt es Zusätzliches zu beachten, auf das ich am Ende der aufgeführten Schritte eingehen werde.

Durch das LIAT ist es möglich:
- Nichtanwesende in den lösungsfokussierten Prozess auf lebendige Weise mit einzubeziehen,
- fehlende Informationen (Aspekte, Themen, Werte oder Personen) zu gewinnen,
- für Aspekte, die schwer verbalisierbar sind, Worte zu finden,
- Beziehungsthemen sichtbar zu machen und
- neue Ideen für Lösungen im Detail zu generieren.

Ausführliche Beschreibung

Schritt 1: Erkunden eines gemeinsamen Anliegens bzw. Themas

Der Moderator fragt, wer in der Großgruppe ein gemeinsames Anliegen hat, das z.B. die Zusammenarbeit, Projektarbeit oder Konflikte miteinander betrifft. Diese Gruppe wird nach vorne gebeten, die einzelnen Gruppenmitglieder werden aufgefordert, kurz ihre Sicht des Themas zu schildern und zu benennen, woran sie im Nachhinein merken werden, dass das folgende LIAT hilfreich für sie war.

Schritt 2: Wahl der Repräsentanten

Bei kleinen Teams kann jedes Teammitglied einen Repräsentanten für sich aus der Großgruppe auswählen. Umfasst das Team mehr als acht oder neun Personen, so können Parteien hinsichtlich des Themas gebildet werden, z.B. „pro, contra, neutral" oder „männlich, weiblich" oder „Plan A, Plan B, Plan C, Plan D". Jede Partei kann auch einen Codenamen für sich wählen. Anschließend wählt jede Partei einen Repräsentanten für sich aus der Großgruppe aus. Für die Nichtanwesenden werden gemeinsam Repräsentanten gewählt.

Schritt 3: Stellen des ersten Bildes

Die Originalpersonen treten hinter ihre jeweiligen Repräsentanten, legen ihre Hände auf deren Schulterblätter und führen sie langsam im

Raum solange herum, bis es sich für sie passend anfühlt. Dies wird vom Moderator mit folgenden Worten begleitet:

„Achten Sie auf Ihren Kontakt zum Boden, atmen Sie tief durch und berühren Sie Ihren Repräsentanten mit Ihren Händen an den Schulterblättern. Machen Sie einen Schritt nach vorne und lassen Sie sich überraschen, wo Ihre Füße Sie hinführen. Irgendwo fühlt es sich im Raum für Sie stimmiger an, dort lassen Sie dann Ihren Repräsentanten stehen."

Diese Trance-Induktion hilft, den Prozess des Stellens der Repräsentanten mehr aus dem körperlichen Wissen als durch Nachdenken zu steuern. Die Repräsentanten für Nichtanwesende werden von einem von der Gruppe ausgewählten Stellvertreter gestellt. Repräsentanten für Parteien können von mehreren Originalpersonen gleichzeitig gestellt werden. Wenn alle Repräsentanten gestellt sind, erhalten wir das erste Anordnungsbild.

Schritt 4: Lesen des ersten Bildes

Bereits durch die Anordnung der Repräsentanten kann vieles sichtbar werden: Wer sieht wen, wer ist mit wem in Kontakt, wer schaut wohin, wer steht abseits, wer steht im Mittelpunkt.

Schritt 5: Befragen der Repräsentanten und Echo geben

Spätestens, wenn die Repräsentanten angeordnet sind, stellt sich bei ihnen die *repräsentierende Wahrnehmung* ein, d.h., ihre Körperempfindungen, Gefühle und ihr Denken ändern sich in einer für die Anliegenbringer in der Regel sinnhaften Weise. Der Moderator, wir sprechen hier eher von Gastgeber, fragt nun jeden Repräsentanten nach den Unterschieden, die er bezüglich seiner Körperempfindungen spürt. Wir lenken die Aufmerksamkeit zunächst auf die konkreten Unterschiede in der Körperwahrnehmung, da es hier in Bezug auf die Veränderungen am wenigsten Erwartungen gibt und dadurch auch weniger interpretiert wird.

Der Gastgeber wiederholt jeweils, was die Repräsentanten gesagt haben, damit es für alle hörbar wird. Wenn Repräsentanten etwas auf nicht wertschätzende Weise äußern, dann wiederholt der Gastgeber den dahinter liegenden Wunsch oder er relativiert die Aussagen, in dem er formuliert: *„Aus der Perspektive von X wird ... wahrgenommen, dass ..."* Wenn Repräsentanten sich sehr wortreich äußern, kann der Gastgeber dies auch zusammenfassen. Nennen Repräsentanten Interpretationen, so fragt der Gastgeber nach den konkreten Unterschieden in der Körperwahrnehmung.

Schritt 6: Befragen der Originalpersonen

An dieser Stelle ist es wichtig, die Originalpersonen zu befragen, ob für sie die Äußerungen der Repräsentanten passend und ob sie im „richtigen Film" sind. Mindestens sollten die Empfindungen der eigenen Repräsentanten als stimmig erlebt werden. Ist dies nicht der Fall, so kann die entsprechende Originalperson an die Stelle ihres Repräsentanten treten und von hier aus das Bild betrachten. Im Allgemeinen wird das Bild von hier aus als passend empfunden. Während seiner Interventionen und auch danach sollte der Moderator die Originalpersonen dahingehend beobachten, ob sie das Geschehen nachvollziehen können. Wenn dies nicht der Fall sein sollte, kann gegebenenfalls ein Schritt wiederholt werden oder es kann die Originalperson an die Stelle ihres Repräsentanten treten und die Intervention nochmals mit ihr wiederholt werden.

Schritt 7: Umstellen der Repräsentanten

Zur Vorbereitung des nachfolgenden lösungsfokussierten Interviews wird minimal umgestellt. Wenn Repräsentanten mit dem Rücken zum Rest des Teams stehen, werden sie z.B. um 180 Grad gedreht, so dass Blickkontakt aufgenommen werden kann. Es ist für das folgende Interview günstig, wenn die Repräsentanten einander sehen können. Nach der Umstellung können sie nochmals nach den Unterschieden in ihrer Körperwahrnehmung gefragt werden.

Schritt 8: Ergänzungen von Repräsentanten

Wenn es Hinweise gibt, dass noch ein Repräsentant fehlt, z.B. einer Originalperson noch jemand einfällt oder die Repräsentanten entsprechende Hinweise geben, so kann der fehlende Repräsentant ergänzt werden.

Schritt 9: Lösungsfokussiertes Gruppeninterview mit den Repräsentanten

Nun werden alle Repräsentanten gebeten, sich auf Stühle zu setzen, die hinter sie gestellt werden. Der Moderator nimmt auch in der Runde der Repräsentanten Platz. Er leitet das lösungsfokussierte Gruppeninterview mit folgenden Worten ein:

Lösungsfokussiertes Interview mit dem abwesenden Team

„Wir sitzen hier in dieser Runde zusammen, weil es einige Schwierigkeiten gibt mit ... Es besteht der Wunsch nach ... Es werden unterschiedliche Ansichten vertreten hinsichtlich ... Ich möchte nun das Gespräch mit einer schwierigen und etwas ungewöhnlichen Frage beginnen. Jeder von Ihnen kann es sich auf seinem Platz bequem machen und die Frage auf sich wirken lassen. Vielleicht tauchen für Sie Antworten auf, vielleicht auch nicht. Falls Antworten auftauchen, gibt es danach Gelegenheit, diese zu äußern. Bis dahin lassen Sie sich überraschen, was für Sie auftaucht."

An dieser Stelle folgt die Gruppenversion der Wunderfrage (Pausen werden durch Punkte wiedergegeben):

„Wenn nach diesem Gespräch alle wieder an ihre Arbeit gehen und erledigen, was heute noch zu tun ist ... und irgendwann wird es Abend und jeder geht nach Hause ... vielleicht ruhen Sie sich aus, vielleicht haben Sie noch etwas Arbeit mit nach Hause genommen, vielleicht essen Sie mit der Familie zu Abend oder gehen aus, vielleicht mit Freunden ... Irgendwann an diesem Abend werden Sie müde und legen sich hin und schlafen ein ... Und einmal angenommen ... in dieser Nacht passiert ein Wunder ... und das Wunder wäre, dass das, was Sie hierher geführt hat, gelöst ist ... einfach so, das wäre eben das Wunder ... und wenn es so schnell passiert, wäre das ja wirklich ein Wunder ... Am nächsten Morgen wachen Sie auf ... Es sagt Ihnen aber niemand, dass das Wunder passiert ist: ... Woran können Sie es bemerken? ... Was ist anders? ... Was machen Sie anders? ... Vielleicht denken Sie anders ... vielleicht empfinden Sie anders ... Was ist noch anders? ... und vielleicht gibt es noch etwas, das anders ist ... vielleicht bemerken Sie ja auch das Wunder noch nicht gleich in der Früh. Wann wäre der erste Zeitpunkt, an dem Sie das Wunder bemerken können? ... Woran? ... Bemerkt jemand außer Ihnen das Wunder? ... Wer? ... Woran? ... Was beobachtet er oder sie? ... Wie reagiert er oder sie darauf? ... Und jetzt ist ja das Wunder geschehen, wie reagieren Sie dann darauf? ... Bemerkt noch jemand das Wunder? ... Und wer? ... Woran? ... Wie reagiert er oder sie darauf? ... Jetzt ist für Sie das Wunder geschehen, wie reagieren Sie darauf? ... Gibt es noch weitere Unterschiede nach dem Wunder? ... Möchte jemand von seinem Wunder berichten? ... Wer möchte beginnen? ..."

Nun können der Reihe nach die einzelnen Repräsentanten ihre Wunder berichten. Bei Unklarheiten fragt der Gastgeber: „Und woran merken Sie, dass ...?" Bei Handlungen, Veränderungen und Widersprüchen zu anderen genannten Wundern fragt der Gastgeber den jeweiligen Repräsentanten, welche Reaktionen er bei den anderen Teammitgliedern auf seine Äußerungen hin vermutet und, unter der Annahme des Wunders, wie er wiederum darauf reagiert. Sobald ein Repräsentant aus seinem Wunder „herausfällt", erinnert der Gastgeber an das Wunder.

Schritt 10: Durchführen von Interventionen, die sich aus dem Gespräch ergeben

Wenn bei den Wunderberichten Lösungen genannt werden, die sich sofort umsetzen lassen, wie z.B. Kontaktaufnahme, Dialoge, Platzwechsel, Äußern von Wünschen, Bedürfnissen, Sorgen oder Emotionen, so können diese Lösungsschritte gleich mit den Repräsentanten durchgespielt werden. Auf diese Weise können durch Probehandeln die Auswirkungen der Schritte sofort sichtbar werden.

Schritt 11: Die Originalpersonen stellen sich an die Plätze ihrer Repräsentanten

Wenn alle Repräsentanten ihre Wunder berichtet und gegebenenfalls Lösungsschritte durchgeführt haben, werden die Originalpersonen gebeten, an die Plätze ihrer jeweiligen Repräsentanten zu treten und von hier aus das Bild zu betrachten. Der Austausch geschieht durch Aufnahme von Blickkontakt zwischen Originalpersonen und Repräsentanten. Bei gemeinsamen Repräsentanten können die Originalpersonen nacheinander in die Fußstapfen ihrer Repräsentanten treten.

Schritt 12: Ideen zur Umsetzung der Lösungsschritte aus dem LIAT

Die Originalpersonen setzen sich wieder in den Außenkreis und berichten, was für sie jetzt anders ist und welche Lösungsideen sie aufnehmen möchten und wie sie diese umsetzen könnten. Der Moderator kann für das Team auf einem Flipchart die wichtigsten gemeinsamen Schritte notieren.

Variante

Wenn das LIAT in einer Firma ausschließlich mit den am Thema beteiligten Personen durchgeführt wird, gibt es Folgendes zusätzlich zu beachten:

▶ Die Repräsentanten werden so gewählt, dass niemand sich selbst darstellt, sondern jeder eine andere, fremde Person bzw. Personengruppe repräsentiert. Hierdurch wird vermieden, dass die repräsentierende Wahrnehmung durch eigenes Wissen stärker beeinträchtigt

wird. Außerdem stellt es eine günstige Intervention dar, wenn jeder bereits als Repräsentant die Perspektive einer anderen Person oder Partei kennenlernt.
▶ Die Repräsentanten sollten vor der Wunderfrage und gegen Ende des Interviews, wenn jeder die Antwort auf die Wunderfrage geäußert hat, ausgetauscht werden, so dass eine Person mehrere Perspektiven kennenlernt. Auf diese Weise können bleibende Projektionen durch die Repräsentation verhindert werden.
▶ Bei der Variante muss noch mehr darauf geachtet werden, dass keiner sein Gesicht verliert, denn die Gruppe arbeitet anschließend weiter zusammen. In diesem Fall ist es wichtig zu betonen, dass alles, was als Repräsentant geäußert wird, als Metapher aufzufassen ist und nicht wörtlich verstanden werden sollte. Der Gastgeber sollte bei abwertenden Antworten von Repräsentanten diese auf sozial verträgliche Weise umformulieren.

Sind nicht genügend Personen für die Repräsentation vorhanden, so können an Stelle von Personen Symbole, z.B. Stühle, verwendet werden, auf die sich dann abwechselnd Personen setzen und die Fragen beantworten können.

Nach dem LIAT können auf Flipcharts die Ideen für Lösungen festgehalten und die nächsten Schritte mit den Teammitgliedern erarbeitet werden. Die Mitglieder der Großgruppe können diesen Prozess mit Vorschlägen und Ergänzungen unterstützen. Anschließend kann erarbeitet werden, was die Großgruppenmitglieder aus dem ganzen Prozess gelernt haben, wo sie Ähnliches einsetzen und anwenden können.

Weiteres Vorgehen

Dieses Tool entstand in einem Seminar über lösungsfokussierte Gesprächsführung, in dem ein Dreier-Team an einem Thema arbeiten wollte. Leider war jedoch das dritte Teammitglied nicht anwesend. Aufgrund meiner Erfahrung mit Systemischen Strukturaufstellungen schlug ich vor, dass sie für dieses Teammitglied eine stellvertretende Person aus dem Teilnehmerkreis wählen könnten. Ich fragte die beiden anwesenden Teammitglieder, ob auch sie sich im Gespräch durch Personen vertreten lassen möchten. Sie fanden diesen Vorschlag sehr interessant und wählten drei Repräsentanten, die sie im Raum anordneten. Über die Konflikte und Schwierigkeiten in diesem Team wurde vor der Aufstellung nicht gesprochen. Beim lösungsfokussierten Grup-

Kommentar

pengespräch nannten diese Repräsentanten für die Originalpersonen überzeugende Lösungen und auch Einzelheiten, die passten und die die Repräsentanten eigentlich nicht wissen konnten, z.B. dass ein Teammitglied gehen wollte und ein anderes Teammitglied an sehr spezifischen Computergrafiken arbeitete. Die Originalpersonen waren über die Stimmigkeit der Antworten überrascht und auch bestürzt, da dies nicht in ihr Weltbild passte.

Ich verwende dieses Format seither gerne für Supervisionsfragen, in Konfliktsituationen und zur Verbesserung von Zusammenarbeit. Wichtig zu beachten ist, dass die Repräsentanten die Antworten nicht durch Nachdenken gewinnen, sondern über die repräsentierende Wahrnehmung. Dies wird unterstützt durch die einleitenden Worte zum Gruppeninterview.

Quellen/Literatur

Das LIAT lebt von der lösungsfokussierten Gesprächsführung, die ich Steve de Shazer und Insoo Kim Berg verdanke. Das lösungsfokussierte Interview mit größeren Gruppen hat besonders Insoo Kim Berg weiterentwickelt. Die Arbeit mit Repräsentanten hat ihre Wurzeln in der Skulpturarbeit von Virginia Satir und den Systemischen Strukturaufstellungen, die ich gemeinsam mit Matthias Varga von Kibéd entwickelte.

- Insa Sparrer (2001): Wunder, Lösung und System. Heidelberg, Carl Auer.
- Insa Sparrer (2006): Systemische Strukturaufstellungen. Theorie und Praxis. Heidelberg, Carl Auer.
- Insa Sparrer (2007): Einführung in Lösungsfokussierung und Systemische Strukturaufstellungen. Heidelberg, Carl Auer.
- Insa Sparrer (2007): Miracle, Solution and System. Cheltenham, Solutions Books.

Anhang/ Bemerkungen

Für systemische Interventionen ist es wichtig, dass die Perspektiven aller AnliegenbringerInnen und für das Thema relevanten Personen berücksichtigt werden. Mit dem Lösungsfokussierten Interview für das abwesende Team (LIAT) gelingt es, auch die Perspektiven Abwesender einzubeziehen und so Ideen für gemeinsame Lösungen für z.B. das jeweilige Team, die Projektgruppe, Konfliktparteien oder Abteilungen auf eine Weise zu generieren, als ob die Gruppenmitglieder alle anwesend wären. Das LIAT ist eine spezifische Form des Lösungsgeometrischen

Interviews, kurz LGI, eines von mir entwickelten lösungsfokussierten Gruppeninterviews mit angeordneten Repräsentanten. Das LGI kann mit Repräsentanten für Personengruppen, aber auch für psychosomatische Aspekte oder abstrakte Elemente durchgeführt werden.

Unter Repräsentanten sind hier Personen zu verstehen, die Elemente eines Systems – z.B. die Teammitglieder oder Gruppen von Teammitgliedern bei einem Team – symbolisieren. Diese Repräsentanten werden im Raum von den Anliegenbringern so angeordnet, dass es sich für sie stimmig anfühlt. Wenn anschließend mit den Repräsentanten ein lösungsfokussiertes Gespräch geführt wird, so gewinnen die Repräsentanten die Antworten auf die Fragen nicht durch Nachdenken, sondern indem sie sich überraschen lassen, was für sie spontan als Antwort auftaucht. Dies können Sätze, Bilder oder Empfindungen sein. Die Antworten werden also nicht primär durch Nachdenken, sondern eher mithilfe der Wahrnehmung gewonnen, indem durch das Aufstellen entstandene Unterschiede in der Befindlichkeit, in den inneren Bildern und Worten wahrgenommen werden. Wir sprechen hier von repräsentierender Wahrnehmung, da die Wahrnehmung sich nicht auf Eigenes, sondern auf das von den Personen Symbolisierte bezieht.

In diese Wahrnehmung fließt das Wissen des Körpers der Gruppe der angeordneten Repräsentanten ein. Matthias Varga von Kibéd hat hierfür den Begriff der transverbalen Sprache eingeführt, einer Sprache, die über die verbale und nonverbale Sprache hinausgeht, im Zwischenraum der Repräsentanten entsteht und sich auf das abgebildete System bezieht.

An dieser Stelle werden Sie sich zu Recht fragen: „Wie ist es möglich, dass Personen, die mit dem abgebildeten System nichts zu tun haben, hier Antworten geben, die zu dem abgebildeten System passen?" Dies ist in der Tat erstaunlich, doch hat es sich immer wieder gezeigt, dass die von Repräsentanten gegebenen Antworten für die Personen des Originalsystems passend und hilfreich waren.

Ich möchte Ihnen an dieser Stelle eine Metapher anbieten. Normalerweise gehen wir davon aus, dass wir voneinander getrennt sind und stellen daher die Frage: „Wie können Informationen von einer Person zu einer anderen Person gelangen?" Nehmen wir einmal an, wir wären miteinander verbunden, so müsste die Frage lauten: „Wieso hat eine andere Person eine Information nicht?" Gehen wir davon aus, dass Trennung und Verbundenheit zwei Aspekte eines Ganzen darstellen, so können wir beide Metaphern nutzen, etwa wie beim beidäugigen Sehen die Bilder des linken und rechten Auges dreidimensionales Sehen ermöglichen. In diesem Sinne würden die Antworten der Repräsentanten ergänzende Informationen zum lösungsfokussierten Interview mit den Originalpersonen liefern, die aus dem Aspekt der Verbundenheit der Personen miteinander ermöglicht werden.

Die Antworten der Repräsentanten beziehen sich oft auf
- Themen, die von den Originalpersonen vergessen wurden,
- Beziehungen im System,
- Aspekte des Systems, die zwar gewusst, aber bislang schwer verbalisiert werden konnten.

In dieser Hinsicht stellt das LGI eine Ergänzung zu einem lösungsfokussierten Interview mit Originalpersonen dar. Es können mit Hilfe des LGI Informationen gewonnen werden, die im verbalen Interview nicht erfragt werden können.

Lösungsfokussiertes Interview ohne hörbare Antworten

Insa Sparrer, Deutschland

Im Firmenkontext werden Informationen oft ungern preisgegeben, da im Kollegen häufig ein Konkurrent oder ein Kontrolleur vermutet wird. Daher ist es in diesen Kontexten günstig, wenn ohne inhaltliche Information, also rein strukturell, gearbeitet werden kann.

Spezifische Fragen zur Struktur des Themas, innerliche Antworten der Klienten auf lösungsfokussierte Fragen und Beobachtung ihrer nonverbalen Reaktionen ermöglichen diese ungewöhnliche Intervention unter Wahrung von Diskretion.

Kurzbeschreibung

- Die Intervention eignet sich bis zu Gruppengrößen von etwa hundert Personen (für Anfänger 20 Personen).
- Wenn eine Gruppe interviewt wird, dauert die Befragung ein bis zwei Stunden. Die Länge der Auswertung der Ergebnisse ist abhängig von der Anzahl der Gruppenmitglieder.
- Zur Auswertung der Ergebnisse sind Flipcharts und Pinnwände geeignet.

Setting

- Diese Intervention kann immer dann eingesetzt werden, wenn die Diskretion gewahrt bleiben soll. Sie ist auch günstig für Prozesse in Großgruppen, wenn die Mitglieder gleichzeitig an verschiedenen Themen arbeiten möchten.
- Klienten können mit dieser Intervention an ihren Themen arbeiten, ohne inhaltlich etwas preisgeben zu müssen. Ziele können geklärt und erste Lösungsschritte gefunden werden. Auf diese Weise kann verdeckt an heiklen, peinlichen oder persönlichen Themen gearbeitet werden.

Kontext und Zielsetzung

Ausführliche Beschreibung

Die verdeckte Arbeit wird mit spezifischen Fragen zur Struktur des Themas eingeleitet, die in der Regel mit ja oder nein beantwortet werden können (Hinweise für die Gruppenversion erhalten Sie am Ende der Schrittfolge). Überlegen Sie sich ein Ziel, das Sie erreichen möchten, was aber bisher nicht gelang. Sie können nun das lösungsfokussierte Interview ohne hörbare Antworten im Selbstversuch kennenlernen:

Schritt 1: Themenklärung

Denken Sie an Ihr Ziel. Beschreibt es den erwünschten Zustand positiv bzw. hat es die Form einer Anwesenheit von etwas (z.B.: ‚Ich möchte erfolgreich sein.') oder ist es ein Vermeidungsziel in der Form, dass etwas verschwinden soll (z.B.: ‚Ich möchte, dass die Konflikte in meinem Team aufhören.')?

Schritt 2: Wohlgeformtheit des Ziels

Ist Ersteres der Fall, gehen Sie weiter zu Schritt 3. Wenn der zweite Punkt zutrifft, so formulieren Sie Ihr Ziel als eine Anwesenheit von etwas. Was soll statt des Problems da sein? Woran merken Sie, dass Sie Ihr Ziel erreicht haben?

Schritt 3: Wunderfrage

Wenn Sie nach diesem Gespräch noch erledigen, was Sie heute machen wollten und vielleicht alleine oder mit anderen noch zu Abend essen ... und irgendwann wird es dunkel, Sie legen sich hin und schlafen ein ... angenommen ... in dieser Nacht passiert ein Wunder ... und alles, was Sie hierher geführt hat, ist gelöst, ... und das wäre ja wirklich ein Wunder, wenn dies so schnell geschieht ... Am Morgen wachen Sie auf, aber keiner sagt Ihnen, dass das Wunder passiert ist. Woran können Sie merken, dass es passiert ist? ... Machen Sie sich einige Notizen ... Was machen Sie anders? ... Vielleicht haben Sie andere Gedanken ... oder Gefühle? ... Gehen Sie den Tag durch ... Was ist anders ... daheim? ... auf der Arbeit? ... Was ist anders in Ihrer Freizeit? Machen Sie sich Notizen dazu. Wenn Ihnen nichts zum Wunder einfällt, gehen Sie weiter zu Schritt 10.

Schritt 4: Kontext des Wunders

Bemerkt jemand außer Ihnen das Wunder? ... Wer merkt es als Erster? ... Woran? ... Was beobachtet er oder sie? ... Was vermuten Sie, wie er oder sie reagiert? ... Jetzt ist für Sie das Wunder geschehen, wie rea-

gieren Sie auf seine bzw. ihre Reaktion? ... Bemerkt noch jemand das Wunder? ... Wer? ... Woran? ... Welche Reaktion auf das Wunder zeigt er oder sie? ... und jetzt ist das Wunder für Sie geschehen, wie reagieren Sie dann darauf? ... Überlegen Sie, ob noch weitere Personen auf Ihr Wunder reagieren, woran sie Ihr Wunder bemerken können und wie Sie selbst darauf reagieren. Machen Sie sich Notizen dazu.

Schritt 5: Frage nach Loyalitäten

Gibt es jemanden in Ihrem unmittelbaren Umfeld oder in Ihrer Familie, der auch Ihr Ziel anstrebte, es aber nicht erreichen konnte? Oder dem Sie unähnlicher werden, wenn Sie dieses Ziel erreichen? Bei nein gehen Sie weiter zu Schritt 6.

Bei ja: Stellen Sie sich diese Person vor und sagen Sie innerlich zu ihr: ‚Du hast dieses Ziel nicht erreichen können, obwohl es Dir sehr wichtig war. Ich kann nachempfinden, wie schwer das für Dich war. Wenn ich jetzt erste Schritte in Richtung dieses Ziels mache, so wäre es schön, wenn Du Dich mit mir dran freuen könntest.'

Sie können die Sätze so verändern, dass es für Sie passend ist. Spüren Sie nach, was sich für Sie verändert, wenn Sie das in der für Sie passenden Form aussprechen. Falls mehrere Personen aufgetaucht sind, so sagen Sie diese Sätze auch zu den weiteren Personen.

Manchmal gehen wir auf eine Lösung nicht zu, weil wir uns Menschen verbunden fühlen, die dies nicht erreichen konnten. Wir erleben die Lösung als eine Trennung von ihnen. Durch diese Übung kann anstelle einer Verbundenheit durch Mitleiden nun eine Verbundenheit durch gemeinsame Freude treten.

Schritt 6: Überprüfen des zukünftigen Kontexts

Wenn das Wunder geschehen ist, gibt es dann ein Ereignis oder eine Situation, die eintritt und ohne das Wunder nicht eingetreten wäre? Bei nein gehen Sie weiter zu Schritt 7.

Bei ja: Für Sie ist jetzt das Wunder geschehen, wie gehen Sie mit diesem Ereignis oder dieser Situation um? Machen Sie sich Notizen dazu.

Schritt 7: Lösungen in der Vergangenheit – Fragen nach Ausnahmen vom Problem

Können Sie sich an Situationen erinnern, in denen das Wunder oder Teile des Wunders bereits eingetreten waren? Notieren Sie sich diese Situationen.

Schritt 8: Herausarbeiten von Unterschieden

Auf einer Skala von 0 bis 10, wenn die Null für die Situation vor diesem Gespräch steht und die Zehn für das Wunder, wo stehen Sie jetzt auf dieser Skala? Was half Ihnen, hierhin zu kommen? Was ist der höchste Punkt, den Sie bereits auf dieser Skala erreicht hatten? Was war in dieser Situation anders als jetzt? Machen Sie sich Notizen dazu. Untersuchen Sie auch die anderen Ausnahmesituationen nach Unterschieden zu heute und schreiben Sie sich diese auf. Unterschiede, auf die Sie Einfluss haben, können sich als starke Ressourcen erweisen.

Schritt 9: Kategorien der Antworten auf die Wunderfrage

Überprüfen Sie Ihre Antworten auf die Wunderfrage hinsichtlich folgender Aspekte: Haben Sie als Antworten andere Verhaltensweisen genannt? Gehen Sie weiter zu Schritt 12. Haben Sie als Antworten auf die Wunderfrage veränderte Gefühle, Verhaltensänderungen anderer Personen oder Veränderungen der Situation gegeben, dann gehen Sie bitte weiter zu Schritt 11. Ist Ihnen auf die Wunderfrage nichts eingefallen bzw. konnten Sie keine Unterschiede nach dem Wunder entdecken, so gehen Sie weiter zu Schritt 10.

Schritt 10: Was Sie tun können

Beobachten Sie in den nächsten drei Wochen, was im Moment gut läuft und woran Sie nichts ändern möchten.

Schritt 11: Suche nach beeinflussbaren Aspekten

Beobachten Sie, wann das erwünschte Gefühl spontan auftaucht bzw. wann X sich zufällig so verhält, wie Sie es möchten oder wann Ihre Situation sich in die Richtung zu verändern beginnt, die Sie wünschen. Wenn das Erwünschte zufällig auftritt, prüfen Sie, was anders ist in dieser Situation oder was Sie anders gemacht haben. Hieraus können sich Hinweise ergeben auf Veränderungsmöglichkeiten, die Sie beeinflussen können.

Schritt 12: Erste Schritte in Richtung Lösung

Suchen Sie sich eines aus den folgenden Experimenten aus:

a) Machen Sie mehr von dem, was schon läuft.
b) Wenn es sich um eine schwierige Interaktion handelt, reagieren Sie auf andere Weise, springen Sie in die Luft oder drehen sich im Kreis, Ihnen wird schon etwas Passendes einfallen. Überprüfen Sie, ob Ihre neue Reaktion einen Unterschied macht.
c) Wählen Sie die einfachste Ihrer Handlungen aus und führen Sie diese zweimal pro Woche durch. Vergleichen Sie die Tage mit und ohne diese Handlungen und prüfen Sie, ob es Unterschiede gibt.
d) Würfeln Sie am Morgen. Bei einer 1 führen Sie Handlung A an diesem Tag durch, bei einer 3 Handlung B und bei einer 5 Handlung C. Bei der 2, 4 und 6 verhalten Sie sich wie üblich. Überprüfen Sie die Unterschiede zwischen den Tagen.
e) Suchen Sie sich zwei Tage in der Woche aus und verhalten Sie sich so, als ob das Wunder eingetreten ist. Prüfen Sie, ob es Unterschiede gibt zwischen den Wunder- und Nichtwundertagen."

Im Gruppeninterview werden die lösungsfokussierten Fragen von den Klienten innerlich beantwortet oder die Antworten aufgeschrieben. Zwischen den Schritten wird genügend Zeit zum Nachdenken gelassen. Es wird darauf hingewiesen, dass es auch in Ordnung ist, wenn jemandem nichts einfällt. Derjenige kann pausieren, bis wieder passende Fragen für ihn gestellt werden. Bei Schritt 5 werden die zu sprechenden Sätze auf ein Flipchart geschrieben. Flipchartanschriften können natürlich auch die anderen Schritte unterstützen. Für Schritt 9 bis 12 erhalten die Gruppenmitglieder ein Handout. Die einzelnen Schritte werden der Reihe nach erklärt. Wenn ein Gruppenmitglied bei einem Schritt stecken bleibt, kann der Moderator mit ihm später ein Einzelgespräch führen oder am Ende der Übung vor der Gruppe noch weitere Fragen stellen, die dann schweigend oder laut beantwortet werden können.

Nach dieser Übung können sich die Gruppenmitglieder in Kleingruppen gegenseitig mitteilen, was für sie hilfreich war. Wer möchte, kann auch von seinem Wunder und seiner gewählten Aufgabe berichten. Dies kann vor allem denjenigen Anregung geben, die wenig Einfälle hatten. Zum Schluss können die Gruppensprecher in die Gesamtgruppe einfließen lassen, was für ihre Gruppe besonders hilfreich und interessant bei dieser Übung war und was sie wo wie anwenden wollen. Die Ergebnisse können auf Pinnwänden festgehalten werden.

Kommentar Der Anlass für mich, diese Intervention zu entwickeln, waren die Diskretionsbedürfnisse von Gruppenteilnehmern und mein Wunsch, in Gruppen gleichzeitig an unterschiedlichen Themen arbeiten zu können. Für den Moderator ist am wichtigsten, allparteilich zu bleiben, sich in Geduld zu üben und beharrlich nachzufragen. Am überraschendsten ist für mich immer wieder, dass die Gruppenteilnehmer unter der Annahme des Wunders Antworten auf die schwierigsten Problemlagen und Konflikte finden.

Quellen/Literatur Die Gesprächsführung ist rein lösungsfokussiert und hier gilt mein Dank Steve de Shazer und Insoo Kim Berg, die mich dies gelehrt haben und all meine Fragen geduldig beantworteten.

- Insa Sparrer (2006, 4. Aufl.): Wunder, Lösung und System. Heidelberg, Carl Auer.
- Insa Sparrer (2007): Miracle, Solution and System. Cheltenham, Solution Books.

Lösungsorientierte Traum-Inszenierungen

Bernd Schmid, Deutschland

Kurzbeschreibung

Durch diese Übung werden die Teilnehmenden angeleitet, sich spielerisch und schöpferisch auf Träume einzulassen. Der kreative Dialog in der Gruppe belebt die Workshop-Kommunikation und bezieht intuitive Wirklichkeiten ein. Auch Unerfahrene erleben dabei häufig, dass sie im professionellen Rahmen mit Träumen mehr anzufangen wissen, als sie geglaubt hätten.

Setting

- Da die eigentliche Übung autonom in Untergruppen gemacht wird, ist sie auch für große Gesamtgruppen geeignet.
- Die Untergruppen sollten aus vier Personen bestehen. Dann ist das Gleichgewicht zwischen Überschaubarkeit und Vielfalt optimal. Es können auch etwas zeitsparender 3er- und etwas belebender 5er-Untergruppen gebildet werden.
- Zeitrahmen: insgesamt mindestens 90 Minuten
- Für die Vorbereitung der Untergruppenübung im Plenum werden je nach Ausführlichkeit 15 Minuten oder mehr gebraucht.
- Für die Untergruppenübung selbst werden in einer knappen Version 60 Minuten benötigt. Hierbei sind alle Teilnehmenden aktiv, doch nur einer bringt einen Traum ein. In ausführlicheren Versionen oder bei Wiederholung können weitere Traumerzähler zum Zug kommen. Hierbei werden je Traumerzähler weitere 50 bis 60 Minuten gebraucht.
- Man braucht lediglich einen bewegungsfreundlichen Plenarraum und Möglichkeiten für relativ ungestörte Untergruppen.

Kontext und Zielsetzung

Diese Übung kann in Lern- und Arbeitsgruppen dann am besten eingesetzt werden, wenn die individuelle Steuerung und der gemeinsame Prozess um spielerische Elemente angereichert werden sollen und wenn die Hinzunahmen von Intuition und hintergründiger Vielschichtigkeit ein Gewinn sein könnten. Dies gilt insbesondere für berufliche Qualifizierungen, bei denen es auf intuitives Verstehen und vielschichtige Kommunikation ankommt.

Die Übung findet positive Resonanz, wenn sich die Gruppe schon etwas gefunden und in der angebotenen Lernkultur eingelebt hat sowie für Inspirationen offen ist. Mit etwas Vertrauen zueinander und Neugierde für offene Erfahrungen sollte gerechnet werden können. Die Übung kann solche Gruppen auch bei eintretender Ermüdung oder im Hinblick auf einen gemeinsamen Abend hin auflockern sowie das Feld für offenere Begegnungen bereiten.

Kreative Zusammenarbeit gelingt besonders dann, wenn über die bewusst-methodisch bearbeiteten Inhalte hinaus das vorhandene intuitive Wissen wechselseitig zugänglich gemacht werden kann. Kreative Abstimmung läuft teilweise bewusst und zum größeren Teil unbewusst ab. Über sie kann eher in Bildern kommuniziert werden. Der bildhafte Dialog schafft eine günstige Oberfläche für einen unbewussten Austausch zwischen den Beteiligten. Was sich dort abspielt, bleibt letztlich unergründlich, wird jedoch vom kreativen Prozess im Umgang mit den Bildern und Inszenierungsideen an der Oberfläche stimuliert, fokussiert und in Gang gehalten. Der Umgang mit Träumen bietet Übungsmöglichkeiten für das Verstehen von und das Arbeiten mit symbolischen Inszenierungen.

Träume erzählen Geschichten. Diese können tragisch oder komisch sein, realistisch oder surrealistisch, lyrisch oder prosaisch, dramatisch oder grotesk. Was liegt also näher, als das Traumgeschehen in die Begriffswelt des Theaters zu übersetzen. Dies bietet zwei Vorteile. Man verschafft sich Zugang zu einer griffigen, bildhaften Beschreibungssprache und umgeht oder mildert die Neigung, Träume wie einen wissenschaftlich zu analysierenden Untersuchungsgegenstand zu behandeln.

Wenn man dann noch neben dem Trauminhalt die Trauminszenierung in den Vordergrund rückt, schreibt man damit dem Traumgeschehen die dynamische Qualität einer lebendigen und gestaltbaren Aufführung zu. In die Theatermetapher übersetzt, besteht der Traum aus einem Geschehen auf einer Bühne. Im Zeitalter neuer Medien kann man natürlich auch auf andere audiovisuelle Medien wie Film oder Video Bezug nehmen. Der Traumerzähler kann dabei die Rolle des Zuschauers oder Mitspielers, Regisseurs oder Drehbuchschreibers, Produzenten oder Kulturministers, manchmal auch mehrere Rollen nebeneinander oder im Wechselspiel innehaben.

Ausführliche Beschreibung

Kündigen Sie die Übung eher als kreatives Experiment mit unterschiedlichen und manchmal überraschenden Erfahrungen an. Wecken Sie keine spektakulären Erwartungen, sondern stärken Sie eher Aufmerksamkeit und Wertschätzung für alles, was eben geschieht!

Teilen Sie das Arbeitsblatt mit der Übungsanweisung aus (siehe Vorlage auf S. 266 f.) und gehen Sie es kurz durch, bis der Ablauf verstanden ist.

Finden Sie im Plenum Teilnehmende, die bereit sind, einen Traum zu erzählen. Er sollte eher kurz und vorzugsweise aktuell sein. Es gehen auch ältere Träume, sofern die Traumerzähler davon noch bewegt sind. Um diese Traumerzähler herum werden die Untergruppen gebildet.

Option: Lassen Sie die Untergruppen sich ohne Definition der Traumerzähler beliebig zusammenfinden oder stellen Sie diese zusammen. Es hat sich auch bewährt, die Gruppen nach dem Zufallsprinzip zu bilden (wobei in Richtung gewünschter Mischungen korrigiert werden kann). Damit wird unterstrichen, dass zu einer professionellen Haltung gehört, mit jedem sinnstiftend arbeiten zu können.

Das Arbeitsblatt ermöglicht der Untergruppe die Eigensteuerung bei der Übung. Es hat sich bewährt, auf disziplinierte Einhaltung der Schritte und auf sorgfältiges Zeitmanagement zu achten. Für die Steuerungsfunktionen sollten je ein Phasenwächter und ein Zeitgeber als Verantwortliche gefunden werden. Entlassen Sie die Untergruppen nach Verabredung für die Weiterarbeit im Plenum.

Während der Übung kann der Moderator herumgehen, um verfügbar zu bleiben, Fragen zu klären und den beabsichtigten Ablauf sicherzustellen.

Arbeitsblatt

für Vierergruppen A, B, C, D (auch drei oder fünf Personen pro Gruppe mit entsprechend angepassten Zeiten möglich).

1. Definieren Sie, wer in Ihrer Gruppe Person A ist (A erzählt einen Traum), wer als Phasenwächter auf die Einhaltung des vorgegebenen Ablaufs achtet und wer als Zeitgeber absoluten Respekt genießt.

2. A erzählt eher kurz seinen Traum. B, C und D lassen den Traum auf sich wirken. Danach fragen sie klärend dort nach, wo sie am meisten das Gefühl haben, Näheres erfahren zu müssen (Ortsbegehung). Der Fokus liegt dabei auf der Trauminszenierung und den Erlebnissen im Traum, weniger auf persönlichen Reaktionen auf den Traum. B, C und D sollten sich eine Vorstellung vom Traumgeschehen machen können oder sich der Unklarheiten bewusst sein. Traumerinnerungen können nur begrenzt spezifisch gemacht werden (z.B.: Wie genau war die Szene am Anfang? Wo befand sich der Traumerzähler, wo die Kamera? War die Gefahr im Traumgeschehen inszeniert oder eher eine Besorgnis einer Traumfigur? Was für ein Charakter war diese Traumfigur? Wie war die Stimmung beim Aufwachen?). Das dauert höchstens zehn Minuten.

3. B, C und D besinnen sich in kurzer Einzelarbeit darauf, welche Assoziationen bei ihnen durch die Traumerzählung entstehen und welche möglichen alternativen Inszenierungen ihnen einfallen. Welche Stimmung entsteht? Wohin wird die Aufmerksamkeit gelenkt? Was berührt, scheint wichtig? Was fehlt? Welche Impulse zu alternativen oder weiterführenden Inszenierungen entstehen? In welche Richtung gehen diese? Dazu stehen fünf Minuten zur Verfügung.

4. B, C und D stellen nacheinander ihre Eindrücke und Einfälle aus der Einzelarbeit vor. Die anderen fragen klärend nach, versuchen Zusammenhänge und Gestaltungsabsichten zu verstehen. Sie spiegeln auch, was diese Ideen in ihnen alles wachrufen und welche ergänzenden Impulse sie dazu wiederum haben. A darf dabei zuhören und sich Notizen machen, ohne dabei einbezogen zu werden und ohne einzugreifen. A hört einfach zu,

lässt sich inspirieren, wählt freimütig, was irgendwie anspricht und lässt unberücksichtigt, was nicht passend scheint. Dies dauert dreimal zehn Minuten.

5. A berichtet nun, was die Ideen von B, C und D bei ihm ausgelöst haben, wo er jetzt steht und in welche Richtungen seine eigenen Weiter- oder Neuinszenierungs-Ideen nun gehen. B, C und D hören ohne Diskussion zu. Dazu stehen fünf Minuten zur Verfügung.

6. A, B, C und D gehen nun auf die Metaebene und tauschen sich zehn Minuten lang über den Übungsablauf und die dabei gemachten Erfahrungen aus.

7. Eventuell: A, B, C und D verabreden, sich gegenseitig mitzuteilen, was im Nachklang zu dieser Übung zu beobachten war. Insbesondere interessiert dabei, ob Folge-Träume bei A die Arbeit aus dieser Übung aufzunehmen scheinen und wenn ja, in welcher Weise.

Weiteres Vorgehen

▶ Abschließende Berichte im Plenum sind unnötig, da sie die Vielschichtigkeit in der Untergruppe kaum wiedergeben können und die kreative Stimmung häufig eher stören. Es sollte aber Gelegenheit gegeben werden, zu berichten, was als Erlebnis im Gruppenprozess beeindruckt hat und welche Fragen die Teilnehmenden beschäftigen.
▶ Wenn ein von den Erwartungen abweichender Verlauf berichtet wird, eher zum Annehmen und zum weiteren aufmerksamen Beobachten ermutigen!
▶ Der Moderator muss inhaltlich nicht klärend Stellung nehmen, kann dies aber bei entsprechender Erfahrung tun. Sofern jemand wider Erwarten aufgewühlt ist, sollte er wie auch sonst begleitet werden. Von vertiefender Arbeit ist auch in diesem Rahmen Erfahrenen eher abzuraten, da sie dem Ansatz die Unbefangenheit und Leichtigkeit nimmt.
▶ Wie schon angesprochen, kann die Übung fortgesetzt oder in dieser oder anderer Zusammensetzung mit anderen Traumerzählern wiederholt werden. Es können auch Verabredungen getroffen werden, sich über die weiteren Erfahrungen auszutauschen. Das hält die Aufmerksamkeit für diese Arbeitsebene wach.

▶ Natürlich kann diese Übung durch weitere Übungen in Arbeiten mit inneren Bildern wie durch Texte und Fallstudien oder auch durch Studium und Diskussion meines Leitfadens für kollegiale Traumdialoge vor- oder nachbereitet werden.

Kommentar Für den Traumerzähler arbeitet die Gruppe in Phase 4 als reflektierendes Team. Es bietet ihm dabei vielfältige neue Möglichkeiten, seinen Traum aus anderen Perspektiven zu sehen und kreativ zu nutzen. Gleichzeitig bietet diese gemeinsame Arbeit viele Ansatzpunkte und Entwicklungsmöglichkeiten für die zukünftige Zusammenarbeit aller Beteiligten.

Falls Sie als Moderator eine fachliche Einstimmung machen wollen, eignet sich ein Kurz-Referat über wirklichkeitskonstruktives Arbeiten mit Träumen und mit der metaphorischen Ebene. Auf www.isb-w.de stehen dafür auch Tondokumente (Referate von Bernd Schmid) zur kostenlosen Nutzung zur Verfügung.

Quellen/Literatur Die Zusammenhänge können bei Bedarf mit dem Dialogmodell der Kommunikation illustriert werden (www.isb-w.de). Ergänzend dazu kann die Arbeit mit inneren Bildern hilfreich sein.

Mini-Coaching mit Maxi-Wirkung

Daniel Meier, Schweiz

Mini-Coachings sind zielgerichtete, kurze Gespräche, die wir mit einzelnen Teilnehmenden im Beisein aller führen können. Lösungsorientierte Mini-Coachings in Workshopsituationen sind nicht planbar. Sie sind von der Fähigkeit des Moderators abhängig, geeignete Situationen zu erkennen und spielerisch leicht mit der Unplanbarkeit umzugehen. Mini-Coachings sind immer dann möglich, wenn Teilnehmende beispielsweise einen Sachverhalt im Plenum klären möchten, rezeptbuchmäßige Antworten wollen oder Aussagen kritisch hinterfragen.

Kurzbeschreibung

- Mini-Coachings können in Gruppengrößen bis zu max. 15 Personen eingesetzt werden.
- Der Zeitbedarf ist sehr unterschiedlich. Manche dauern zwei Minuten – andere bis zu 10 Minuten.
- Material: Man braucht nur sich, seine lösungsorientierten Fragewerkzeuge und etwas Mut und Neugierde.

Setting

Die Mini-Coachings sind kein klassisches Workshop-Tool, sondern werden sehr situationsbezogen eingesetzt. Sie helfen dem Moderator, mit größerer Leichtigkeit und ohne Inhaltsdruck zu arbeiten. Sie können dann eingesetzt werden, wenn man einzelnen Teilnehmenden die Möglichkeit bieten will, eigene Erkenntnisse zu gewinnen oder Entscheidungsfragen für sich zu beantworten. Oft helfen Sie Teilnehmenden auch, einen gedanklichen „Knopf" zu lösen.

Kontext und Zielsetzung

Eine der Grundregeln des lösungsorientierten Ansatzes lautet: Die Kunden sind Experten und haben alle Ressourcen, um ihre Fragestellungen oder Herausforderungen zu lösen. Oft wird vergessen, dass gerade in Workshops die Teilnehmenden schon ein ungeheures Wissen und viel

Erfahrung zum Thema mitbringen. Mini-Coachings bieten die Möglichkeit, diese Ressourcen zu aktivieren.

Zudem gehen wir davon aus, dass Fragen (solange es nicht klare Informationsfragen sind) meist Vorboten von eigenen Antworten darstellen. So können Sie mit den kurzen Coaching-Sequenzen Teilnehmenden helfen, ihre persönlichen Antworten zu finden.

Ausführliche Beschreibung

Eine Schritt-für-Schritt-Anleitung zu den Mini-Coachings gibt es nicht, da jede Situation einfach anders ist. Eine Vorgehensweise, die sich schon oft (aber nicht immer) bewährt hat, ist die Arbeit mit Skalen:

1. **Ziel klären:** *„Was ist genau das Ziel Ihrer Frage?"*
2. **Standort:** *„Stellen Sie sich eine Skala vor: 10 würde bedeuten, dass Sie diese Frage total klar und eindeutig für sich beantwortet haben – und 1 das Gegenteil davon. Wo stehen Sie im Moment mit der Beantwortung?"*
3. **Was ist schon alles klar?** *„Ah, Sie stehen schon auf einer X (beispielsweise 4). Was ist Ihnen denn schon alles klar – so dass Sie sagen können, Sie sind auf einer 4 und nicht mehr auf einer 1?"* (Oft braucht es an dieser Stelle gar nicht mehr, denn durch das strukturierte Erzählen des Teilnehmenden, was schon alles klar ist, klärt sich oftmals der Rest.)
4. **Perspektive:** *„Nehmen wir an, Sie kämen in der nächsten Stunde einen deutlichen Schritt weiter bei der Antwort: Was wäre für Sie ein klares Zeichen, dass Sie schon etwas weiter sind als bei X? Wer könnte Sie dabei unterstützen?"*

Zwei kleine Beispiele sollen illustrieren, wie Sie Mini-Coachings im Workshop einsetzen können:

Szene 1 – Aus einem Workshop zu lösungsorientierter Führung von Teams

Die Teilnehmer kommen aus einer Gruppenarbeit zurück ins Plenum.
Teilnehmer: „Jetzt bin ich gerade verwirrt. Wir haben eben über Unterschiede von Teamcoach und Moderator gesprochen. Was ist genau der Unterschied?"
Moderator: *„Oh, da bin ich mir auch nicht so sicher. Darf ich erst eine Frage stellen? Inwieweit ist die Beantwortung dieser Frage nach Unterschieden für Dich wichtig?"*

Teilnehmer: „Hmm ..., ich glaube, ich habe bis jetzt vor allem moderiert und merke jetzt, dass ein Coach irgendwie was anderes macht. Irgendwie ähnlich, aber es wirkt leichter, weil er die Verantwortung für den Inhalt nicht übernimmt. Er belässt die Verantwortung dem Team. Mir würde es, glaube ich, die Moderationstätigkeit erleichtern, wenn ich mehr Coach wäre." (kurzes, zustimmendes Lachen im Plenum)

Moderator: *„Ah so – und wie würden Deine Teilnehmenden an einem Workshop merken, dass Du mehr Coach als Moderator bist?"*

Teilnehmer: „Eben Verantwortung abgeben. Und ja ..., vielleicht würde es sich auch zeigen, dass ich als Coach dadurch mehr Wahlmöglichkeiten für Entscheidungen schaffe, als dass ich das Team dazu treibe, sich nun endlich für einen Weg zu entscheiden. Mehr Offenheit und unterschiedliche Ideen nebeneinander akzeptieren – so, dass jeder seinen Ressourcen gemäß Lösungen findet, die das gemeinsame Ziel unterstützen. Okay, danke. Jetzt ist es klar!"

Moderator: *„Auf einer Beantwortungsskala von 1 bis 10, wo stehst du gerade bei dieser Fragestellung?"*

Teilnehmer: „Jetzt bin ich bei einer 8 und das ist aktuell gut genug. Jetzt gilt es, dies noch im nächsten Workshop umzusetzen!"

Szene 2 – Ein interner Workshop zum Thema Flexibilität mit Kunden

Felix: „Also ich finde die Diskussion sehr mühsam. Wir kommen nicht vom Fleck, es passiert einfach nichts. Früher mussten wir über diese Dinge nicht diskutieren, es lief einfach."

Bea: „Felix hat Recht. Können wir nicht endlich auf den Punkt kommen?"

Moderator: *„Okay Felix, ich merke, wie Du langsam ungeduldig wirst."*

Felix: „Nein, nicht ungeduldig. Ich will einfach vorwärtskommen!"

Moderator: *„Wie nützlich oder zielbringend war das für Dich, was wir bisher getan haben – auf einer Skala von 1 bis 10?"*

Felix: „Höchstens eine 2!"

Moderator: *„Okay! Was war denn bisher nützlich an unserem Gespräch, dass Du es auf einer 2 und nicht auf der 1 einschätzt?"*

Felix: „Mio und Bea haben einiges von ihrem früheren Job erzählt. Das war neu und gut. Auch die Frage, was in den ersten zwei Monaten schon funktionierte – ich glaube, das hat uns weitergebracht."

Moderator: *„Ja, das denke ich, war wirklich hilfreich. Hast Du eine Idee, was wir hier besprechen müssten, damit wir in der nächsten Stunde einen, vielleicht zwei Punkte höher kommen?"*

Felix: „Wir sprechen immer von Flexibilität – und niemand weiß, was damit gemeint ist. Was tun wir denn genau, wenn wir flexibel sind?

Ich möchte konkrete Beispiele und Möglichkeiten hören. Und dann wäre es gut, wenn wir so etwas wie eine Prozessbeschreibung unserer zentralen Arbeitsabläufe erstellen würden. Damit könnten wir nachher beginnen!"

Bea: „Ja, das mit der Prozessbeschreibung fände ich auch hilfreich, dann hätten wir es schwarz auf weiß!"

Moderator: *„Ja, das scheinen mir wirklich sinnvolle Vorschläge zu sein. Und ich würde gerne erst das Thema, das wir gerade besprochen haben, abschließen. Das dauert keine zehn Minuten mehr. Und danach schauen wir, was für konkrete Beispiele für Flexibilität wir finden. Im dritten Schritt könnten wir mit der Prozessdefinition beginnen. Ist das okay so?"*

Weiteres Vorgehen   Im Programm weitermachen, wie es der veränderten Situation entsprechend angepasst werden muss.

Kommentar   Geprägt von der lösungsorientierten Arbeit mit Einzelpersonen, wurde mir zunehmend bewusst, dass ich in Workshop-Settings noch ganz anders arbeitete: Ich nahm jede Frage freudvoll auf und versuchte, meine klugen Antworten zu geben – meist mit sehr mittelmäßigem Erfolg. Ich übernahm Verantwortung für die Resultate der Gruppe und versuchte möglichst immer gemeinsame Maßnahmen zu erreichen und die Gruppe in diese Richtung zu steuern. Die Umsetzungserfolge waren dann jedoch meist nicht sehr sehenswert – und zudem war es enorm anstrengend für mich (und auch die Teilnehmenden). Bis ich anfing, mich von der Idee zu lösen, dass der Workshop- oder Seminarleiter der Experte sei. Und mich stattdessen, bildlich gesprochen, als Rahmengeber zu verstehen begann: ein Rahmengeber, der in seinem Rahmen optimales Lernen und Entwickeln ermöglicht – und dabei offen ist für das, was sich entwickelt. Ich begann mich in der Kunst des Nicht-Wissens zu üben im Vertrauen darauf, dass die Teilnehmenden durchaus genügend Ressourcen hatten, um ihre Herausforderung zu lösen – und zwar mit maßgeschneiderten Lösungen.

Der besondere Reiz dieser Mini-Coachings liegt darin, dass in kurzer Zeit tief greifende Aha-Erlebnisse entstehen können. Die Teilnehmenden finden eigene Antworten und merken, wie sie sich und ihren

Kompetenzen vertrauen können. Das sind außergewöhnliche Momente – denn Menschen erleben meist das Gegenteil. Ihnen wird gesagt, was Sache ist, wie man etwas zu tun hat und was richtig oder eben falsch ist. Solche Momente gelingen nicht jedes Mal – doch wenn ich diese kurzen Coaching-Sequenzen einbaue, steigen die Chancen, dass persönliche Erkenntnis, Lernen und so auch Wandlung stattfinden kann. In solchen Momenten mit dabei sein zu dürfen ist für alle ein beeindruckender Moment.

Eine eindeutige Quelle ist schwer auszumachen. Ich denke, die Mini-Coachings sind entstanden und wurden weiterentwickelt in unserem Forschungsteam für lösungsorientierte Methodik/Didaktik um Kati Hankovszky, Peter Szabó und mir.

Quellen/Literatur

Kapitel 8

Übungen zum Abschluss – Transfer vorbereiten

In diesem Kapitel lesen Sie:

Aus der Sicht von X.. 277
Ein Perspektivwechsel, der Energie für die eigene
Veränderungsbereitschaft liefert

Die Skalen-Party... 281
Mit der Gruppe den gemeinsamen Lernerfolg reflektieren
und gebührend feiern

Erkenne Deinen heimlichen Lernpartner........................... 287
Den Lernerfolg anderer „heimlich" beobachten und
wertschätzend Feedback geben

Footsteps.. 290
So haben die Teilnehmenden ein ganz konkretes
Bild von ihren nächsten beiden Lernschritten vor Augen

Mein guter und geheimer Vorsatz....................................... 294
Motivation wecken für den ersten kleinen
Umsetzungserfolg am Arbeitsplatz

Team-Schatzkiste.. 298
Die Verbindlichkeit der Workshop-Ergebnisse erhöhen
und das Team-Commitment stärken

Von hier aus voran.. 303
In der Gruppe die zentralen Workshop-Ergebnisse zusammen-
tragen und die individuellen Umsetzungsschritte planen

Wie ich Dich sehe – und wie ich denke, dass Du mich siehst .. 308
Wie Teilnehmende persönliche Wertschätzung nicht
hinter, sondern auf dem Rücken des anderen äußern

Aus der Sicht von X

Josef Grün, Deutschland

Kurzbeschreibung

Die Übung „Aus der Sicht von X" ist ein guter Abschluss für Workshops mit dem Fokus des Erwerbs oder der Verbesserung von Qualifikationen oder von sozialer und kommunikativer Kompetenz (z.B. im Rahmen von Führungskräftequalifikationen). Mit der Übung werden Vorhaben zur Verbesserung und Erweiterung des persönlichen Verhaltensspielraums und von persönlichen Haltungen verstärkt. Die Teilnehmenden sprechen aus der Sicht von Kollegen, Mitarbeitern oder Vorgesetzten über gelungene zukünftige Veränderungen. Damit ist dies eine Abschlussintervention, die die Ressourcen und Energien der Teilnehmenden für die Umsetzung in ihren beruflichen Alltag mobilisiert und verstärkt.

Setting

- Für Gruppen zwischen 10 bis 20 Personen; optimal sind 10 bis 15 Personen
- Je nach Gruppengröße werden zwischen 45 bis 60 Minuten für diese Arbeit benötigt.
- Es werden keine Materialien und keine technische Ausstattung benötigt.

Kontext und Zielsetzung

Die Übung dient der Verstärkung von Veränderungsenergie und unterstützt den Transfer in die Praxis bzw. die konkrete Umsetzung in der Praxis. Der Fokus liegt darauf, zukünftige Erfolge vorwegzunehmen.

Die Teilnehmenden berichten aus einer scheinbar fremden Perspektive – aus der Sicht von X – über ihre Erfolge bei der Umsetzung von Verbesserungen und Erweiterungen des persönlichen Verhaltens. Sie machen damit zukünftige Erfolgserlebnisse auf „wundersame" Weise erfahrbar.

Ausführliche Beschreibung

Die Leitorientierung für diese Übung wird am Ende eines Workshops durch die Frage gegeben: „Wie werde ich die hier erworbenen oder erweiterten Kompetenzen in der beruflichen Alltagspraxis nutzen?" Die Teilnehmenden sitzen im Stuhlkreis.

Anmoderation

„Sie werden sich jetzt ein Bild davon machen, wie Sie die hier erworbenen Qualifikationen zukünftig in Ihrem beruflichen Alltag einsetzen und nutzen. Sicherlich werden Ihre Kollegen, Mitarbeiter oder Vorgesetzten beobachten, was Sie nach diesem Workshop hier nun anders und noch besser machen.

Überlegen Sie, welche Personen Ihren Weg besonders genau verfolgen und unterstützen werden – sei es eher wohlwollend oder eher skeptisch. Suchen Sie sich eine Person davon aus (Person X) und überlegen Sie, welche konkreten Veränderungen diese Person in den nächsten Tagen und Wochen bei Ihnen bemerken wird. Nehmen Sie sich ein paar Minuten Zeit für Ihre Überlegungen und machen Sie sich ruhig Notizen.

Wenn alle fertig sind, werden Sie nacheinander hinter Ihren Stuhl treten und aus der Sicht der ausgewählten Person X über die Veränderungen sprechen, die Person X in den nächsten Wochen in Ihrem Verhalten, in Ihrer Haltung, im Umgang mit ihr selbst (etc.) bemerkt.

Bitte sprechen Sie im Präsens und beginnen Sie Ihre Sätze folgendermaßen: ‚Ich als Mr./Mrs. X bemerke bei meinem Kollegen bzw. meiner Kollegin folgende Veränderungen und ich kann das an folgenden konkreten Erlebnissen festmachen …'"

Ablauf

Im Uhrzeigersinn stellen sich die Teilnehmenden nun der Reihe nach hinter ihren Stuhl und sprechen aus der Sicht der ausgewählten Person X über ihre umgesetzten Verhaltensänderungen. Danach setzen sie sich wieder auf ihren Stuhl. Nach kurzer Pause fährt der nächste Teilnehmende fort. Die Statements werden nicht hinterfragt oder kommentiert. Es ist wichtig, dass die Teilnehmenden ungestört in der Situation des Gelingens bleiben.

Aus der Sicht von X

Schlussmoderation

Nach der Runde: *„Bitte drehen Sie sich kurz um, blicken Sie nach hinten und bedanken Sie sich innerlich für die Unterstützung, die Sie gerade von Person X bekommen haben."*

Nach der Übung sollte eine kurze Pause gemacht werden. Dann kann eine Auswertungsrunde folgen.

Weiteres Vorgehen

Diese Übung braucht Zeit und Ruhe. Die Teilnehmenden müssen Schritt für Schritt und mit Bedacht vorgehen können. Sie brauchen Zeit, um die Antworten auf die folgenden Fragen zu finden:

Kommentar

▶ Wer sind die Personen, deren Beobachtungen und Reaktionen mir besonders wichtig sind?
▶ Wen davon will ich hier sprechen lassen?
▶ Was genau wird Person X an mir beobachten und wie kann ich das beschreiben?

Die Beobachtung und das Feedback dieser ausgewählten Personen sollten den Teilnehmenden wirklich am Herzen liegen und ihnen etwas bedeuten.

Die Übung kann nicht „auf den letzten Drücker" eingesetzt werden – also kurz vor Seminarschluss, wenn schon alle mit der Abreise beschäftigt sind. Sie muss mit ausreichend Zeit im Workshop eingeplant werden und sollte bereits zu Beginn als wichtige Abschlussintervention angekündigt werden.

Der Kniff dieser Übung ist, dass die Teilnehmenden nicht über ihre Absichten sprechen („Ich will ...", „Ich werde ..." etc.), sondern aus der Situation des „als ob". Sie tun, als ob sie ihre Vorhaben schon umgesetzt haben und geben sich selbst aus der Sicht eines Dritten Feedback dazu. Es wird nicht über beabsichtigte, sondern von umgesetzten Lösungen gesprochen. Dazu ist es wichtig, dass mit den ersten Sätzen auch wirklich in die andere Person „hineingegangen" wird: „Ich als der Kollege X von Frau Meier, die hier vor mir sitzt, kenne sie ja schon lange und wir haben schon einige gemeinsame Projekte gemacht" können hilfreiche Formulierungen dazu sein.

Mit der öffentlichen Runde gehen die Teilnehmenden zudem eine „Verpflichtung" den anderen Gruppenmitgliedern gegenüber ein, nun auch alles dafür zu tun, dass sie diese Erfolge in der Praxis erzielen. Wenn diese Übung z.B. am Abschluss einer ersten Teileinheit durchgeführt wird und sich die Teilnehmenden zu einer weiteren Einheit treffen, kann die Eingangsrunde oder die Runde über das, was erreicht worden ist, mit dem gleichem Setting beginnen („Was Person X gesehen, beobachtet und gesagt hat – und was Sie mir für diese Einheit mit auf den Weg gegeben hat.").

Quellen/Literatur Die Übung wurde von mir entwickelt.

Die Skalen-Party

Michael Hjerth, Schweden

Kurzbeschreibung

Die Skalenparty bietet wunderbare Möglichkeiten, ein Training oder ein Treffen zu beenden. Sie erweitert den „Skalen-Spaziergang" von Paul Z Jackson (siehe S. 212 ff.) zu einem party-ähnlichen Ereignis, bei dem es um Erfolg und Veränderung, das Futur Perfekt und das Planen und Vereinbaren von kleinen Schritten geht. Der Moderator spielt dabei den Toastmaster und lädt die Gruppe zu verschiedenen Aktivitäten auf unterschiedlichen Positionen der Skala ein: Bei „jetzt" und bei „10" mischt sich die Gruppe (mit echten oder vorgestellten Drinks und Snacks) und spricht über Unterschiede, die sie erkennen. Am Ende, bei „ein Schritt weiter" entscheidet jeder Einzelne für sich, was seine nächsten Schritte sein könnten. Anschließend gehen die Teilnehmenden im Raum herum und erzählen anderen, was sie sich vorgenommen haben. Im Gegenzug erhalten sie gute Wünsche und einen Händedruck. Auf diese Weise endet die Intervention mit einer spielerischen Verpflichtung, weitere Schritte zu tun.

Setting

- Die Skalen-Party funktioniert mit Gruppen ab 12 Personen. Ich habe sie aber auch schon erfolgreich mit 180 Personen durchgeführt. Sofern der Raum groß genug ist und ausreichend Platz bietet, um sich bewegen zu können, sehe ich keinen Grund, wieso sie nicht auch mit mehreren Hundert Personen durchgeführt werden kann.
- Die Übung dauert zwischen 15 und 30 Minuten, je nach Gruppengröße.
- Teilnehmende sollten genügend Raum zum Herumgehen haben. Daher ist ein überfüllter Tagungsraum nicht der richtige Platz. Räumen Sie Stühle und Tische möglichst aus dem Weg.
- Das Ganze macht mehr Spaß, wenn Sie einige Getränke und Knabbereien bereitstellen. Bei großen Gruppen sollten Sie ein drahtloses Mikrofon benutzen, damit Sie von allen gehört werden können.

Michael Hjerth

Kontext und Zielsetzung

▶ Die Übung ist ein wunderbarer Abschluss einer Veranstaltung. Ich habe sie schon eingesetzt, um Trainings, Teamentwicklungstage, Konferenzen, Planungstreffen usw. zu einem guten Ende zu bringen.
▶ Die allgemeine Zielsetzung der Übung ist es, Wissen, Entscheidungen und Ideen am Ende einer Veranstaltung zu verfestigen. Gleichermaßen wichtig ist es, dass dadurch eine Verpflichtung zur Veränderung und in Bezug auf die nächsten Schritte erzielt werden kann.

Die Skalen-Party kann folgende Wirkungen haben:

▶ Sie findet am Ende des Tages statt, wenn alle vom Herumsitzen müde sind und das Energieniveau relativ gering ist. Aufzustehen und herumzugehen gibt einen kleinen Energieschub, der hilft, den Tag gut gelaunt zu beenden.
▶ Die Qualität und die Regeln der Gespräche bei einem „Stehempfang" unterscheiden sich deutlich von denen einer Diskussion, bei der die Menschen sitzen. Dies gibt den Ideen oder den Fähigkeiten, die während der Veranstaltung aufgetaucht sind, einen informelleren und kreativeren Anstrich. Jeder weiß, dass einige der besten Dinge bei Veranstaltungen tatsächlich in den Kaffeepausen passieren. Die Gespräche im Stile eines Stehempfangs erzeugen eine ähnliche Qualität im Arbeitsraum.
▶ Durch die körperliche Bewegung entlang der Skala werden die kinästhetischen Ressourcen der Gehirne aktiviert. Dies verstärkt die Qualität des Lernens, des Wissens und der Anregung.
▶ Der Handschlag am Ende der Übung festigt Entscheidungen und gute Vorsätze für die nächsten Schritte, weil er öffentlich und auf eine sehr positive Art geschieht.

Ausführliche Beschreibung

Vorbereitung

Stellen Sie zur Vorbereitung einige Getränke und Knabbereien bereit. Champagner und Nüsse eignen sich hervorragend – alles, was nach Party aussieht, ist hier angemessen. Falls dies nicht möglich sein sollte, können Sie auch imaginäre Getränke und Knabbereien servieren. Auch das funktioniert in der Regel gut.

Sorgen Sie dafür, dass der Raum gut hergerichtet ist. In der Mitte oder am Ende des Raumes muss genügend Platz sein, damit die Teilnehmenden sich dort versammeln und herumgehen können. Es empfiehlt sich, die Gruppe zu bitten, beim Wegräumen von Tischen und Stühlen zu helfen.

Die Skalen-Party

Schritt-für-Schritt-Anleitung und Beispielsätze

1. Bitten Sie die Gruppe aufzustehen und sich am Ende des Raumes zu versammeln.

2. Stellen Sie sich nun vor als der Toastmaster, der Gastgeber einer Skalen-Party ist, mit der die Veranstaltung abschließt.

3. Richten Sie den Raum wie eine Skala ein. Anmoderation: *„Denken wir uns diesen Raum wie eine Skala: An diesem Ende hier ist die 1, am anderen Ende die 10. Die 1 steht für heute Morgen um 9 Uhr, als wir dieses Treffen begonnen haben. Die 10 steht für den Zeitpunkt, an dem Sie alle Ihre Ziele erreicht haben."*

4. Bitten Sie die Teilnehmenden, still für sich eine Zahl auf der Skala auszuwählen: *„Wenn die 1 also heute Morgen bedeutet, und das kann für verschiedene Menschen verschiedene Bedeutungen haben, und 10 heißt, dass wir unsere Ziele alle erreicht haben, und auch das kann sehr unterschiedlich gesehen werden, wo stehen Sie jetzt? Überlegen Sie sich eine Zahl und sagen Sie sie niemandem."*

5. Sammeln Sie die Gruppe in einer Reihe in der Mitte des Raumes. Sie steht für die individuell gewählte Zahl X. Es ist wichtig, dass alle Teilnehmenden auf der gleichen Höhe stehen, um Wettbewerb und das Aufdecken der individuellen Skalenstände zu vermeiden. Für diese Übung spielen die tatsächlichen Zahlen keine Rolle. *„Stellen Sie sich nun bitte einmal in einer Reihe in der Mitte des Raumes auf, egal, welche Zahl Sie sich überlegt haben. Kommen Sie bitte einfach her zu mir."*

6. Bitten Sie die Teilnehmenden, zurück auf die 1 zu schauen und zu überlegen, welche Unterschiede zwischen 1 und X bestehen. Fragen Sie nach einigen Beispielen: *„Drehen Sie sich bitte um und schauen Sie zurück auf die 1. Es sieht ganz danach aus, als ob wir uns alle während des Tages ganz schön vorwärtsbewegt haben! Herzlichen Glückwunsch! Was ist jetzt bei X anders? Was noch?"*

7. Servieren Sie nun die echten oder imaginären Getränke und Knabbereien und laden Sie die Teilnehmenden ein, sich über die gefundenen Unterschiede zu unterhalten: *„Als Toastmaster ist es mir ein Vergnügen, Ihnen diese Getränke und Knabbereien anzubieten. Während Sie diese genießen, gehen Sie doch bitte herum und sprechen Sie mit anderen darüber, was jetzt bei X anders ist als bei 1. Welche neu-*

en Ideen haben wir, welche neuen Fähigkeiten, welches neue Wissen, welche neuen Kontakte …?"

8. Lassen Sie der Gruppe ein paar Minuten Zeit, um sich darüber auszutauschen.

9. Laden Sie die Gruppe ein, zur 10 zu kommen, dem Futur Perfekt (läuten Sie dafür eine Glocke oder klopfen Sie an ein Glas): *„Meine Damen und Herren, darf ich um Ihre Aufmerksamkeit bitten? Nun ist es mir ein besonderes Vergnügen, Sie auf die 10 einzuladen, an den Punkt in der Zukunft, an dem wir alle unsere Ziele erreicht haben."* (Sammeln Sie die Gruppe bei der 10.)

10. Stimmen Sie die Gruppe auf die 10 ein, sammeln Sie einige Beispiele und laden Sie zu weiterem Austausch ein: *„Willkommen auf der 10, schön Sie hier zu sehen, da scheint ein Wunder passiert zu sein! All die Dinge, über die wir gesprochen haben, sind nun tatsächlich eingetreten!"* (An dieser Stelle können Sie ein paar Beispiele nennen.) *„Wie ist es hier anders? Wie noch? Das hört sich ja fantastisch an! Ich habe noch mehr Erfrischungen und während Sie sich daran laben, gehen Sie bitte wieder herum und unterhalten Sie sich darüber, was hier in der Zukunft anders ist."*

11. Sammeln Sie die Gruppe wieder in der Mitte des Raums: *„Als Toastmaster bin ich leider dazu verpflichtet, Sie nun wieder auf das ‚Jetzt' zurückzubitten."* (Die Gruppe findet sich wieder bei X zusammen.) *„Wie ist es jetzt, nachdem wir auf der 10 waren? Was ist jetzt anders, wenn wir wieder auf X stehen?"* (Meistens werden hier Dinge gesagt wie „Jetzt habe ich das Gefühl, dass es möglich ist" oder „Ich fühle mich richtig motiviert und würde gern wieder zurück auf die 10".) *„Das sieht ja ganz so aus, als ob wir wieder auf die 10 gehen sollten? Können wir einfach dahin springen? Wenn nicht, was können wir tun?"* (In der Regel sagt jemand: „Wir müssen einfach einen Schritt machen.") *„Ach so, wir können einen Schritt machen. Prima Idee! Dann lassen Sie uns einfach alle mal einen Schritt machen."* (Bitten Sie alle, einen Schritt nach vorne in Richtung 10 zu tun.)

12. Bitten Sie die Teilnehmenden nun, still für sich zu überlegen, was dieser Schritt für sie konkret bedeutet: *„Was könnte wohl Ihr nächster Schritt sein? Was werden Sie tun, um während der nächsten Tage einen Schritt weiterzukommen? Denken Sie darüber bitte für ein paar Minuten in Ruhe nach."* (Lassen Sie die Teilnehmenden ein wenig nachdenken.)

Die Skalen-Party

13. Bitten Sie nun die Teilnehmenden, wieder im Raum herumzugehen, andere zu treffen, ihnen die Hand zu schütteln, zu sagen, was sie sich vorgenommen haben, zuzuhören, was der andere tun will, ihnen zu ihren guten Ideen zu gratulieren und selbst beglückwünscht zu werden. Dann gehen sie weiter, um das gleiche mit jemand anderem zu tun. Es geht darum, so vielen Menschen wie möglich die Hände zu schütteln, so oft wie möglich die vorgenommenen Schritte vorzustellen und dafür beglückwünscht zu werden. Eine hilfreiche Formulierung könnte sein: „Am Ende dieses Tages ist es nun Zeit, sich zu verabschieden. Daher bitte ich Sie, noch einmal im Raum herumzugehen. Und wenn Sie dabei zufällig jemand begegnen, schütteln Sie sich die Hände und sagen Sie: ‚Hallo! Ich habe beschlossen, dies und jenes als meinen nächsten Schritt zu tun.' Die anderen Person sagt dann: ‚Herzlichen Glückwunsch! Das hört sich nach einer tollen Idee an! Ich selbst werde dieses und jenes tun!' Darauf antworten Sie: ‚Wunderbar! Viel Glück! Machen Sie es gut!' Dann gehen Sie weiter und finden jemand anderen. Sie können dieser Person den gleichen Vorsatz sagen oder etwas anderes, das Sie sich vorgenommen haben und das Ihnen besser gefällt. Es geht darum, in den nächsten fünf Minuten mit möglichst vielen Leuten zu sprechen und ihnen die Hände zu schütteln. Los geht's!"

14. Beenden Sie die Übung, indem Sie sich bei allen für die wunderbare Party bedanken.

Die Skalen-Party ist so angelegt, dass sie tatsächlich das Ende eines Workshops darstellt. Nach dieser Übung mache ich Schluss, vor allem wenn es echte Getränke gegeben hat.

Weiteres Vorgehen

Vor ein paar Jahren habe ich den Skalen-Spaziergang in einem Workshop bei Paul Z Jackson kennengelernt und ihn gleich erfolgreich ausprobiert. Ich fand dabei heraus, mit wie viel mehr Energie sich die Menschen verhielten – alleine dadurch, dass sie im Stehen arbeiteten. Das führte schließlich zur Idee, eine vergleichbare Übung für den Abschluss eines Tages zu entwickeln, wenn die Teilnehmenden müde sind, weil sie den ganzen Tag gesessen haben und viel zuhören mussten.

Kommentar

Die Idee mit dem Stehempfang kam mir in Gesprächen mit Eero Riikonen darüber, dass die meiste kreative Arbeit bei Konferenzen und Treffen während der Kaffeepausen passiert. Ich überlegte, wie ich diese besondere Qualität der Gespräche in einem Arbeitsraum erzeugen könnte. Indem ich den Teilnehmenden Getränke und etwas zu essen anbiete, würdige und anerkenne ich die harte Arbeit, die sie den Tag über geleistet haben. Außerdem gebe ich dem Ganzen damit mehr Leichtigkeit und vermittle das Gefühl, dass ein gutes Arbeitsergebnis auch gefeiert werden „darf". Das Händeschütteln zum Schluss macht unmissverständlich klar, dass der Tag nun wirklich zu Ende ist. Gleichzeitig ist damit eine stärkere Verpflichtung verbunden, da einerseits die eigenen guten Vorsätze mehrfach öffentlich geäußert werden, und es andererseits dafür eine Menge Anerkennung gibt, wobei der Händedruck schließlich wie ein symbolischer „Kontrakt" wirkt.

Im Trainingszusammenhang fasst diese Übung das lösungsorientierte Modell zusammen, indem es Veränderungen, das Futur Perfekt und kleine Schritte in ihrem Zusammenwirken demonstriert.

Diese Übung bietet auch dem Moderator eine Menge Spaß: Er kann denn Toastmaster spielen und damit ein wenig aus der Rolle als Moderator und Trainer heraustreten. In diesem Rollenspiel als Toastmaster agiere ich normalerweise sehr viel lebendiger und spielerischer, um dem Ganzen eine festliche Atmosphäre zu verleihen und die Party voranzubringen.

Quellen/Literatur Den Skalen-Spaziergang habe ich bei Paul Z Jackson kennengelernt. Eero Riikonens Ideen über die Gespräche am Kaffeetisch waren ebenfalls sehr hilfreich, als ich die Skalen-Party entwickelt habe.

Erkenne Deinen heimlichen Lernpartner

Jane Adams, Kanada

Dies ist eine leicht und schnell durchführbare Intervention, bei der die Teilnehmenden eine ausgewählte Person über einen gewissen Zeitraum aufmerksam beobachten. Sie achten dabei vor allem auf Worte und Taten, die die Gruppe in die erwünschte Richtung voranbringen. Außerdem hilft die Übung, die Fähigkeit zur individuellen Wertschätzung zu stärken und ein freundschaftliches Netzwerk aufzubauen.

Kurzbeschreibung

▶ Die Übung besteht aus zwei Teilen: dem Aufbau und dem Abschluss. Für den Aufbau benötigen Sie circa 5 Minuten. Der Abschluss der Übung geschieht in der Regel beim nächsten Treffen. Planen Sie dafür jeweils 2 Minuten pro Person ein, um eine abschließende Wertschätzung zu äußern.

▶ Bei der Gruppengröße sollten Sie beachten, dass der Abschluss der Übung zeitaufwendig werden kann. Bei 20 Personen dauert der Abschluss bereits rund 40 Minuten. Deshalb sollten Sie aus größeren Gruppen Kleingruppen mit jeweils 10 bis 15 Teilnehmenden bilden. In diesen Kleingruppen werden Lernpartner gefunden und in genau den gleichen Gruppen werden auch die abschließenden Wertschätzungen ausgesprochen.

▶ Als Material benötigen Sie Zettel und Stifte. Die Zettel sollten so groß sein, dass sie sich gut zu einem Ball zusammenknüllen lassen (vorzugsweise A5-Format).

Setting

Die Übung bietet sich vor allem an, wenn Sie ein Team über mehrere Treffen hinweg begleiten und eine Struktur aufbauen wollen, in der die Teilnehmenden darauf achten, was in ihrem Arbeitsumfeld funktioniert.

Kontext und Zielsetzung

Ziele dieser Aktivität sind vor allem, Verbindungen herzustellen, Vorurteile abzubauen sowie eine wertschätzende Sprache einzuüben und auf Dauer zu benutzen. Die Übung ermutigt Menschen, mit ihrem eigenen Verhalten zu einer erwünschten Zukunft beizutragen – für sich und für andere. Die Übung nutzt dabei die Erkenntnis, dass erfolgreiche Teams in der Regel über sehr gute Zweierbeziehungen verfügen.

Ausführliche Beschreibung

Aufbau

Alle Teilnehmenden bekommen einen Zettel, auf den sie ihren Namen schreiben. Sie knüllen diesen Zettel zu einem Ball zusammen und werfen ihn in die Richtung anderer Teilnehmender. Die Papierbälle werden so lange weitergeworfen, bis Sie das Signal geben, sich jeweils einen davon zu nehmen und aufzufalten. Falls jemand seinen eigenen Namen gezogen hat, wird der Ball nochmals weitergeworfen und ein anderer genommen. Ansage des Moderators: *„Halten Sie den Namen, den Sie gezogen haben, unbedingt geheim. Enthüllen Sie dieses Geheimnis auf keinen Fall, bis wir uns in der Gruppe wiedertreffen."*

Erläutern Sie nun Ziel und Zweck dieser Übung: bei der Person, deren Namen man gezogen hat, ab sofort alles Positive zu beobachten. Was geht ihr gut von der Hand? Was funktioniert bei ihr/mit ihr gut? Was trägt die Person zum Futur Perfekt der Gruppe bei? Der Beobachtungszeitraum erstreckt sich bis zum nächsten gemeinsamen Treffen der Gruppe (nennen Sie den Termin). Ermuntern Sie die Teilnehmenden, sich über das Beobachtete Notizen zu machen.

Abschluss

Beim nächsten Treffen bitten Sie die Teilnehmenden, nun aufzudecken, wen und was sie beobachtet haben. Tipp: Dies funktioniert in einem Stuhlkreis am besten, indem Sie einen Ball herumwandern lassen, der von der Person, die eine Wertschätzung ausspricht, zu der Person geworfen wird, der die Wertschätzung gilt.

Weiteres Vorgehen

Diese Übung kann schnell und einfach in verschiedene Zusammenhänge eingebettet und je nach Kontext angepasst werden.

Kommentar

Menschen arbeiten gerne mit anderen zusammen, von denen sie eine hohe Meinung haben. Wesentlich schwieriger wird es, wenn sie deren Fähigkeiten nicht kennen oder sie gar für inkompetent halten. Als Moderator sollten wir die Teilnehmenden daher unterstützen, andere – und darüber natürlich auch sich selbst – in einem möglichst günstigen Licht zu betrachten. Auf diese Weise erhält jeder während des Team-Entwicklungsprozesses ausreichend Anerkennung, was den Teilnehmenden Mut und Energie zum Weitermachen gibt.

Diese Aktivität mit den Lernpartnern können Sie auch mehrmals hintereinander einsetzen. Dann hat jeder die Chance, verschiedene Kollegen mit einer lösungsorientierten Perspektive wahrzunehmen und besser kennenzulernen.

Quellen/Literatur

Ich glaube, dass verschiedene Versionen dieser Übung überall auf der Welt angewandt werden. Ich habe sie zum ersten Mal bei Kollegen auf den Philippinen kennengelernt.

Footsteps

Dominik Godat, Schweiz

Kurzbeschreibung Footsteps bildet einen idealen Abschluss eines Workshops, da die erarbeiteten Resultate in handlungsrelevante und zuversichtlich stimmende nächste Schritte heruntergebrochen werden und so dazu beitragen, den Übergang vom Workshop ins Alltagsleben zu schaffen. Footsteps besteht aus zwei Teilen: In Einzelarbeit werden die beiden nächsten Schritte erarbeitet. Mithilfe der Gruppe werden dann jeweils fünf eigene dazugehörige Ressourcen in Form eines Fußabdrucks bildlich dargestellt. Das schafft Zuversicht und Motivation für die Umsetzung und hilft, sich die Resultate des Workshops auch in Zukunft zu vergegenwärtigen.

Setting
- Optimale Gruppengröße: 3 bis 6 Personen. Bei größerer Teilnehmerzahl werden mehrere kleine Gruppen gebildet.
- Benötigte Zeit: Einzelarbeit 5 bis 10 Minuten, danach je ca. 10 Minuten pro Gruppenmitglied
- Material: Flipchart-Papier und Stifte für alle Teilnehmenden, eventuell Flipchart mit Arbeitsanweisung
- Räumliche Voraussetzungen: Optimalerweise haben die Teilnehmenden genügend Möglichkeiten, um sich für die Einzelarbeit kurz zurückzuziehen.
- Vorbereitung: Die Vorbereitung ist gering, da lediglich ein Flipchart mit der Arbeitsanweisung erstellt und die Flipchart-Papiere und Stifte bereitgelegt werden müssen.

Kontext und Zielsetzung Diese Methode eignet sich idealerweise als Abschluss eines Workshops, bei dem die Teilnehmenden bereits intensiv und lösungsorientiert an ihrer Situation gearbeitet haben. Footsteps kann in abgeänderter Form jedoch auch in Einzel- oder Gruppencoachings sowie bei Teamentwicklungsprozessen verwendet werden.

Ziel dieser Intervention ist es, die erarbeiteten Inhalte und Resultate des Workshops in handlungsrelevante und realisierbare nächste Schritte herunterzubrechen und festzuhalten. Andererseits wird durch die Methode die Zuversicht und Motivation für die konkrete Umsetzung erhöht. Die Teilnehmenden profitieren von der Fokussierung auf ihre nächsten Schritte, da sie die unter Umständen handlungsfernen Resultate nun konkretisieren und in Handlungsschritte umwandeln müssen. Zudem fördert die Auseinandersetzung mit den eigenen Ressourcen sowie das ressourcenorientierte Feedback der Gruppenmitglieder die Zuversicht und Motivation für die Umsetzung im Alltag.

Die Beschränkung auf lediglich zwei nächste Schritte ist bewusst gewählt, damit sich die Teilnehmenden kleine, machbare Aktivitäten mit hoher Erfolgswahrscheinlichkeit vornehmen und sich nicht mit langen Maßnahmekatalogen überfordern.

Ausführliche Beschreibung

Die Intervention beginnt mit einer kurzen Einleitung, bei der der Moderator am besten am Flipchart die Übung kurz erläutert und die Gruppeneinteilung (3 bis 6 Personen pro Gruppe) vornimmt. Danach erhalten die Teilnehmenden leere Flipchart-Blätter, auf denen sie zwei große Fußabdrücke (zwei Füße von unten mit jeweils fünf Zehen) zeichnen. Nun ziehen sich die Teilnehmenden zurück und erarbeiten individuell die beiden nächsten Schritte, die sie sich vornehmen und nach dem Workshop umsetzen möchten.

Die Einzelarbeit kann vom Moderator z.B. folgendermaßen eingeleitet werden: *„Für die folgende Einzelarbeit bitte ich Sie, sich 10 Minuten Zeit zu nehmen und sich einen ungestörten Ort zu suchen. Reflektieren Sie bitte für sich, was Sie bis jetzt erarbeitet haben. Überlegen Sie anschließend, welche konkreten nächsten Schritte Sie sich für die Zeit nach dem Workshop vornehmen. Bitte beschränken Sie sich dabei auf die nächsten zwei Schritte und achten Sie darauf, dass diese für Sie gut erreichbar und motivierend sind. Den ersten Schritt sollten Sie innerhalb der nächsten 24 Stunden, den zweiten Schritt innerhalb der nächsten 14 Tage umsetzen können.*

Schreiben Sie die beiden Schritte danach in Ihre beiden gezeichneten Fußabdrücke auf dem Flipchart. Falls Sie danach noch Zeit zur Verfügung haben, können Sie sich überlegen, welche eigenen Ressourcen Sie zuversichtlich stimmen, dass Sie diese beiden Schritte erreichen werden."

Nach der Einzelarbeit kehren die Teilnehmenden wieder in ihre Gruppen zurück und stellen ihre beiden nächsten Schritte den anderen Gruppenmitgliedern vor. Diese reflektieren laut, welche Ressourcen sie beim Vorstellenden sehen, die sie besonders zuversichtlich stimmen, dass er diese beiden Schritte gut realisieren wird.

Der Vorstellende notiert sich pro Schritt die jeweils fünf nützlichsten Ressourcen, die andere und er selbst sehen, und trägt diese in die eingezeichneten Zehen ein. Nacheinander entstehen so pro Gruppenmitglied zwei ressourcenvolle Fußabdrücke der nächsten Schritte.

Ablauf Schritt für Schritt

1. Einleitung
2. Gruppeneinteilung
3. Austeilen der Flipchart-Blätter
4. Aufzeichnen der beiden Füße mit jeweils fünf Zehen
5. Einzelarbeit (Erarbeiten der beiden nächsten Schritte und Einzeichnen auf dem Flipchart.)
6. Gruppenarbeit (Vorstellen der beiden nächsten Schritte des Teilnehmenden sowie Reflexion in der Gruppe über Ressourcen, die sie zuversichtlich stimmen, Einzeichnen der fünf Ressourcen pro Schritt, welche für den Teilnehmenden am hilfreichsten sind.)

Weiteres Vorgehen

Da diese Intervention Teil des Abschlusses eines Workshops ist, kann im Anschluss (eventuell nach einer kurzen Pause) mit der Gesamt-Reflexion des Workshops, den weiteren Fragen der Teilnehmenden und der Verabschiedung begonnen werden.

Kommentar

▶ Ich habe bei diversen lösungsorientierten Workshops festgestellt, dass der Workshop-Tag jeweils sehr produktiv verlaufen ist und Erfolge schnell sichtbar geworden sind. Häufig dokumentieren die Teilnehmenden jedoch die vereinbarten Maßnahmen nicht. Sie sind dann nach dem Workshop oft nicht mehr nachvollziehbar. Zudem habe ich bemerkt, dass die Motivation und Zuversicht für die Umsetzung der Maßnahmen im Alltagsleben oft schnell sinken. Deshalb haben mich bei der Entstehung der Intervention folgende Fragen geleitet: Wie können die nächsten Schritte bildlich dargestellt werden, so dass eine Brücke ins Alltagsleben geschlagen werden kann? Wie könnten die nächsten Schritte noch unterstützt werden, damit Zuversicht und Motivation der Teilnehmenden und somit auch die Erfolgswahrscheinlichkeit bei der Umsetzung steigen und längerfristig hoch bleiben?

▶ Wichtig scheint mir bei dieser Intervention die konsequent lösungsorientierte Durchführung, indem auf wenige, aber dafür handlungsrelevante und realisierbare nächste Schritte sowie auf Ressourcen, die zuversichtlich stimmen, fokussiert wird.

▶ Die Intervention kann auch so abgeändert werden, dass sich der einzelne Teilnehmende ohne Hilfe einer Gruppe Gedanken über die eigenen Ressourcen macht, diese dann notiert und einer Gruppe oder einem Einzelnen (z.B. einem Coach) vorstellt. Dabei scheint es mir besonders wichtig, dass die Person anschließend ein lösungsorientiertes Feedback (z.B.: „Ich bin beeindruckt, dass ... und es stimmt mich sehr zuversichtlich, dass ...") erhält, welches seine Zuversicht und Motivation stärkt. Mit dieser Änderung kann die Intervention auch im Rahmen eines Coachings angewendet werden.

▶ Die bildliche und spielerische Darstellung der nächsten Schritte prägt sich einerseits gut ins Gedächtnis ein. Andererseits schätzen es die Teilnehmenden oft, dass sie bei dieser Intervention ein Bild als Erinnerung mit nach Hause nehmen können. So werden die Teilnehmenden in ihrem Alltagsleben an das Erarbeitete und die geplanten nächsten Schritte erinnert.

▶ Das Tool funktioniert am besten dann, wenn sich die Teilnehmenden bereits während des Workshops intensiv und lösungsorientiert mit ihrer Situation auseinandergesetzt haben und ihre Ziele und Ressourcen kennen. Denn so sind sie am besten in der Lage, nächste Schritte abzuleiten, die für die Erreichung ihrer Ziele sinnvoll sind.

Anstöße verschiedener spielerischer Workshops, u.a. auf der SOL-Konferenz in Interlaken, sowie der Wunsch nach einer bildlichen Darstellung der nächsten Schritte haben mich schließlich zur Entwicklung dieser Methode inspiriert.

Quellen/Literatur

Mein guter und geheimer Vorsatz

Peter Röhrig, Deutschland

Kurzbeschreibung   Zum Abschluss eines Workshops hilft ein guter und geheimer Vorsatz den Teilnehmenden, den Transfer des Erarbeiteten in den Arbeitsalltag zu unterstützen.

Setting
- Optimale Teilnehmerzahl: 3 bis 30
- Benötigte Zeit: 15 bis 20 Minuten
- Material: Benötigt werden ein Flipchart oder eine PowerPoint-Präsentation mit der Arbeitsanleitung sowie Papier und Stifte für die Teilnehmenden.

Kontext und Zielsetzung

Der Workshop geht zu Ende, die Ergebnisse sind festgehalten, Aufgaben sind erarbeitet und verteilt. Nun lohnt es sich, die Gedanken der Teilnehmenden noch einmal auf die unmittelbare Zukunft zu richten, die Zeit, in der sie wieder zurück an ihrem Arbeitsplatz sind. Wie können sie das, was im Großen und Ganzen für das Team und ihre Organisation vereinbart wurde, für sich persönlich nutzbar machen? Was können kleine Veränderungen sein, an denen sie merken, dass sie auf dem richtigen Weg sind?

Die Übung ist vor allem für Teams konzipiert, die relativ eng zusammenarbeiten und regelmäßig über Entwicklungen ihrer Arbeit reden.

Die Übung verbindet eine ganze Reihe von Zielen. Sie schafft:

- das Bewusstsein, dass eine kleine, selbst gestellte Aufgabe, die realisierbar und attraktiv ist, genügt, um eindeutig die Verantwortung für den Transfer zu übernehmen,

Mein guter und geheimer Vorsatz

- Zuversicht, dass Ziele erreicht werden können,
- Neugier darauf, Gelungenes im Team zu beobachten und
- Anreize, öfter über Dinge zu reden, die an anderen Teammitgliedern geschätzt werden.

Die folgende Arbeitsanleitung wird am besten durch eine Visualisierung am Flipchart oder eine PowerPoint-Präsentation unterstützt (siehe Foto rechts):

Ausführliche Beschreibung

„Überlegen Sie sich bitte, an welcher **kleinen** Veränderung in Ihrem Arbeitsbereich Sie bemerken werden, dass Sie auf dem richtigen Weg sind. Welchen ersten kleinen Schritt könnten Sie selbst dazu beitragen, dass es zu einer solchen Entwicklung kommt? Welche einfache, unspektakuläre Aktion – die Sie ohne fremde Hilfe vornehmen können – wird Sie ein Stück weiter bringen in Ihrer Arbeitszufriedenheit?

Nehmen Sie sich etwas vor, das Sie innerhalb von 72 Stunden (drei Arbeitstagen) umsetzen können. Schreiben Sie diesen guten Vorsatz auf ein Blatt Papier – und zwar so, dass niemand Sie dabei beobachten kann.

Legen Sie diesen guten Vorsatz auf Wiedervorlage, so dass Sie ihn nach 72 Stunden wieder zur Hand nehmen und überprüfen können, wie es Ihnen gelungen ist, ihn umzusetzen.

Verraten Sie niemandem Ihren Vorsatz!

Und versuchen Sie herauszufinden, was sich die anderen Mitglieder Ihres Teams vorgenommen haben. Beobachten Sie positive Veränderungen in Ihrer Arbeitsumgebung! Reden Sie regelmäßig – z.B. bei Teambesprechungen – darüber, was Sie bei anderen und bei sich selbst an positiven Veränderungen wahrgenommen haben."

Foto: Flipchart mit Arbeitsanleitung

Weiteres Vorgehen

Anschließend kann eine Auswertungsrunde ohne weitere Diskussion den Workshop abrunden, z.B. mit kurzen Antworten auf die Fragen:

▶ Was hat mir an diesem Workshop besonders gut gefallen?
▶ Welche Anregungen habe ich noch – an die anderen Teilnehmenden, den Moderator, das Tagungshaus?
▶ Welche Anerkennung möchte ich den anderen Teilnehmenden noch mitgeben?

Kommentar

Diese kleine Aufgabe am Ende eines Workshops hat einen besonderen Zauber. Sie bekommt diesen Dreh durch das Geheimnis, das um die Aufgabe gemacht wird. Die Teilnehmenden erhalten ein Angebot, sich noch einmal klarzumachen, was für Sie der direkte Nutzen aus der gemeinsamen Arbeit sein könnte. Nun wäre es natürlich am einfachsten, wenn sie ihren guten Vorsatz allen in der Runde mitteilen und sich damit selbst verpflichten würden. Gerade in Teams, die relativ eng zusammenarbeiten, schafft das Geheimnis um die Aufgabe jedoch den Ausgangspunkt für mögliche Veränderungen in der Teamkultur. Es macht neugierig darauf, was die anderen sich vorgenommen haben, und bietet vielfältige Anknüpfungspunkte für gegenseitige Wertschätzung.

Außerdem arbeitet die Übung mit der Idee der kleinen Schritte. Frustration entsteht in der Umsetzungsphase vor allem dadurch, dass wir uns mehr vorgenommen haben, als realistisch umzusetzen ist. Häufig liegt das daran, dass die Aufgaben zu groß gewählt wurden. Hier hilft die alte Weisheit, dass auch die längste Reise mit dem ersten Schritt anfängt – oder dass ein Elefant in ganz kleinen Stücken aufgegessen werden kann. Wenn der erste Schritt gelingt, kann die daraus resultierende Zuversicht einen „Dominoeffekt" nach sich ziehen, infolge dessen auch weitere Schritte bis zum Ziel leichter gelingen.

Ich arbeite schon lange mit diesem Tool. Seit einiger Zeit bin ich dazu übergegangen, die einzelnen Schritte der Aufgabe erst nach und nach aufzudecken. Die Arbeitsanleitung bringe ich auf einem vorbereiteten Flipchart mit, das hochgefaltet, mit einem Stück Klebestreifen am oberen Rand befestigt und damit zunächst ganz verdeckt ist. Dann stelle ich den ersten Teil der Aufgabe vor und enthülle das Plakat bis zur Zeile „... dass niemand Sie dabei beobachten kann". Das weitere Aufdecken hat etwas von einem Zaubertrick, der am Ende fast, aber nicht ganz aufgelöst wird.

Manche Teilnehmende finden ganz schnell einen Vorsatz für sich, andere benötigen deutlich länger. Es lohnt sich, geduldig zu sein und mit dem Hinweis zu unterstützen, dass schon eine ganz kleine Veränderung reicht, um einen Anfang zu machen. Bisher haben dann ausnahmslos alle Teilnehmenden einen Vorsatz für sich gefunden.

Die Grundidee stammt wohl aus dem Reteaming-Modell des finnischen Kollegen Ben Furman, die ich in meine Arbeit in Qualitätsentwicklungsprozessen integriert habe.

Quellen/Literatur

Team-Schatzkiste

Josef Grün, Deutschland

Kurzbeschreibung

Die Team-Schatzkiste beendet einen Workshop, einen Teamtag oder eine längere Arbeitsphase, in der die Beteiligten zusammen neue Strukturen, Prozesse, Abläufe, Rollen und Spielregeln erarbeitet haben. Vor diesem Hintergrund werden nun in der Team-Schatzkiste die ganz konkreten persönlichen Beiträge der Teilnehmenden zur Sicherung und Umsetzung der erarbeiteten Ergebnisse gesammelt. Jeder verpflichtet sich, seinen Beitrag zu leisten. Diese persönlichen Verpflichtungen sind ein Schatz, der in schwierigen Situationen, in denen z.B. die Entwicklung ins Stocken gerät, gehoben werden kann. Die Übung stellt als Abschlussaktion ein hohes Niveau an Energie und Commitment für den Transfer in die Praxis her.

Setting

- Ideal für Gruppen zwischen 10 bis 20 Personen
- Je nach Gruppengröße werden zwischen 20 bis 30 Minuten für diese Aktion benötigt.
- Benötigtes Material:
  - Ein (schöner) Karton oder eine Kiste mit Deckel, gegebenenfalls (Geschenk-)Papier, in das die Kiste eingepackt wird
  - Moderationskarten und Stifte entsprechend der Teilnehmeranzahl
  - Wenn man nicht schon im Vorfeld eine besonders schöne Kiste besorgen will – dies kann auch ein Auftrag an ein Teammitglied sein – findet sich sicherlich in jedem Hotel oder Bildungshaus ein brauchbarer Karton, der durch eine Verpackung entsprechend verschönert werden kann.

Kontext und Zielsetzung

Die Team-Schatzkiste zu füllen ist eine Aktion, die am Ende eines Workshops eingesetzt wird. Fokus sind Transfersicherung und persönliches Commitment.

Team-Schatzkiste

Die Übung rundet eine erfolgreiche Arbeitsphase ab. Jeder sieht und hört, dass alle anderen ihre individuellen Beiträge zur Transfersicherung und Umsetzung leisten werden. Und jeder kann das, was er am besten kann, als Schatz in die Schatzkiste legen. Nicht alle verpflichten sich zu allem. Es werden auch keine allgemeinen Appelle ausgesprochen. Stattdessen werden kleine, unterschiedliche und sehr konkrete Beiträge vereinbart.

Die inhaltliche Workshoparbeit ist abgeschlossen und die Ergebnisse der gemeinsamen Arbeit liegen vor. Transfer und Umsetzungsprojekte sind gemeinsam besprochen und geplant worden. Die Teilnehmenden sitzen im Stuhlkreis.

Ausführliche Beschreibung

Anmoderation

„Ich bin ganz zuversichtlich, dass Sie viel von dem, was Sie heute erarbeitet haben, erfolgreich umsetzen werden. Und aus Erfahrung weiß ich, dass es bei der Umsetzung der erarbeiteten Vorhaben auch zu kniffligen und herausfordernden Situationen kommen kann. In solchen Situationen ist es hilfreich, eine Schatzkiste zu haben. In gut gefüllten Schatzkisten findet sich dann sicherlich ein Juwel, das eingesetzt werden kann, um die Situation zu meistern."

Der Moderator stellt eine Kiste (z.B. einen Schuhkarton oder auch eine kleine Holzkiste etc.) in die Mitte. Daneben legt er Moderationskarten und Stifte – für jeden Teilnehmenden eine Karte und einen Stift.

„Dies wird Ihre Team-Schatzkiste, die Sie nun mit Ihren Juwelen und Schätzen füllen werden. Bitte nehmen Sie sich jeder eine Karte und einen Stift und schreiben Sie auf diese Karte, was Sie konkret tun werden, damit die hier erarbeiteten Ergebnisse auch wirklich gelebt werden. Schauen Sie dabei auf Ihre persönlichen Stärken und benennen Sie konkret, wie Sie diese gezielt im anstehenden Veränderungsprozess einsetzen werden. Beispiele für Ihre Formulierungen könnten sein: ‚Ich werde dafür sorgen, dass ...' ‚Ich werde ansprechen, wenn ...' ‚Ich unterstütze Kollegen, indem ich ...' Wichtig ist, dass der Beitrag, den Sie damit zur Verfügung stellen, jederzeit von Ihnen geleistet werden kann, ohne dass Sie dazu die Unterstützung von anderen benötigen."

Die Teilnehmenden nehmen sich Karte und Stift und schreiben ihren Beitrag auf (max. 5 Minuten).

Wenn alle eine Karte geschrieben haben, bittet der Moderator jeden, die Karte mit Datum und Namen oder Namenskürzel zu versehen.

In offener Reihenfolge lesen alle Teilnehmenden nun ihre Karte vom Platz aus vor, stehen auf und legen die Karte in die Schatzkiste. Die Beiträge werden nicht diskutiert! Je nach Kultur der Wertschätzung in der Gruppe können die Schätze bejubelt, beklatscht oder einfach wohlwollend zur Kenntnis genommen werden.

Wenn alle ihre Karte verlesen und in die Schatzkiste gelegt haben, wird die Schatzkiste vom Moderator verschlossen und mit dem Teamnamen und Datum versehen. „Verschlossen" kann heißen: Sie wird mit Deckel versehen und zugeklebt oder durch eine entsprechende Verpackung zu einer „echten" Schatzkiste gemacht.

Zum Schluss übergibt der Moderator die Schatzkiste einem Teammitglied zur Verwahrung. Hier bieten sich verschiedene Möglichkeiten an:

- Der Moderator fragt, wer gerne Hüter des Schatzes werden möchte. Falls sich mehrere melden, kann das Team entscheiden, bei wem der Schatz am besten aufgehoben ist.
- Die Schatzkiste wird als bewusste Moderatorenintervention dem Teammitglied gegeben, das am kürzesten oder längsten zum Team gehört, um damit entweder den „naiven" Blick des Neulings oder einen Meinungsführer mit hoher Akzeptanz zu stärken.
- Die Schatzkiste wird bewusst einem Skeptiker überreicht, der sicherlich frühzeitig bemerkt, wenn die Energie nachlässt und der dann den Schatz aktivieren kann.

Schlussmoderation

Dem Hüter des Schatzes übertrage ich in der Regel folgenden Auftrag: *„Sie haben jetzt die wichtige Aufgabe, dafür zu sorgen, dass diese Schatzkiste nicht in Vergessenheit gerät. Dazu können Sie z.B. diese Schatzkiste bei den Teamsitzungen für alle sichtbar in den Raum oder auf den Tisch stellen. Und solange die hier vereinbarten Veränderungen umgesetzt und beibehalten werden, braucht die Schatzkiste nicht geöffnet zu werden. Sollten einmal Energie und Umsetzung ins Stocken geraten, dann klären Sie mit dem Team, ob die Schatzkiste geöffnet werden soll. Sie werden dann sicher einen Beitrag finden, der Ihnen in dieser Situation weiterhelfen kann."*

Bei nachfolgenden Treffen und Sitzungen bietet die Frage nach dem „Verbleib" der Schatzkiste eine unkomplizierte und einfache Möglichkeit, in gemeinsame Transferauswertungen einzusteigen. Hier kommt es dann darauf an, die noch ungenutzten Energien und Schätze aus der Schatzkiste in den Mittelpunkt zu stellen und gemeinsam zu überlegen, wie diese auch noch aktiviert werden können.

Weiteres Vorgehen

Die Methode setze ich gerne zum Schluss eines Workshops ein, weil sie ...

Kommentar

- ohne große Vorbereitung jederzeit durchgeführt werden kann,
- in kurzer Zeit alle aktiviert und beteiligt,
- einen hohen symbolischen Charakter hat: Alle verpflichten sich öffentlich, ihren Beitrag zu leisten,
- eine gute Chance bietet, das individuelle persönliche Commitment in den Vordergrund zu stellen,
- die Beteiligten aktiviert, über Lösungsschätze für knifflige zukünftige Situationen nachzudenken,
- positive Assoziationen (Schatzsuche, Schatzinsel, Schatzkiste ...) bei den Beteiligten aktiviert,
- immer wieder mit Interesse und Spaß aufgenommen wird,
- durch die bloße Präsenz der Schatzkiste sicherstellt, dass die Energie, die in dem gemeinsamen Füllen der Schatzkiste zum Ausdruck kam, nicht verloren geht.

Mögliche Schwierigkeiten in der Umsetzung, nachlassende Energie etc. werden als normale Bestandteile eines Veränderungs- oder Entwicklungsprozesses benannt und zugelassen. Gleichzeitig werden schon Lösungen dafür zur Verfügung gestellt. In meiner Praxiserfahrung zeigt sich, dass dieses Thematisieren von kommenden Herausforderungen und Schwierigkeiten vielfach prophylaktische Wirkung hat: Teams gehen souveräner mit solchen Situationen um. Sie sorgen dafür, dass diese nicht eskalieren, sondern frühzeitig angegangen werden.

Die Methode bietet viele (spontane) Variationsmöglichkeiten, z.B.:

- Die Workshopteilnehmer können ihre Karte, ohne sie zu verlesen, in die Schatzkiste legen – und alle, die eine Idee haben, können einen Tipp abgeben, was wohl auf der Karte steht.
- Die Schatzkiste kann ausschließlich mit speziellen Schätzen gefüllt werden, z.B. – orientiert am Thema des Workshops – konkrete persönliche Veränderungen im Verhalten oder in der Kommunikation etc.

- Die Wahl des Schatzhüters und die Ausschmückung der Rolle des Schatzhüters bieten – wenn gewollt – vielfältige Interventionsvariationen.

Bei einem Workshop, auf dem mehrere Teams gemeinsam neue Kooperations-, Informations- und Kommunikationsvereinbarungen getroffen hatten, wurde die Schatzkiste zu einem „Wanderpokal": Nachdem die Gesamtgruppe entschieden hatte, in welchem Team die Schatzkiste vorerst gehütet werden sollte, bekam ein Mitglied dieses Teams die Kiste mit folgendem Auftrag: *„Sie sind nun Hüter des Schatzes und werden die Einhaltung der Vereinbarungen besonders beobachten. Wenn Sie sehen, dass ein anderes Team Unterstützung braucht, dann werden Sie diese Beobachtung mit dem anderen Team besprechen und gemeinsam werden Sie mit dem Team klären, ob Sie die Schatzkiste an dieses Team weitergeben oder ob vielleicht von Ihrem Team Unterstützung gegeben werden kann, ohne dass der Schatz schon ‚gehoben' werden muss."*

Quellen/Literatur — Aufgegriffen habe ich hier Ideen und Anregungen aus dem Seminar „Aus tieferen Quellen schöpfen" von Rudi Ballreich und Matthias zur Bonsen.

Von hier aus voran

Janine Waldman, Vereinigtes Königreich

Kurzbeschreibung

Dies ist eine einfache und effektive Intervention, die den Teilnehmenden hilft, die Schlüsselergebnisse eines Workshops zusammenzufassen und kleine Schritte zu planen, die sie unternehmen werden, sobald sie am Arbeitsplatz zurück sind. Sie verbindet Gruppenarbeit mit individueller Reflexion und baut die nötige Verbindlichkeit auf, um gute Vorsätze in die Tat umzusetzen.

Setting

- Optimale Gruppengröße: 6 bis 60 Personen
- Zeitrahmen: 25 bis 30 Minuten
- Material: Flipchart, Stifte, vorbereitete Präsentation oder Poster

Kontext und Zielsetzung

Diese Übung ist für den Schluss eines Workshops gedacht. Sie funktioniert sowohl mit Gruppen, die zusammenarbeiten und sich gut kennen, als auch mit solchen, die sich nicht kennen. Sie hilft dabei, das Gelernte noch einmal Revue passieren zu lassen und die Vorstellungskraft der Teilnehmenden zu erweitern, wie sie die Erfahrungen umsetzen können.

Im Folgenden wird die Übung beispielhaft so beschrieben, wie sie in einem Training zu lösungsorientierten Methoden und Techniken eingesetzt werden kann. Sie kann genauso gut genutzt werden, um den Inhalt von Workshops mit unterschiedlichen Themen aufzuarbeiten.

Ziel dieser Übung ist es, die Wahrscheinlichkeit zu erhöhen, dass all die Fähigkeiten, Anregungen und Werkzeuge, die in einem Workshop gelernt worden sind, am Arbeitsplatz umgesetzt werden. Sie verstärkt die Lernergebnisse, indem sie verschiedene lösungsorientierte Werkzeuge zur Anwendung bringt: das Futur Perfekt, die funktionierenden Vorboten und die kleinen Schritte.

Durch die Übung wird eine positive Zukunft kreiert, die die Teilnehmenden motiviert, unmittelbar nach dem Workshop aktiv zu werden. Sie werden ermutigt, sich kleine und realistische Schritte vorzunehmen und sich Gedanken darüber zu machen, welche Wirkungen diese Schritte haben könnten. Dadurch wird die Verbindlichkeit erhöht, das umzusetzen, was sie gelernt haben.

Ausführliche Beschreibung

Beginnen Sie die Übung, indem Sie erklären, dass es nun an der Zeit ist herauszufinden, wie die Teilnehmenden das Gelernte mitnehmen können – aus diesem Raum zu ihren Arbeitsplätzen.

Teilen Sie die Teilnehmenden in Gruppen mit drei bis fünf Mitgliedern ein. (Zur Gruppeneinteilung können Sie farbige Stifte nutzen. Bei zwölf Teilnehmenden nehmen Sie zum Beispiel vier rote, vier blaue und vier schwarze Stifte. Bitten Sie die Teilnehmenden, sich einen Stift aus dem bereitgelegten Stapel zu nehmen. Erst dann sagen Sie, dass sie sich nun mit denjenigen zusammentun sollen, die die gleiche Stiftfarbe haben. Jede Gruppe versammelt sich um ein Flipchart, dann können sie die Verschlusskappen ihrer Stifte abnehmen und es kann losgehen.)

Zeigen Sie die folgende Anweisung auf einer Folie oder einem Flipchart:

Einen Schritt voran machen

Schreiben Sie alle Ideen, Konzepte und Werkzeuge auf, die Sie während dieses Workshops kennengelernt haben, und die Sie in nächster Zeit in Ihrer Arbeit anwenden wollen.

… und bitten Sie die Teilnehmenden dann, alle Ideen, Konzepte und Werkzeuge des Workshops aufzulisten, die ihnen einfallen. Sagen Sie ihnen, dass sie dafür zwei Minuten Zeit haben. Sie müssen sich über einzelne Beiträge nicht abstimmen oder darüber diskutieren. Alle haben einen Stift, den sie benutzen können, um damit auf das gemeinsame Flipchart der Gruppe zu schreiben. (Wenn die Teilnehmenden nicht so schnell in die Gänge kommen, können Sie ihnen Beispiele dafür geben, worum es geht, z.B., dass „ressourcenunterstellende Fragen" ein Werkzeug sind oder dass ihnen vielleicht die Idee gefällt, „Klienten eher zu folgen, als sie zu leiten".)

Geben Sie nach ein paar Minuten ein Zeichen, dass diese Phase beendet ist und bitten Sie die Teilnehmenden, die Seite vom Flipchart abzureißen und irgendwo zu platzieren, wo sie sie gut sehen können: an der Wand, auf einem Tisch oder dem Fußboden.

Zeigen Sie die folgende Anweisung auf einer Folie oder einem Flipchart:

> **Anwendungen**
>
> Einmal angenommen, Sie schaffen es, all dies in den nächsten drei Monaten umzusetzen: Gestalten Sie bitte zusammen ein Poster, das zeigt, wann und wie Sie dies tun werden.

Lesen Sie die Anweisung vor und erklären Sie, dass jede Gruppe ihr Poster nach eigenem Geschmack gestalten kann. Es soll eine einfache visuelle Darstellung ihrer Vorstellung davon sein, wie sie das Gelernte in den nächsten drei Monaten in die Praxis umsetzen werden.

Sagen Sie ihnen, dass sie dafür acht Minuten Zeit haben. (Wenn die Gruppen mit dem Poster fertig sind, können Sie ein Foto davon machen, dass Sie ihnen nach dem Workshop als Erinnerung zusenden können – siehe Foto rechts.)

Zeigen Sie die folgende Anweisung auf einer Folie oder einem Flipchart:

> **Kleine Schritte**
>
> Überlegen Sie bitte, welche kleinsten Schritte für Sie persönlich die größtmögliche Wirkung haben könnten.

Foto: Die Arbeitsgruppe präsentiert ihr „Umsetzungs-Poster".

... und laden Sie die Teilnehmenden ein, sich wieder an ihre Tische zu setzen. Da sie bereits ein Futur Perfekt kreiert haben, geht es im nächsten Schritt darum, dass jeder sich einige kleine Aktivitäten überlegt, die während der nächsten Tage und Wochen größtmögliche Wirkung haben könnten.

Geben Sie ihnen ein paar Minuten Zeit, um sich diese kleinen Schritte zu überlegen und sie in ihren Notizblöcken aufzuschreiben.

> **Gute Auswirkungen?**
>
> Tauschen Sie sich über Ihre kleinen Schritte aus.
> Machen Sie sich gemeinsam Gedanken darüber, welche nützlichen Auswirkungen aus diesen kleinen Schritten entstehen könnten.

Zeigen Sie ihnen nach einigen Minuten eine Folie oder ein Flipchart mit den oben genannten Anweisungen und bitten Sie die Teilnehmenden, sich mit der Person neben ihnen zusammenzusetzen und sich über ihre kleinen Schritte auszutauschen (bei ungeraden Teilnehmendenzahlen gibt es eine Dreiergruppe). Gemeinsam sollen sie sich Gedanken darüber machen, welche nützlichen Auswirkungen diese Schritte haben könnten und was alles Gutes dabei herauskommen könnte, wenn sie diese Schritte unternehmen.

Fragen Sie nach ein paar Minuten nach, ob jeder sich einen Erfolg versprechenden Schritt überlegt hat.

Falls noch Zeit ist, können Sie die Teilnehmenden bitten, sich mit ihren guten Vorsätzen auf einer Skala einzuordnen, wobei 10 bedeutet, dass sie diesen Schritt auf jeden Fall unternehmen werden, und 1, dass sie ihn auf keinen Fall unternehmen werden. Fragen Sie: „Wo stehen Sie jetzt?" Wenn alle 8, 9 oder 10 sagen, können Sie weitermachen. Falls jemand eine niedrigere Zahl angibt, bitten Sie ihn, noch ein paar Minuten länger mit seinem Partner herauszufinden, was die Wahrscheinlichkeit erhöhen könnte, diesen Schritt zu unternehmen.

Weiteres Vorgehen Da diese Übung am besten zum Ende eines Workshops passt, kann ihr noch eine angemessene Abschluss-Intervention folgen.

Kommentar Diese Übung entstand, als ich nach einer einfachen, schnellen und effektiven Methode suchte, mit der ich einen Rückblick auf den Inhalt eines Workshops mit dem Finden von kleinen Umsetzungsschritten verbinden könnte. Es sollte eine Aktivität sein, die den Teilnehmenden helfen sollte, direkte Verbindungen zwischen dem herzustellen, was sie gelernt haben und dem, was sie an ihrer Arbeitsstelle einsetzen können.

Ich fand heraus, dass die Einteilung der Teilnehmenden in Gruppen mit verschiedenfarbigen Stiften die Wahrscheinlichkeit erhöht, dass alle ihre Beiträge auf das Flipchart schreiben. Hilfreich ist hierbei auch, dass sie zu den einzelnen Beiträgen keinen Gruppenkonsens finden müssen.

Das Zeichnen eines gemeinsamen Futur Perfekt erleichtert den Austausch von Ideen und die Entwicklung neuer Umsetzungen. Wir haben herausgefunden, dass das mit Menschen, die sich vor dem Workshop noch nie begegnet sind, genauso gut funktioniert wie mit Teams, die schon lange zusammenarbeiten.

Der Austausch kleiner Schritte, die man sich vorgenommen hat, scheint die Wahrscheinlichkeit ihrer Umsetzung stark zu erhöhen.

Ich danke Paul Z Jackson für seinen Beitrag zur Entwicklung dieser Übung.

Quellen/Literatur

Wie ich Dich sehe – und wie ich denke, dass Du mich siehst

Madeleine Duclos, Schweiz

Kurzbeschreibung

Diese Aktivität verschafft Bewegung. Sie kann zu jeder Zeit in einem Workshop oder Seminar eingebaut werden, wenn Sie individuelle Ressourcen, Stärken, Fähigkeiten sichtbar machen und vermitteln wollen, wie man diese wertschätzend kommuniziert.

Die Aktivität ist auch als Feedbackübung geeignet, vor allem für Gruppen, die Mühe haben, positives Feedback direkt auszudrücken. Zudem ist es eine sehr aktive Übung, die energetisierend wirkt, Verbundenheit schafft und somit die Zusammenarbeit fördert.

Setting

- Die Aktivität eignet sich auch für große Gruppen (50 Personen und mehr, wenn ausreichend Platz vorhanden ist), die untere Grenze würde ich bei ca. acht Personen festlegen. Bei großen Gruppen können nicht alle teilnehmenden Personen allen anderen ein Feedback geben. Außerdem müssen bei großen Gruppen ggf. besondere Vorkehrungen beim Vorlesen der Kreditkarten getroffen werden (s.u.).
- Die ganze Aktivität dauert ca. 45 Minuten bis eine Stunde – je nach Gruppengröße. Rechnen Sie mit 5 bis 10 Minuten zum Erklären und Befestigen der Blätter auf dem Rücken, ca. 20 Minuten für das Schreiben auf dem Rücken, ca. 10 Minuten für das Aufschreiben des Selbstbildes, ca. 20 Minuten für das Lesen, Fragenstellen, Beschriften der Kreditkarten und das Vorlesen.
- Achten Sie darauf, dass der Raum groß genug ist, damit sich die Teilnehmenden frei bewegen können. Ebenfalls wichtig ist die Stuhlanordnung: Konzertbestuhlung ist nicht möglich – es braucht eine freie Fläche, damit die Teilnehmenden umhergehen können.

- Benötigtes Material:
  - Kleine Wäscheklammern (eine Klammer pro Person)
  - A4-Blätter 120g/160g (ein Blatt pro Person; unbedingt darauf achten, dass das Papier dick genug ist!)
  - A4-Blätter 80g (ein Blatt pro Person)
  - Filzstifte – verschiedene Farben (ein Filzstift pro Person)
  - Kreditkartengroße Kartons, ca. 160g (eine Karte pro Person)

Kontext und Zielsetzung

Da dies eine meiner Lieblingsübungen ist, setze ich sie oft und gern in Workshops ein …

- zur Teambildung, ziemlich am Anfang des Workshops – so sehen die Teilnehmenden, dass man sich nicht gut zu kennen braucht, um positive Eigenschaften und Eindrücke bei anderen festzustellen,
- wann immer es in einem Team an Wertschätzung mangelt oder wenn das Team Mühe hat, positives Feedback und Wertschätzung auszudrücken,
- zu Beginn eines Projekts zur Ressourcensammlung,
- nach einem gelungenen Projekt als gegenseitiges positives Feedback,
- wenn sich die Leute in einem Team unterschätzen.

Die Aktivität öffnet, gerade in schwierigen Zeiten, wieder den Blick für die Ressourcen der anderen – für ihre positiven Eigenschaften und Fähigkeiten. Das verbessert die Beziehungen unter den Teammitgliedern und somit das Arbeitsklima insgesamt. Sie stärkt das Gruppengefühl. Auch stärkt sie das Selbstbewusstsein und das Selbstvertrauen sowie das Vertrauen in die anderen. Weiter lehrt sie die Leute, sich besser selbst einschätzen zu können und sich ihrer Wirkung auf andere bewusster zu werden.

Ausführliche Beschreibung

Die Teilnehmenden befestigen sich gegenseitig mit einer Wäscheklammer ein Blatt Papier (120g bis 160g – es muss festes Papier oder Karton sein, damit der Stift nicht durchdrückt) am Rücken – am besten eignet sich der Kragen des Kleidungsstückes. Dann nimmt jeder einen Filzstift in die Hand und die Kursleitung bittet alle aufzustehen und ohne zu sprechen auf den Rücken eines jeden anderen Teammitglieds (bzw. in großen Gruppen so vielen wie möglich) möglichst leserlich eine positive Eigenschaft dieser Person zu notieren.

Je nach Ziel der Übung wird eine Ressource, eine Stärke, ein Talent, ein erster Eindruck, ein Feedback zu einem bestimmten Thema etc. aufgeschrieben – auf jeden Fall etwas Positives, Wertschätzendes.

Anschließend setzen sich alle (das Blatt bleibt ungelesen am Rücken!) und schreiben für sich auf ein anderes Blatt, was sie vermuten, was auf ihrem Blatt am Rücken steht. Mit anderen Worten: Sie notieren, was sie denken, dass die anderen über sie denken. Dann – und erst dann – nehmen sie das Blatt von ihrem Rücken und vergleichen die beiden Blätter. Es dürfen Verständnisfragen gestellt werden (keine Erklärungen oder Rechtfertigungen!).

Dann unterstreicht jeder für sich die drei Wertschätzungen, die ihn am meisten berühren und schreibt sie auf eine kleine Karte (Kreditkartengröße). Anschließend lesen alle ihre drei liebsten Ressourcen in der Ich-Form der Gruppe vor: z.B. „Ich bin …" „Ich zeichne mich aus durch meine …" In sehr großen Gruppen (mehr als 15 Personen) müssen ggf. Kleingruppen gebildet werden, in denen jeweils alle Gruppenmitglieder ihre Kreditkarte vorlesen können, da dieser Teil der Methode sonst zu lange dauert und es für die Zuhörenden langweilig zu werden droht. Das sollte nicht passieren, jeder vorlesenden Person soll das gleiche Interesse entgegengebracht werden.

Anschließend können die kleinen Karten in die Brieftasche, in die Hosentasche, in die Handtasche etc. gesteckt, an die Magnetwand über dem Schreibtisch geklebt oder neben das Telefon gelegt werden …

Fotos: Die Gruppe in Aktion, die Blätter füllen sich.

Varianten: Anstatt Wertschätzungen zu notieren, werden wahrgenommene Ressourcen und Stärken dieser Person aufgeschrieben. Bei einem ersten Treffen kann man den ersten Eindruck oder nach einem erfolgreich abgeschlossenen Projekt positives Feedback notieren usw.

Wie ich Dich sehe – und wie ich denke, dass Du mich siehst

Anknüpfungsmöglichkeiten bieten sich viele. Folgendes kann im Anschluss thematisiert werden:

- Johari-Fenster
- Feedbackregeln
- Selbsteinschätzung
- Mitarbeitergespräch
- Wertschätzendes lösungsorientiertes Gespräch
- Selbstvertrauen
- Meine Wirkung auf andere
- usw.

Weiteres Vorgehen

Ganz wichtig ist, dass Sie die Aufgabe so formulieren, dass die Teilnehmenden nur positive Eigenschaften notieren. Einigen wird das peinlich sein, sie werden Witze machen und ironische Bemerkungen fallen lassen. Kritisieren Sie diese Leute nicht, sondern helfen Sie ihnen, ihre Hemmungen zu überwinden.

Leute, die sich selbst nicht wertschätzen können, haben häufig Mühe, andere wertzuschätzen. Unterstützen Sie diese vor allem, wenn sie im zweiten Schritt ihre positiven Eigenschaften notieren sollen, von denen sie denken, dass andere sie in ihnen sehen. Für viele ist es ein großer Schritt, das aufzuschreiben.

Und auch beim dritten Schritt, wenn die Leute ihre Karte vorlesen, werden Sie bemerken, dass es vielen peinlich ist, über sich selbst etwas Positives zu sagen. Ermutigen Sie sie, ihre Stärken den anderen laut und selbstbewusst mitzuteilen.

Kommentar

Quellen/Literatur
- ▶ Ich habe diese Aktivität vor Jahren in einem Workshop mit Bonnie Tsai gelernt (Herzlichen Dank, Bonnie!) – und sie dann später mit der „Kreditkarte" erweitert.
- ▶ Bonnie Tsai ist eine bekannte, international tätige selbstständige Trainerin: http://www.new-renaissance.eenet.ee/bonnie/
- ▶ Die Fotos stammen aus einem von mir geleiteten Business-Training in der französischen Schweiz (2006).

Kapitel 9

Nach dem lösungsorientierten Workshop – Erfolge messen und unterstützen

In diesem Kapitel lesen Sie:

Fortschritts-Monitoring als Transfersicherung 315
Wie Sie noch einige Wochen nach dem Workshop
Ihre Teilnehmenden bei der Umsetzung unterstützen
können

Lösungsorientierte Evaluation 320
Die Aufmerksamkeit von den Highlights des Workshops
auf Entwicklungspotenziale im Alltag richten

Fortschritts-Monitoring als Transfersicherung

Susanne Keck, Deutschland

Der lösungsorientierte Ansatz ist durch die konsequente Ausrichtung an den Zielen und Ressourcen der Kunden an sich schon im hohen Maße Transfer fördernd. Dennoch bleibt die Umsetzung von erarbeiteten Maßnahmen oft eine Herausforderung, denn das Tagesgeschäft lässt einen häufig wieder in die Routine des Altbekannten gleiten oder den Blick für erste kleine Erfolge der neuen Ideen in der überwältigenden Mehrheit der möglichen wahrnehmbaren Misslichkeiten untergehen. Da hilft eine weitergehende Unterstützung durch den Moderator, ganz ohne persönlichen Kontakt und ohne großen Aufwand, auf dem Weg zu neuen Ufern am Ball zu bleiben.

Kurzbeschreibung

Das Fortschritts-Monitoring ist eine strukturierte Befragung einige Wochen nach dem Workshop, die den Workshop-Teilnehmenden auf lösungsorientierte Art helfen soll, positive Veränderungen und Ressourcen in der Folge des Workshops wahrzunehmen und auszubauen. Sie kann persönlich durch ein kurzes Telefonat mit den Teilnehmenden, per E-Mail oder im Intranet des Unternehmens stattfinden. Es gibt je nach Situation verschiedene Möglichkeiten, die Befragung durchzuführen und mit den Ergebnissen zu verfahren. Die Befragung kann, so oft es gewünscht ist, wiederholt bzw. von den Teilnehmenden (z.B. einem Team) selbst weitergeführt werden.

- Die Anzahl der Teilnehmenden ist prinzipiell unbegrenzt – je mehr es sind, desto länger dauert gegebenenfalls die Auswertung.
- Die Intervention benötigt kaum Vorbereitungszeit, wenn der Moderator den Fragebogen für die entsprechenden Teilnehmenden zur Hand hat. Im Prinzip handelt es sich immer um die gleichen, unten aufgeführten Fragen, die natürlich an die Gruppe und die Situation angepasst werden können.

Setting

▶ Die Fragen werden entweder per Mail (z.B. als Text-Anhang, in den die Teilnehmenden direkt ihre Antworten einfügen und zurückschicken können) oder per Post verschickt oder es werden Telefonate von ca. 10 Minuten pro Teilnehmer durchgeführt. Falls der Moderator die Ergebnisse zusammenfasst und eine schriftliche Rückmeldung gibt, kann dies je nach Teilnehmenden-Anzahl ca. eine bis eineinhalb Stunden dauern.

▶ Für die Übung brauchen Sie lediglich Kontaktdaten der Teilnehmenden und passende Fragen.

Kontext und Zielsetzung

Die Übung eignet sich als Transferunterstützung nach jedem Workshop, in dem es darum ging, etwas zu verändern oder zu lernen – und in den meisten Workshops dürfte dies ja der Fall sein.

Das Fortschritts-Monitoring dient dem Transfer der im Workshop erarbeiteten Maßnahmen oder Inhalte. Dabei ist es unerheblich, ob es sich um Verhaltensänderungen oder das Erlernen von neuen Inhalten geht und ob es sich bei den Teilnehmenden um ein Team oder eine lose Gruppe aus Individuen handelt. Ziel der Intervention ist es, den Blick der Teilnehmenden für ihren eigenen Fortschritt zu schärfen, auch wenn er zunächst klein sein mag oder es (wie so oft bei Veränderungen oder beim Erlernen von Neuem) Rückschläge oder Frustrationen gibt. Zudem gibt die Intervention Gelegenheit, zusätzliche Erfolgsfaktoren zu identifizieren bzw. Maßnahmen zu modifizieren oder zu streichen, die im Alltag keine Verbesserung bringen. Optimal ist es, wenn die Teilnehmenden mit der Zeit lernen, das Fortschritts-Monitoring oder ähnliche Beobachtungen regelmäßig selbst anzuwenden.

Ausführliche Beschreibung

Das Fortschritts-Monitoring ist ein zusätzlicher Service, den Sie Ihren Workshop-Teilnehmenden als Motivationsunterstützung anbieten. Dabei ist es noch während des Workshops von Vorteil, das Thema Transfer anzusprechen und möglicherweise Übungen dazu durchzuführen, wie man Ergebnisse am besten in den Alltag übertragen kann. Meist begrüßen die Teilnehmenden die Idee, einige Zeit nach dem Workshop nach ihren Erfahrungen gefragt zu werden. Sie sollten dann schon während des Workshops den Zeitpunkt des Monitorings und den Weg der Kontaktaufnahme klären. Es bietet sich an, das erste Monitoring ca. drei bis sechs Wochen nach dem Workshop (später in variablen Abständen) vorzuschlagen und es per Mail durchzuführen, da dies am einfachsten und schnellsten geht. Sollte es hier Bedenken wegen eventuell mangelnder Vertraulichkeit im E-Mail-Verkehr geben, bieten sich z.B. eine Verschlüsselung oder andere Möglichkeiten der Datensicherung an. Mögliche Fragen sehen folgendermaßen aus (in die eckigen Klammern können Sie das jeweils zutreffende einfügen):

1a) Auf folgender Skala von 1 bis 10 bedeutet 1, es hat keinen Fortschritt gegeben, und 10 bedeutet, das Ziel ist erreicht (Anm: Das Vorgehen bietet sich vor allem an, wenn bereits Skalen während des Workshops eingeführt wurden). Wo befinden [Sie sich, das Team, Thema xy] heute?

Falls Ihre Antwort „1" ist, brauchen Sie die folgenden Fragen nicht zu beantworten, sondern sich „nur" ein dickes Kompliment für Ihr Durchhaltevermögen abzuholen!

1b) Sollte es jedoch einen kleinen Fortschritt geben, dann skizzieren Sie bitte kurz, worin er besteht. Woran bemerken Sie, dass es einen Fortschritt auf der Skala gibt?
1c) Wie sähe die Situation [in Ihrer Arbeit, im Team, bezüglich Thema xy] aus, wenn Sie noch eine Zahl höher wären?

Oder alternativ:
1a) Welche (kleinen oder großen) positiven Veränderungen stellen Sie seit dem Workshop [in ihrer Arbeit, im Team, hinsichtlich Thema xy] fest?
1b) An welcher/n Begebenheit/en haben Sie bemerkt, dass sich [ihre Arbeit/das Team/Thema xy] in die erwünschte Richtung entwickelt? bzw.: Woran haben Sie bemerkt, dass sich durch den Workshop etwas in ihrem Arbeitsalltag verändert hat/Sie etwas umsetzen konnten? Skizzieren Sie kurz, was genau Ihnen aufgefallen ist.

2a) Was tragen Sie persönlich dazu bei? bzw. Was tun Sie, um dies möglich zu machen?
2b) Was würden [Ihre Kollegen/innen, Teammitglieder, Vorgesetzte, Person xy] sagen, was Sie dazu beitragen? Woran hätte/n er/sie/diese das bemerkt?
2c) Was werden Sie in Zukunft noch mehr tun, um die gewünschte Entwicklung zu fördern? Woran würden relevante Personen bemerken, dass Sie die Entwicklung fördern wollen?

2d) Welche Beiträge [der Kollegen, Ihres Chefs, aus dem Team, von Person xy] schätzen Sie dabei besonders? Wie bemerken diese, dass Sie deren Beiträge schätzen?

3a) Was muss [in der Arbeit, im Team, hinsichtlich Thema xy] noch mehr passieren als bisher?

3b) Wann passiert das schon ein bisschen? Oder ist das schon ein bisschen passiert, wenn auch in noch geringem Maße? Was ist Ihnen da aufgefallen?

Alleine das Bearbeiten der Fragebögen ist für die Teilnehmenden oft schon eine nutzbringende Intervention, dennoch ist es sehr von Vorteil, diese auch als Coach zu lesen und am besten Kommentare dazu zu geben. Insbesondere in Fällen, in denen wenig vorwärtsgegangen ist oder einzelne Teilnehmende Frustration äußern, ist es wichtig, persönliche Komplimente zu machen und möglicherweise noch einmal nachzufragen, was sie tun können, um entweder doch etwas zu ändern oder die Durststrecke durchzustehen. Ansonsten gilt es, auch kleinste Anzeichen von Fortschritt konsequent aufzuspüren und zu verstärken, Stärken ausfindig zu machen und aufzuzeigen sowie Beschwerden ernst zu nehmen und Mut zu machen, auf dem eingeschlagenen Weg nach oben auf der Skala weiterzugehen. Dabei können auch geäußerte Unzufriedenheit, Hindernisse oder Rückschläge als Ressourcen umgedeutet und motivierend verwendet werden. Ein Beispiel für eine Rückmeldung, in der Unzufriedenheit als Stärke umgedeutet wird:

„Liebes Team,
(…) Ich bin sehr beeindruckt, dass es so deutliche Anzeichen für die Umsetzung wichtiger Themen gibt, die im Workshop besprochen wurden. Ganz besonders auffällig sind Schlagworte wie (…), die im Feedback sowohl mehrfach im positiven Bereich auftauchen (was schon erreicht wurde) als auch in den Kommentaren, die sich kritisch mit der Entwicklung auseinandersetzen (was noch erreicht werden muss). (…) Es freut mich, dass einige Teammitglieder offenbar kleine, aber deutliche Schritte in Richtung (…) feststellen. Dennoch verstehe ich die Ungeduld und teilweise Frustration einiger anderer über das vermeintlich langsame Fortschreiten (…). Es ist sicher auch anstrengend, sich neben dem Tagesgeschäft noch aktiv um (…) zu kümmern. Andererseits freut es mich auch, dass Sie ungeduldig und unzufrieden sind, denn das heißt, dass Sie mit der Entwicklung noch nicht am Ende sind. Bei Ihnen ist genug ‚Verbesserungswille' in Form von Unzufriedenheit, Ungeduld und Zielorientierung vorhanden, um Sie gemeinsam zu einem sehr erfolgreichen Team zu machen. (…)"

Fortschritts-Monitoring als Transfersicherung

In der Folge kann das Monitoring öfter wiederholt werden. Zudem bietet es sich an, die Teilnehmenden zu motivieren, die Methode eigenständig (auch z.B. gegenseitig) auf das Veränderungsvorhaben und möglicherweise auch auf andere Themen (in Unternehmen als Hilfsmittel zur Effektivitätssteigerung von Meetings etc.) anzuwenden.

Weiteres Vorgehen

Der besondere „Kniff" besteht darin, dass es mittels des lösungsorientierten Ansatzes möglich ist, die Teilnehmenden positiv zu unterstützen, unabhängig davon, wie groß der Erfolg im Anschluss zunächst einmal ist. Auch bei stockenden Veränderungen, sehr großen Maßnahmenpaketen oder Rückschlägen können wir immer etwas finden, was als Ressource wahrnehmbar und ermutigend rückgemeldet werden kann. Dies hilft den Teilnehmenden, auch Durststrecken zu überwinden. Und auch in dem (häufigeren) Fall, dass sich erste Erfolge einstellen, wirkt die Übung sehr motivierend und beschleunigt die weitere Umsetzung.

Kommentar

Die Idee, den Workshop-Teilnehmenden auch nach dem Workshop Unterstützung auf lösungsorientierte Art anzubieten, ist nicht neu. Inspiriert wurde ich von Felix Hirschburger und von Daniel Meiers Buch „Wege zur erfolgreichen Team-Entwicklung" und „Reteaming – Methodenhandbuch zur lösungsorientierten Beratung" von Wilhelm Geisbauer (Hrsg.).

Quellen/Literatur

Lösungsorientierte Evaluation

Felix Hirschburger, Schweiz

Kurzbeschreibung Es ist nicht nur möglich, die Wirkung Ihrer Arbeit zu messen, sie kann durch Evaluation sogar noch verstärkt werden. Diese ressourcenorientierte Art, Ihren Workshop abzuschließen, lenkt die Aufmerksamkeit vor allem auf Funktionierendes und zukünftig Mögliches. Dadurch werden Fortschritte initiiert und verstärkt.

Setting
- 2 bis 200 Teilnehmende
- 0,5 bis 3 Stunden
- Am besten sitzen die Teilnehmenden in einem Kreis. Für die Befragung in Zweiergruppen können natürlich andere Räumlichkeiten oder eine Parkbank in der Sonne genutzt werden.
- Die Highlights, Wünsche und Umsetzungsschritte werden am besten auf einem Flipchart gesammelt. Das Resultat kann dann fotografiert und per E-Mail verschickt werden.

Kontext und Zielsetzung Diese Übung kann für einen kraftvollen Abschluss jeglicher Workshops mit kleinen oder großen Gruppen angewendet werden.

Ziel dieser Übung ist, die Auswertung Ihres Workshops so zu gestalten, dass dadurch Funktionierendes und Gelerntes verstärkt wird, Entwicklungspotenziale zum Vorschein kommen und die Grundlage für den Transfer in den Alltag entsteht.

Ausführliche Beschreibung Irgendwann neigt sich jeder Workshop dem Ende zu und bietet Raum für die lösungsorientierte Evaluation.

Einstieg

„Gerne möchte ich nun unsere gemeinsame Arbeit abschließen und mit Euch betrachten, was nützlich war und was zukünftig noch möglich ist."

Anleitung

„Geht in Zweiergruppen und stellt Euch gegenseitig die folgenden Fragen:
- ‚Erzähl mir Dein Highlight dieses Workshops.'
- ‚Falls wir uns nochmals in einem Workshop treffen würden und Du hättest für diesen Workshop drei Wünsche frei, was würdest Du Dir wünschen?'
- ‚Was wird morgen das erste kleine Zeichen sein, woran Du merkst, dass in diesem Workshop Nützliches entstanden ist?' ‚Und was noch?'"

Jede Zweiergruppe hat für die gegenseitige Befragung rund zehn Minuten Zeit. Danach wird im Plenum ausgetauscht:

- Was waren die Highlights?
- Was gibt es für Wünsche für ein nächstes Mal?
- Woran erkennt man erste Umsetzungsschritte?

Dazu ist es wichtig, genügend Zeit einzuplanen. Es können natürlich auch Vertiefungsfragen gestellt werden wie: „Was hat Dich dabei so fasziniert?", „Was hat dieses Highlight ermöglicht?", „Woran merkt Ihr Vorgesetzter, dass Sie damit einen Schritt weitergekommen sind?" usw. Die Gruppe soll dadurch in ihrer kreativen und ressourcenreichen Dynamik unterstützt werden.

Eine weitere Möglichkeit, die Wirkung Ihres Workshops abzubilden, ist die Arbeit mit Skalen. Zum Beispiel kann die folgende Frage gestellt werden: „Auf einer Skala von 1 bis 10, wobei 10 bedeutet, dieser Workshop – ganz global betrachtet – war absolut perfekt und 1 steht für eine absolute Zeit- und Geldverschwendung – wo würdet Ihr diesen Workshop skalieren?"

Durchschnittswert

Nehmen wir an, der Durchschnitt der Skalenwerte liegt zwischen 7 und 8 (siehe Abb.). Alles, was zwischen 1 und 7,5 liegt, hat demzufolge funktioniert und war hilfreich. Zwischen 7,5 und 10 liegt noch weiteres Entwicklungspotenzial – nicht zu verwechseln mit negativen Aspekten des Workshops.

Weiteres Vorgehen

Vor allem die Frage nach ersten Anzeichen für Umsetzungserfolge knüpft direkt an den Transfer des Gelernten in den Alltag an.

Kommentar

Die Idee, Evaluation mit einer systemisch-lösungsorientierten Grundhaltung (nach Steve de Shazer und Insoo Kim Berg) zu verbinden, stammt von Dr. Peter Szabó (Coach und Trainer von Coaches am Weiterbildungsforum Basel). Anfang 2003 konnten wir diese Idee gemeinsam weiterentwickeln und konkret umsetzen.

Eine zentrale Bedeutung spielte dabei von Beginn an der Begriff „Aufmerksamkeit". Uns beschäftigten Fragen wie: „Was geschieht, wenn Mitarbeitern oder Auszubildenden Aufmerksamkeit geschenkt wird?", „Was kann entstehen, wenn Aufmerksamkeit auf Positives, Gewünschtes und Funktionierendes gerichtet wird?" Überall dort, wo Aufmerksamkeit ist, verändert sich etwas und auch die Art und Weise dieser Aufmerksamkeit nimmt Einfluss auf das Geschehen.

Wertschätzende lösungs- und ressourcenorientierte Aufmerksamkeit bewirkt unseren Erfahrungen nach einen Schub an Motivation und Kreativität. Zudem kann explizit festgehalten werden, was bereits funktioniert und wie man davon verstärkt profitieren kann. Ende 2003 wurde der Ansatz in einer Studie in England verfeinert. 50 lösungsorientierte Forschungsinterviews wurden durchgeführt – mit erstaunlichem Erfolg: Auf durchschnittlich 8,6 skalierten die Interviewten die Nützlichkeit der Gespräche (1= dieses Gespräch hat mir überhaupt nichts gebracht; 10 = es hätte nicht hilfreicher sein können).

Vor allem beim Abschluss eines Workshops ist es wichtig, auf Funktionierendes zu fokussieren und die Aufmerksamkeit dorthin zu richten, wo mehr desselben wünschenswert ist. So wird die Wirksamkeit sichtbar und ergibt eine motivierende Bestärkung. Bei dieser Art von Evaluation wird aus der häufig gestellten Frage „Und was war alles negativ?" auf wundersame Weise das Arbeiten mit Verbesserungspotenzialen und Wünschen. Doch das wohl entscheidendste Element ist das Austauschen von Highlights. Dies verstärkt Lernerlebnisse und legt eine optimale Grundlage für zukünftige Erfolge.

Ganz egal, wie ein Workshop gelaufen ist, es gibt immer etwas, das funktioniert hat. Die Stimmung, die beim Austausch von Highlights entsteht, ist beeindruckend. Ebenfalls wichtig erscheint mir, dass die Teilnehmenden nach Verbesserungspotenzialen gefragt werden, neben hilfreichen Inputs vermittelt dies auch eine neutrale Haltung. Achten Sie darauf, dass bei der Frage, die auf erste Anzeichen für eine positive Umsetzung zielt, ganz konkrete Beispiele und Situationen genannt werden. Ermuntern Sie die Teilnehmenden durch präzisierende Fragen, das Bild noch weiter auszuschmücken.

Dies ist eine von vielen Möglichkeiten, wie ich (www.resourcefulsearch.ch) Workshops in Gruppen evaluiere. Dieses Vorgehen habe ich in einem internationalen Rahmen auch bei der SOL-Konferenz 2006 in Wien präsentiert.

Quellen/Literatur

Kapitel 10

Die nächste Sitzung –
im Folgeworkshop Anschluss finden

In diesem Kapitel lesen Sie:

Schön war's – schön wär's 327
Wie auch fiktive Erfolgsgeschichten ihre
ganze reale Kraft entfalten können

Speed-Dating mit dem Solution Focus 331
Neue Teilnehmende in die Arbeitsgruppe integrieren
und alle (wieder) ganz schnell auf einen gemeinsamen
Informationsstand bringen

Start in den Tag 336
Mitten im Workshop oder Prozess nützliche Veränderungen
entdecken und darauf aufbauen

Schön war's – schön wär's

Peter Szabó, Schweiz

Kurzbeschreibung

Ein Kopfsprung mitten in erwünschte Teamveränderungen. In Kleingruppen werden konkrete Erfolgsbeispiele aus dem Alltag erzählt. Das schafft eine positive Stimmung und macht die persönlichen Beitragsmöglichkeiten der einzelnen Teammitglieder deutlich.

Setting

- Optimale Teilnehmerzahl: 12 bis 100 Teilnehmende
- Benötigte Zeit: 20 bis 45 Minuten
- Material: Flipchart mit den drei Phasen und den Fragen für Phase 2 vorbereiten
- Räumliche Voraussetzungen: Idealerweise eine flexible Bestuhlung, bei der für die zweite Phase die Stühle einfach in Dreier-Gruppen umgestellt werden können

Kontext und Zielsetzung

Das Tool bietet einen universellen Einstieg, der sich ebenso zu Beginn einer regulären Teamsitzung wie auch als Anwärmphase bei themenspezifischen Workshops und Veränderungsprojekten eignet. Eine weitere passende Anwendung sind Folgeveranstaltungen, wenn es darum geht, in der Zwischenzeit erzielte Fortschritte zu verdeutlichen. Geeignete Themen sind jede Form von „weichen Erfolgsfaktoren" wie z.B. individuelle Kernkompetenzen oder Kooperation und Kommunikation im Team. Das Tool ist auch bestens für größere Teams oder Organisationseinheiten geeignet.

Vor allem, wenn es um Veränderungsvorhaben geht, bietet die Übung den Teilnehmenden Gelegenheit, sich an bereits gelungene Beispiele zu erinnern und auf funktionierenden Erfolgsfaktoren aufzubauen. Gleichzeitig schafft das Tool eine leichte, positive Grundstimmung, in der vorhandene individuelle Fähigkeiten und Kompetenzen bestärkt werden.

Ausführliche Beschreibung

Phase 1: Vorbereitende Einzelarbeit (5 Minuten)

Alle Teilnehmenden überlegen sich drei konkrete Erfolgsbeispiele, bei denen sie selbst einen bedeutenden eigenen Beitrag geleistet haben. Zwei der drei Erfolgsbeispiele sollen wahr sein, also „schön wa(h)r's". Da darf ruhig Stolz oder Befriedigung bezüglich des eigenen Verhaltens in der Beispielsituation mitschwingen. Ein drittes Beispiel soll erfunden werden im Sinne von: „Schön wär's." Die Person wünscht sich also, dass sie es geschafft hätte, die Dinge so erfolgreich hinzukriegen, wie sie sie im erfundenen Erfolgsbeispiel erzählt.

Für alle drei Beispiele notieren sich die Teilnehmenden in Einzelarbeit einen kurzen prägnanten Titel und eine erläuternde Schlagzeile (z.B.: „Der alte Zopf oder: Wie wir einen administrativen Leerlauf beseitigen konnten").

Phase 2: Austausch in 3er-Gruppen (15 bis 35 Minuten)

Die Teilnehmenden werden nach dem Zufallsprinzip in 3er-Gruppen eingeteilt. Person A nennt ihre drei Titel und Schlagzeilen und zwar im selben Brustton der Überzeugung, als ob alle drei Erfolgsgeschichten wahr wären. Personen B und C hören zu und wählen sich je eine der drei Geschichten aus, zu der sie mehr wissen möchten. B und C stellen Fragen, um mehr über die konkreten Umstände und Erfolgsfaktoren der beiden ausgewählten Geschichten zu erfahren:

- ▶ Wie hast Du das geschafft?
- ▶ Was hat Dir geholfen?
- ▶ Worauf müsste ich besonders achten, wenn ich so etwas auch wollte?
- ▶ Worauf bist Du persönlich besonders stolz?

A gibt plausible Antworten, unabhängig davon, ob die Geschichte wahr oder erfunden ist. Was stimmt und was nicht, kann bis zum Schluss ein Geheimnis bleiben. Anschließend kommen reihum die anderen beiden Gruppenmitglieder mit ihren drei Erfolgsgeschichten dran, die ebenfalls erläutert werden.

Wenn genügend Zeit vorhanden ist, kann zum Abschluss der Phase 2 noch ein „Ressourcentratsch" angeregt werden. B und C besprechen wertschätzend, was sie an der Geschichte von A besonders beeindruckt hat. A wird nicht direkt angesprochen, sondern B und C „tratschen" indirekt in der dritten Person über A und deren Fähigkeiten, während A still bleibt und am Rande zuhört. Mit zweimaligem Wechsel wird der Ressourcentratsch auch für B und C durchgeführt.

Phase 3: Auswertung (5 bis 10 Minuten)

Die Auswertung kann inhaltlich und/oder prozessorientiert erfolgen:

Inhaltliche Auswertung: Im Plenum werden die hilfreichsten Erfolgsfaktoren gesammelt, so dass sie für alle zugänglich werden. Frage:

▶ Welche Lösungsansätze sind besonders Erfolg versprechend?

Prozess-Auswertung: Es ist oft besonders spannend auszutauschen, wie es mit den „erfundenen" Geschichten gelaufen ist. Also fragt der Moderator, wer von den Teilnehmenden eine erfundene Geschichte genauer ausführen durfte. Frage hierzu:

▶ Was ist nach dem Erzählen anders als vor dem Erzählen?

Auch die Teilnehmenden, die „wahre" Geschichten erzählen konnten, äußern sich gerne darüber, wie hilfreich es war, zu einer eigenen Erfolgsgeschichte befragt zu werden.

Wenn die Übung als aktivierender Einstieg eingesetzt wird, kann das weitere Vorgehen völlig losgelöst geplant werden. Wenn das Tool eingesetzt wird, um bei einem Folgetreffen die erzielten Fortschritte zusammenzutragen, hat es sich bewährt, anschließend in geeigneter Form zu besprechen, wie diese Fortschritte im Team weiter aufrechterhalten werden könnten. Wenn es um Themen wie Kooperation und Kommunikation im Team geht, sollte in der 2. Phase unbedingt der „Ressourcentratsch" mit ca. fünf zusätzlichen Minuten eingeplant werden. Das ist gut investierte Zeit in die Zusammenarbeit innerhalb des Teams.

Weiteres Vorgehen

Entstanden ist das Tool, weil ich es irgendwann langweilig fand, stets nur nach bestehenden Erfolgsgeschichten und Fortschritten zu fragen. Die Idee mit den „erfundenen" Erfolgsgeschichten war ursprünglich als reine Abwechslung und Spannungselement gedacht. Zu meiner Überraschung stellte sich heraus, dass die so konstruierten Geschichten ebenfalls hilfreich waren. Statt auf bestehende Erfolge zu bauen, ermöglichten sie es, zukünftige Erfolge zu erfinden. Der „So-tun-als-ob"-Rahmen erwies sich als befruchtend und motivierend, um spontan neue Lösungsmöglichkeiten mental durchzuspielen.

Kommentar

Zwei Dinge reizen mich immer wieder an diesem Tool:

1. Mit dem Fokussieren von Erfolgsgeschichten steigt stets innerhalb kürzester Zeit das Energieniveau in der Gruppe.
2. Die Entdeckungen bei der Auswertung sind immer wieder neu und überraschend für mich. Da gibt es Leute, die ihre soeben erfundene Erfolgsgeschichte umgehend umsetzen wollen, und solche, die erst meinten, ihre Geschichte sei nicht wahr, und beim Erzählen merken, dass sie bereits viel mehr erreicht haben, als ursprünglich vermutet. Es wurde auch schon entdeckt, dass das simple Nachfragen von Erfolgsgeschichten die schönste Form eines Kompliments sein kann – und vieles mehr.

Achtung: Erfolgsgeschichten erzählen kann jegliches Zeitgefühl vergessen lassen. Ich hatte schon Gruppen, bei denen ich die 2. Phase erst nach 45 Minuten stoppen konnte. Es hilft, nach einem Drittel und zwei Dritteln der Zeit jeweils den Erzählerwechsel zu verkünden.

Ich überlasse es übrigens jeweils den einzelnen Kleingruppen, ob sie „erfundene" und „wahre" Geschichten offenbaren wollen oder nicht.

Quellen/Literatur   Die Idee zum Tool ist ursprünglich in Diskussion mit Stephanie von Bidder entstanden. Andere Quellen und weiterführende Literatur sind mir nicht bekannt.

Speed-Dating mit dem Solution Focus

Penny West, Vereinigtes Königreich

Diese Übung eignet sich für den Beginn eines zweiten oder dritten Treffens einer Gruppe mit wechselnden Teilnehmenden, um „Neue" schnell in die Gruppe zu integrieren. Den „Alten" hilft sie, sich noch einmal an all das zu erinnern, was bisher geschehen ist – ohne Prüfungsangst! In Variationen kann diese Übung zum Aufwärmen am Anfang oder in der Mitte eines Workshops genutzt werden.

Kurzbeschreibung

▶ Teilnehmerzahl: Die Übung lässt sich ohne Weiteres mit 10 bis 50 Teilnehmenden durchführen. Allerdings braucht eine Gruppe von mehr als 25 Teilnehmenden ca. 10 Minuten länger.
▶ Dauer: ca. 30 Minuten
▶ Benötigt werden:
 – Stühle, die bewegt und gegenübergestellt werden können,
 – ein Raum, der groß genug ist, um Stühle in einer Reihe oder in zwei konzentrischen Kreisen gegenüberzustellen,
 – eine Uhr mit Sekundenzeiger, um die zwei Minuten genau abzumessen,
 – eine Klingel oder eine laute Stimme, um das Ende der zwei Minuten einzuläuten (es kann ganz schön laut werden).
▶ Es werden keine Aufzeichnungen gemacht und es gibt auch kein formales Feedback nach dieser Übung.

Setting

Das Tool ist vor allem gut, um neue Teilnehmende zu integrieren bzw. die Befürchtungen von Teilnehmenden abzubauen, die ein Treffen verpasst haben. Insbesondere wenn es relativ viele „Neue" gibt, findet der Moderator in dieser Form eine Alternative zu einer langweiligen Runde, in der das bisher Geschehene noch einmal „wiedergekäut" wird.

Kontext und Zielsetzung

„Speed-Dating" macht Spaß, ist sehr strukturiert und als psychologisch sichere Übung für alle Arten von Gruppen geeignet. Vor allem der innovative Moderator wird sich davon angesprochen fühlen. Die Übung bietet eine gute Gelegenheit, lösungsorientierte Fragetechniken einzusetzen, die Kompetenzen und Ressourcen der Gruppe betonen.

Die Übung eignet sich hervorragend, um eine zweite oder dritte Sitzung mit einer Gruppe zu beginnen oder um eine Gruppe mit neuer Energie zu versorgen. Sie ist sehr nützlich, um Erfolge und Gelungenes in Erinnerung zu bringen und sowohl die Interaktion in der Gruppe als auch zwischen Einzelnen zu fördern. Sie ist sehr viel effektiver als ein übliches „Brainstorming", das Teilnehmende nicht in dieser Dynamik einbezieht. Neulinge werden unmittelbar in die Lage versetzt, andere fragen zu können „Was war beim letzten Mal nützlich?" und „Was noch?" statt still dazusitzen und zu hoffen, dass sie schon irgendwie mitbekommen werden, was beim letzten Mal passiert ist.

Diese Übung führt immer zu einer positiven und kreativen Atmosphäre, die es möglich macht, auch praktische Planungen in der Gruppe effektiv voranzutreiben.

Ausführliche Beschreibung

Der Moderator kündigt eine „Speed-Dating-Übung" an. Das sorgt in der Regel schon für Gelächter und neckische Kommentare. Als Vorbild für Humor und Energie erklärt der Moderator, dass dies eine Aufwärm-Übung ist, bei der Teilnehmende, die beim letzten Mal nicht dabei waren, herausfinden können, was alles Nützliches passiert ist. Moderator und Gruppe arrangieren zwei gerade Stuhlreihen, so dass jeweils zwei Stühle so nahe gegenüberstehen, dass die Teilnehmenden Knie an Knie sitzen: je näher, desto besser (siehe Abb.).

Hier steht der Moderator

- Der Moderator bittet diejenigen Teilnehmenden, die beim vorhergehenden Workshop nicht dabei waren bzw. die „Neulinge" (Anm.: Nur für diese Erläuterung nennen wir sie Gruppe A – geben Sie der Gruppe besser keinen Namen), sich auf eine Seite der Stühle zu setzen, und die Teilnehmenden, die beim letzten Mal dabei waren (Gruppe B), sich ihnen gegenüber zu setzen. Die Übung ist, anders als der Titel vermuten lässt, nicht nach Geschlechtern getrennt und bis zum Ende hat sie auch nichts mit „Dating" zu tun.

- Der Moderator gibt den beiden Gruppen verschiedene Aufgaben:
  - Gruppe A fragt „Was war letztes Mal nützlich?" und dann „Was noch?" und zwar so oft, dass sie innerhalb von zwei Minuten so viele Informationen wie möglich von ihren Partnern erfahren.
  - Gruppe B antwortet mit all den gelungenen Dingen, die ihr vom letzten Treffen noch einfallen.

- Der Moderator achtet darauf, dass jeder einen Partner hat und dass die Aufgabe klar ist. Falls die Zahl der Neulinge nicht mit der der anderen Gruppe aufgeht, können auch der Moderator und andere Teilnehmende mitmachen und dabei so tun, als ob sie beim letzten Mal nicht dabei gewesen wären (und auf diese Weise herausfinden, was die Teilnehmenden beim letzten Mal alles für nützlich gehalten haben). Alle übrigen Teilnehmenden stellen sich am Ende der Stuhlreihe auf und warten auf die nächste Runde.

- Der Moderator klingelt und gibt damit das Signal für zwei Minuten Fragen und Antworten.

- Nach genau zwei Minuten wird wieder geklingelt als Signal dafür, dass diese Runde beendet ist.

- Gruppe A bleibt sitzen, während Gruppe B einen Platz weiter rückt, jeweils gleichzeitig in die gleiche Richtung (siehe Abb. S. 332). Das führt häufig zu Verwirrung und Chaos – und das ist auch gut so, denn es bringt Energie in die Interaktion!

- Die Person am Ende der Gruppe B ist nach dem Aufrücken ohne Stuhl und ohne Partner. Entweder läuft sie nun zum anderen Ende, um dort weiterzumachen oder, falls andere schon gewartet haben, wartet sie nun darauf, dass sie wieder mitmachen kann. Spätestens jetzt erkennen die Teilnehmenden, dass diese Übung einem Spiel beim Kindergeburtstag ähnelt (Reise nach Jerusalem).

- Diese Runde mit zwei Minuten Fragen und Antworten kann acht- bis zehnmal wiederholt werden, mit den gleichen Aufgaben und den gleichen Fragen und jeweils anderen Partnern.

- Zur Abwechslung – und um noch mehr hilfreiche Verwirrung zu stiften – kann der Moderator die Teilnehmenden zwischendurch auffordern, jeweils zwei oder drei Plätze weiterzurücken.

- Nach so vielen Wiederholungen werden alle Neulinge eine Menge Ideen und verschiedene Vorstellungen davon bekommen haben, was andere Teilnehmende beim letzten Workshop nützlich fanden. Damit haben sie spielerisch den Anschluss an die Gruppe gefunden. Alle, die beim letzten Mal dabei waren, haben sich daran erinnert, was beim letzten Mal nützlich war und den Geist (Spirit) des Workshops wieder heraufbeschworen. Alle Teilnehmenden können nun gelassener die nächsten Schritte des Workshops angehen.

- Der Moderator dankt allen für die lebhafte Teilnahme und bemerkt, wenn das jetzt eine echte Speed-Dating-Session gewesen wäre, müssten nun alle jemanden auswählen, den sie wiedersehen möchten. Aber dies sei nun einmal ein Change-Workshop (oder was auch immer) und deshalb „... *lassen wir diesen Teil einfach aus – aber wenn Sie Ihre eigenen Verabredungen treffen wollen ...*". Dies sorgt erneut für Heiterkeit und der Moderator bittet die Teilnehmenden, ihre Stühle für den nächsten Teil des Workshops wieder zurückzustellen.

- Je nach Situation kann es angemessen sein, kurz darüber zu reflektieren, was die Fragen bewirken. In anderen Situationen kann es besser sein, diese Punkte nicht weiter herauszuarbeiten, einfach weiterzumachen und dabei die Energie zu nutzen, die diese Übung geschaffen hat.

Weiteres Vorgehen

Diese Übung erinnert an nützliche Inhalte oder Gelungenes während eines früheren Treffens. Danach kann es mit Ihrem Workshop-Programm weitergehen.

Kommentar

Ich entwickelte die Idee zu dieser Übung, nachdem ich eine Dokumentation über Speed-Dating gesehen hatte. Ausprobiert habe ich sie während eines Workshops zum Aktionslernen – statt des üblichen Paar-Interviews. Natürlich funktioniert diese Übung auch mit anderen einfachen Fragen und kann z.B. genutzt werden, um Entwicklungen zwischen den Treffen in Erinnerung zu rufen. In dem Workshop zum Aktionslernen waren die Fragen „Welche Verbesserungen hat es in Ihrer Abteilung seit unserem letzten Treffen gegeben?" und „Was noch?". Auch dabei hatten die Teilnehmenden zwei Minuten, in denen sie sich gegenseitig diese Fragen stellen konnten, bevor sie zum nächsten Stuhl weiterrückten, bis jeder mit jedem aus der anderen Abteilung gesprochen hatte.

Ich nutzte diese Übung auch während eines Tagesworkshops, in dem ein Vorstandsmitglied sehr viel länger als erwartet über die strategischen Prioritäten der Organisation gesprochen hatte. Dies führte zu großer Passivität im Raum. Die Fragen bei dieser Gelegenheit waren: „Was waren die zentralen Handlungsaufforderungen dieser Präsentation für Sie als mittlerer Manager?" und „Was brauchen Sie nun, um weiterzukommen?" sowie „Was noch?". Nach dieser Übung waren die Teilnehmer in einer sehr viel kreativeren Stimmung und konnten sich auf die Wunderfrage und weitere Schritte zur Aktionsplanung einlassen. Letztendlich hatten sie ein „Speed-Coaching" miteinander gemacht.

Speed-Dating ist eigentlich ein einfaches Konzept, doch die wenigsten Menschen haben es praktisch erprobt. Und genau dadurch bleibt das Erlebnis in Erinnerung. Die Teilnehmenden gehen nach Hause und erzählen ihren Partnern, dass sie bei der Arbeit Speed-Dating gemacht haben.

Es ist wichtig, dass der Moderator die Fragen sorgfältig entwickelt, so dass sie einfach und relevant für die Ziele des Workshops sind. Interessanterweise macht es den Teilnehmenden nichts aus, die gleichen Fragen mehrmals zu stellen und die gleichen, oder zumindest ähnliche, Antworten mehrmals zu geben.

Diese Übung setzt schnell Energie frei und erfordert wenig Vorbereitung. Lediglich die Fragen müssen vorher genau überlegt werden. Sie sollten einfach, relevant und lösungsorientiert sein. Es hilft, wenn der Moderator bei dieser Übung gute Stimmung vermittelt und damit der Gruppe zu einem Gefühl von Energie und Kreativität verhilft.

Die Übung wurde von der Autorin entwickelt.   *Quellen/Literatur*

Start in den Tag

Mark McKergow, Vereinigtes Königreich

Kurzbeschreibung — Teilnehmende setzen sich zu zweit zusammen und entdecken sowohl die Dinge, die bisher nützlich waren, als auch die, die als Nächstes passieren sollen. Es kann eine Wertschätzungsrunde angehängt werden.

Setting
- Die Übung funktioniert mit jeder Gruppengröße.
- Dauer: ca. 15 Minuten, ohne die Wertschätzungsrunde 10 Minuten
- Für diese Übung wird keinerlei Technik benötigt. Ich würde sogar davon abraten, die Ergebnisse der Auswertungsrunden aufzuschreiben, auch wenn einige Teilnehmende das gerne hätten.

Kontext und Zielsetzung — Übung für einen gelungenen Start in den Nachmittag oder in den zweiten Tag eines Workshops. Hilfreich auch mitten in einem Prozess, wenn es sinnvoll erscheint, das zu rekapitulieren, was gerade geschehen ist.

Die Teilnehmenden tauschen sich dabei über all das aus, von dem sie bisher gemerkt haben, dass es sich in Bezug auf ihr eigenes Verhalten und ihre eigenen Beiträge als nützlich erwiesen hat. Dadurch werden die vorangegangenen und nachfolgenden Aktivitäten in einen sinnvollen Kontext gesetzt. Die Teilnehmenden denken über ihre eigenen Beiträge nach, die sie bereits geleistet haben und noch leisten werden.

Ausführliche Beschreibung — Die Teilnehmenden setzen sich in Paaren zusammen. Der Moderator kündigt an: *„Wir werden uns jetzt ein wenig Zeit nehmen, um darüber nachzudenken, was bisher geschehen ist und was als Nächstes geschehen soll. Zusammen mit Ihrem Partner haben Sie nun jeweils fünf Minuten Zeit, um sich gegenseitig folgende Fragen zu stellen:*

- *Über was, das Sie gestern an sich selbst bemerkt haben, haben Sie sich besonders gefreut?*
- *Worüber noch?*
- *Was hat sich alles verbessert, seit wir hier angefangen haben?*
- *Bei welcher erfreulichen Aktivität werden Sie sich heute selbst erwischen?*
- *Wobei noch?*

Wer zuerst fragt, bietet seinem Partner anschließend zwei Wertschätzungen an: Von welchen Beiträgen und Gedanken Ihres Partners sind Sie während dieses kurzen Gesprächs besonders beeindruckt?

Ist die Aufgabe klar? Dann los!"

Die Fragen werden am besten auf Leinwand oder Flipchart visualisiert. Geben Sie nach fünf Minuten das Signal, dass die erste Runde zu Ende ist und kündigen Sie an: *„So, die erste Runde ist zu Ende. Geben Sie jetzt Ihre beiden Wertschätzungen ab und beginnen Sie dann mit der zweiten Runde."*

Achten Sie darauf, wie die Teilnehmenden mit der Zeit umgehen. Wenn Sie drei Minuten nach dieser Ankündigung noch nicht mit der zweiten Runde begonnen haben, fragen Sie ruhig, ob sie schon gewechselt haben. Sie verstehen normalerweise schnell, worum es Ihnen geht – die Gespräche nicht ausufern zu lassen und auf den Punkt zu kommen.

Geben Sie am Ende der zweiten Runde die gleichen Anweisungen und lassen Sie den Teilnehmenden noch ein wenig Zeit, ihre Wertschätzung zu äußern.

Dann geht es im Plenum weiter. Für die Auswertung gibt es verschiedene Möglichkeiten:

- Sie können ganz ohne Auswertung mit der nächsten Aktivität fortfahren – und ziemlich fest damit rechnen, dass die Atmosphäre nach dieser Aktivität deutlich optimistischer ist.
- Sie können in der Runde auch Ergebnisse sammeln, was alles als besser empfunden worden ist. Damit lassen Sie alle noch einmal daran teilhaben, welche verschiedenen Ansichten es darüber gibt, was bereits alles gelungen ist.
- Vielleicht sammeln Sie auch einige der Dinge, die die Teilnehmenden gestern bei sich selbst bemerkt haben. Damit geben Sie ihnen die Chance, sich selbst ein wenig auf die Schulter zu klopfen.

Mark McKergow

Weiteres Vorgehen

Danach kann es mit dem nächsten Punkt der Tagesordnung weitergehen. Diese Übung sorgt dafür, dass die Teilnehmenden sich wieder konzentrieren und damit gut vorbereitet sind für alles, was sie noch erwartet.

Kommentar

▶ Die Übung kann praktisch in allen Workshops und Kursen in vielen Variationen und Situationen eingesetzt werden. Sie schafft exzellente thematische Verbindungen und Übergänge, indem sie die Teilnehmenden gleichzeitig zurück und nach vorne schauen lässt.

▶ Schauen Sie genau auf die Formulierung der Fragen in den Übungen. Sie sehen sehr einfach aus – und doch sind sie sehr sorgfältig formuliert: *„Über was, das Sie gestern an sich selbst bemerkt haben, haben Sie sich besonders gefreut?"* ist nicht das Gleiche wie *„Über was, das Sie gestern getan haben, haben Sie sich besonders gefreut?"* Etwas an sich selbst zu bemerken weist auf einen sanften und kaum bewussten Prozess hin – als ob Sie etwas bemerkt haben, das nicht bewusst gewollt war und vielleicht auch nicht besonders wichtig erschien. Sobald Sie darüber sprechen, wird es jedoch bewusster und wichtiger. Ein Kernelement des lösungsorientierten Ansatzes ist es dann auch, dass wir die Rolle der Selbstbeobachtung betonen, also ganz ungezwungen Veränderungen wahrnehmen und darauf reagieren, anstatt bewusst dafür zu sorgen, dass etwas Bestimmtes passiert bzw. passieren muss.

▶ Ganz ähnlich ist es, wenn die Teilnehmenden ihre Partner dazu einladen, sich auf etwas zu freuen, bei dem sie sich heute erwischen werden. Die Intention dahinter ist ebenfalls: Sie können sich heute dabei erwischen, irgendetwas zu tun, auch wenn sie es nicht beabsichtigt oder erwartet haben. Aber die Chancen dafür steigen, *weil* sie darüber geredet haben.

▶ „Was hat sich verbessert, seit wir begonnen haben?" ist eine erweiterte Variation der traditionellen lösungsorientierten Frage: „Was ist besser?" Und es ist natürlich etwas ganz anderes, als zu fragen: „Ist irgendetwas besser?" Es bezieht sich explizit auf Dinge, die passiert sind, „seit wir begonnen haben". Dies lädt die Teilnehmenden dazu ein, genau darüber nachzudenken, was alles passiert ist, seit wir begonnen haben und sich an eine Menge Dinge zu erinnern, die vielleicht schon gelungen sind. Die Frage lässt vollkommen offen, was für Dinge das sein können. Das sollen die Teilnehmenden selbst herausfinden!

Diese Übung beruht auf einer Idee von Guy Shennan, die ich bei einem Kurs über Accelerated Learning vor einigen Jahren kennenlernte. Ich habe sie weiterentwickelt und benutze sie weiterhin sehr gern.

Quellen/Literatur

Zum Ausklang

Neue Übungen finden und entwickeln

In diesem Kapitel lesen Sie:

Wie kommt der Solution Focus in die Intervention? 343
Eine kleine Handreichung zu Selbstverständnis und
Arbeitsweise des lösungsfokussierten Beraters und Coachs.
Und eine Anleitung, wie Sie selbst lösungsfokussierte
Interventionen und Prozesse entwickeln sowie bestehende
Interventionen lösungsfokussiert verwandeln können.

Wie kommt der Solution Focus in die Intervention?

Peter Röhrig und Kirsten Dierolf, Deutschland

Wozu brauchen wir noch mehr Interventionen?

Wir wissen nicht, wie häufig Sie beim Lesen Selbstgespräche führen. Und doch hoffen wir, dass Sie beim Durchblättern des Buches an verschiedenen Stellen zu sich selbst gesagt haben: „Das bringt mich auf eine Idee! So oder so könnte ich das beim nächsten Mal mit Gruppe XY auch probieren." Und dann kann es sein, dass Sie die Übung erst einmal genau so durchführen, wie sie im Buche steht – nach Rezept sozusagen. Gerade für diejenigen, die mit lösungsorientierter Arbeit noch nicht so vertraut sind, bietet sich dieses Vorgehen an. Sind sie dann erst einmal auf den Geschmack gekommen, werden sie „wie durch ein Wunder" immer mehr Gelegenheiten erkennen und nutzen, in denen sie lösungsorientierte Interventionen einsetzen können.

Und dann werden Sie Übungen aus diesem Buch variieren oder ganz neue Interventionen erfinden. Für alle, die gleich damit anfangen wollen, haben wir die folgende „Anleitung" geschrieben. Vielleicht sind Sie einfach neugierig oder gehören zu den Menschen, die gerne gleich etwas Neues ausprobieren. Vielleicht haben Sie auch schon so viel Erfahrung mit dem Solution Focus, dass Sie nur darauf gewartet haben, eine Ihnen bekannte Intervention ein wenig lösungsorientiert zu würzen. Dann sind Sie hier richtig.

Was macht den Unterschied zwischen einer Gruppen- und einer Coaching-Intervention aus?

Die Arbeit mit dem Solution Focus im Vier-Augen-Gespräch wurde schon vielfach hervorragend beschrieben. Beispielhaft sei dafür das kürzlich erschienene Buch von Insoo Kim Berg und Peter Szabó „Kurzzeitcoaching mit Langzeitwirkung" genannt. Auch zum Training des lösungsorientierten Ansatzes gibt es sehr praktische und anregende Publikationen, wie beispielsweise die Sammlung von Lilo Schmitz „Lösungsorientierte Gesprächsführung". Das Besondere an der vorliegenden Zusammenstellung von Übungen ist, dass es dabei erstmals und ausschließlich um Interventionen mit Teams und Gruppen geht. Was aber macht die Situation in Gruppen so besonders? Was muss beachtet werden, um den Solution Focus in Teams anwenden zu können?

Zunächst einmal hat der Moderator eines Workshops es schlicht und einfach mit mehr Menschen zu tun als ein Coach im Einzelgespräch. Das bedeutet in der Regel, dass die lösungsorientierten Werkzeuge anders eingesetzt werden müssen. So kann es durchaus reizvoll sein, in kleinen Teams die „Wunderfrage" (vgl. z.B. S. 51) ähnlich wie im Coaching-Setting zu stellen. Wenn alle Teammitglieder nacheinander über ihr Futur Perfekt sprechen, können sich daraus gemeinsame Vorstellungen und Schritte in Veränderungsprozessen ergeben. Dies lässt sich allerdings realistisch nur in Gruppen mit maximal sechs Teilnehmenden durchführen. Ist die Gruppe größer, ergeben sich meist Redundanzen, es wird lang und langweilig. Es gilt also, Zukunftsvorstellungen der Gruppe auf eine Weise zu erfragen und zu erarbeiten, die mit geringem Zeitaufwand zu ähnlichen Ergebnissen führt. Viele Beispiele dafür finden Sie in Kapitel 5.

Die Vielfalt der Interessen berücksichtigen

Ein weiterer wichtiger Unterschied ist, dass in Gruppen ausdrücklich unterschiedliche Interessen vertreten sind. Während im Coaching die Interessenvielfalt eher implizit besteht (z.B. in der Berücksichtigung von Firmeninteressen oder in der Balance zwischen Arbeit, Familie und Freizeit), sind die Interessen verschiedener Gruppenmitglieder oder verschiedener Abteilungen in Unternehmen wesentliche Faktoren, mit denen sich Moderatorinnen und Moderatoren in Workshops auseinanderzusetzen haben. Hier kann es z.B. zunächst darum gehen, Unterschiede deutlich zu machen, zu würdigen und anzuerkennen. Sobald auf diese Weise eine Plattform des Vertrauens entstanden ist, lässt sich in aller Regel auch dann gut mit unterschiedlichen Interessen arbeiten, wenn Machtfragen und Hierarchien im Spiel sind. Der Solution Focus hilft Moderatoren, sich davon nicht einschüchtern zu lassen, sondern genau darauf zu schauen, was die verschiedenen Menschen und die verschiedenen Gruppen eigentlich wollen. Dies bietet Moderatoren die Möglichkeit, auf jedermanns Seite zu sein oder, wie Matthias Varga von Kibéd es ausdrückt, mit „multidirektionaler Partialität" zu arbeiten. Der ressourcenorientierte Blick kann der Gruppe unentdeckte Potenziale erschließen, sofern die unterschiedlichen Interessen als Ausdruck von Diversität und Reichtum gesehen werden können. Beispiele dafür finden Sie in Kapitel 4.

Insgesamt zeigen die Beispiele für Interventionen mit dem Solution Focus in diesem Buch, wie dessen Prinzipien durch die Gruppendynamik noch verstärkt werden können. Die besten Übungen sind die, in denen es gelingt, den Solution Focus so einzusetzen, dass sich die besonderen Qualitäten und Energien in Gruppen multiplizieren. Gute Beispiele dafür finden Sie auch in Kapitel 8 zum Transfer des Gelernten und Erarbeiteten. Hier wird deutlich, wie die „Macht der Zeugen" die Verbindlichkeit und damit auch die Nachhaltigkeit erhöhen kann, sobald gute Vorsätze in und vor der Gruppe geäußert werden. Immer wieder zeigt sich auch, dass viele Stimmen dazu beitragen, Anerkennungen weiter zu verstärken. Komplimente wirken, selbst wenn mehrmals Ähnliches oder das Gleiche gesagt wird. Anerkennung in der Gruppe erweist sich als besonders stark und trägt dazu bei, dass erarbeitete Ergebnisse nachhaltig wirken.

Die Gruppendynamik als verstärkenden Faktor nutzen

Schließlich lässt sich gerade in Gruppen das Prinzip vom Klienten als Experten mit dem Solution Focus sehr gut umsetzen. Die Teilnehmenden können immer auch auf dem aufbauen, was die anderen Teilnehmenden sagen, nicht nur auf dem, was der Moderator oder Trainer sagt.

Welche Fähigkeiten sind für die Arbeit mit dem Solution Focus hilfreich?

Auf der ersten SOLWorld-Konferenz in Bristol 2002 haben Peter Röhrig und Paul Z Jackson spontan das „Exzellenz-Dreieck" lösungsorientierter Arbeit entwickelt. Danach verfügen Moderatoren, Trainer und Coaches, die erfolgreich mit dem Solution Focus arbeiten, über folgende Fähigkeiten (siehe auch Abb.):

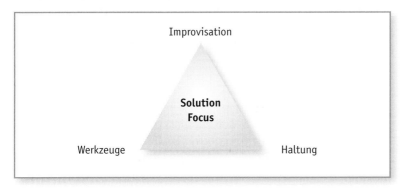

Abb.: Das „Exzellenz-Dreieck" lösungsorientierter Arbeit

1. Sie beherrschen die Werkzeuge

Struktur und „Handwerkszeug" lösungsorientierter Arbeit sind einfach und überschaubar. Wir ergänzen im Folgenden ein wenig den Überblick, den Lilo Schmitz dazu gibt:

- Offene, kompetenzorientierte und „ressourcenunterstellende" Fragen, die unsere Klienten anregen, neu und anders über sich, ihre Ziele und die individuellen oder kollektiven Wege dahin nachzudenken.
- Echte Anerkennung und Wertschätzung der Ressourcen, die unsere Klienten unterstützt und ermutigt – häufig verbunden mit einer neuen Perspektive, z.B. einem Blick auf Probleme als Herausforderungen und Chancen.
- Skalierungen, die helfen, Unterschiede und Fortschritte zu erkennen und für das eigentlich „Nicht-Messbare" individuell Messkriterien zu entwickeln, damit der Klient zum Beispiel erkennt, dass er einen Punkt weiter ist auf der Skala.
- Die „Wunderfrage" als ein Prozess bzw. eine Abfolge von Fragen und Ermutigungen, die Klienten hilft, ohne Begrenzung über die eigenen Wünsche und Zukunftsvorstellungen nachzudenken und ihr kreatives Potenzial dabei freizusetzen.
- Kleine und realistische Schritte als Umsetzungsvorhaben, die behutsam Veränderungen anstoßen.

2. Sie verkörpern die Haltung

Die Philosophie und Lerntheorie des lösungsorientierten Ansatzes ist einfach, aber nicht leicht. Das wird am besten an den „SIMPLE"-Prinzipien des Solution Focus deutlich, wie sie von Mark McKergow und Paul Z Jackson beschrieben werden:

Die „SIMPLE"-Prinzipien des Solution Focus

- **Solutions – not problems**, also Lösungen statt Probleme, und zwar im Sinne von dem, was von den Klienten gewünscht wird (und nicht, was sie als Nächstes tun sollen). Das finden wir vor allem heraus, indem wir uns neugierig auf alle Details einer erwünschten Zukunft (Futur Perfekt) und des bereits in der Vergangenheit Gelungenen konzentrieren.
- **Inbetween – not individual**, also interaktiv statt individuell. Die lösungsorientierte Lerntheorie geht davon aus, dass Menschen ihre Fähigkeiten in der Interaktion mit anderen entwickeln (und nicht „von innen heraus"). Wir benutzen also „interaktive Sprache", schauen ganz einfach auf beobachtbares Verhalten und vermeiden „Gedankenlesen".

- **Make use of what's there – not what isn't**, also mit dem arbeiten, was schon funktioniert, besser klappt oder sogar mit dem, das dazu beiträgt, dass es nicht schlimmer wird. Die Bausteine für Veränderung kommen aller Erfahrung nach mit höherer Wahrscheinlichkeit aus dem Bereich der Ressourcen und nicht aus dem der Defizite.
- **Possibilities from past, present and future**, also Hoffnung und Optimismus aus den Möglichkeiten schöpfen, die Gegenwart und Zukunft bieten. Auch in der Vergangenheit liegen häufig unentdeckte Möglichkeiten, die wir erkunden, indem wir sie mit dem zukünftig Gewünschten verbinden.
- **Language – clear, not complicated**, also eine einfache, klare Sprache, mit Worten, die eher kurz und konkret sind und helfen, detailliert den Alltag zu beschreiben – im Gegensatz zu abstrakter und generalisierender Sprache.
- **Every case is different – avoid ill-fitting theory**, also jedem Fall mit Offenheit begegnen, mit einer Haltung des „Nicht-Wissens", was nun als Nächstes getan werden soll. Dies hilft oft, klarer zu sehen, vor allem, wenn vorgefasste Ideen nicht mit der Erfahrung übereinstimmen.

3. Sie können improvisieren

Wenn wir die Bedürfnisse unserer Klienten ernst nehmen, bietet jeder Workshop neue Herausforderungen. Damit ist nun nicht die in Berater- und Trainerkreisen recht abgegriffene Phrase der „maßgeschneiderten Angebote" gemeint, mit denen wir auf die Bedürfnisse unserer Kunden eingehen. Vielmehr geht es um eine offene und experimentelle Herangehensweise im Workshop, die uns hilft, unsere Klienten bei der Bearbeitung ihrer Anliegen genau so zu unterstützen, wie sie es gerade brauchen.

Flexibilität ist mehr als Maßschneiderung.

Um diesen Dreiklang von Werkzeugen, Haltung und Improvisation zu fördern, kann ein großer Fundus an lösungsorientierten Übungen sehr hilfreich sein. Denn wir alle wissen: Auch bei bester Planung kann ein Workshop durchaus eine unerwartete Richtung nehmen. Dann zeugt es von Professionalität und Souveränität, wenn wir flexibel auf die neue Situation eingehen können und den Workshop-Teilnehmenden einen Vorschlag zur Weiterarbeit machen können, der wirklich passt. Von Abraham Maslow ist der Spruch überliefert: „If the only tool you have is a hammer, you tend to see every problem as a nail."

Peter Röhrig und Kirsten Dierolf

Wo kommen die Ideen für neue Interventionen her?

Viele der Beispiele im Buch zeigen, wie in der Interaktion mit Kunden spontan gelungene Übungen entstanden sind, wie zum Beispiel bei Alasdair Mcdonald, der unerwarteterweise vor 100 statt vor 30 Teilnehmern stand und daraus eine Aufwärmübung entwickelte, die genau zur Situation passte (siehe Übung auf S. 39ff.).

Vorhandenes lösungsfokussiert weiterentwickeln ...

Die meisten Übungen und Werkzeuge aus der Berater- und Trainertradition lassen sich in einen lösungsfokussierten Lern- oder Veränderungsprozess einbauen. Das gilt für Übungen aus der Erlebnispädagogik und Spiele oder Teamübungen zur Anwendung im Seminarraum ebenso wie für strukturierte Gesprächssituationen, Übungen mit Beobachter-Feedback oder Coachingtechniken.

... oder über den Prozess zu neuen Ideen kommen

Um zu Übungen und Werkzeugen für lösungsfokussiertes Arbeiten zu kommen, gibt es natürlich auch die Möglichkeit, vom lösungsfokussierten Prozess auszugehen und dessen Elemente durch Übungen anzureichern. Es gibt unterschiedliche Arten, lösungsfokussierte Lern- und Veränderungsprozesse zu gestalten – Basiselemente des Prozesses finden sich z.B. in Daniel Meiers Buch „Wege zur erfolgreichen Teamentwicklung" oder Louis Cauffmans und Kirsten Dierolfs Buch „Der Lösungstango".

Grundsätzlich gehen wir von folgenden Phasen aus (die sich auch in der Gliederung dieses Buchs wiederfinden):

- ▶ Übungen zu Beginn – Kennenlernen – Aufbau der Arbeitsatmosphäre – Erforschen des Kontexts
- ▶ Zieldefinition – Probleme eingrenzen – Brennpunkte und Konflikte klären
- ▶ Ressourcen erforschen – Stärken und Erfolge wertschätzen
- ▶ Das Futur Perfekt – ein reiches Bild der erwünschten Situation – Visionen und Strategien entwickeln
- ▶ Skalierungen – Unterschiede und Fortschritte erkennen
- ▶ Interaktion – an der Oberfläche surfen
- ▶ Übungen zum Abschluss – Identifizieren der nächsten Schritte – Transfer vorbereiten
- ▶ Nächste Sitzung – im Folgeworkshop Anschluss finden (z.B. mit Fragen wie: „Was ist besser (als zuvor)?")

Zwischen den Übungen zu Beginn und zum Abschluss ist die genannte Reihenfolge zwar plausibel, jedoch nicht zwingend festgelegt.

Wie wird es konkret gemacht?

Wenn man eine Übung lösungsfokussiert verwandeln möchte, bietet es sich an, zunächst auf die Phasen der Übung zu schauen: Was sollte man bei der Einleitung der Übung, bei der Durchführung und bei der Auswertung jeweils beachten, damit die Übung sich für die Klienten als nützlich erweisen kann?

Einleitung

Neben den allgemeinen Erfolgsfaktoren für die Einleitung von Übungen, wie z.B., dass klar wird, wozu die Übung dienen soll, dass Teilnehmende sich sicher und überzeugt fühlen, dass die Übung eine sinnvolle Nutzung ihrer Zeit darstellt und dass Struktur und Zeitrahmen der Übung bekannt sind, gibt es noch ein paar Kniffe, die bei lösungsfokussierten Übungen den Fokus der Teilnehmenden unmittelbar auf Ressourcen und Erfolgsfaktoren richten.

In der Einleitung der Übung kann man entweder die ganze Gruppe oder einzelne Teilnehmer bitten, darauf zu achten, was in der Übung schon gelingt. Hier kann man durch Beobachtungsaufgaben gezielt auf einzelne Faktoren fokussieren lassen, um danach ein aussagekräftiges und positives Feedback zu erhalten. Es geht vor allem darum, zu identifizieren, was funktioniert und erst nachrangig darum zu identifizieren, was nicht funktioniert – getreu dem Grundsatz: „If something works, do more of it – if something doesn't work, do something different."

Die Aufmerksamkeit gilt dem Gelingen.

Durchführung

Der Moderator ist bei der Durchführung von lösungsfokussierten Übungen vor allem Ressourcen aufdeckender Coach und nicht hektisch umherlaufender Animateur, der sich für alles und jedes im Seminar selbst verantwortlich fühlt. Wir gehen vielmehr davon aus, dass die Teilnehmenden in gewisser Weise Experten für ihren eigenen Lernprozess sind und pflegen das Prinzip der Selbstverantwortung. Insgesamt wird auf eine einfache, effektive und zeitsparende Moderation Wert gelegt, die eine maximale Beteiligung der Teilnehmenden ermöglicht. Der Moderator hat zwar die Führung, möchte sie aber paradoxerweise so weit wie möglich aufgeben und nur dann Impulse setzen, wenn der Prozess ins Stocken gerät.

Die Teilnehmenden wissen bereits, was gut für sie ist.

Typisch für die Durchführung von lösungsfokussierten Aufgaben ist, dass der Moderator die Teilnehmenden nach der Arbeitsanweisung meist in Ruhe arbeiten lässt. Frei nach dem Ausspruch von Steve de Shazer „There is no understanding, only more or less useful misunderstandings" gehen wir davon aus, dass die Teilnehmenden mit der Arbeitsanweisung das für sie in diesem Moment Nützlichste anfangen werden.

Wenn es während der Übung zu Unstimmigkeiten unter den Teilnehmenden kommt, wirkt der Moderator darauf hin, dass unterschiedliche Meinungen als Ergänzungen und Bereicherungen wahrgenommen werden können und sich die Gruppe nicht in künstliche Gegensätze verstrickt. Die Spannung wird eine Weile ausgehalten – und die Gruppe kommt weg vom „Ja, aber" hin zum „Ja und" und zur Entwicklung neuer Gedanken.

Jedes Verhalten hat seinen Grund.

Selbst wenn sich im Seminar eine Person befindet, die man traditionell als negativ oder widerständig wahrnehmen könnte, gehen wir in der lösungsfokussierten Moderation davon aus, dass diese Person gute Gründe für ihr Verhalten hat. Ein solches Verhalten zeigt dem lösungsfokussierten Moderator, dass er mit dieser Person noch nicht genug Kontakt aufgenommen hat. Wir versuchen dann herauszufinden, was das Ziel dieser Person ist und was der nächste Schritt zur Erreichung dieses Ziels sein könnte. Schließlich versuchen wir, uns nicht persönlich angegriffen zu fühlen (und das wiederum ist leichter, wenn wir uns nicht als Alleinunterhalter oder als Animateur des Prozesses begreifen).

Auswertung

Den Nutzen einer Übung kennt man immer erst hinterher.

Bei der Auswertung der Übung ist auch wieder der Fokus entscheidend – wir konzentrieren uns auf die entdeckten Fähigkeiten, die Ressourcen, die entstandenen neuen Ideen und Aha-Erlebnisse der Teilnehmenden. Das bedeutet meist auch, dass die Auswertung oder „Lösung" von den Teilnehmenden selbst kommt. Wie beim Einzelcoaching, wo man erst weiß, welche Frage man dem Klienten gestellt hat, wenn man seine Antwort gehört hat, kann man auch bei lösungsfokussierten Übungen eigentlich erst nach der Übung sagen, wozu sie nützlich war. Aus diesem Grund bietet es sich an, zunächst einmal mit offenen Fragen wie „Was haben Sie bemerkt?" oder „Wie ist die Übung für Sie abgelaufen?" anzufangen. Natürlich tun wir unser Bestes, um Übungen zu kreieren, die mit ziemlicher Wahrscheinlichkeit einen bestimmten Lerneffekt fördern (oder Fragen zu stellen, die den Fokus in eine bestimmte Richtung lenken), aber letztlich sind es die Teilnehmenden, die uns zunächst einmal sagen müssen, wie sie die Übung empfunden haben.

Im zweiten Schritt sind wertschätzende Fragen nach den Ressourcen sinnvoll, die durch die Übung entdeckt wurden: „Wer hat was zur Lösung beigetragen?", „Was sagt die Übung über unsere Stärken aus?", „Von was wünschen wir uns auch im Alltag mehr?"

Ressourcen und Fortschritte entdecken

Natürlich darf zum Schluss der Transfer in die Alltagswelt der Teilnehmer nicht fehlen – entweder, indem man im Alltag nach den entdeckten Ressourcen sucht („Wo passiert etwas Ähnliches schon in unserem Alltag?") oder indem man überlegt, wie sich die entdeckten Erfolgsfaktoren in den Alltag übertragen lassen („Wie können wir das, was wir hier gelernt haben, in einen anderen Kontext übertragen?"). Natürlich kann man auch mit Skalierungen arbeiten: „In Bezug auf Ihr Thema X: Wo auf einer Skala von 1 bis 10 waren Sie bei dieser Übung? Wo sind Sie im Alltag? Woran würden Sie im Alltag merken, dass Sie einen Schritt höher auf der Skala sind?"

Welche Grenzen und Einschränkungen sollten wir beachten?

Die meisten Übungen lassen sich mit einigen Tricks und Kniffen in effektive lösungsfokussierte Interventionen verwandeln. Hin und wieder sind uns jedoch Übungen begegnet, deren Hintergrund sich so stark vom lösungsfokussierten Gedankengut unterscheidet, dass sie sich beim besten Willen nicht umarbeiten lassen. Im Folgenden möchten wir diese Sorten von Übungen beschreiben, bei der selbst ein Wunder in der Nacht wenig Wirkung zeigen würde.

Lösungsfokussiertes Vorgehen ist immer ressourcenorientiert. Es geht darum, Teilnehmenden Stärken und Möglichkeiten aufzuzeigen, von denen sie nicht (mehr) wussten, dass sie über sie verfügen. Nach einer lösungsfokussierten Aufgabe sind Teilnehmende positiv von sich überrascht – sei es inhaltlich oder durch die Leichtigkeit des Lernens. Die gute Arbeitsbeziehung zwischen Moderator und Teilnehmenden ergibt sich hauptsächlich aus dieser Dynamik.

In manchen älteren Trainingskonzepten finden sich noch Übungen, bei denen den Teilnehmern zunächst Inkompetenz nachgewiesen wird – vorgeblich um deren Motivation zu erhöhen, doch noch etwas dazuzulernen. In einer Weiterbildung für Teamtrainer zum Beispiel bestimmte der Trainer die Regel, dass von nun an alle Entscheidungen der Gruppe mit 100 Prozent Konsens getroffen werden müssen, um nachzuweisen, dass dies schwierig bis unmöglich ist. Die Gruppe verhedderte sich erwartungsgemäß in frustrierenden Diskussionen und konnte sich noch nicht einmal auf eine Pausenregelung einigen. Danach erläuterte der Referent die Gründe für diese Schwierigkeiten. Da den meisten Teilnehmenden jedoch solche und ähnliche Erfahrungen mehr als vertraut waren, wussten sie auch nach der Übung nicht wirklich mehr. Indes war der Frustrationslevel immens gestiegen und die Beziehung zum Trainer für einige Teilnehmende fortan stark gestört. Der vermeintliche Vorteil solcher Nachweise von Inkompetenz ist die Klarheit, die durch sie entsteht. Wir glauben aber, dass sich diese Klarheit auch erreichen lässt, ohne die Arbeitsatmosphäre und damit die Lernbereitschaft der Teilnehmenden in solchem Ausmaß zu belasten.

Bewusste Konfrontation – mit dem lösungsfokussierten Gedankengut unvereinbar

Ein großer Vorteil des lösungsfokussierten Vorgehens ist der schnelle Aufbau einer guten Arbeitsbeziehung zwischen dem Moderator und den Teilnehmenden genauso wie der bewusste Aufbau von positiven, unterstützenden Beziehungen der Teilnehmenden untereinander. Übungen, die diese Arbeitsbeziehung gefährden, lassen sich schwer lösungsfokussiert umwandeln. Folglich fallen alle Übungen, die Konflikte produzieren oder Teilnehmende bloßstellen sollen, in diese Kategorie. In einem Teamtraining erschien z.B. ein Teilnehmer nach den Pausen regelmäßig zu spät. Die anderen Teilnehmenden tolerierten dies – erst als der Trainer das Phänomen ansprach, kam heraus, dass der Teilnehmende vom Trainer zu diesem Verhalten instruiert worden war, um die Dynamik von Verspätungen aufzuzeigen. Solche Übungen sollen in der Regel offenlegen, was im Team „wirklich" los ist. Dem Problem soll auf den Grund gegangen und die Sache schonungslos ein für alle mal bereinigt werden. Es wird eine klare Kausalität zwischen „dem Problem" (oder dem problematischen Mitarbeiter) und der zu findenden Lösung postuliert (die in der Beseitigung des Problems besteht). Im lösungsfokussierten Vorgehen hingegen würde das Ziel einer Teamintervention anders erfragt: Durch Futur Perfekt, Ausnahmen vom Problem, Ressourcen des Teams und der Definition kleiner Schritte in Richtung des Ziels.

Ähnliche Überlegungen liegen auch Instrumenten zur Persönlichkeitsdiagnostik oder Teamdiagnose für das Individual- oder Teamcoaching zugrunde. Das Team soll sich (weiter-)entwickeln bzw. es besteht eine akute Problematik. Daraufhin sucht der Teamcoach oder Trainer zunächst – mehr oder weniger wissenschaftlich – nach der Ursache: Alle Teammitglieder füllen z.B. ein DISG-Profil aus oder nutzen den Myers-Briggs-Typen-Indikator (MBTI), um sich und einander Teamrollen zuzuordnen. Aus den Ergebnissen wird dann gefolgert, wo das eigentliche Problem des Teams zu finden ist und wie es z.B. durch Hinzunahme eines weiteren Teammitglieds mit den fehlenden Eigenschaften gelöst werden kann.

Besonders problematisch für ein lösungsfokussiertes Vorgehen wird es, wenn es sich bei den eingesetzten Instrumenten nicht um Typologisierungen (wie bei DISG oder Myers-Briggs), sondern um die Festlegung von statischen Persönlichkeitseigenschaften handelt. Grundlegend für lösungsfokussiertes Vorgehen ist die Annahme, dass Veränderungen ständig geschehen – daher können wir eher schlecht mit Instrumenten arbeiten, die eine unveränderbare Persönlichkeit postulieren. Allerdings können wir z.B. in Unternehmen und Organisationen, die solche Persönlichkeitstypologisierungen als Standard eingeführt haben, im Anschluss lösungsfokussiert weiterarbeiten. Fragen wie „Welche Vorteile und Ressourcen Ihres Teams zeigt Ihnen das Typologisierungsinstrument?", „Wo zeigen sich diese Ressourcen?", „Wenn X in Ihrem Team fehlt – wie sind Sie bislang damit produktiv umgegangen?", „Auf einer Skala von 1-10, wo stehen Sie in Bezug auf ...". Auf diese Weise liefern auch diese Instrumente gute Gesprächsanlässe für ein Team- oder Individualcoaching.

Problematisch: Typologisierungen

Manche Typologisierungen wie z.B. das integrale Coaching oder Spiral Dynamics (Ken Wilber) ordnen Klienten einer Entwicklungsstufe zu. Es gibt einen vorgezeichneten Entwicklungsweg von beige nach grün – der Entwicklungsweg des Klienten (oder des Teams) ist damit vorgezeichnet. Auch hier ist eine Umwandlung in lösungsfokussiertes Vorgehen schwierig. Wir arbeiten an den Zielen der Klienten und geben sie ihnen nicht vor. Auch hier kann man lösungsfokussiert anschließen und die Vorlage positiv als Gesprächsanlass nutzen – ein lösungsfokussierter Einsatz solcher Methodologien ist aber schwerlich möglich.

Wie geht es weiter?

Wir hoffen, dass wir Ihnen mit diesen Hinweisen Mut gemacht haben, einmal etwas Neues auszuprobieren. Aus eigener Anschauung wissen wir, dass der Solution Focus viel Leichtigkeit und Effektivität in Ihre Arbeit als Moderator und Teamcoach bringen kann. Wenn wir sehr sorgfältig auf die Verantwortung im Workshop achten, können wir uns ganz auf den Prozess und dessen hilfreiche Gestaltung konzentrieren und die Teilnehmenden hart daran arbeiten lassen, dass zufriedenstellende Ergebnisse „wie von selbst" entstehen. Der weltberühmte Cellist Pablo Casals hat das so formuliert: „The most perfect technique is that which is not noticed at all."

Erfahrung ist der Weg zur Meisterschaft.

Der beste Weg, um zu solcher Meisterschaft zu gelangen, ist der der eigenen Erfahrung. Diese lässt sich vertiefen, wenn Sie das SOLWorld-Netzwerk (www.solworld.org) nutzen, das seinen Mitgliedern regelmäßig Anlässe für Erfahrungsaustausch und gemeinsames Erproben neuer Methoden bietet: Durch die aktive Mailingliste, die jährliche Konferenz und – seit 2005 – die Summer University. Diese internationale Gemeinschaft wächst schnell und genießt zunehmende Anerkennung und Aufmerksamkeit – bei Kunden und Kollegen.

Außerdem können Sie natürlich von den Ausbildungs- und Seminar-Angeboten der Autoren profitieren (www.solutionsacademy.com oder www.solution-tools.peter-röhrig.com). Wir freuen uns darauf, Sie kennenzulernen.

Quellen und Weiterführendes

- ▶ Louis Cauffman und Kirsten Dierolf (2007): Lösungstango. Heidelberg, Carl Auer Verlag. ISBN 978-3-89670-601-0.
- ▶ Paul Z Jackson und Mark McKergow (2007): The Solutions Focus. Making Coaching and Change SIMPLE. London, Intercultural Pr. ISBN 978-1-90483-06-7.
- ▶ Daniel Meier (2004): Wege zur erfolgreichen Teamentwicklung. Mit dem SolutionCircle Turbulenzen im Team als Chance nutzen. Basel, Books on demand. ISBN 978-3-8334-0668-2.
- ▶ Lilo Schmitz (2002): Lösungsorientierte Gesprächsführung. Trainingsbausteine für Hochschule, Ausbildung und kollegiale Lerngruppen. Brühl. ISBN 3-00-010180-2.
- ▶ Peter Szabó und Insoo Kim Berg (2006): Kurz(zeit)coaching mit Langzeitwirkung. Dortmund, Verlag modernes lernen. ISBN 978-3-938187-29-6.

Anhang

Weiterführendes

SolWorld (www.solworld.org) ist die internationale Gemeinschaft der lösungsorientierten Praktiker, die in Organisationen, im Management und der Geschäftswelt arbeiten. Dieses Netzwerk hat weltweit mittlerweile über 1.000 Mitglieder und funktioniert seit Jahren ohne Vorstand, Geschäftsführung und eigenes Konto – allein durch das Engagement der Beteiligten.

Seit 2002 bietet die jährlich organisierte **SOLWorld-Konferenz** – jedes Jahr in einem anderen Land – zweieinhalb Tage lang ein Forum für den Austausch und das gemeinsame Arbeiten. Die Konferenzen sind geprägt von einem Geist der gegenseitigen Anerkennung und des großzügigen Austauschs von Anregungen, die direkt in die Praxis umgesetzt werden können. In diesem Jahr findet die Konferenz zum ersten Mal in Deutschland statt: Vom 9. bis 11. Mai 2008 im Maternushaus in Köln. Im nächsten Jahr richten die niederländischen Kollegen die Konferenz aus, vom 15. bis 17. Mai 2009.

Seit 2005 findet jährlich eine einwöchige **SOLWorld Summer University** statt, bei der in einem überschaubaren Kreis von lösungsorientierten Praktikern intensiv miteinander gearbeitet und weitergedacht werden kann, dieses Jahr in Vilnius/Litauen vom 31. August bis 6. September 2008.

Weiterführendes

SOLUTIONS-L ist die E-Mail-Diskussionsgruppe, die über das Jahr hinweg ein lebendiges Austauschforum der SOLWorld bietet. Die Teilnahme ist kostenlos. Wenn Sie sich anmelden möchten, senden Sie einfach eine leere Mail an:

▶ SOLUTIONS-L-SUBSCRIBE-REQUEST@HOME.EASE.LSOFT.COM

Innerhalb weniger Augenblicke erhalten Sie eine Bestätigungs-Mail. Folgen Sie einfach der Anleitung, um sich einzuschreiben. Für eingeschriebene Listenmitglieder wird ein Archiv angeboten, das nach verschiedenen Kriterien durchsucht werden kann.

Weiterführende Fragen und viele klare Antworten darauf finden sich auf der Webseite von sfwork – dem Zentrum für Solutions Focus am Arbeitsplatz:

▶ http://www.sfwork.com/jsp/index.jsp?lnk=160#3

FAQs zu „The SF approach itself", „Applying SF in practice" und „SF in relation to other approaches".

Schließlich bietet die **Webseite zum Buch** Hintergründe und Seminarangebote:

▶ www.solution-tools.peter-röhrig.com

(genau so geschrieben, also mit „ö"!)

Die Autorinnen und Autoren

Jane Adams
Beraterin für Organisationsentwicklung, verstärkt die Kapazitäten öffentlicher Einrichtungen, bessere Qualität und strategische Ressourcen bereitzustellen sowie harmonisch zusammenzuarbeiten.

Jane Adams & Associates
Jane Adams M. Ed.
275 Major Street
Toronto Ontario M5S 2L5, Canada

Tel.: +1 (0)416 921 34 89
janeadams@sympatico.ca
www.janeadams.ca

Yasuteru Aoki
Ich bin lösungsorientierter Berater mit einem Büro in Tokio. Ich biete offene und Inhouse-Trainings an, ebenso wie individuelles Coaching mit dem Solution Focus. Meine Ausbildungen: Trainer für Selbstmanagement, Master Trainer in NLP. Nachdem ich mehr und mehr den Solution Focus in meine Arbeit integriert habe, kam ich schließlich zu der Überzeugung, dass der Solution Focus mir zu einen liegt und zum anderen sehr viel Potenzial bietet, um Organisationen zu beraten. Folglich gründete ich 2005 Solution Focus Consulting Inc.

Solution Focus Consulting Inc.
Yasuteru Aoki
3-21-CN201 Kanda-Nishiki-cho,
Chiyoda-ku,
Tokyo 101-0054

Tel.: +81 (0)3 52 59 80 11
aoki@solutionfocus.jp
www.solutionfocus.jp

Die Autorinnen und Autoren

Liselotte Baeijaert (M.A.)
absolvierte den Meisterkurs in Solution Focused Management und Coaching in Amsterdam (Fontys, Korzybski, Saxion und BFTC Milwaukee). Gemeinsam mit Anton Stellamans gründete sie 2007 das Beratungsunternehmen Ilfaro. Beide arbeiten liebend gerne mit dem Solution Focus und unterstützen Menschen in Organisationen, Schulen und anderen Lebensbereichen, ihre Ressourcen zu entdecken und erfolgreich Ziele und Lösungsstrategien zu entwickeln.

Ilfaro
Liselotte Baeijaert
Vlazendaallaan 22
B-1701 Itterbeek

Tel.: +32 (0)2 567 09 80
Liselotte.Baeijaert@ilfaro.be
www.ilfaro.be

Stephanie von Bidder
arbeitet als selbstständige Coach und Trainerin. Sie gestaltet und organisiert zusammen mit Katalin Hankovszky über ihr Unternehmen „loesbar" massgeschneiderte, lösungsorientierte Weiterbildungen für Betriebe und Institutionen und ist Co-Trainerin beim Weiterbildungsforum Basel, Schweiz.

loesbar
Stephanie von Bidder
Unt. Batterieweg 73
CH-4059 Basel

Tel.: +41 (0)78 809 24 36
st.vonbidder@bluewin.ch
www.loesbar.org

Annie Bordeleau (M.A.)
ist lösungsorientierte Beraterin und Kommunikationstrainerin. Sie hat sich darauf spezialisiert, die Effizienz von Kommunikationsprozessen in internationalen Unternehmen zu steigern. Ihre derzeitigen Arbeitsschwerpunkte sind lösungsorientierte Gesprächsführung und Teamcoachings für Projektteams im Rahmen von Veränderungsprozessen. Sie ist Kanadierin und spricht fließend Französisch, Englisch, Deutsch und Spanisch.

Annie Bordeleau
Querstr. 10
D-48155 Münster

Mobil: +49 (0)177 235 32 56
annie@bordeleau.de
www.bordeleau.de

Klaus Botzenhardt

Als Diplom-Psychologe arbeite ich seit vier Jahren im Beschwerdemanagement der Uniklinik Köln. Sich ständig mit Kritik zu beschäftigen mag schrecklich klingen. Meist trifft das Gegenteil zu. Ich erlebe erstaunliche Erfolgsgeschichten. Zusätzlich führe ich mit Klinikmitarbeitern Kommunikationstrainings durch. Hier merke ich, wie nützlich es ist, an interne Aufträge risikobewusst und lösungsorientiert heranzugehen.

Klaus Botzenhardt   kbotzenhardt@web.de

Jenny Clarke M.A.

ist lösungsorientierte Moderatorin und Trainerin, die mit großen Organisationen in Veränderungsprozessen ebenso erfolgreich arbeitet wie als Coach für Manager und Direktoren. Ihre Stärken liegen in der Beratung, Kommunikation, Präsentation und Verhandlung. Ihre unterstützende Art der Moderation, ihr Enthusiasmus und ihre Menschenkenntnis tragen viel dazu bei, dass ihre Kunden herausfordernde Ziele erreichen. Sie ist Gründungsmitglied der SOLWorld international steering group und Fakultätsmitglied der SOLWorld Summer University.

The Centre for Solutions Focus
at Work (sfwork)
Jenny Clarke
26 Christchurch Road
Cheltenham GL50 2PL, UK

Tel.: +44 (0)1242 51 14 41
jenny@sfwork.com
www.sfwork.com

Kirsten Dierolf M.A.

arbeitet als Executive-Coach, Organisations- und Personalentwicklerin hauptsächlich für Großunternehmen in globalen Projekten. 2007 entwickelte sie mehrere Führungskräfteentwicklungsprogramme, Teamtrainings und Personalentwicklungsprogramme zur interkulturellen Kommunikation, zu virtueller Teamarbeit und Kommunikation. Sie spricht regelmäßig auf internationalen Kongressen.

SolutionsAcademy
Kirsten Dierolf
Kalbacherstr. 7
D-61352 Bad Homburg

Tel.: +49 (0)6172 68 49 05
kirsten@kirsten-dierolf.de
www.solutionsacademy.com

Die Autorinnen und Autoren

Madeleine Duclos
Cert. NLP-Trainer, AL-Trainer, Solution Focus, Systemische Strukturaufstellungen, Inner Game, NVC, Edu-Kinesiologie. Studium an den Universitäten von Bern und Bordeaux. Heute leitet Madeleine ihr eigenes Unternehmen in der Schweiz. Sie entwickelt und gibt Kurse in den Bereichen Kommunikation, Persönlichkeitsentwicklung, Train-the-Trainer und Führung. Seit Jahren beschäftigt sie sich mit neuen Lehr- und Lernmethoden und Veränderungsprozessen, sowie mit Einzel- und Teamcoachings.

FlowChange
Madeleine Duclos
Lerberstrasse 33
CH-3013 Bern

Tel.: +41 (0)79 272 47 75
madeleine@flowchange.com
www.flowchange.com

Ben Furman
ist Psychiater und international anerkannter Trainer lösungsorientierter Therapie und Psychologie. Zusammen mit seinem Kollegen Tapani Ahola hat er verschiedene Bücher geschrieben und vielfältige Methoden entwickelt, um mit unterschiedlichen Zielgruppen zu arbeiten. Dazu zählen u.a.: Reteaming (www.reteaming.com) als eine lösungsorientierte Methode zum Coaching von Einzelnen, Teams und Organisationen in Entwicklungs- und Veränderungsprozessen oder der Twin Star (www.twinstar.fi).

Helsinki Brief Therapy Institute
Ben Furman, M.D.
Haapalahdenkatu 1
00300 Helsinki, Finland

Tel.: +358 (0)40 548 20 47
ben@benfurman.com
www.benfurman.com

Bert Garssen
Stifter von IMPULS (1985). Breit orientiert und gewachsen in Trainung & Coaching, mit dem Fokus auf lösungsorientierter Arbeit. Jahrelange Erfahrung mit individuellen Kunden, mit Gruppen und Organisationen. Ich liebe es, dynamisch und mit Humor zu arbeiten. Ich bin davon überzeugt, dass jeder viele Hilfbrunnen zur Verfügung hat. In meiner Arbeit liebe ich es, Menschen zu helfen, ihre Hilfbrunnen auf eine effektive Weise (wieder) anzuwenden. Mein geduldiges und ruhiges Wesen hilft mir dabei.

Impuls, organisatieadvies,
training, coaching
Kerkweg 6
6974 AM Leuvenheim, Niederlande

Tel.: +31 (0)6 53 78 20 74
bgarssen@impulsorganisatieadvies.nl
www.impulsorganisatieadvies.nl

Wilhelm Geisbauer

geb. 1952, Studium der Beratungswissenschaft (Master in psychosozialer Beratung), Diplompädagoge, system. Managementberater und Coach, Lehrtrainer und Koordinator für Reteaming-Coach-Ausbildung in D, A, CH sowie Supervisor ÖVS. Langjähriger Geschäftsführer eines in Österreich marktführenden Mittelstandsunternehmens. Seit 1997 selbstständiger Organisationsberater und Coach im Institut für OE, Scharnstein; internationales Networking, Methodentrainer für Reteaming an mehreren Universitäten.

reteaming int. Institute
Wilhelm Geisbauer M.Sc.
Promenade 9
A-4644 Scharnstein

Tel.: +43 (0)7615 302 83
Fax: +43 (0)7615 302 33
Mobil: +43 (0)664 243 52 30
reteaming@geisbauer.com
www.geisbauer.at

Carey Glass

Arbeitspsychologin und Leiterin von „The Human Centre", arbeitet mit ambitionierten Führungskräften großer Organisationen, um den Erfolg ihrer Teams zu unterstützen. Carey ist ursprünglich Australierin. Als Leiterin der Planungs- und Entwicklungsabteilung des größten Gesundheitsdienstleisters von Adelaide bewältigte sie tief greifende Veränderungen. Nun gefällt ihr vor allem die Magie, die entsteht, wenn sie Vorstände, Manager und Teams dabei unterstützt, aus Organisationen Erfolgsgemeinschaften zu machen.

The Human Centre
Carey Glass
13 Street Lane
Leeds LS8 1BW, UK

Tel.: +44 (0)113 226 27 38
Mobil: +44 (0)7703 46 08 12
carey.glass@thehumancentre.co.uk
www.thehumancentre.co.uk

Dominik Godat

Ökonom und HR-Spezialist, hat Godat Coaching gegründet und 2006 Random Coaching entwickelt. Er arbeitet als Coach mit Unternehmen und Non-Profit-Organisationen hauptsächlich in der Schweiz und unterstützt diese u.a. bei der Entwicklung von lösungsorientierten Managementmethoden. Zudem begleitet er Privatpersonen, Führungskräfte und Teams, die Erfolg im Berufs- und Alltagsleben suchen.

Godat Coaching, Schweiz
Dominik Godat
Hechtliacker 44
CH-4053 Basel

Tel.: +41 (0)76 420 19 18
coaching@godat.ch
www.godat.ch

Die Autorinnen und Autoren

Michael Goran

Mit CorpJesters® stärken wir die Problemlösungsfähigkeit unserer Klienten in den Bereichen Kommunikation und Kreativität, indem wir uns auf Lösungen statt auf Probleme konzentrieren. Wir trainieren Einzelne, Teams und Organisationen darin, ihre Ressourcen zu erkennen und funktionierende Lösungen umzusetzen. Gepaart mit empathischen Fähigkeiten, befähigt dies Teams, ihren Problemen eigene Antworten entgegenzusetzen und ihre Arbeit erfolgreich zu bewältigen.

CorpJesters
Michael Goran
41 Seymour Avenue
Toronto, Ontario M4J 3T3, Canada

Tel.: +1 (0)416 712 91 96
mike@corpjesters.com
www.corpjesters.com

Josef Grün

Jahrgang 1951, seit 1989 arbeite ich als Organisationsberater und Coach im Profit- wie Non-Profit-Bereich. Das Lernen von Organisationen und von Menschen in ihren organisatorischen Rollen zu unterstützen ist mein zentraler Fokus des Arbeitens: „Ziele und Strukturen klären und die Menschen in ihren beruflichen Rollen stärken." Leitbild- und Strategieentwicklungen in kleinen und mittleren Organisationen, Teamentwicklungen und Führungscoachings sind meine thematischen Arbeitsfelder.

ConsultContor
Beratung und Coaching
Dipl.-Volkswirt Josef Grün
Balthasarstr. 81
D-50670 Köln

Tel.: +49 (0)221-97 31 30 20
josef.gruen@consultcontor.de
www.consultcontor.de

Katalin Hankovszky

ist Coach und Trainerin mit Erfahrung im Wirtschafts- und Bildungsbereich mit eigener Firma in der Schweiz. Sie bietet Einführungen in die lösungsorientierte Arbeitsweise als Organisationsentwicklung für Firmen und Organisationen an. Sie ist fasziniert von allen Anwendungen in Management wie Projektmanagement und ist Spezialistin für lösungsorientierte Didaktik.

Handlungsspielräume
Katalin Hankovszky M.A.
Neuhofstr. 20/Pf. 2207
CH-5600 Lenzburg 2

Tel.: +41 (0)79 432 21 08
info@handlungsspielraeume.com
www.handlungsspielraeume.com

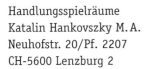

Felix Hirschburger

hat einen Master in Wirtschaft und ist in diversen lösungsorientierten Projekten involviert. Er arbeitet als HR-Manager für die Losinger Construction AG, ist Gründer der Schweizer Firma Resourcefulsearch und unterstützt Coaches, Trainer, Organisationen und Einzelpersonen.

Resourcefulsearch
lic. oec. publ. Felix Hirschburger
Grossmühleberg 222
CH-3203 Mühleberg

Tel.: +41 (0)31 534 59 69
Mobil: +41 (0)78 778 18 09
felix.hirschburger@bluewin.ch
www.resourcefulsearch.ch

Michael Hjerth

Psychologe, Philosoph und Musiker, geboren 1960, ist heute einer der gefragtesten Trainer und Berater in Schweden, bekannt für seine Kombination aus klarer Philosophie, wissenschaftlicher Fundierung und minimalistischer Pragmatik. Er hat das PLUS-Modell des Solution Focus und „Micro tools" entwickelt und ist nicht nur durch das Studium der Philosophie und Sprache beeinflusst, sondern auch durch Forschungen über Evolutionstheorie sowie die Neuro- und Kognitions-Wissenschaften.

Solutionwork
Michael Hjerth
Segelflygsgatan 39
128 33 Skarpnäck, Sweden

Tel.: +46 (0)703 25 88 37
michael@solutionwork.se
www.solutionwork.se (Swedish)
www.openchanges.com (English)

Paul Z Jackson

ist ein inspirierender Berater, Coach und Moderator, der sowohl Trainingskurse als auch Entwicklungsprogramme für Strategie, Führung, Teamarbeit, Kreativität und Innovation entwickelt und durchführt. Seine Expertise in den Feldern Improvisation, Accelerated Learning und dem Solutions Focus hat Kunden aus aller Welt angezogen. Paul ist Mitgründer von SOLWorld und dem Applied Improvisation Network.

The Solutions Focus
Paul Z Jackson
34a Clarence Road, St Albans
Hertfordshire, AL1 4NG, UK

Tel.: +44 (0)7973 95 35 86
paul@thesolutionsfocus.co.uk
www.thesolutionsfocus.co.uk

Die Autorinnen und Autoren

Björn Johansson, Eva Persson
verfügen über reichhaltige Erfahrungen als Trainer, Coaches und Organisationsentwickler. Zusammen mit Kollegen leiten sie ein Zentrum in Karlstad als Forum für Kreativität, Training und die Entwicklung lösungsorientierter Ansätze. Ihre Neugierde und ihr Engagement haben zu einer breit gefächerten internationalen Arbeit geführt und verschiedene beweiskräftige Studien zu den Wirkungen des Solution Focus hervorgebracht.

CLUES – Center för
lösningsfokuserad utveckling
Björn Johansson, Eva Persson
Box 4034
650 04 Karlstad, Sweden

Tel.: +46 (0)73 687 27 10
bjorn@clues.se
www.clues.se

Alan Kay
ist Präsident von „The Glasgow Group", einer Beratungsfirma, die sich auf lösungsorientierte strategische Planung und Markenanwendungen in der Kundenorientierung konzentriert. Seine kanadischen, US-amerikanischen und britischen Kunden reichen von Banken über die Industrie bis zu Non-Profit-Organisationen. Bis in die frühen 90er Jahre leitete er eine große Werbeagentur. Alan unterrichtet auch Führungskräfte an der Schulich School of Business, York University, mit einem äußerst interaktiven Ansatz.

The Glasgow Group
Alan Kay
179 Douglas Avenue
Toronto, Ontario, M5M 1G7, Canada

Tel.: 001 416 481 3588
akay@glasgrp.com
www.glasgrp.com

Susanne Keck
Ich will Psychologie als eine Dienstleistung anbieten, die nachhaltige Lösungen erarbeitet. Dazu muss es eine optimale Passung zu den Zielen, Fähigkeiten und Einstellungen der Kunden geben, denn sonst wird ein Lösungsweg sehr schnell der Routine des Alltags zum Opfer fallen. Gerade die systemisch-lösungsorientierten Ansätze geben mir ein gutes Werkzeug an die Hand, um genau das zu erreichen.

Dipl.-Psych. Susanne Keck
Schachnerstrasse 5
D-81379 München

Tel.: +49 (0)89 38 10 26 61
Mobil: +49 (0)173 691 17 67
mail@susanne-keck.de
www.susanne-keck.de

Loraine Kennedy

bietet Coaching, Training und Workshops an. Sie moderiert Veranstaltungen vor allem im öffentlichen Sektor und für Kleinunternehmen. Aus ihrer Erfahrung als Senior Operational Manager und HR-Beraterin bringt sie eine Fülle praktischer Kompetenz mit. Sie ist anerkannt als eine Trainerin, die ihre Kunden durch Leidenschaft und Pragmatismus voranbringt, wenn sie mit ihnen Lösungen für alle Lebensbereiche erarbeitet.

LKDevelopingpeople
Loraine Kennedy
18 Claremont Road
Marlow SL7 1BW, UK

Tel.: +44 (0)7967 35 36 38
loraine@lkdevelopingpeople.co.uk
www.lkdevelopingpeople.co.uk

Dr. Hans-Peter Korn

Als promovierter Physiker nach längjähriger Führungserfahrung tätig als OE- & PE-Consultant, Coach/Mentor und Hochschuldozent. Heute, mit der KORN AG, fokussiert auf Veränderungs-, Kooperations- und Kommunikationsprozesse in Unterrnehmen und komplexen Projekten. Weiterbildungen in systemischem Management, lösungsfokussiertem Coaching, Organisationsaufstellungen, Gruppen-Psychotherapie, Soziometrie, Soziodrama und Psychodrama.

KORN AG
Dr. Hans-Peter Korn
Turnweg 13
CH-5507 Mellingen

Tel.: +41 (0)79 461 33 79
contact@korn.ch
www.korn.ch
www.SolutionStage.com

Dr. Christine Kuch

Diplom-Psychologin, Qualitätsmanagerin im Gesundheitswesen, Lösungsorientierte Beraterin/Trainerin. Seit 1994 lösungsorientierte Beratung von Dienstleistungs- und Gesundheitsorganisationen von der strategischen Entwicklung bis zur praktischen Umsetzung. Schwerpunkte als Trainerin und Coach: Qualitäts- und Organisationsentwicklung, Projektmanagement, Führung und Kommunikation. Forschung im Bereich Organisationsentwicklung und Interaktion.

Medcoaching
Dr. Christine Kuch
Karolingerring 24
D-50678 Köln

Tel.: +49 (0)221 348 93 00
Mobil: +49 (0)172 383 93 78
kuch@medcoaching.de
www.medcoaching.de

Die Autorinnen und Autoren

Annette Lentze
Dipl.-Theologin, Supervisorin DGSv, Qualitätsmanagerin. Neben meiner Tätigkeit als Fachreferentin für Qualität und Projekte in der Deutschen Gesellschaft für Supervision e.V. bin ich als Supervisorin, Coach und Trainerin tätig.

Annette Lentze
Hillerstr. 37
D-50931 Köln

Tel. +49 (0)221 788 61 76
a.lentze@netcologne.de

Thomas Lenz
Seit 1993 bin ich Trainer, Berater und Coach. In meiner Firma spezialisiere ich mich auf Führung und die Organisation von Arbeit. Outdoor ist dabei meine bevorzugte Methode. Andererseits machen mir – und meinen Kunden – alternative Formen der Entwicklung Spaß. Musik, Clownarbeit, Theater, Rhythmus, Storytelling, körperliche Arbeit, soziale und Kulturprojekte uvm. sind bereichernde Formen für die Entwicklung von Lösungen. Alles das wende ich bevorzugt auf meinen eigenen 14 Hektar Land in der Voralpen-Region um Lilienfeld an, wo ich ein Weiterbildungszentrum betreibe.

Lenz & Partner Consulting
Thomas Lenz, MBA
Platzl 1
A-3180 Lilienfeld

Tel.: +43 (0)2762 523 10
Mobil: +43 (0)664 311 22 49
thomas.lenz@raumpuls.at
www.raumpuls.at

Alasdair J Macdonald
ist seit 25 Jahren Facharzt für Psychiatrie, zugelassener Familientherapeut und Supervisor. Seit 25 Jahren Kurztherapeut, arbeitet er seit 1988 mit dem Solution Focus. Forschungsarbeiten über die Wirkungen von Psychotherapie. Bis vor wenigen Jahren Präsident der European Brief Therapy Association. Ehemals Medizinischer Direktor, nun freiberuflicher Trainer und Management-Berater.

Dr Alasdair J Macdonald
3 Beechwood Square, Poundbury
Dorchester DT1 3SS, UK

Tel.: +44 (0)7738 93 83 76
macdonald@solutionsdoc.co.uk
www.solutionsdoc.co.uk

Dr. Mark McKergow

ist ein international tätiger Berater, Redner und Autor sowie Kodirektor von sfwork – dem Zentrum für Solutions Focus am Arbeitsplatz. Weltweit wurden schon viele Menschen durch seine Arbeit mit dem Solution Focus inspiriert, die er in einer unnachahmlichen Mischung aus wissenschaftlicher Exaktheit und schwungvoller Darbietung präsentiert. Er spielte eine entscheidende Rolle bei der Gründung der SOLWorld Organisation (www.solworld.org) und gibt gemeinsam mit Jenny Clarke im gemeinsamen Verlag SolutionsBooks seit 2005 eine Reihe von Titeln zum Solution Focus heraus. Er ist schon auf allen Kontinenten aufgetreten – außer in der Antarktis.

The Centre for Solutions Focus
at Work (sfwork)
Dr. Mark McKergow
26 Christchurch Road
Cheltenham GL50 2PL, UK

Tel.: +44 (0)1242 51 14 41
mark@sfwork.com
www.sfwork.com

Daniel Meier

leitet das Weiterbildungsforum Basel, welches seit 1997 lösungsorientierte Coaches ausbildet. Das Weiterbildungsforum ist eines der wenigen Ausbildungszentren im deutschsprachigen Raum, an welchem sich Coaches bis hin zur Zertifizierung durch die Internationale Coach Federation (grösster internationaler Berufsverband von Coaches) ausbilden können. Neben der Ausbildung von Einzel- und Teamcoaches unterstützt er auch Führungskräfte und Teams in Unternehmen. Er ist Autor von verschiedenen Fachartikeln sowie die Buches „Wege zur erfolgreichen Teamentwicklung". Darin beschreibt er den SolutionCircle – eine lösungsorientierte Vorgehensweise, die für Teamcoaches einen einfachen und zeitökonomischen Leitfaden für die Unterstützung von Teams in turbulenten Situationen bietet. Daneben ist Daniel Marathonläufer (Anfänger), Familienvater (schon ziemlich gut) und Lebensgenießer (bald schon meisterlich).

Weiterbildungsforum Basel
Daniel Meier
Waldstätterstrasse 9
CH-6003 Luzern

Tel.: +41 (0)41 210 39 73
daniel.meier@weiterbildungsforum.ch
www.weiterbildungsforum.ch

Die Autorinnen und Autoren

Gesa Niggemann
Jahrgang 1966, Zeitungsredakteurin und Diplom-Sozialpädagogin, Weiterbildung in Lösungsorientierter Kurztherapie u.a. bei Steve de Shazer am NIK/Bremen. Arbeitsschwerpunkte im Bereich (kreative) Beratung in Veränderungs- und Innovationsprozessen. Mutter von zwei Kindern und Sängerin im Acappella-Sextett „Die Loreleyas". Leidenschaft für Wandern, Gärtnern und lebendige Weiterentwicklung.

Neuland & Partner   Tel.:   +49 (0)661 934 14 19
Gesa Niggemann   gesa.niggemann@neuland-partner.de
Von-Schildeck-Str. 12   www.neuland-partner.de
D-36043 Fulda

Armin Rohm
ist seit 1994 als selbstständiger Prozessberater, Coach, Trainer und Buchautor tätig. Seine Arbeitsschwerpunkte sind die Begleitung/Moderation von Change-Prozessen, Teamentwicklung, Konfliktklärung sowie die Konzeption und Durchführung von Programmen zur Führungskräfteentwicklung. Armin Rohm bietet außerdem eine zweijährige Ausbildung zum Systemischen Coach und Prozessberater an, die jährlich im Oktober/November startet.

Training & Beratung   Tel.:   +49 (0)7355 93 40 44
Armin Rohm   Fax: +49 (0)7355 93 40 45
Haselnussweg 9   info@armin-rohm.de
D-88436 Eberhardzell-Mühlhausen   www.armin-rohm.de

Dr. rer. pol. Peter Röhrig
Jahrgang 1948, zwei Kinder • Lösungsorientierter Organisationsberater und Führungskräfte-Coach • Ausbildung als Diplom-Kaufmann und Sozialpsychologe • Weiterbildungen in Organisationsberatung und Lösungsorientierter Beratung • Assessor der European Foundation for Quality Management (EFQM) • elf Jahre Geschäftsführer eines Dienstleistungsunternehmens • zahlreiche Veröffentlichungen, vor allem zu den Themen Selbstmanagement, Mitarbeiterführung und Qualitätsmanagement • Mit-Gesellschafter von ConsultContor – Beratung und Coaching in Köln.

ConsultContor   Tel.:   +49 (0)228 34 66 14
Dr. Peter Röhrig   Mobil: +49 (0)179 523 46 86
Balthasarstaße 81   peter.roehrig@consultcontor.de
D-50670 Köln   www.ConsultContor.de

Gabriele Röttgen-Wallrath
Dipl. Sozialarbeiterin, Systemische Supervisorin, Organisationsberaterin. Durch meine jahrelange Mitarbeit in einer psychologischen Familienberatungsstelle liegen meine Schwerpunkte in der systemischen Supervision in den Bereichen Jugend- und Sozialorganisationen. Als Coach und Trainerin bin ich hauptsächlich in größeren Wirtschafts- und Dienstleistungsunternehmen tätig.

Gabriele Röttgen-Wallrath
Remigiusstr. 32
D-50937 Köln

Tel.: +49 (0)221 44 48 83
Mobil: +49 (0)172 979 29 30
roettgen-wallrath@gmx.de

Klaus Schenck
setzt sich „mit Leib & Seele" dafür ein, dass Organisationen und die Menschen, die in ihnen arbeiten, sich an ihre Stärken, Fähigkeiten, Erfolge und Potenziale erinnern und diese wohlüberlegt und koordiniert einsetzen: Um eine Zukunft zu entwickeln, die sie selbst attraktiv und erstrebenswert finden und die attraktive Beiträge für andere leistet. Er ist Familienvater und arbeitet international als Entwicklungscoach, Berater und Hochschuldozent.

Focus Five Coaching Solutions
Dr. Klaus Schenck
Eichendorffstr. 19
D-69493 Hirschberg

Mobil: +49 (0)173 669 65 62
doc.ks@web.de
http://klaus.schenck.googlepages.com

Dr. Bernd Schmid
Studium Wirtschaftswissenschaften, Pädagogik, Psychologie • Ehrenmitglied der Systemischen Gesellschaft • Hochschulrat der Pädagogischen Hochschule Heidelberg • Vorsitzender des Präsidiums des Deutschen Bundesverband Coaching DBVC • Eric Berne Memorial Award 2007 der Internationalen TA-Gesellschaft ITAA • Wissenschaftspreis 1988 der Europäischen TA-Gesellschaft EATA • Zahlreiche Veröffentlichungen in Schrift und Ton; kostenloser Download unter www.isb-w.de

ISB-Wiesloch
Dr. Bernd Schmid
Schlosshof 3
D-69168 Wiesloch

Tel.: +49 (0)6222 818 80
Fax: +49 (0)6222 514 52
schmid@isb-w.de
www.isb-w.de

Die Autorinnen und Autoren

Prof. Dr. Lilo Schmitz
Professorin für Methoden der Sozialen Arbeit • Wissenschaftliche Wurzeln: Sozialpädagogik, Ethnologie, Sozial- und Kulturanthropologie • Beraterische Wurzeln: Personzentrierter Ansatz nach Rogers, Lösungsorientierung nach Berg/de Shazer • Schwerpunkte: Transkulturalität und lösungsorientierte Beratung, Burnout-Prävention • meine Heimaten: Rheinland, Türkei, Griechenland • meine Hobbies: Yoga, Percussion, Akkordeon

Fachhochschule University of Applied Sciences Düsseldorf	Tel.: +49 (0)2232 14 98 64 oder
Prof. Dr. Lilo Schmitz	Tel.: +49 (0)211 811 46 47
Kaiserstrasse 42	lilo.schmitz@fh-duesseldorf.de
D-50321 Brühl	www.liloschmitz.de

Lina Skantze
ist leitende Angestellte mit einer großen Bandbreite internationaler Erfahrungen in Führung und Organisation, Marketing und Business-Evaluation. Sie hat ein tief greifendes Verständnis von Unternehmensführung und Vorstandsarbeit. Zurzeit arbeitet sie als unabhängige Beraterin, führt Workshops zu Führung und Veränderung durch und bietet Coaching und Training für Führungskräfte an.

ManAge AB +46 (0)704 33 70 71
Lina Skantze, MBA Lina.skantze@man-age.se
Jungfrugatan 22 www.man-age.se
114 44 Stockholm, Sweden

Insa Sparrer
arbeitet als approbierte Psychologische Psychotherapeutin seit 1989 mit eigener Praxis in München. Sie gründete 1996 gemeinsam mit Matthias Varga von Kibéd das SySt-Institut, an dem sie gemeinsam die von ihnen entwickelten Systemischen Strukturaufstellungen lehren. Sie gibt Aus- und Fortbildungen an therapeutischen und Beratungsinstituten sowie in Lehrgängen an Universitäten in Deutschland, Österreich, Schweiz, Holland, Italien, Slowenien, Griechenland, Ungarn und England. Sie ist Autorin

zahlreicher Fachpublikationen zum Thema Systemische Strukturaufstellungen, u.a. auch des Buches „Wunder, Lösung und System", das bei Carl Auer und SolutionBooks erschienen ist.

SySt-Institut
Dipl. Psych. Insa Sparrer
Eisenacherstr. 10
D-80804 München

Tel.: +49 (0)89 36 36 61 oder
Tel.: +49 (0)89 27 27 59 11
info@syst.info
www.syst.info

Anton Stellamans

(M.A. Philosophie und Geschichte) machte seine Ausbildung in Solution Focused Brief Therapy am Korzybski Institut in Belgien. Er entwickelte Anwendungen für den Solution Focus im Bereich der Friedenskonsolidierung. Mit Liselotte Baeijaert gründete er 2007 das Beratungsunternehmen Ilfaro. Beide arbeiten liebend gerne mit dem Solution Focus und unterstützen Menschen in Organisationen, Schulen und anderen Lebensbereichen, ihre Ressourcen zu entdecken und erfolgreich Ziele und Lösungsstrategien zu entwickeln.

Ilfaro
Anton Stellamans
Brieversweg 121
B-8310 Bruges

Tel.: +32 (0)477 69 56 93
Anton.Stellamans@ilfaro.be
www.ilfaro.be

Dr. Peter Szabó

ist spezialisiert auf Kurzzeitcoachings. Am Weiterbildungsforum Basel hat er seit 1997 über 1.700 Coaches ausgebildet und lehrt Nachdiplomkurse in Coaching an diversen europäischen Universitäten. Er führt weltweit Unternehmen in die lösungsorientierte Arbeitsweise ein und ist zuammen mit Insoo Kim Berg Autor von „Kurzzeitcoaching mit Langzeitwirkung".

Weiterbildungsforum Basel
Dr. Peter Szabó
Waldstätterstrasse 9
CH-6003 Luzern

Tel.: +41 (0)41 210 39 73
peter.szabo@weiterbildungsforum.ch
www.weiterbildungsforum.ch

Die Autorinnen und Autoren

Dr. Frank Taschner
Jahrgang 1970, Diplom-Pädagoge, Promotion in Pädagogik, Systemischer Berater, langjährige Seminar- und Moderationstätigkeit in Unternehmen sowie in politischen und sozialen Organisationen, wissenschaftliche Mitarbeit an der Universität Würzburg, Arbeitsschwerpunkte: Moderation, Coaching, Kommunikationstrainings, Train-the-Trainer.

Neuland & Partner	Tel.: +49 (0)661 934 14 34
Dr. Frank Taschner	Fax: +49 (0)661 934 14 20
Von-Schildeck-Straße 12	Mobil: +49 (0)174 193 44 73
D-36043 Fulda	frank.taschner@neuland-partner.de
	www.neuland-partner.de

Prof. Dr. Matthias Varga von Kibéd
Mitbegründer der Systemischen Strukturaufstellungen und des SySt-Instituts München zusammen mit Insa Sparrer; Universitätsdozent (Logik und Wissenschaftstheorie, Dept. f. Philos., Univ. München); Spezialgebiete: Paradoxien, Wittgenstein, Sprachphilosophie, bildet systemische Berater aus, arbeitet als Unternehmensberater, Coach und Trainer; regelmäßige Seminare über Anwendung von systemischer Arbeit und SF in D, A, CH, I, HU, NL, F, Griechenland, Slowenien sowie im vierjährigen Curriculum des SySt-Instituts.

SySt-Institut München	Tel.: +49 (0)89 36 36 61 oder
Prof. Dr. M. Varga von Kibéd	Tel.: +49 (0)89 38 34 69 73
Leopoldstrasse 118	sekretariat.varga@syst.info
D-80802 München	www.syst.info

Janine Waldman
M.Sc. FCIPD ist Coach und Trainerin für Führungskräfte, Beraterin und Moderatorin. Sie hat weltweit viele Manager und Coaches im lösungsorientierten Ansatz unterrichtet. Ihre Kunden reichen von Einzelunternehmern bis zu internationalen Organisationen wie Beiersdorf.

The Solutions Focus	Tel.: +44 (0)1727 84 03 40
Janine Waldman	Mobil: +44 (0)778 673 59 45
34a Clarence Road, St Albans	janine@thesolutionsfocus.co.uk
Hertfordshire, AL1 4NG, UK	www.thesolutionsfocus.co.uk

Penny West
arbeitet als Beraterin im Bereich der sozialen Dienste für seelische Gesundheit und ältere Menschen im UK. Sie ist ausgebildete Ergotherapeutin und hat Abschlüsse als M.Sc. an der London School of Economics und als M.A. an der Tavistock Clinic. Sie entdeckte für sich den lösungsorientierten Ansatz 2003 bei der SOL-Konferenz in Bristol und integriert dessen Ideen seitdem in ihre Arbeit, vor allem bei der Moderation von handlungsorientierten Lernveranstaltungen und Teamentwicklungen.

Orchard Solutions
Penny West
34 Orchard Road, Highgate
London, N6 5TR, UK

Tel.: +44 (0)7058 83 83 25
pennywest@orchard-solutions.co.uk
www.orchard-solutions.co.uk

Barry Winbolt
M.Sc., bietet lösungsorientiertes Training zu Konfliktmanagement, Kommunikation, Kurztherapie und Mediation an. Er ist Programmkoordinator für das Advanced Certificate in Conflict Resolution and Mediation Studies am Birkbeck College, University of London. Er arbeitet in verschiedenen Ländern und spricht fließend Französisch.

Barry Winbolt
4200 Nash Court, John Smith Drive
Oxford, OX4 2RU, UK

Tel.: +44 (0)7980 66 53 49
info@barrywinbolt.com
www.barrywinbolt.com

Inge Zellermann
Jahrgang 1954, Ausbildungen zur Bankkauffrau, Sozialarbeiterin und NLP-Trainerin sowie in lösungsorientierter Beratung. Seit 1997 selbstständige Beraterin, Trainerin und Coach, Mitinhaberin von ConsultContor. Meine Tätigkeitsschwerpunkte sind Führungskräftetrainings, Teamentwicklung, Moderation und Coaching. Und ich bin Spezialistin für Ordnung im Kopf und am Schreibtisch – von Ablage bis Zeitmanagement!

ConsultContor
Beratung und Coaching
Inge Zellermann
Balthasarstraße 81
D-50670 Köln

Tel.: +49 (0)221 97 31 30 30
Inge.Zellermann@ConsultContor.de
www.ConsultContor.de